D1831072

लता दीदी
अजीब दास्ताँ है ये...

लता दीदी
अजीब दास्ताँ है ये...

हरीश भिमानी

वाणी प्रकाशन

वाणी प्रकाशन

4695, 21-ए, दरियागंज, नयी दिल्ली 110 002

फ़ोन : +91 11 23273167 फ़ैक्स : +91 11 23275710

शाखाएँ

अशोक राजपथ, पटना 800 004, बिहार

कॉफ़ी हाउस कैम्पस, महात्मा गांधी मार्ग, इलाहाबाद 211 001, उत्तर प्रदेश

महात्मा गांधी अन्तरराष्ट्रीय हिन्दी विश्वविद्यालय, वर्धा 442 001, महाराष्ट्र

सुल्तानिया रोड, मोतिया पार्क, भोपाल 462 001, मध्य प्रदेश

www.vaniprakashan.com
marketing@vaniprakashan.in
sales@vaniprakashan.in

Lata Didi : Ajeeb Sastan Hai Ye...
by Harish Bhimani

ISBN : 978-93-5229-143-4
Biography/Cinema

पेपरबैक प्रथम संस्करण 2009
पेपरबैक द्वितीय संस्करण 2011
पेपरबैक तृतीय संस्करण 2022

आर्ट : डॉ. लाल रत्नाकर

मूल्य : ₹ 325

आर. टेक ऑफ़सेट प्रिंटर्स, दिल्ली-110032 में मुद्रित

वाणी प्रकाशन का लोगो मक़बूल फ़िदा हुसेन की कूची से

अनुक्रम

तहे-दिल से
(द्वितीय संस्करण)

जाने-माने पत्रकार-कवि राजकुमार केसवानी के बग़ैर यह द्वितीय संस्करण सम्भवतः अस्तित्व में ही न आता। लगता है, प्रत्यक्ष भेंट किये बिना ही किसी व्यक्ति के व्यक्तित्व की थाह पाना उनकी विशेषता है। उन्हीं के सुझाव, उन्हीं के आग्रह—जिसने जल्द ही निर्देश का रूप ग्रहण किया—और उनके सम्बल ने ही मुझे साहस दिया। आपका ऋणी हूँ, राजकुमारजी।

किसी प्रकाशक को अपनी सैकड़ों व्यावसायिक ज़िम्मेदारियों के बीच किसी एक पुस्तक के प्रति इतना भावप्रवण होता मैंने कभी नहीं जाना। प्रकाशन उद्योग में लाल फीता कैसे काट फेंका जाता है, वाणी प्रकाशन के अरुण माहेश्वरी से कोई सीखे! वैसे सहानुभूति और प्रोत्साहन के समानान्तर, समय सीमा के अनुशासन का मृदुता-मिश्रित आग्रह भी। धन्यवाद अरुणजी।

लता मंगेशकर के साथ मेरे सुदीर्घ एवं अन्तरंग परिचय के लिए अगर मैं नियति को हार्दिक धन्यवाद देना भी चाहूँ, तो कैसे दूँ? पता नहीं विधाता नामक संकल्पना के साथ कभी प्रत्यक्ष रूप से मेरी भेंट होगी भी या नहीं।

और किसे शुक्रिया कहूँ लताजी के साथ गुज़ारे उन बेशुमार क्षणों के लिए, जब उनकी बातों पर सतर्कता का आवरण न था, जब हमारी बातचीत औपचारिकता में बँधी हुई न थी। होती भी कैसे? हमारी मुलाक़ातें न पूर्व-नियोजित थीं, न ही तैयारीशुदा। लताजी किसी पुस्तक के लेखक को वक्तव्य नहीं दे रही थीं, वह तो 'मूड' में आ कर बतिया रही थीं—अपने देश और अपने परिवेश से हज़ारों मील दूर, नये मुल्क़ नये शहर, अजनबी माहौल में; सैकड़ों रिहर्सलों के दौरान, कार्यक्रमों के मंचन के समय नीम अँधेरे बैकस्टेज में बैठे हुए, हवाई अड्डों पर उड़ानों का इन्तज़ार करते हुए, दर्शनीय स्थलों का दर्शन करते—और न करते—हुए, तस्वीरें खींचते-खिंचवाते या देखते-दिखाते हुए, या देर रात तक उनके परिवार के साथ बैठे हुए।

यूँ बेतक़ल्लुफ़ी से बातें करते हुए जो उनसे सुनने मिला वह हरगिज़ न मिला, अगर मैं चुन-चुन के सवाल पूछता और लताजी गुन-गुन के जवाब देतीं।

इस पुस्तक लिखे जाने की—सात वर्ष की—अवधि में मुझ पर एक तथ्य उजागर हुआ, कि बरसों तक व्यावसायिक रूप से सफल रह पाना एक बात है, लेकिन शाश्वतता की उम्र तक पहुँचने वाला केवल एक काम भी व्यक्ति से सर्वस्व माँग लेता है।

इस पुस्तक के सुधार-संशोधन के दौरान, मेरी पत्नी रेखा के धैर्य के लिए मैं उसका ऋणी हूँ। हर प्रकरण लिखते समय मेरे अवचेतन में एक आशंका ज़रूर रहती, कि जब यह पढ़ा जायेगा तब रेखा की प्रशंसा का हक़दार होगा या नहीं! अगर उसकी प्रशंसा पाने के लिए मुझे अधिक काम करना पड़ा, नये सिरे से सोचना पड़ा, तो शायद वह इस पुस्तक की पठनीयता में प्रतिबिम्बित हो रहा हो।

इस संस्करण की लेखन शुद्धि तथा चित्र प्रबन्ध, एक छोटी-मोटी परियोजना से कम न थे। इसमें लिपिक सहायता के लिए सुहास गायकर, एवं कम्प्यूटर पर कुछ चित्रों की परिष्कृतता के लिए सीमा किंगर का आभार।

धन्यवाद मेरे मित्र और रिकॉर्ड संग्राहक नारायण मुलाणी का, जिनकी मदद मैंने, आँकड़ों, तारीख़ों और तथ्यों की परिशुद्धता पाने के लिए कई बार ली।

इस पुस्तक में सम्मिलित छाया चित्र हर हितैषी ने सहर्ष दिये। मेरे साथ-साथ इस पुस्तक का हर पाठक उनका शुक्रगुज़ार रहेगा। लेकिन इस पुस्तक का मुखपृष्ठ तैयार करने में, अपने-अपने व्यवसाय में शीर्ष स्थान पर विराजित दो सफलतम व्यवसायियों ने, अपनी व्यस्तता और चौंका देने वाली क़ीमतों को ताक पर रख कर जिस सहृदयता का परिचय दिया, उसके लिए मैं उनका ऋणी हूँ—छाया चित्रकार गौतम राज्याध्यक्ष तथा डिज़ाइनर वीरू हीरेमठ।

किताबें तो कम्प्यूटर के बग़ैर भी लिखी गयी हैं, लेकिन अगर मेरे साथ (सॉफ़्टेक का) 'अक्षर' प्रोग्राम न होता, तो सम्पादन और 'जोड़-बाक़ी' की प्रक्रिया ज़्यादा मुश्किल होती। हाँ, यह हिन्दी कम्प्यूटर प्रोग्राम पूर्णतया विकसित न होने की वजह से इस पुस्तक में 'नुक्ताचीनी' के लिए अवसर अवश्य छूटा है।

भारतीय पुस्तक उद्योग के भीष्म पितामह समान, स्ट्रैण्ड बुक स्टॉल, बम्बई के टी. एन. शानबाग़ के मार्गदर्शन के लिए मैं उनका तहे-दिल से शुक्रगुज़ार हूँ।

और हाँ, लताजी, आपने मुझ पर जो विश्वास रखा, उसके लिए किन शब्दों में धन्यवाद कहूँ?

हरीश भिमानी

प्राक्कथन

मुझे ठीक याद है, ऑस्ट्रेलिया के नयनाभिराम सिडनी ऑपेरा हाउस में लताजी का कार्यक्रम अपने अन्तिम चरण में था। मैंने स्टेज पर से कहा, ''मुल्क़-दर-मुल्क़, शहर-दर-शहर, कार्यक्रम-दर-कार्यक्रम हज़ारों की तादाद में लोग आते हैं इस अद्‌भुत गायिका को सुनने... सिर्फ़ सुनने?... नहीं! शायद वे आते हैं इस दिव्य गायिका में छिपी लता मंगेशकर की खोज में।''

स्टेज पर से लौटते हुए, तालियों की गड़गड़ाहट और उसके बीच से उभरती लताजी की आवाज़ मैं सुन कर भी नहीं सुन रहा था। मेरे मस्तिष्क में अपने ही उद्‌गार रह-रह कर प्रतिध्वनित हो रहे थे... 'लता मंगेशकर की खोज,'...ठीक उस घड़ी, लताजी की जीवनी लिखने की योजना ने ठोस आकार ग्रहण किया!

'लता मंगेशकर : एक जीवनी'; विश्व के पाँच महाद्वीपों में एक कन्सर्ट-प्रवास, एक दृष्टिकोण, एक अन्तरंग साक्षात्कार। और अगर स्वभाव का निरूपण तथा संजोगों की परिधि में अपने पुरुषार्थ द्वारा जीवन से अधिकतम प्राप्त करने की कला को 'जीवनी' कह सकते हैं, तो लता मंगेशकर की जीवनी।

बेनजामिन फ्रैंक्लिन ने कहा है, ''अगर आप नहीं चाहते कि मृत्यु के बाद आपकी स्मृति को तत्काल भुला दिया जाये, तो कुछ ऐसा लिखिए, जो पढ़ने लायक हो, या कुछ ऐसा कीजिए, जो लिखने लायक हो।''

मैंने प्रयत्न किया है।

बम्बई, 7 सितम्बर, 1980

नमश्का...र

सूर्योदय हुआ।

मेरे लिए चाहे कल की रात और आज के दिन के बीच नींद का फ़ासला न रहा हो, तारीख़ तो फिर भी बदली थी। पर तब कहाँ जानता था कि आनेवाले कुछ सालों में और कई लता-यात्राओं में ऐसी कई रातें होंगी जब रात सोये बग़ैर ही सुबह उठना पड़ेगा।

अमरीका के लिए प्रस्थान से पहले की रात, पत्रिकाओं में छपी लता मंगेशकर के जीवन के झंझावातों की जानकारी इकट्ठा करते हुए और साथ-साथ विदेश यात्रा के लिए सामान बाँधते हुए, न रात को नींद आयी थी और न ही सोने का समय मिला था।

डर था कि एक बार भारत का किनारा (जेट युग में, भारत का आकाश-प्रदेश—एअर स्पेस!) छोड़ने के बाद, लताजी से सम्बन्धित किसी भी सन्दर्भ सामग्री का मिलना असम्भव होगा, सिवा कि स्वयं लताजी—और आशंका थी कि लताजी से साक्षात्कार तो केवल कार्यक्रमों के मंचन के समय ही होगा।

एक बार फिर मैंने अपने आप को घड़ी देखने से रोका। मानो मेरे घड़ी न देखने से उपलब्ध समय में बढ़ोतरी हो जाने वाली थी!

अपनी घड़ी को झुठलाने की कोशिश तो मैं एक और शाम भी कर

रहा था।

क्या मंगलप्रद दिन था वह! उस दिन मैंने ऐतिहासिक फ़िल्म 'गाँधी' के आरम्भ की उद्घोषणा (जिस पर गाँधीजी की अन्तिम यात्रा फ़िल्मायी गयी), विश्व-प्रसिद्ध फ़िल्म निर्देशक सर रिचर्ड ऐटनबरो के मार्गदर्शन में की और अपेक्षा से कहीं अधिक पुरस्कार पाने के हर्षोन्माद में 'थैंक्यू' के बाद 'सर' कहना भूल कर अर्जुन के गाण्डीव से निकले तीर की त्वरा से मैंने स्टूडियो छोड़ा। उसी दिन मुझे एक और अतिप्रसिद्ध हस्ती से मिलने, और वहाँ भी कदाचित एक छोटी-मोटी परीक्षा देने जो जाना था!

लता मंगेशकर से पहली बार मिलने तार देव के एक रिकॉर्डिंग स्टूडियो की ओर ड्राइव करते हुए मन में उत्तेजना तो थी ही, कुछ विकलता भी थी। जो काम मुझे सौंपा जा रहा था उसमें उम्मीद तक न उठ पाने की आशंका थी और उत्तेजना थी उस गायिका को साक्षात देखने की, जो बचपन से केवल रेडियो पर सुना हुआ एक नाम थीं, और रिकॉर्डों में सुनी हुई एक अप्रतिम आवाज़। मेरे अवचेतन में, अगर इस आवाज़ और नाम को व्यक्ति होने का अधिकार था, तो सिर्फ़ तस्वीरों में। और तब कहाँ सोचा था कि इस 'देहमुक्त आवाज़' से कभी साक्षात्कार भी होगा और वह भी मेरी आवाज़ ही के माध्यम से!

जब लक्ष्य तक पहुँचने के लिए हम बेहद जल्दी में हों तो बाक़ी हर कोई धीमा नज़र आता है। खीझ आती है कि औरों को इतनी फ़ुरसत क्यों कर मिल जाती है?

यूँ, सरपट न भाग रही मेरी गाड़ी को एक्सेलरेटर की एड़ लगाते हुए मन में समय पर न पहुँच पाने का डर भी था। मैंने सुन रखा था कि फ़िल्म जगत में कार्यरत होने के बावजूद, वे वक़्त की बड़ी पाबन्द हैं।

स्टूडियो पहुँचा तब अभी सात बजने में दस मिनट बाक़ी थे। लता मंगेशकर से मेरी पहली मुलाकात के लिए यह दस मिनट मुझे बहुत महत्वपूर्ण लगे।

अमरीका, कनाडा, वेस्ट इण्डीज़ और दक्षिण अमरीका में होनेवाले उनके स्टेज कार्यक्रमों के लिए यह पहला रिहर्सल था। मैंने अन्दर जा कर देखा तो वादकों का जमघट काम पर लग चुका था। चूँकि मैं उनमें से शायद ही किसी को जानता था, बाहर ही बैठा। वैसे थोड़ी-सी परीक्षा करने की वृत्ति भी थी कि देखें तो सही कि लताजी समय पर आती हैं या नहीं!

लेकिन एक नाटकीय संयोग की तरह 'स्टूडियो की घड़ी में' सात बजे की घण्टियाँ हुईं और ठीक तभी एक फ़िएट गाड़ी स्टूडियो के दालान में आ खड़ी हुई।

केवल वक्त की पाबन्दी काफी नहीं, काम शुरू करने में भी देर क्यों हो?

मैंने शायद अपनी पहचान देने के लिए उपयुक्त शब्द खोजे नहीं थे, सो बस 'नमस्ते' कहा और कहने जा रहा था, कि "मेरा नाम..." तभी उन्होंने कहा, "ओह, आप आ गये?" और फिर घड़ी की ओर देख कर हँसीं, "आप तो समाचारवाले हैं न!" उनका निर्देश बरसों तक लगातार टेलीविजन पर मेरे समाचार देने की ओर था।

मैं बरबस ही कह बैठा, "आप तो उसी सुर में बोलती हैं जिसमें गाती हैं!" और बोलने के बाद के पहले क्षण में लगा कि लताजी से कहे मेरे यह बेबाक़ पहले शब्द कहीं आख़िरी शब्द न बन जायें—'विख्यात अन्तिम शब्द' 'फ़ेमस लास्ट वर्ड्ज़!'—लेकिन वे तो खुले दिल से हँसीं।

हम अन्दर स्टूडियो की ओर चले जहाँ अब तक हो रही गुनगुनाहट किसी धुन में तबदील हो गयी थी। लताजी को देखते ही हर एक साज़िन्दा अपनी जगह पर खड़ा हो गया और करीब दस 'नमस्ते दीदी' के उद्‌गार सुनायी दिये। दो ने झुक कर प्रणाम किया। यह नितान्त सहज-सी प्रक्रिया, डर का परिणाम थी या सम्मान का, मेरे लिए ताड़ पाना मुमकिन न था। तब अभी मैंने नहीं देखा था कि विदेशों में उनके स्टेज पर प्रवेश करते ही कुछ हज़ार की तादाद में लोग उनके स्वागत में अपनी-अपनी जगह पर मन्त्रमुग्ध-से खड़े हो जायेंगे, न ही विश्व के सबसे बड़े फ़िल्म उद्योग में उनकी कथित 'शक्ति' से मैं अभी

परिचित था!

लताजी ने बैठते ही वाद्यवृन्द संचालक के साथ सम्भावित गीतों की चर्चा शुरू कर दी। मेरा परिचय कराते हुए मुझे बैठने को कहा और एक गीत का संगीत बजना शुरू हुआ।

केवल वक़्त की पाबन्दी काफ़ी नहीं, काम शुरू करने में भी देर क्यों हो?

मैं बीच-बीच में उन्हें गाते हुए देखता रहा। इन्हीं के बारे में अनगिनत बार मैंने रेडियो पर कितना कुछ कहा था और तुलनात्मक विश्लेषण किया था! गीतों को लोकप्रिय और फ़िल्मों को सफल बनाने वाली उसी गायिका के नज़दीक बैठ कर, बग़ैर माइक्रोफ़ोन के उन्हें गाते हुए सुनना, और देखना, कुछ अटपटा-सा लग रहा था।

यूँ ही सुनते-निहारते अभी तीसरा या चौथा गीत पूरा हुआ होगा कि मैंने कुछ अधीर हो कर कहा, "मैं आपसे कुछ कहना चाहता था...जब समय हो।" आज यह सोच कर ज़रूर अचरज होता है कि इतना बड़ा अवसर मिलने पर भी मैं क्यों बेवक़्त मुँह खोलना चाहता था!

बहरहाल, छोटा-सा जवाब मिला, "कहिए, अभी कहिए!"

"मैं आपके सामने शर्तें तो क्या रखूँगा, फिर भी पहले से ही आपको यह बता देना मुनासिब होगा कि आपके कार्यक्रम में मैं स्टेज पर चुटकुले, लतीफ़े सुनाने के पक्ष में नहीं हूँ।"

"तो...आप क्या करेंगे?" उन्होंने शब्दों से खिलवाड़ करते हुए पूछा।

"यह तो मैं अभी नहीं जानता, पर शायद बहुत संक्षेप में बहुत सारी बातें और गाये जानेवाले गीत का नाम लिए बग़ैर भी उसके बारे में कुछ कहना ..."

"ओह!"

" न ही मुझे लगता है कि मंच पर आपके गीतों के बीच शेरो-शायरी का सैलाब बहे।"

"ख़ैर, आगे?" अर्ध-स्मित के साथ उन्होंने पूछा।

"और लताजी, क्या मैं आपके रिहर्सलों में आ कर बैठ सकता हूँ?"

एक लम्बी साँस खींचते हुए उन्होंने कहा, "चलो अच्छा हुआ आपने ही यह बता दिया, क्योंकि मैं तो यही बातें शर्तों के तौर पर आपसे कहनेवाली थी!"

उनके कार्यक्रमों में मेरी भूमिका क्या होगी, इसके बारे में मैं अभी सच ही अनजान था और वह थीं कि ज़िम्मेदारी सौंप कर मुक्त हो गयी थीं!

लेकिन सात सुरों के साथ मेरे पहले सफ़र की पूर्व सन्ध्या पर मेरे लिए तनाव से मुक्त हो पाना असम्भव-सा लग रहा था।

फिर एक बार 'क्या और कुछ करना बाक़ी है' वाली नज़र सामान पर दौड़ाई। विविध प्रवृत्तियों के बीच एक विचार बार-बार कौंध जाता था: अब से चौबीस घण्टे बाद इस क्षण कहाँ होऊँगा? योरप के आकाश में—शीतल-स्वच्छ राइन नदी के तीस हज़ार फ़ीट ऊपर, या और भी सर्द आल्प्स पर्वतमाला के पन्द्रह हज़ार फ़ीट करीब! या लन्दन के हीथ्रो हवाई अड्डे पर उतरने की तैयारी होगी? और पाँच दिन के बाद इस समय कहाँ होऊँगा? वॉशिंग्टन के द जॉन एफ़ केनेडी सेन्टर फ़ॉर द परफॉर्मिंग आर्ट्स में, जहाँ मंचित ज़ुबिन मेहता और विश्वविख्यात वायलिनवादक येहूदी मेन्युहिन के पाश्चात्य शास्त्रीय संगीत के कार्यक्रम और उनसे अभिभूत श्रोताओं के बारे में बहुत कुछ पढ़ा-सुना था!

लताजी के लिए विदेशों में कार्यक्रम करना कोई नयी बात नहीं थी पर संचालक के रूप में मैं विदेशी प्रेक्षकों की नब्ज़ पहचानने में कामयाब तो रहूँगा न? तिस पर पिछले साल ही मैं प्रेक्षक वर्ग में बैठ कर न्यूयॉर्क के भारतीय प्रेक्षकों का आक्रामक रुख़ देख चुका था। एक छोटे-मोटे 'स्टार शो' (जिसमें स्टार कम, शो ज़्यादा था) में पधारे संभ्रान्त दिखनेवाले न्यूयॉर्क वासियों के मुँह से पुनीत पारिवारिक सम्बन्धों को पतित बनानेवाले, और हरेक भाषा में लगभग एक से पाये जानेवाले कुछ बेहद फूहड़ शब्द, मैंने भरे-थियेटर उछाले जाते सुने थे। यूँ एक तरफ़ अनिश्चितता मुझे कुछ डाँवाडोल कर रही थी, तो दूसरी ओर इस चुनौती को झेलने के लिए मैं तत्पर हो रहा था।

अचानक ख़याल आया कि मुझे नौशाद साहब से दो-एक ग़ज़लें दरकार थीं—उन्हीं की लिखी हुई। संगीतकार नौशाद अली ने न सिर्फ़ अपने मार्गदर्शन में सैकड़ों गीत लिखवाए हैं, ख़ुद भी कई ग़ज़लों की रचना की है।

अभी कुछ ही महीनों पहले उनसे हुई रेडियो मुलाकात के दौरान उन्होंने मुझसे कहा था, "ग़ैर मुल्कों तक मेरी चीज़ें पहुँचाने के लिए मैं आपको ज़रिया बनाना चाहूँगा... मेरी एकाध ग़ज़ल को आप लताजी के प्रोग्रामों के दौरान ज़बान दें तो...।" मैं नहीं कह सकता क्यों, लेकिन मुझे उनके इस अनुरोध में, सर पर से एक पुराना क़र्ज़ उतारने वाली बात महसूस हो रही थी। जैसे लताजी को गवाह रख कर उनकी ही तारीफ़ में लिखे अशआर, सरे-आम कहलवाकर, वे अपने ज़मीर पर का कोई बोझ हल्का कर रहे थे। और, मेरे लिए वह पंक्तियाँ एक महत्वपूर्ण, अतिरिक्त और सम्भावित संसाधन बन सकती थीं। लेकिन लताजी की तारीफ़ में लिखी वह पंक्तियाँ थीं कहाँ?

कुछ हिचकिचाते हुए मैंने उन्हें फ़ोन किया। नौशाद साहब के साथ मेरी बातचीत यानी दो भाषाओं की आमने-सामने लुका-छिपी। वह हमेशा से अपनी

धुन में ख़ालिस उर्दू का सैलाब बहाएँ और मैं कुछ शरारत के अन्दाज़ में उनके साथ बातें करते हुए, जहाँ तक हो सके शुद्ध हिन्दी का प्रयोग करूँ। नतीजा यह होता कि शुरुआत में हमारी बातचीत इन दो ज़बानों का दंगल लगती, जो धीरे-धीरे एक समझौता बन जाती, जहाँ मैं उर्दू और वह हिन्दी शब्दों का इस्तेमाल (और वह भी आश्चर्यजनक सरलता से) करने लगते।

तो फ़ोन पर आये नौशाद साहब। "नमस्ते, लताजी के साथ विदेश जा रहा हूँ। सोचा आपका आशीर्वाद ले लूँ...और थोड़ी-सी तकलीफ़ भी देना चाहता हूँ; अगर आप अपनी वह ग़ज़ल सुना सकते..." उन्होंने नौशाद-सहज विनम्रता से कहा, "अजी, वह तो शेरो-शायरी के जुनून में यूँ ही कलम तोड़-मरोड़ दिया था, ढूँढ़ना पड़ेगा..." लेकिन फिर उसके तुरन्त बाद—जिसे अंग्रेज़ी में "इन द सेम ब्रेथ' कह सकते हैं—वह अशआर धाराप्रवाह सुनाने लगे। भारतीय संगीत की गरिमा को उजागर करती हुई एक कविता, जो आज के फ़िल्म संगीतकारों की पाश्चात्य धुनें चुराने की वृत्ति का उपहास करती है :

दरे-ग़ैर पर भीख माँगो न फ़न की,
जब अपने ही घर में ख़ज़ाने बहुत हैं।
हैं दिन बद-मज़ाकी के 'नौशाद' लेकिन,
अभी तेरे फ़न के दीवाने बहुत हैं।

इस कविता में उनके बीते कल की भव्यता खो जाने पर विषाद की छाया का भी अनुभव होता है। और लताजी की तारीफ़ में :

राहों में तेरे नग़्मे, महफ़िल में सदा तेरी,
करती है सभी दुनिया, तारीफ़ लता तेरी;
दीवाने तेरे फ़न के इन्साँ तो फिर इन्साँ हैं,
हद यह है कि सुनता है आवाज़ ख़ुदा तेरी;
तुझे नग़्मों की जाँ अहले-नज़र यूँ ही नहीं कहते,
तेरे गीतों को दिल का हमसफ़र यूँ ही नहीं कहते;
सुनी सबने मुहब्बत की ज़बाँ आवाज़ में तेरी,
धड़कता है दिल-ए-हिन्दोस्ताँ आवाज़ में तेरी।

अतिरेक कला न सही, अलंकार तो है ही! लेकिन उस वक़्त मुझे यह गुमान न था कि विदेश में जब कभी यह अशआर कहे जायेंगे, तो लोगों की तालियों के बीच उनकी 'वाह!' की कसक भी सुनायी देगी, और प्रशंसा के इस कोलाहल के बीच, स्टेज पर खड़ी लताजी अगले गाने की तैयारी करते हुए रुक जायेंगी

और अपनी ऐनक उतार कर प्रश्नार्थ दृष्टि से देख कर जैसे मुझे पूछ लेंगी कि 'यह सब कहाँ से जुटा लाये?'

न रुकनेवाली घड़ी ने प्रस्थान का समय दिखा दिया।

बचा-खुचा समय अपने बच्चों के साथ ही क्यों न बिताऊँ? उत्साह भरा मैं उनके कमरे में पहुँचा, तो मेरी आनेवाली ऐतिहासिक यात्रा की सरगर्मी से बेख़बर और पापा कितने दूर जा रहे हैं, कितने सारे दिन हमें नहीं मिलेंगे वग़ैरह चिन्ताओं से सर्वथा मुक्त, दोनों बेटियाँ आँगन में खेलने जा रही थीं। छोटी के लिए तो अमरीका क्या और अँधेरी क्या, सब एक ही था। बल्कि पिछले कुछ दिनों से 'अमरीका' शब्द घर में इतना सुना था कि वह शायद यही सोचने लगी थी कि पापा अपनी अधिक-रुकती-कम-चलती सनकी गाड़ी में हर रोज़ अमरीका ही जाते हैं!

बड़ी काफ़ी समझदार थी। मुझे 'तुम्हारे लिए क्या लाऊँ' पूछने का मौक़ा ही नहीं दिया। कहीं पापा की भावुक और उदार मनःस्थिति ज़्यादा देर न टिके, सोच कर उसने एक मुख़्तसर-सी लिस्ट ही थमा दी!

पर पापा अमरीका किसलिए जा रहे हैं, यह तो बड़ी भी अब तक नहीं समझ पाई थी, सो बात का सिरा पकड़ते हुए पूछ ही डाला, "आप अमरीका अकेले जा रहे हैं?"

"नहीं तो," मैंने कहा, "मैं तो लता मंगेशकर के साथ जा रहा हूँ।" बस यही मुद्दा तो उसकी समझ में न आ रहा था।

"लता मंगेशकर, यानी कौन?"

मैंने कहा, "लो, तुम तो यही नहीं जानतीं कि वे कौन हैं? वे एक गायिका हैं...लाखों में एक...वे...अब क्या बताऊँ तुम्हें...वे बहु...त अच्छा गाती हैं।"

तब उसने अपनी भोली आँखें मुझ पर टिका कर पूछा, "मम्मी से भी अच्छा गाती हैं?" इस मासूमियत का मेरे पास 'नहीं' के सिवा और कोई जवाब न था!

माँ के पाँव छूने पर आशीष देते बोलीं, "जिस काम से जा रहे हो, उसमें सफलता पाओ तुम।" इस वाक्य-रचना में अनिश्चितता की बू आ रही थी। शायद अभी वह स्पष्ट रूप से नहीं जान पायी थीं कि उनका बेटा लता मंगेशकर के कार्यक्रमों में क्या करनेवाला है। न मैं अपनी अबोध बेटी को समझा पाया, न ही वृद्ध माँ को समझाने का यह सही समय था।

घर से हवाई अड्डे का सफ़र छोटा और सुहाना था। उपनगर में रहने के फ़ायदे गिनते वक़्त याद आये तो इसे शुमार कीजिएगा!

जब भी मैं विशालकाय जम्बो हवाई जहाज़ में बैठता हूँ, एक आशंका नये सिरे से उठती है, कि लगभग चार सौ यात्री और कर्मचारियों की आबादीवाला और

सौ टन से ज़्यादा वज़नवाला यह अत्याधुनिक उड़न खटोला (जिसमें कई प्रसाधन कक्ष, सिनेमा के चार परदे, दो छोटे-मोटे रसोईघर और एक मैख़ाना ही नहीं, न जाने कितने टन सामान और यात्रियों तथा अधिकारियों की कारगुज़ारी को शुक्रिया कहता हुआ 'एक्सेस बैगेज' भी शामिल होता है!) हवा में उड़ना तो छोड़िए, ज़मीन पर रेंग भी पाएगा! इन्जीनियरी की इस सिद्धि के सामने मैं मन-ही-मन सर झुका लेता हूँ।

कुछ ही देर में जिस 'इण्डियन टाइम' का ताना देते हुए हम अनजाने में अपनी ही विलासप्रियता का मज़ाक करते हैं, उसे बेबुनियाद साबित करते हुए, हवाई जहाज़ नियत समय से केवल सात मिनट बाद चल पड़ा। अन्तर्राष्ट्रीय विमानन के होड़भरे माहौल में इतनी-सी देरी होने पर भी विमान चालक अपनी कम्पनी की ओर से क्षमा माँग लेता है। एअर इण्डिया का हमारा चालक इस औपचारिकता को नज़रअन्दाज़ कर गया। अजी अपनों से भी क्या माफ़ी माँगनी?

जब कभी मेरा हवाई जहाज़, बेलगाम-सी रफ़्तार से ज़मीन छोड़ने को होता है, तब जेम्स गावें की यह पंक्तियाँ मेरी चेतना को जैसे अथाह भयानकता में धकेल देती हैं : 'व्हेन यू हियर द रोअर ऑफ़-द इन्जिंस एण्ड यू मूव डाउन द रनवे एण्ड बिकम एअरबोर्न, यू रियलाइज़ ऐट दैट मोमेण्ट, दैट देयर इज़ नो गोइंग बैक!' 'जब जेट इंजन की आवाज़ से कान भर जायें और जिस घड़ी विमान ज़मीन को छोड़े, तब अहसास होता है कि पीछे मुड़ कर देखने का अवसर पीछे छूट गया'।

फ़िजा में उड़ते हुए हवाई जहाज़ की तुलना मैंने हमेशा लम्बे अरसे तक अति सफल रहनेवाले व्यक्तियों से की है। ज़रा भी रफ़्तार कम की, तो अपने आपको निचली सतह पर पाओगे। पता नहीं कि अनगिनत बार हवाई सफ़र कर चुकीं लताजी को कभी यह ख़याल आया है या नहीं इस समय वे इस विमान में नहीं थीं; लन्दन से शामिल होनेवाली थीं।

जब मुँह-अँधेरे लन्दन पहुँचे तो हवाई अड्डे पर चहलक़दमी के लिए पूरे एक घण्टे की इजाज़त थी। इजाज़त तो ख़रीदारी की भी थी लेकिन आसमान से ऊँची कीमतों को देख कर अक़्ल में आया कि हीथ्रो हवाई अड्डे को 'ड्यूटी फ्री' इसलिए कहते हैं कि यहाँ के दुकानदार मनचाही ड्यूटी लगाने के लिए फ्री (आज़ाद) हैं!

लन्दन की ठण्ड ने, चाहे वह सितम्बर महीने की ही क्यों न हो, हम बम्बईवालों को, आधे घण्टे के अन्दर-अन्दर, फिर से अपनी सीटों की गुनगुनी गरमाहट ढूँढते हुए हवाई जहाज़ में पहुँचा दिया।

बैठ तो गये सब अपनी-अपनी सीटों पर, लेकिन नज़रें बार-बार जा रही थीं फ़र्स्ट क्लास और इकॉनॉमी क्लास को जोड़नेवाले—ग़लत, अलग करनेवाले—दीवारनुमा परदे की ओर। वक़्त की पाबन्दी को धार्मिक रस्म जितना महत्व देनेवाली लता मंगेशकर अभी तक आयी नहीं थीं! लेकिन जब वह परदा गिराया गया तो इसके बारे में सोचना भी छोड़ दिया क्योंकि विमान के पहले दर्जे में सफ़र कर रहे यात्री, कुछ तो पैसों से ख़रीदे अपने मरतबे का लिहाज़ करते हुए और कुछ उन्हें मिलनेवाली गुदगुदाहट भरी सेवा-टहल के वश में आ कर, भूले से भी इकॉनोमी क्लास में फटकते नज़र नहीं आते।

जाहिर है अब तो लताजी से मिलना न्यूयॉर्क ही में होगा।

मैं सोच रहा था-अगर मैं इस वक़्त यहाँ चारों तरफ़ क्षितिज तक फैले अटलाण्टिक समुद्र के ऊपर न होता, तो बम्बई के कौन-से स्टूडियो में कौन-सी रिकॉर्डिंग कर रहा होता और सुस्ता रहा था। जब सपने देख रही खुली आँखों के सामने की वस्तुएँ कुछ विरोधाभासी आकार ग्रहण करती हैं, तो झपकी टूटती है।

ठीक मेरी सीध में, जहाँ मैं देख कर भी नहीं देख रहा था, वहाँ क्या देखता हूँ कि सीटों की कतारों के बीच आते-जाते यात्री, मेरी बायीं तरफ़ टकटकी लगाये हुए थे, कुछ फुसफुसाहट भी हो रही थी। क्षण-भर में आवाजाही रुक-सी गयी। यात्रियों के जमघट की सारी चेतना जैसे किसी एक बिन्दु तक पहुँचने के लिए, एक हिलोर की तरह उस दिशा में उठी थी।

बायीं तरफ़ के गलियारे में, मुझसे दो-एक सीट ही दूर लताजी खड़ी थीं। मेरे आश्चर्य-भरे, "अरे नमस्ते लताजी," के उत्तर में उन्होंने हमेशा की तरह, दोनों हाथ जोड़ कर, सिर झुकाए बग़ैर, लेकिन गर्दन को जैसे कन्धों के ढाँचे से निकालने की चेष्टा करते हुए, भाव-भरी मुस्कान के साथ "नमश्का...र" कहा।

नमस्कार कहने की उनकी इस अत्यन्त विनम्रतापूर्ण रीति से हर बार मैं कुछ हड़बड़ा-सा जाता हूँ। हालाँकि अब मैं यह दावे के साथ कह सकता हूँ, कि अभिवादन के साथ झलकती आत्मीयता, यान्त्रिक रूप से ओढ़ा मिसरी का कवच नहीं है, जो अजनबियों के सामने पहना और व्यक्तिगत जीवन में उतार फेंका। यह जनसम्पर्क कला—पब्लिक रिलेशन्स—का एक ख़ूबसूरत पहलू भी हरगिज़ नहीं है। बिलाशक, यह उनके अन्तर्मन का प्रामाणिक प्रतिबिम्ब है। अब मुझे विश्वास हो चला है कि अभिवादन के उत्तर में अतिरेक की सीमा तक जानेवाली यह विनयशीलता, अपनी अपार सफलता के लिए सर्वशक्तिमान को धन्यवाद देने का उनका ढंग है।

कुछ सालों बाद, जब मैंने उनसे अपने इस विश्लेषण का ज़िक्र किया तो

''रेकार्डिंग कैंसल करने की सालों से लताजी की एक वजह रही है, उनका गला।''
देव आनन्द, आनन्द बक्षी एवं राहुल देव बर्मन के साथ।

उन्होंने केवल इतना ही कहा, ''आपने कैसे जाना?''

किसी का अभिवादन स्वीकार करने और एक आत्मीय-सी मुस्कान के साथ 'नमश्का...र' करते हुए, लताजी अभिवादन करनेवाले के बारे में एकाध सटीक-सा वाक्य भी कहती हैं जो सुननेवाले को चकित करके ही छोड़ता है। मुझे भी कर दिया, जब उन्होंने कहा कि ''बम्बई में पीछे छूटे काम के बारे में सोच रहे हैं? काम के पीछे नहीं दौड़ेंगे तो काम ख़ुद दौड़ता हुआ आयेगा।''

'नमश्का...र' किसी अपरिचित या अप्रिय व्यक्ति को किया गया हो तो मुस्कान आध इंच छोटी होती है और अवधि भी क्षणेक कम। उस समय ज़रूर लगता है कि वह 'प्रति व्यक्ति सटीक वाक्य' आदतन होटों पर तो आ चुका है लेकिन इस बार व्यक्त नहीं होगा! सिर्फ़ समझनेवाले ही समझ जाते हैं। और अगर वह वाक्य कहा गया, तो समझ लीजिए कि लताजी अपनी नाराज़गी सार्वजनिक रूप से जताना चाहती हैं।

सीटों की कतारों के बीच खड़ी लताजी को हमारे वादकों में से एक ने उठ कर बैठने के लिए आग्रह किया। लताजी ने मराठी में कहा, ''ज़रा सोच कर पूछिए, अगर मैंने हाँ कह दिया तो *आप* कहाँ बैठेंगे?'' और हँस पड़ीं।

मैंने आज तक उन्हें अपने छोटे भाई तथा बहनों को छोड़ और किसी को 'तुम' कहते नहीं सुना—चाहे वह उम्र में कितना ही छोटा क्यों न हो। मुझसे पूछने लगीं, ''आपकी आँखें इतनी लाल क्यों हो गयी हैं; कहीं कुछ गया तो नहीं आँख

में?...या रोते रहे हैं?''

उनके इस अनपेक्षित मज़ाकिया मूड पर अपनी बौखलाहट छिपाते हुए मैंने कहा, ''वह तो बस कुछ दिनों से कम सोया हूँ इसलिए...''

''नींद कम होने से आपकी आवाज़ पर असर नहीं होता?''

''अगर लन्दन की क़ातिल ठण्ड आपकी आवाज़ का कुछ नहीं बिगाड़ सकती, तो मुझे क्या होगा...और फिर मुझे कौन-सा सुर में गाना है?''

''तब तो आपको एक ही गीत गाना चाहिए 'सुर ना सजे, क्या गाऊँ मैं'!'' और हँसी का ठहाका शान्त होते-होते ही कहा, ''लेकिन मन्नादा जैसे पक्के सुर में नहीं!''

क्या यह वही लताजी हैं जिनके बारे में सुना था कि लोगों के साथ व्यवहार में सिर्फ़ काम-से-काम रखती हैं और जितनी कोमलता उनकी आवाज़ में है, व्यक्तित्व में उतनी ही कठोरता है!

मैंने बात बदलते हुए कहा, ''अभी कल शाम ही मेरी नौशाद साहब के

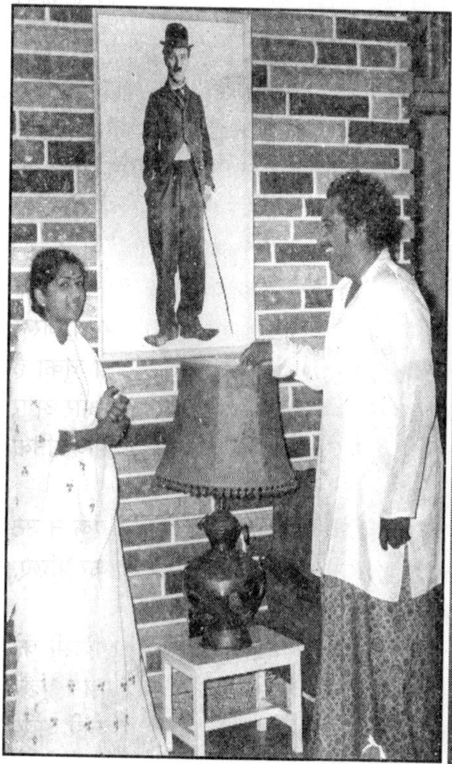

साथ टेली.फ़ोन पर बात हुई।'' इससे पहले कि मैं आगे कुछ कहूँ, उन्होंने 'भूल हो गयी' के भावार्थ में ज़बान काट ली और पूछने लगीं, ''मेरे बारे में कुछ बोले वह?''

''हाँ, शुभकामनाएँ भेजी हैं। कहा कि 'दुआएँ देना मेरा फ़र्ज़ है, लेकिन शिकायत करने का भी हक़ है'।''

''हाँ वही, मैंने उनसे कहा था कि मिलने आऊँगी...जाने से पहले आशीर्वाद लेने, लेकिन पूरा ह.फ़्ता सेहत इतनी ख़राब रही...कितनी रिकोर्डिंग कैन्सिल करनी पड़ीं।''

'रिकॉर्डिंग कैन्सिल करना' लताजी के लिए, एक

उत्तेजित टेलीफ़ोन को शान्त-सा जवाब देने से अधिक और कुछ न होगा, लेकिन संगीतकार को हो रही उस गीत के भविष्य की चिन्ता, और शूटिंग कैन्सिल होने से निर्माता को होनेवाला कष्ट, भुक्तभोगी ही समझ सकते हैं।

आजकल गीतों की शूटिंग तो किसी-न-किसी की आवाज़ में गीत गवा कर कर ली जाती है। लेकिन रिकॉर्ड बनाने के लिए तो असली गायिका का इन्तज़ार करना ही पड़ता है। इसी तरह, लताजी का एक अति-लोकप्रिय गीत (फ़िल्म 'वह कौन थी' का) 'नैना बरसे रिमझिम रिमझिम...', शूटिंग के समय किसी और की आवाज़ में था—और वह भी पुरुष-स्वर में! इस फ़िल्म के निर्माण के दौरान सितारों और गायकों की तारीखों को ले कर काफ़ी मुश्किलें पेश आयी थीं। इस गीत की शूटिंग के लिए हीरोइन साधना की 'डेट' मिली, तो गाना रिकॉर्ड करने के लिए लताजी की न मिल पायी। इसलिए रिकॉर्डिंग के दिन संगीतकार मदन मोहन ने वह गाना ख़ुद अपनी ही आवाज़ में 'डब' कर लिया!

अगर फ़िल्म देखते समय यह बात पता होती कि साधना ने पुरुष स्वर पर होंठ हिलाये थे तो साधना की अदाकारी की ज़्यादा तारीफ़ करते! जब मैंने साधनाजी से इस बात का ज़िक्र किया तो उन्होंने कहा कि सारे गीत की शूटिंग के दौरान उनके सिवा सब हँस रहे थे!

ध्वनिमुद्रण की तकनीक विकसित हुई इससे पहले, रिकॉर्डिंग कैन्सिल होने पर निर्माता की स्थिति बेहद दयनीय हो जाती थी। फ़र्ज़ कीजिए, किसी गीत को रिकॉर्ड कर उसे फ़िल्माने के लिए बाहर गाँव जाना है। सितारों की गिनी-चुनी तारीख़ें वैसे ही बड़ी मुश्किल से मिली होती हैं। अगर यह मौक़ा गया तो न जाने फिर कब हीरो-हीरोइन, विलेन, कॉमेडियन, विलन, कॉमेडियन, निर्देशक और कैमरामैन से एक साथ तारीख़ें मिलें (फ़िल्मी शब्दावली में, न जाने कब यह 'कॉम्बिनेशन जमे'), और कब फिर से शूटिंग हो, कब काम आगे बढ़े। फिर 'इन्टरेस्ट का मीटर तो चालू ही रहता है' (फ़िल्म बनाने के लिए जो क़र्ज़ लिया गया है, उसका ब्याज तो चढ़ता ही जाता है)!

फ़िल्म जगत के टेढ़े-मेढ़े रास्ते जिनकी हर रोज़ की रहगुज़र नहीं है, उनके लिए यह मानना कुछ मुश्किल ही है कि एक प्रोड्यूसर के लिए जीवनदान के बाद अगर कोई वरदान है तो वह है उसकी फ़िल्म में काम कर रहे सितारों की 'डेट्स' और मुख्य गायक-गायिकाओं की काम करने की स्वीकृति। और मैं इसका साक्षी रहा हूँ, जब प्रशंसकों के देव, देव आनन्द ने मुझे एक मुलाक़ात के लिए दी हुई 'डेट' इसी वजह से कैन्सिल कर दी थी।

फ़िल्म के मौजूदा दौर में ऐतिहासिक माने जानेवाले नवकेतन फ़िल्म्स के,

इतिहास जितने ही पुराने ऑफ़िस में, अपने विशाल अर्धगोलाकार टेबल (जिस पर काम करते हुए वे कुरसी पर बैठते कम हैं, टेबल के एक सिरे से दूसरे सिरे तक बिजली की गति से फुदकते अधिक हैं) के पीछे खड़े हुए देव आनन्द कह रहे थे, ''मेरा इण्टरव्यू कैन्सिल! क्योंकि लताबाई ने आज मेरे दो गानों की रिकॉर्डिंग कैन्सिल कर दी है और हम उन्हीं गानों की शूटिंग के लिए कल विदेश जा रहे हैं और यहाँ रिकॉर्ड रिलीज़ करने हैं।'' स्वर में अकुलाहट, लेकिन बोलने का ढंग वही मीठा, मन को सहलाता हुआ।

''मगर ऐसा करने की कोई वजह?'' औपचारिक बातचीत के दौरान यही सवाल पूछा जाता तो जवाब में लम्बी चुप्पी ही मिलती, लेकिन ऐसी उत्तेजनापूर्ण स्थिति में सच्चे शब्द निकल ही आते हैं!

'' आय एम नॉट इण्ट्रेस्टेड इन रीज़न्स, आय एम वरीड अबाउट रिज़ल्ट्स!'' उनकी अंग्रेज़ी में एक खनक है, जो हिन्दी बोलते वक़्त अदृश्य हो जाती है, 'वजह को छोड़िए, मुझे परिणाम की चिन्ता है।'

''लेकिन आप जैसे प्रोड्यूसर को कोई क्यों तंग करने लगा?''

''तंग वह करती नहीं, हम हो जाते हैं। आख़िर हम भी इन्सान हैं!''

बचपन में परदे पर देखते हुए तो नहीं लगता था कि देव आनन्द भी हम-आप जैसे ही इन्सान हैं! ख़ैर, ''मतलब?''

''रिकॉर्डिंग कैन्सिल करने की सालों से उनकी एक ही वजह रही है—उनका गला। सुबह उठ कर, शायद रियाज़ करते वक़्त, जहाँ उनको अपनी आवाज़ उन्नीस-बीस लगी, वहीं फ़ोन आ जाता है कि 'आज तो माफ़ ही करें'।''

''मगर ऐसा करने से तो मुमकिन है कि प्रोड्यूसर किसी और से गवा ले।''

''बिलकुल गवा ले, गवा लेते भी हैं, लेकिन लताजी तो जब तक गला परफ़ेक्ट नहीं होगा, माइक के सामने नहीं जायेंगी।''

शायद ऐसे ही किसी दिन, लताजी ने संगीतकार रौशन के लिए फ़िल्म 'ताज महल' के गीत ''पाँव छू लेने दो...'' की रिकॉर्डिंग की होगी। इस गीत में उनकी आवाज़ कुछ अनुनासिक सुनायी देती है, मुर्कियों में अपूर्णता है और मँजे हुए कानों को, वह लता-सहज श्रुतियों का अभाव खटकता है। आगे बात करते हुए देव साहब ने कहा, ''ऐसा आज तक नहीं सुना गया कि लताजी ने किसी बड़े म्यूज़िक डायरेक्टर या बैनर के लिए, किसी नये प्रोड्यूसर या कम्पोज़र की रिकॉर्डिंग कैन्सिल की हो।''

यानी अपनी गुणवत्ता पर रत्ती-भर भी सन्देह हो तो रिकॉर्डिंग न करने से ज़रा भी झिझकती नहीं हैं! किसी पत्रकार ने इसी बात का तरजुमा कुछ ड्रामाई

अन्दाज़ में किया था : ''लता मंगेशकर छींकती हैं, तो सारे फ़िल्म उद्योग को बुख़ार आ जाता है!''

कहीं स्टेज कार्यक्रम के दिन वे सुबह छींक दीं तो किस-किस को कितना बुख़ार चढ़ जायेगा, यह मैं सोचना भी नहीं चाहता था। लेकिन यह सोच कर बेशक अचरज हुआ, कि आये हुए काम को 'ना' कहने की यह हिम्मत!

हमें लन्दन से यूयॉर्क ले जा रहे हवाई जहाज़ में लताजी सीटों की कतारों के बीच में खड़ी मज़े से बतिया रही थीं। इस समय वहाँ उपस्थित एक-एक करके सभी की नक़ल का दौर ज़ोरों पर था। लताजी के कार्यक्रमों में मिमिक्री वर्जित होगी, पर आपस में बैठे, अतिशयोक्ति से लबालब नक़ल से कोई परहेज़ नहीं। हाँ, इस बात की कोई गारण्टी नहीं कि इसमें किसी का उपहास नहीं होगा, कदाचित् स्वयं अपना भी!

किशोर कुमार इस 'नक़लख़ोरी आन्दोलन' के अगुआ-से थे। उनके लिए नक़ल कर के हँसना-हँसाना, अभिवादन के आदान-प्रदान जैसी सहज प्रक्रिया थी। नक़ल के इस खेल पर मुझे कुछ हतप्रभ-सा देख कर लताजी कहने लगीं, ''किशोर दा तो रिकॉर्डिंग पर हँसा-हँसा कर थका देते थे। गाना चाहे रोमाण्टिक हो या सीरियस, उनको कोई फ़र्क़ न पड़ता। मैं कहती ही रहती कि गाना गा लेने के बाद हँसाइएगा, पर वे तो रुकते ही नहीं थे। म्यूज़िक डायरेक्टर को भी बुला कर शामिल कर लेते थे। मिमिक्री ख़त्म होती, तो तरह-तरह की आवाज़ें निकालते। एक बार तो बायें हाथ को सारंगी बनाकर दाहिने हाथ से बजाने का ऐक्शन करने लगे और गले से सारंगी की हू-ब-हू आवाज़ निकाल कर कोई राग अलापने लगे। फिर उसमें ऐसी जगह पर सुर से फिसलते कि हँसी छूट जाये। कभी-कभी तो हँसते-हँसते हमारे गले बैठ जाते और रिकॉर्डिंग कैन्सिल करने तक बात आ जाती।''

मैंने अपने अब तक के संक्षिप्त संग-साथ में ग़ौर किया कि इस संगीत 35ग्रुप में किसी की नक़ल उतारना मनोरंजन का प्रमुख साधन है। सारे एक-से-एक नक़्क़ाल! और फिर सर्कस की तरह आइटमें पेश नहीं की जातीं। जो नक़ल करवाना चाहता है उसे भी एक किरदार अदा करना पड़ता है। जिसकी नक़ल करवानी हो उससे सम्बद्ध रूपरेखा खींची जाये और एकाध वाक्य में उसका 'क्लू' दिया जाये, ठीक जैसे नाटक के अटके हुए रिहर्सल को आगे बढ़ाने के लिए देते हैं। सो लताजी ने बात का सिरा वायलिनवादक के हाथ में थमाते हुए कहा, ''एक गाने की रिकॉर्डिंग ख़त्म हुई है। गाना बड़ा अच्छा हुआ है। सबने 'टेक' ओ.के. कर दिया है लेकिन प्रोड्यूसर को कोई बधाई नहीं दे रहा है; बेचारे स्टूडियो के एक कोने में खड़े हैं।'' बस, इसके बाद तालीमयाफ़्ता अरबी घोड़े की तरह इशारा पाते ही, वायलिन-वादक

ने अपनी सँकरी सीट में बैठे-बैठे ही वह सम्पूर्ण दृश्य खड़ा कर दिया। और हम सब हँस-हँस कर लोट-पोट हो गये।

यह दौर न जाने कब तक चलता रहता अगर फिर एक बार खाना परोसे जाने की प्रक्रिया शुरू न होती।

एअर इण्डिया में उड़ान के दौरान जिस इफ़रात से खान-पान पेश किया जाता है, उसे देख कर कौन कहेगा कि भारत में कहीं कोई भूखा भी रहता होगा। हर ढाई घण्टे के अन्तराल से कुछ-न-कुछ चना-चबैना आता ही रहता है। अन्तर्राष्ट्रीय स्पर्धा का स्पर्श, सरकारी कम्पनी को भी सतर्क बना कर छोड़ता है। काश, यह कार्यकुशलता हर कर्मचारी भी बरतता।

मेरी बग़ल में बैठी एक तमिल प्रौढ़ा से तीसरी बार आ कर एअर होस्टेस ने अंग्रेज़ी में जानना चाहा कि वह क्या खाएँगी। मैं उसी परिचारिका से अब तक दो बार अनुरोध कर चुका था कि वह हिन्दी में बात करे तो बेहतर, क्योंकि यह महिला अंग्रेज़ी नहीं जानतीं। पर कोई असर नहीं। प्रौढ़ा बेचारी निस्सहाय-सी मेरी ओर देखने लगीं। मैंने अपना ग़ुस्सा दबाते हुए, लेकिन कुछ कठोरता से परिचारिका से कहा कि 'मेरे कहने से तो आप समझी नहीं, कहें तो प्लेन के कमाण्डर से (हवाई जहाज़ के कर्मचारी, 'पायलट' की बनिस्बत 'कमाण्डर' शब्द की ज़्यादा इज़्ज़त करते हैं!) याद दिलवा दें कि एअर इण्डिया की परिचारिका होने के नाते हिन्दी भाषा जानना आपके फ़र्ज़ का एक हिस्सा है'। लेकिन मेरे अस्तित्व तक को नकारते हुए वह चली गयी, तो लताजी ने पूछा, बात क्या हुई? मैंने परिचारिका के असभ्य बर्ताव के बारे में बताया। साथ ही, लताजी के स्वभाव का एक और पहलू मेरे सामने आया। ''जानते हैं हरीशजी, मुझे सबसे ज्यादा नफ़रत किन लोगों से है? उन भारतीयों से, जिन्हें हिन्दुस्तानी कहलाते हुए शर्म आती है। जो कहते हैं कि हम लन्दन, पैरिस और न्यूयॉर्क के तो चप्पे-चप्पे से वाक़िफ़ हैं, पर पाटलिपुत्र या इन्द्रप्रस्थ का नाम आते ही नाक-भौं सिकोड़ कर पूछते हैं कि यह कहाँ की बात ले बैठे? और जो लोग अपने बच्चों को यह कहते हुए हिचकिचाते नहीं, कि 'व्हाट इज़ देयर इन इण्डिया? इण्डिया इज़ अ डर्टी प्लेस'—'भारत में क्या रखा है! वह तो निरी गन्दी जगह है।'

परिचारिका के चले जाने पर मैंने उस तमिल महिला को समझाया कि अब के अगर उसने आपसे अंग्रेज़ी में बात की, तो आप बड़े ठाठ से उसे तमिल में जवाब दीजिएगा। आप झिझकती क्यों हैं? शर्म तो उसे आनी चाहिए कि वह हिन्दी नहीं जानती।

बाद में उन्हें कॉफ़ी में ज़्यादा शक्कर चाहिए थी तो उन्होंने हिम्मत जुटाकर

तमिल में कह ही दिया और परिचारिका ने तपाक से शुद्ध तमिल में जवाब दिया! पल-भर हम सब भौंचक-से देखते रहे, फिर सब-के-सब हँस पड़े और वह लड़की झेंपती हुई अपने काम में व्यस्त हो गयी। फिर तो वह बराबर हिन्दी ही में बातचीत करती रही। और अजब तो यह है कि वह हिन्दी बुरी नहीं बोलती थी!

जब कभी मैं लन्दन जाता हूँ, हवाई अड्डे पर हो रही उद्घोषणाएँ सबसे पहले मेरा ध्यान आकर्षित करती हैं—बोलने की मिठास के साथ-साथ भाषा की शुद्धता भी बरक़रार रखे हुए। और हर बार यह अंग्रेज़ी उद्घोषणाओं को सुनते हुए मुझे अप्रीतिकर लगा है कि हमारे देश में हिन्दी में होनेवाली सार्वजनिक उद्घोषणाओं में कहीं अपनी भाषा के प्रति गर्व की खनक नहीं सुनायी देती। जिस देश के लोगों में अपनी भाषा के प्रति गर्व नहीं, उस देश पर हम गर्व करें भी तो किस भाषा में?

सोचता हूँ, हम राजनीतिक तौर पर स्वतन्त्र तो हुए लेकिन केवल अंग्रेज़ चले जाने से ग़ुलामी का विषम काल अभी समाप्त नहीं हुआ। मानसिक ग़ुलामी से छुटकारा पाते-जाते अभी कितनी देर लगेगी?

लताजी ने ठेठ मराठी में परिचारिका के क़िस्से पर टिप्पणी की, ''हमें 'मेड इन इण्डिया' के ठप्पे पर अभिमान न हो न सही, लेकिन कम-से-कम अपनी राष्ट्रभाषा...अरे अपनी मातृभाषा से शार्मिंदगी तो न हो!'' ख़ैर, बगल में बैठी तमिल प्रौढ़ा को कॉफ़ी में अतिरिक्त शक्कर चाहिए थी, सो मिल गयी। वे प्रसन्न थीं; अशिष्ट परिचारिका को परास्त कर के नहीं, बल्कि मातृभूमि से इतनी दूर, जिस व्यक्ति को वह अजनबी समझ रही थीं वह तो स्वभाषिणी निकली, यही बात उन्हें गद्गद् किये जा रही थी। वे हर्षोन्मुक्त हो कर मेरी ओर मुड़ीं और धन्यवाद के शब्द कहे—तमिल में!

यह तमिल-अंग्रेज़ी-हिन्दी प्रकरण पूरा होते ही हमारा मिमिक्री का दौर फिर शुरू हुआ। लताजी ने मुझसे कहा, ''मुझे बाळ ने (अपने इकलौते छोटे भाई हृदयनाथ को वे 'बाळ'—'नन्हे'—कह कर पुकारती हैं) बताया कि आपने अपने रेडियो कार्यक्रम में कुछ गायकों की छुट्टी की है!''

अच्छा तो अब मेरी बारी थी। विदेशों (ऑस्ट्रेलिया, सूरीनाम, अमरीका, कनाडा) में प्रसारित किये जा रहे मेरे रेडियो कार्यक्रमों में, मुझे हर मुद्दे पर अपनी बेबाक़ राय देने की आज़ादी मिलती थी। ऐसे ही एक कार्यक्रम में मैंने नयी फ़िल्मों और नये गायकों की समीक्षा की थी, जिनमें से एक, मेरी नज़र में गायक कम, नक़्क़ाल ज़्यादा थे। एक उपयुक्त गीत बजाते हुए मैंने उनका वर्णन चार ही शब्दों में किया था : 'स्वर्गीय मुकेश की ज़ुक़ामवाली नाक'। सो अपने उस कार्यक्रम

की एक झलक मुझे सम्पूर्ण अभिनय और अपने अपूर्ण सुरों सहित सुनानी ही पड़ी।

"मुझे भी तो कोई नाम दिया होगा आपने?" लताजी ने हँसते-हँसते पूछा।

अगर उस समय दो परिचारिकाएँ लताजी के ऑटोग्राफ़ के लिए न आतीं तो हमारा यह हास्य सम्मेलन न जाने कब तक चलता रहता। संयोग से, उनमें से एक वही अंग्रेज़ी की हिमायती तमिलभाषी लड़की भी थी। लताजी ने उसकी किताब में हिन्दी में हस्ताक्षर किये और एक सारगर्भित मुस्कुराहट के साथ वह छोटी-सी पुस्तिका उसे लौटायी और जिस निर्लिप्त भाव से गाने की रिकॉर्डिंग समाप्त होने पर वे स्टूडियो से बाहर निकलती हैं, वैसे ही अपनी सीट की ओर जाने को हुईं। दो कदम चलीं, फिर मुड़कर हमसे मुख़ातिब हुईं और हाथ जोड़ कर मराठी में, "मी येते तर" (फिर मिलेंगे) कह कर हमसे सविनय विदा ली।

उनके जाने के बाद भी उन्हीं के साथ आयी हुई चुहल-विनोद की मौज कुछ देर उठती-गिरती रही। कोई साज़िन्दा चहका, "चलो भाई लोग सो जाओ, न्यूयॉर्क उतरने के साथ कस्टम्स में ही पहला रिहर्सल है!"

मैंने नींद पाने का एक और विफल प्रयास किया।

"हम न्यूयॉर्क पहुँच रहे हैं" की घोषणा के साथ एक बार फिर मैंने सोचा कि अगर खिड़की के पास न बैठो, तो फिर हवाई जहाज़ में ही क्यों बैठो? पायलट ने भी, हवाई अड्डे पर उतरने के इन्तज़ार में न्यूयॉर्क की विश्व विख्यात ऊँची इमारतों का, उनसे भी ऊँचे से विहंगावलोकन करवा दिया।

लताजी ने बहुत बाद में मुझे एक बार बालिका-सहज लहजे में कहा था, "आज भी मुझे प्लेन में खिड़की के पास बैठना बहुत अच्छा लगता है।"

मेरा मत है कि ऐसी ही जिजीविषा, उनकी आवाज़ और उनके गायन को युवा रहने का सामर्थ्य देती है।

एअर इण्डिया के चालकों की कार्यकुशलता की मिसाल देते हुए विमान ने लगभग बिना झटके के अमरीका की सरज़मीन को छुआ।

किसी अन्तर्राष्ट्रीय हवाई अड्डे पर उतरते ही, सबसे पहले इमिग्रेशन (आप्रवासन) की औपचारिकता को पार करना होता है। इमिग्रेशन की कतार में आपको रक़म-रक़म के लोग चुपचाप खड़े देखने मिलते हैं। चाहे कोई राजघराने का कुलदीपक हो, या बग़लें झाँकता हुआ अनुभवहीन यात्री; नोबेल पुरस्कार विजेता वैज्ञानिक हो, हफ़्तावार अटलान्टिक पार करनेवाला अन्तर्राष्ट्रीय बिज़नेसमैन, या शरणार्थी, अदना हो या आला, अपनी थकान को कुछ और देर के लिए ताक पर रखे, सब-के-सब आज्ञांकित मुद्रा में अपनी बारी की प्रतीक्षा में खड़े होते हैं। जिस वेग को आप वेग न कह सकें, इतने धीमे वेग से आगे बढ़ने के बावजूद,

इनके चेहरे पर न उतावली की व्यग्रता होती है, न मंज़िल पर पहुँचने का सन्तोष झलकता है।

विश्व समाज के विविध स्तरों का प्रतिनिधित्व करती इस अनुशासनबद्ध कतार को देख कर, नमाज़ के बारे में कहा गया एक शे'र, हमेशा मेरी ज़बान पर आ जाता है :

'एक ही सफ़ में खड़े हो गये महमूद-ओ-अयाज़,
न कोई बन्दा रहा, और न कोई बन्दानवाज़।'

चूँकि हमारा पहला कार्यक्रम वॉशिंग्टन में होना था, न्यूयॉर्क में हमारा आगमन तो नाम-भर को था। यहाँ तो केवल थोड़ी-सी पेट पूजा और कुछ टेली.फ़ोन करने जितना ही समय था हमारे पास।

पहला .फ़ोन छोटी बहन को किया। कुशल-मंगल पूछ कर झट-से मुख्य विषय पर उतर आयीं, क्या लता मंगेशकर साक्षात् वहीं आस-पास हैं जहाँ से उसे .फ़ोन किया जा रहा है? जिससे बात करो, छूटते ही पूछता था, 'लता मंगेशकर कितने गीत गायेंगीं' और 'क्या अमिताभ बच्चन सच आ रहे हैं'? मेरी मनःस्थिति कुछ उस लोमड़ी-सी हो गयी, जो यह जान चुकी है कि आने-जानेवाले लोग उसे नहीं, उसके साथ चल रहे शेर को सलाम कर रहे हैं!

वॉशिंग्टन जाने के लिए न्यूयॉर्क से हमें हवाई जहाज़ ही नहीं, हवाई अड्डा भी बदलना था। वॉशिंग्टन की उड़ान तो चले तब चले, अभी तो हवाई अड्डा ले चलनेवाली बस के चलने में भी देर थी। इसलिए हम विशाल जलपान गृह की ओर मुड़े। काँच की अलमारी में तरह-तरह के व्यंजन पंक्तिबद्ध लगे हुए थे जिनके सामने से गुज़रते हुए अपनी पसन्द के व्यंजन प्लेट में उँड़ेलते जाओ और दूसरे छोर पर निकलते वक़्त पैसे—अब पैसे नहीं, डॉलर और सेंट—देते जाओ।

लेकिन मिर्च-मसाले की आदी मेरी चटोरी ज़बान, कतार के परले सिरे तक कुछ भी न चुन पाई। मेरे पीछे ही खड़ी लताजी मेरी परेशानी ताड़ गयीं; कहा, "अब एअर इण्डिया की आव-भगत भूल जाइए। अब तो महीना-भर बस यही फीका-बेस्वाद खा कर गुज़ारा करना होगा। आप नॉन-वेज तो खाते हैं न? तब तो कोई मुश्किल नहीं होगी; ऊपर से नमक-मिर्च मिला लीजिएगा," और फिर कुछ सार्थक दृष्टि के साथ वाक्य पूरा किया, "भोजन हो या अफ़वाह, नमक-मिर्च बहुत काम आता है," कह कर वे एक ख़ाली टेबल पर जा बैठीं।

व्यंजनों की अलमारियों का दूसरा चक्कर दुगुनी तेज़ी से काट कर, मैं लताजी के पास जा बैठा। उनका आख़िरी वाक्य सुनने के बाद मेरा ध्यान खाने में कम

था, ''आप नमक-मिर्च के बारे में कुछ कह रही थीं!''

''हाँ, नमक-मिर्च से खाने का स्वाद बढ़ता है...''

''...और अफ़वाह का चटपटापन?'' मैंने उनसे बात निकलवाने की ठान ली थी।

''हाँ, मैंने अक्सर देखा है कि सुनी-सुनायी बात को समाचार की तरह पेश किया जाता है। अपने यहाँ रिसर्च कम ही करते हैं।''

इस समय मैं नहीं बताना चाहता था कि हो सकता है यह काम मैं करूँ; वरना मुमकिन था कि मेरे साथ बातें करते हुए वे सतर्क हो जायें। उनकी जीवनी लिखने का निर्णय तो मैंने अभी नहीं किया था, पर विचार ज़रूर आया था। मैंने बात आगे बढ़ानी चाही, ''इस नमक-मिर्च की कोई मिसाल?''

''एक हो तो बताऊँ?''

''एक तो बताइए...क्योंकि आज तक तो मैं आपके बारे में कभी-कभार पढ़ता ही रहा हूँ और आपको गाते हुए ही सुनता आ रहा हूँ।'' कहीं इस लम्बी यात्रा की शुरुआत कड़ुआहट से तो नहीं हो रही, मैंने सोचा!

'अब तो कहना ही पड़ेगा' के भाव से उन्होंने एक लम्बी साँस खींची, ''आप ओ.पी. नय्यर साहब को जानते होंगे।''

''जानता मतलब?...वह मेरे प्रिय संगीतकारों में से एक हैं।''

''तब तो आप शायद यह भी जानते होंगे, कि मैंने नय्यर साहब के लिए गीत क्यों नहीं गाये!''

''जानता...हाँ...सुनी-सुनायी बात है।''

''कहिए, क्या सुना है?''

''यही... कि बहुत पहले, नय्यर साहब के शुरुआत के दिनों में, फ़िल्म सेण्टर (के स्टूडियो) में एक रिकॉर्डिंग करते वक़्त आप 'सिंगर्स बूथ' में गा रही थीं और वह 'मिक्सर' पर रिकॉर्डिस्ट और निर्देशक वग़ैरह के साथ थे और आपने 'इण्टरकॉम' पर उन्हें कुछ अपशब्द कहते हुए सुना और वहीं के वहीं हेडफ़ोन्स उतार कर स्टूडियो से सीधे घर चल दीं, किसी को बताए बग़ैर। बस फिर उनके लिए कभी गाया ही नहीं।''

''अच्छा...?'' लताजी ने कुछ इस तरह पूछा कि, 'इतना ही सुना या आगे का दिलचस्प हिस्सा भी जानते हैं'?

''हाँ, यह भी सुना था कि बाद में हालाँकि आपको पता चला कि वह अपशब्द बस यूँ ही आदतन बोले गये थे, आपके अहं ने आपको उनके साथ सुलह करने की इजाज़त नहीं दी।''

वे कुछेक पल शान्त रहीं, ''नमक-मिर्च भी कितनी अच्छी तरह मिलाया है, कि ज़्यादा तीखा भी न लगे।''

''मतलब?''

''मतलब क्या? मैंने ज़िन्दगी में नय्यर साहब के लिए न कभी कोई गीत गाया है, न ही गाने के लिए कभी किसी स्टूडियो में गयी हूँ।''

''तो?''

''तो...इसकी वजह कुछ और ही थी।''

''क्या वजह थी?''

''यह हमारी 'टूर' (यात्रा) का पहला दिन है, आख़िरी नहीं!''

''जी?''

''आपका नाश्ता अभी ऐसे ही पड़ा है...''

''हाँ...और नमक-मिर्च भी!'' सुनते हुए वे जा कर अपने परिवार के सदस्यों से जा मिलीं।

एक कलाकार सफलता की नयी ऊँचाइयाँ इसलिए तय कर पाता है कि अपने भविष्य के सम्बन्ध में अपने निर्णय स्वयं लेता है। पर उसके बाद वह ऐसी सार्वजनिक सम्पदा बन जाता है, कि उसके अतीत के बारे में दूसरे लोग निर्णय लेने लगते हैं!

वॉशिंग्टन डी.सी., अमरीका, सितम्बर, 1980

प्रकरण 2

द लेडी विद लाँग हेअर

विदेश में मेरी पहली लता-यात्रा की पहली सुबह हुई।

बिस्तर पर से उठते ही दरवाज़े के नीचे से चिट्ठी मिली, 'रिहर्सल दस बजे'। फ़ौजी प्रबन्ध ज़रूर, लेकिन साथ-साथ दूसरों की सुविधा का आदर भी। सुबह सात बजे किसी ने दरवाज़ा-तोड़ दस्तक नहीं दी!

लेकिन रिहर्सल है कहाँ, लताजी ठहरी कहाँ हैं!

"अरे यहीं तो, सामने, वॉटरगेट में," दस बजने में पाँच मिनट पर शशांक का जवाब। शशांक लालचन्द, यानी विशाल वालचन्द उद्योग घराने के एक वारिस, लेकिन स्वभाव से कलाकार और विद्रोही; मेरे नये-नये मित्र और लताजी के विश्वासप्राप्त 'साउण्ड रिकॉर्डिस्ट', जो अब नहीं रहे। पैतृक परम्परा से हट कर, अपने चुने हुए व्यवसाय में रत रहते हुए, 1991 में दक्षिण अफ्रीका के डर्बन शहर में हो रहे कन्सर्ट के दौरान जानलेवा 'हैमरेज' ने उन्हें हमसे छीन लिया।

"वॉटरगेट? सामने? मतलब हमारे होटल का नाम ज़रूर हावर्ड जॉन्सन होगा।" पिछली रात, बम्बई से बाईस घण्टे के सफ़र के बाद मेरी दिलचस्पी होटल का नाम जानने में नहीं थी, कमरा ढूँढने में अधिक थी। इसी हावर्ड जॉन्सन होटल से अभी कुछ ही साल पहले राष्ट्रपति रिचर्ड निक्सन के गुर्गों की बड़े-बड़े टेलीफ़ोटो लेन्स की मदद से तस्वीरें खींची गयी थीं जो कि बाद में गवाह बन कर सामने आयीं। जनतन्त्र के ब्रह्मास्त्र समान पत्रकारिता ने, शासक तन्त्र के ख़िलाफ़ जंग छेड़ दी थी। प्रेस स्वातंत्र्य की चरम सीमा की साक्षी दे रहा था पत्रकारिता की रीढ़ की हड्डी के समान अमरीका का वह क़ानून, जिसके तहत छानबीन कर रहे पत्रकार के लिए यह बताना ज़रूरी नहीं कि उसके समाचार का स्रोत क्या है। राष्ट्रपति निक्सन का तख़्ता पलट गया, उनके बाद तीन-तीन राष्ट्राध्यक्ष आये और गये, लेकिन आज तक कोई यह नहीं जानता कि (दैनिक) वॉशिंग्टन पोस्ट के दो पत्रकारों (वुडवर्ड तथा बर्नस्टाइन) को महीनों तक छुप-छुप कर अन्दर की बातें कौन बताता रहा!

वही वॉटरगेट इमारत! मेरे क़दम उसकी ओर कुछ और तेज़ी से बढ़ने लगे।

होटल ऊपर की मंज़िलों पर था। नीचे की कुछ मंज़िलों पर ऑफ़िस थे, जिनमें से ही एक निक्सन के कथित दुश्मन का था। नीचे स्वागत काउण्टर पर लता मंगेशकर का नाम पूछा तो क्लर्क चकरा-सा गया। मैंने थोड़ी और पहचान दी : भारत से आयी पार्श्वगायिका हैं। ज़्यादा उलझन! उलझन कैसे न होती, 'प्लेबैक सिंगर' शब्द-प्रयोग ही उसके लिए नया होगा। अंग्रेज़ी फ़िल्मों में अव्वल तो गीत ही नहीं के बराबर होते हैं और जितने होते हैं, उन्हें ख़ुद अदाकार ही गाते हैं। उसने कहा कि इण्डियन्स तो अभी कल ही काफ़ी सारे आये हैं, लेकिन आप किसकी बात कर रहे हैं? पास ही खड़े एक अधिकारी ने कहा, "ही इज़ टॉकिंग अबाउट द लेडी विद लॉंग हेअर—एण्ड लॉंगर नेम" ("यह तो उस लम्बे बाल और उससे भी लम्बे नामवाली महिला की बात कर रहे हैं")!

छठी मंज़िल पर लताजी के स्वीट (दो-तीन कमरों के समूह से बने 'घर') का नक़्शा इस समय किसी होटल के कमरे जैसा नहीं था। सारे-के-सारे साज़िन्दे अपने साज़ों से लैस, अपने सामने सरगम के पन्ने रखे, 'गाइड' का सुप्रसिद्ध गीत "काँटों से खींच के यह आँचल..." बजाने में मग्न थे।

मैंने लताजी के पास जा कर अपनी जगह सँभाली। अन्तरों के बीच बज रहे संगीत के दौरान उन्होंने पूछा, "अच्छा सोये? देर रात तक टेलीविज़न तो नहीं देखा? इस देश में सबसे ज़्यादा देखने लायक चीज़ तो टेलीविज़न ही है!" इससे पहले कि मैं इस देश में टेलीविज़न को प्राप्त पत्रकारिता के दरजे पर कोई टिप्पणी करता, गीत का दूसरा अन्तरा आ गया और उन्होंने ठीक ताल पर वह उठा लिया और तन्मय हो कर गाने लगीं।

कई साज़ों के मिले जुले सुर, लताजी की रुकती-बहती आवाज़ और आने-जानेवालों की फुसफुसाहट से घिरा मैं, आने वाले प्रोग्राम नहीं, उस रिहर्सल की बुनियादी ज़रूरत के बारे में मन-ही-मन सवाल उठा रहा था। वही सवाल, जो मुझे अनगिनत लोग पूछ चुके हैं, कि लताजी अपने स्टेज कार्यक्रमों के लिए इतने सारे रिहर्सल क्यों करती हैं? और यह सवाल करनेवाले, यह तो शायद ही जानते हों, कि एक नये गीत की रिकॉर्डिंग के लिए वह इससे दसवें हिस्से की पूर्व तैयारी भी नहीं करतीं। क्या यह मुमकिन नहीं, रिकॉर्ड हो रहे उस गीत में फ़िल्म संगीत के इतिहास में स्वर्णाक्षरों में लिखे जाने की सम्भावना हो!

अब तक यह तय नहीं हुआ था कि उनके गाये कई हज़ार गीतों में से—और उनमें से भी लोकप्रिय हुए सैकड़ों गीतों में से—कौन से (लगभग) बीस गीत इस कार्यक्रम में गाये जायेंगे। वैसे मुझे बम्बई ही में कोई ढाई सौ गीतों की

फ़ेहरिस्त दी गयी थी और कहा गया था, कि आप इन सारे ही गीतों के लिए तैयार रहिएगा, इन्हीं में से पच्चीसेक चुने जायेंगे, लेकिन चूँकि स्टेज पर जा कर आनेवाले हरेक गीत के मुताल्लिक़ कहना मैं ज़रूरी न समझता था इसलिए आख़िरी अनुक्रम आने का इन्तज़ार करना ही एकमात्र विकल्प था।

कार्यक्रम के लिए किसी गीत के चुनाव की बुनियाद थी—प्रेक्षकों के बीच उसकी सफलता। लेकिन वह गीत गाया जाये, तभी तो पता चल सकता है कि वह कितना लोकप्रिय होगा! शायद ऐसी ही स्थिति, क्रिकेट के बारहवें खिलाड़ी की होती होगी। पहले मैच में अपने खेल का प्रदर्शन करने का अवसर ही न मिला और फिर भी शायद, वह दूसरे मैच के लिए न चुना जाये! सो, वॉशिंग्टन 'टीम' की घोषणा का मैं इन्तज़ार करता रहा और रिहर्सल चलता रहो

एक के बाद एक गीत लिए गये, कुछ आधे गा कर छोड़ दिये गये, कइयों में रद्दो-बदल किया गया—कहीं आलाप की लम्बाई में तो कहीं सुर की ऊँचाई में। हर बदलते गीत के साथ मन में उठती प्रतिक्रियाएँ मैं लिखता जा रहा था। और गीतों के बीच में हो रही उनकी बातचीत भी दर्ज करता जा रहा था। मैं नज़रें बचा-बचा कर, किसी को आते देख झूठ-मूठ पन्ने पलट-पलट कर, इन गीतों से जुड़े लताजी के मीठे-कड़वे अनुभव लिख रहा था। अपने सहयोगियों के बारे में उनकी राय, मूल्यांकन, कमज़ोरियाँ, उनकी बातों से झलकता उनका स्वभाव, सब कुछ, टेढ़े-तिरछे निशानों के बीच दर्ज हो रहा था। फिर क्या ही अचरज है कि इन रिहर्सलों के दौरान किया मेरा काम कार्यक्रमों में नहीं के बराबर, लेकिन इस पुस्तक में बेहद काम आया।

किसी एक गीत के ख़त्म होने पर मैंने लताजी से कहा कि गानों के चुनाव से पहले क्या यहाँ के लोगों की, विशेषकर रेडियो ब्रॉडकास्टरों की, राय लेना मुनासिब न होगा?

"हाँ ज़रूर, ख़याल अच्छा है।"

लताजी को औरों के सुझाव स्वीकार करने में कभी संकोच हुआ, हो मैंने नहीं देखा; अन्तिम निर्णय चाहे ख़ुद ही लें।

तभी हमारे चुस्त-चौकस प्रबन्धक मोहन देवड़ा ने लताजी को याद दिलाया, "दीदी उस कैसेट के 'प्रपोज़ल' पर बात कर लेते...रिहर्सल तो परसों भी होनेवाला है।"

"कल क्यों नहीं होगा?" लताजी ने सवाल पूछते हुए अपना निर्णय सुना दिया।

अपने-अपने साज़ समेट रहे साज़िन्दों के बीच ऐलान किया गया कि 'अगला

रिहर्सल कल दोपहर दो बजे होगा'।

"दोन वाज़ता दीदी ?" ("दो बजे दीदी ?") बरबस ही कुछ आवाज़ें निकलीं।

"हाँ, अगर सुबह मिलते हैं तो काम शुरू करते-करते ग्यारह बज जाते हैं, और एक बजे तो लंच टाइम हो जाता है! इसलिए कुछ ठोस काम हो ही नहीं पाता।"

कुछ देर तो सब लोग चुपचाप अपने काम में लगे रहे। सिर्फ़ नज़र से संगीत संचालक के सामने देख भर लेते, कि शायद साज़िन्दों की ओर से वह कोई दलील पेश करे। आख़िर किसी ने कह ही दिया, "दीदी, कल तो वॉशिंग्टन घूमने जाना...मतलब...एक बस भी तय की गयी है!"

"कोई बात नहीं, हम मोहन भैया से कहेंगे कि वह कैन्सिल करवा दें!" ऐसे ब्रह्मवाक्य के सामने कौन दलील टिकती ?

प्रायोजक की एक और याद दिहानी ने वातावरण का तनाव कुछ कम कर दिया, "और दीदी आज शाम इण्डियन एम्बेसी में कॉकटेल्स के लिए भी जाना है"

यह मैंने क्या सुना, भारतीय दूतावास में निमन्त्रण ? जो सरकार फ़िल्म जगत को कनिष्ठ स्तर का मनोरंजन मानती है, उसी सरकार की ओर से निमन्त्रण ?

सरकार का फ़िल्म जगत से प्रत्यक्ष सम्बन्ध, या तो बाह्य आपातस्थिति या बाढ़-भूचाल के समय होनेवाले मनोरंजन कार्यक्रमों के दौरान होता है या फिर आयकर विभाग द्वारा मारे जानेवाले छापों के दौरान। उसी सरकार की मुअज़्ज़िज़ मेहमान होंगी, उसी फ़िल्म जगत की यह प्रतिनिधि ?

भारतीय दूतावास का भवन एक पुरानी, लेकिन आलीशान हवेलीनुमा था। भीतर की साज-सज्जा पूर्णतया भारतीय और सौम्य थी। हमारे दल के बारे में एक बात पर ध्यान कैसे न जाता ? सब के हाथ में नींबू पानी, फलों के रस और कोकाकोला के ही गिलास थे। जो साज़िन्दे बम्बई में शराब पीने का कोई मौक़ा नहीं छोड़ते, वह यहाँ उत्तम स्कॉच व्हिस्की पीने का प्रलोभन कैसे टाल रहे थे ? और वह भी मद्यपान ही के लिए आयोजित महफ़िल में! मैंने दो-तीन लोगों से पूछ कर भी देखा, लेकिन किसी ने एक मुस्कान से आगे कुछ न कहा! एक ने मज़ाक में ज़रूर कहा कि "आज मंगलवार है इसलिए!" मैं उस जमघट में हमारे दल के एक विशेष वादक को ढूँढने लगा। अगर मछली पानी के बग़ैर जी सकती है तो वह भी शराब के बग़ैर रह सकता है! अरे, उसका बस चले तो मुख में गंगाजल की जगह व्हिस्की रखवाए—'नीट'। लेकिन उसने भी यह कह कर बात टाल दी, कि "तुम शुरू करो, पीछे-पीछे हम भी चालू हो जायेंगे"

अपनी छानबीन को वहीं रोक कर मैंने वहाँ से गुज़र रहे एक वेटर से कहा,

''स्कॉच ऐण्ड सोडा विथ आइस''। गिलास हाथ में ले कर अभी मैं मुड़ा नहीं, कि सामने लताजी को पाया। मैंने नमस्ते करने के लिए हाथ उठाए, तो शराब बीच में आयी! गिलास देख कर वे कुछ मुस्कुरायी। मैंने अपना संकोच छिपाते हुए कहा, ''मुझे तो कहा गया था कि कॉकटेल्स हैं!''

''हाँ, हैं ही!'' और बातचीत वहीं रुक गयी; साथ ही मद्यपान की उस शाम, स्वयं-आरोपित मद्यनिषेध की पहेली मैं बुझा पाया। ज़ाहिर है कि इस कड़े परहेज़ का सम्बन्ध लताजी की उपस्थिति से था। उनके व्यक्तित्व में गहरे तक पैठे अनुशासन को तो मैं समझ सकता था, लेकिन शराब से इस हद दर्जे की नफ़रत की वजह?...वह तो बहुत बाद में पता चली।

दूसरे दिन सुबह वॉटरगेट होटल से टेली.फ़ोन पर बुलावा आया। प्रोग्राम 'प्लानिंग' के लिए एक 'मीटिंग' थी।

उस मीटिंग का मक़सद था—कार्यक्रम के प्रस्तुतीकरण को अन्तिम रूप देना। कलाकारों के स्टेज पर आने का क्रम, किसके द्वारा कितने गीत गाये जायेंगे उसका—बेशक कलाकारों की इच्छा को ध्यान में रखते हुए—निर्णय लेना था। हर कलाकार—विशेषकर लताजी—के हर 'सेशन' के अन्त के लिए उचित गीत और वादकों के परिचय के लिए उपयुक्त समय का चुनाव करना था। और उद्घोषक कौन-कौन से गीतों के बाद स्टेज पर आयेगा, उसका भी निर्णय लेना था। डर था कि कहीं उद्घोषक को क्या कहना है, वह भी तय न कर लिया गया हो!

उस बैठक में उम्मीद से ज़्यादा लोग मेरा इन्तज़ार कर रहे थे।

अमरीका के कार्यक्रमों के संयोजक के अलावा, विदेशों में लताजी का सबसे पहला कार्यक्रम (लन्दन के रॉयल ऐल्बर्ट हाल में) आयोजित करने का श्रेय पानेवाले एस. एन.गौरीसारिया, लन्दन ही में 1983 में पहली बार विश्व कप जीतनेवाली क्रिकेट टीम के मैनेजर, पुराने राजघराने के फ़रज़न्द राजसिंह डूंगरपुर और हृदयनाथ मंगेशकर। वरिष्ठ समिति कहिये या सलाहकार गुट कहिये, मुझे औपचारिक स्वागत के साथ बिठाया गया।

''कैसी है तैयारी पहले कार्यक्रम की?'' एक सवाल आया।

''तैयारी कहाँ? मैं तो अभी साँग लिस्ट के इन्तज़ार में हूँ।''

''लेकिन उसके अलावा भी कुछ तो किया होगा न! हम ज़रा जानना चाहते थे कि तुम्हारी प्रस्तुत करने की शैली कैसी होगी!''

तब एकदम से ख़याल आया कि लताजी के विदेश के कार्यक्रमों में अतिथि-उद्घोषक के तौर पर एक-न-एक जानी-मानी हस्ती हुआ करती थी—कभी दिलीप कुमार, कभी नरगिस तो कभी सुनील दत्त। व्यावसायिक उद्घोषक को वह विदेश

के दौरों पर कम ही ले जाती थीं।

''ओह! वैसे क्या कहा जानेवाला है यह पहले से बताने में कुछ संकोच होता है, लेकिन मैं आपको हो रही फ़िक्र समझ सकता हूँ,'' मैंने कहा।

मैंने आरम्भ के केवल तीनेक वाक्य सुनाये, जिनमें न कलाकारों का ज़िक्र था, न साज़िन्दों का, न गीतों का, न फ़िल्मों का। इसकी प्रतिक्रिया के रूप में राजसिंह ने केवल इतना कहा कि ''शुरुआत तो अच्छी है'' और ''चलिए इसी बात पर आपको एक तोहफ़ा दे दें'', कह कर हृदयनाथ ने अपने सुन्दर अक्षरों में लिखी, कार्यक्रम के लिए चुने हुए गीतों की सूची मुझे दी। लिखावट से अंकित उस चित्र के अन्त में उन्होंने देवनागरी लिपि में किये हुए हस्ताक्षर ने मेरा विशेष ध्यान आकर्षित किया। वैसे उसे लिखावट कौन कहता! छोटी-मोटी कलाकृति ही थी। हाथ में दिये गये परीक्षा के पर्चे की तरह, अभी तो मैं एक नज़र में उसका जायज़ा लूँ उससे पहले उन्होंने पूछा, ''कहिए, इनमें से कौन-कौन से गाने के बाद स्टेज पर आने की इच्छा है?''

मैंने कहा, ''इन बातों का आपको ज़्यादा अनुभव है।'' वह छूटते ही, हर दूसरे या तीसरे गीत के बाद मेरे मंच-प्रवेश के लिए निशानी बनाते गये; कलाकारों के परिचय के लिए आना था सो अलग।

इस मीटिंग से लौटते हुए मैं सोच रहा था कि क्या ज़रूरत है कि प्रस्तुतिकरण के एक-एक बारीक पहलू पर तलस्पर्शी चर्चाएँ हों; क्या ज़रूरत है कार्यक्रम को ऐसी दक्षता से चार हिस्सों में बाँटने की, जिससे हर रुचि के संगीत-रसिक को सन्तुष्टि हो; क्या ज़रूरत है हर सेशन के अन्त में गाये जानेवाले गीत के चुनाव पर घण्टा-भर बहस करने की ताकि उसका प्रभावकारी असर लताजी के अगले सेशन तक बना रहे, जबकि श्रोता, लताजी के सैकड़ों लोकप्रिय गीत, फ़िल्मों, टी.वी., वीडियो, रिकार्डों और कैसेटों पर सुनते ही रहते हैं। लोग तो केवल लता मंगेशकर के कार्यक्रम की घोषणा होते ही उनके नाम-भर से महँगे टिकट ख़रीदते हैं। साथ में कौन-सा फ़िल्म स्टार नहीं है, या मिमिक्री और डाँस का मसाला नहीं है, उस तरफ़ कम ही ध्यान देते हैं।

इसका एक ही जवाब हो सकता है कि वह अपनी पिछली सफलता पर आधार नहीं रखतीं—चाहे आज वह सफलता भी पैंतालीस साल की पुख़्ता उम्र पार कर चुकी हो।

यह कहना ग़लत है कि लताजी की स्पर्धा में कोई नहीं। ...है। उन्हीं का सफल अतीत और वर्तमान। लगता है कि लताजी हर बार मुश्किल लक्ष्य पाने के बाद—ऑलम्पिक खेलों में 'हाई जम्प' के खिलाड़ी की तरह—आगे के लिए उस

'लता मंगेशकर कुदरत की तख़लीक़ का एक करिश्मा है,' दिलीप कुमार। विदेश में पहला मंचन;लंदन के रॉयल एल्बर्ट हाल में

लक्ष्य को कुछ ऊँचा उठा देती हैं; जैसे अपने-आपको याद दिला रही हों कि 'निशान चूक माफ़, नहीं माफ़ नीचा निशान'।

लताजी का विश्वास रहा है कि मनोरंजन केवल गाना-बजाना ही नहीं है। सुचारू रूप से चल रहे किसी बड़े और आधुनिक बिज़नेस प्रतिष्ठान की तरह 'शो बिजनेस' के लिए भी आयोजन और अच्छा प्रबन्ध उतना ही ज़रूरी है। शायद इसीलिए अपने कार्यक्रमों के प्रायोजक चुनने में वह पूरी चौकसी बरतती हैं और किसी स्टेज कार्यक्रम को स्वीकार करने में वह कम-अज़-कम छह महीने लगाती हैं।

सुना था कि कलाकारों को अपनी कला छोड़ किसी और विषय की सुधि नहीं होती!

सोचा था कि लताजी भी जानना चाहेंगी कि मैंने पहले कार्यक्रम के लिए क्या तैयारियाँ की हैं। लेकिन दोपहर के रिहर्सल में तो लग रहा था कि वह सिर्फ़ अपनी ही तैयारियों के बारे में सोच रही हैं।

मैंने देखा है कि एक बार किसी को ज़िम्मेदारी सौंपने के बाद लताजी केवल परिणाम ही देखती हैं, काम करने के तरीक़े में कोई दख़ल नहीं देतीं। हाँ, अगर परिणाम पसन्द न आया, तो उस व्यक्ति को निर्ममता से अलग कर देने में हिचकिचाती भी नहीं, और उस समय वह किसी की नहीं सुनतीं।

कुछ देर के बाद मन्ना डे—जो इस कार्यक्रम का एक महत्वपूर्ण अंश थे—रिहर्सल में शामिल हुए और एक के बाद एक युगल गीत, यूँ कहिए मधुरता का सैलाब बहाने लगे। 'चोरी-चोरी', 'श्री 420', 'बसन्त बहार' और 'परिवार' फ़िल्मों के मधुर गीतों के युग में, कुछ देर के लिए हम जी लिए।

रिहर्सल ख़त्म होते ही मैं जाने को हुआ तो लताजी ने मुझसे कहा, "आपका एक छोटा-सा काम है।"

भारत छोड़ने से पहले, लताजी के पसन्दीदा दस गीत हमारे साथ आनेवाले वादकों ने, वाद्यवृन्द के रूप में बजा कर रिकोर्ड किये थे, जो एक कैसेट के रूप में प्रकाशित किये जाने थे। इसी के लिए एक छोटा-सा प्राक्कथन लिखना था, जो उसी शाम लताजी की आवाज़ में रिकॉर्ड किया जाना था। मैं कहाँ जानता था कि मेरे इस छोटे-से लेखन के पुरस्कार स्वरूप मैं उन्हें कुछ नज़दीक से जान पाऊँगा।

कुछ ही घण्टों बाद मैंने अपने-आपको लताजी के कमरे में फिर से पाया। इस बार यहाँ वरिष्ठ मण्डल के साथ लताजी भी मौजूद थीं। वहाँ छाई ख़ामोशी से वातावरण कुछ बोझिल-सा लग रहा था। मैं प्रश्नार्थ भाव से सबकी ओर देखने लगा। संकोचमय चुप्पी लताजी ने ही तोड़ी, "हरीशजी, आपने यह लिख तो दिया, पर मैं कुछ ठीक बोल नहीं पा रही हूँ"

मन्ना दें शास्त्रीयता से लोकप्रियता

लेकिन मैं यह समस्या कैसे सुलझा सकता हूँ, सोच कर मैं शान्त ही रहा। 'दुविधा का एक समाधान चुप्पी है', मैंने मन-ही-मन अंग्रेज़ी की एक कहावत ('व्हेन इन डाउट, कीप क्वाएट') का रूपान्तर किया। लेकिन उन्होंने तो मेरी कश-म-कश बढ़ा दी, ''आपने दोपहर जो इन्ट्रोडक्शन लिख कर दिया, वह मैंने रिकॉर्ड किया। सुनिए आप'', कहते ही उन्होंने टेप शुरू कर दी।

मुग्धावस्था में प्रवेश कर रही किशोरी-सी उनकी बिलकुल साफ़ और महीन आवाज़ सुनायी दी। वाक्यों के विराम स्थानों पर कुछ अस्वस्थता, और जो लताजी हज़ारों गीतों में कहीं नहीं सुनायी देतीं, वह साँस भी कहीं-कहीं सुनायी दे रही थी।

मिनटेक-भर की रिकॉर्डिंग ख़त्म होते ही उन्होंने फिर से रिकॉर्डर का स्विच दबाया और मुझसे कहा, ''मुझे बोलने में बड़ी तकलीफ़ होती है और यह सुनने में भी कुछ अच्छा नहीं लग रहा। आप बताइए, कैसे बोलना।'' यानी मुझे इस विश्वप्रसिद्ध गायिका को सिखाना होगा कि बोला कैसे जाता है!

आश्चर्य तो उनकी सादगी पर हुआ। लताजी फ़िल्म जगत में अपने स्थान से अच्छी तरह से वाक़िफ़ होने के बावजूद कितनी आडम्बरहीन हैं, यह मैं धीरे-धीरे समझ रहा था।

मैंने कहा, ''देखिए, बोलने का सबका अपना अलग-अलग तरीक़ा...''

''फिर भी इसको कैसे सुधारूँ, यह बताइए,'' उन्होंने आग्रह के स्वर में दो-टूक आदेश दिया।

मैंने वह पर्चा माँगा और फिर से टेप चलाने को कहा। सुनने के बाद पाँच अलग-अलग सुझाव दिये, कि कहाँ पूर्ण विराम के संकेत को मानना और नयी साँस भरना। कहाँ नयी साँस के बग़ैर ही अटकना। एकरसता कम करने के लिए कहाँ ज़रा ऊँचा सुर ले कर नये वाक्य का आरम्भ करना और आख़िरी वाक्य को शुरू करने के बाद, किस तरह पढ़ने की गति कम करना, जिससे कि अन्त का निर्देश हो। और हाँ, आख़िरी दो-एक शब्द भी कुछ ऊँचे सुर पर कैसे छोड़ना।

सुनते ही वह ''सुनिए आप'' कह कर एक बार बोल कर सुनाने को हुईं,

लेकिन फिर, ''चलिए रिकॉर्ड ही कर डालते हैं'', कुछ यूँ कहा, जैसे कहती हों, ''हो यह काम पूरा!''

रिकॉर्ड करने के बाद सुना तो मैं चकित रह गया। उन्होंने मेरे पाँचों सुझावों को अक्षरशः बुन लिया था।

व्यावसायिक स्तर पर ऐसे आलेख बोल कर कुनबे पालनेवाले (और बाज़दफ़ा आयकर विभाग की पैनी नज़रों में आनेवाले!) कई 'ब्रॉडकास्टर' भी इतने सारे सुझावों पर एक साथ, इतनी जल्दी, शायद ही अमल कर पाते हैं।

नयी रिकॉर्डिंग सुन कर उन्होंने कहा, ''अब पहले से बेहतर लगता है न! अच्छा हुआ, आपने मुझे सिखाया।'' क्षणभर के लिए उस कमरे में छायी विकल-सी शान्ति में मुझे लगा कि शायद और लोग सोच रहे हैं कि ठीक है इतनी बड़ी कलाकार चाहे थोड़ी बहुत जानकारी पाने के लिए कुछ उत्सुक थीं, पर यूँ एक नये 'रंगरूट' के सामने अपनी त्रुटि प्रदर्शित करना ज़रूरी नहीं था। सो मैंने साहजिक विनोद से कहा, ''लताजी, जितना मैंने आपको बोलना बताया, उतना ही अगर आप मुझे गाना सिखा देतीं...!''

सबके ठहाके की आवाज़ कम होते-होते उन्होंने पूछा, ''यहाँ के लोगों की संगीत की रुचि के बारे में कुछ जानने को मिला? आप तो यहाँ की रेडियो एनाउन्सर को जानते हैं न?'' मैंने कहा कि गीतों के बारे में जानकारी नहीं मिली, लेकिन इतना ज़रूर पता चला है कि वॉशिंग्टन के श्रोता अपनी सुरुचि और संगीत की सूझ-बूझ के लिए ख़ास जाने गये हैं। मुझे तो यहाँ तक कहा गया है कि हम यहाँ भारत के बाहर रहनेवाले विश्व के सर्वश्रेष्ठ भारतीय (या एशियाई) दर्शक वर्ग से मिलेंगे।

उन्होंने भोलेपन से पूछा, ''लेकिन यह तो अच्छी बात है न!''

''मैं तो अच्छी बात ही समझ कर चल रहा हूँ। सुना जाता है कि वॉशिंग्टन में बसे भारतीय सर्वाधिक पढ़े-लिखे और सफलतम व्यवसायियों में से हैं।''

''बात सच भी हो सकती है,'' लताजी ने कहा, ''मैं यहाँ एक बार कार्यक्रम कर चुकी हूँ। आपने वह ऑडिटोरियम देखा है? आज शाम रिहर्सल के बाद हम लोग 'साउण्ड चेक' के लिए जा रहे हैं।''

'यह रिहर्सल का सिलसिला तो रुकता ही नहीं!' मैंने सोचा। जब ख़ुद ही गाये हुए और अनगिनत बार सुने हुए कुछ सुविख्यात गीत गाने हैं, तब भी! पता चलेगा धीरे-धीरे, अभी तो नया 'रंगरूट' हूँ न!

मुझे याद आया कि बम्बई के फ़िल्म जगत में नयी आयी हुई और सफलता के नाम पर जिसके पास अभी दो या तीन लोकप्रिय गीत थे, एक ऐसी गायिका

ने, अभी पिछले ही साल मुझे अपने एक स्टेज कार्यक्रम में उद्घोषणा के लिए निमन्त्रण दिया था।

मैंने जानना चाहा था कि रिहर्सल कितने और कहाँ होंगे, तो कुछ तिरस्कार से हँसकर कहा कि "मुझे तो रिहर्सल की ज़रूरत ही नहीं पड़ती। मैं तो बस कार्यक्रम से घण्टा-भर पहले पहुँच जाती हूँ और वादकों के साथ सुर मिला लेती हूँ, लेकिन अगर आपको ज़रूरत है तो मैं गानों की लिस्ट भिजवा दूँगी।"

मैंने (कम-अज़-कम उस कार्यक्रम में) काम न करने का निर्णय तो तुरन्त ही ले लिया था, फिर भी पूछा कि "आपसे दो-एक बार तो मिलना ही पड़ेगा, क्योंकि मैं आपको अच्छी तरह जानता नहीं।"

फिर वही बड़प्पन की चुग़लख़ोर हँसी; कहा, "फ़िल्म इण्डस्ट्री में किसी से पूछ लीजिए, आपको बता देगा!"

और एक हैं लता मंगेशकर, जो रिहर्सल के दौरान अगर एक गीत के एक अन्तरे में कहीं एक वाद्य भी सही न बजा, तो त्योरियाँ सिकोड़ कर वाद्य संचालक की ओर देखती हैं, गीत रुकवाती हैं और भूल दुरुस्त न हो, तब तक आगे नहीं,बढ़तीं।

क्या यह कहना मिथ्या नहीं होगा कि लता मंगेशकर केवल ईश्वरीय देन पर इतनी आगे बढ़ी हैं? मैंने पच्चीसों बार लोगों से सुना है, "वह तो ख़ुशनसीब हैं कि यह आवाज़ मिली" तब एक मन्द-सी मुस्कान देने के अलावा मैं कर भी क्या सकता हूँ?

शताब्दियों से बच्चे माँ-बाप से उपदेश सुनते आये हैं कि "सुबह जल्दी उठो।" हालाँकि इनमें से कुछ चुने हुए पिताओं ने (जिसमें मुझसे पिछली पीढ़ी का समावेश है) स्वयं तो किसी विशेष अवसर (यानी नव वर्ष, हवाई जहाज़ पकड़ना, शादी-ब्याह या मृत्यु) को छोड़, कभी उगते सूर्य की लालिमा नहीं देखी, पर अपने बच्चों को बेहतरीन परवरिश के इस पहलू से वंचित नहीं रखना चाहते।

मेरे पिताजी तो मेरे सामने पौ फटने की घड़ी का बड़ा ही सुहाना शब्द—चित्र अंकित कर देते। उस कैन्वस पर दिखते थे-छँटते कोहरे के धुँधलके में बम्बई वासियों को उनकी नींद खुलने से पहले दूध पहुँचाने के लिए सूने रास्तों पर सरपट भाग रहे ग्वाले; उसमें सुनायी देता रामायण की चौपाइयों का उनका गुनगुनाना और उनकी तेज़ चाल के साथ लय मिलाती दूध की काँवर के बाँस की चूँ-चूँ। उस चित्र में होते थे, अपने स्वास्थ्य की रक्षा के लिए सुबह सैर पर निकलनेवाले वृद्ध। उसमें, सुबह मन कितना निर्मल और शान्त होता है, उसका, शरीर विज्ञान की पुस्तक

में परिशिष्ट के रूप में छापने लायक वर्णन भी होता था। और बाद में, ''तू महीना भर जल्दी उठ कर तो देख'' का प्यार-भरा आह्वान भी होता था। पलभर के लिए तो मैं पसीज भी जाता था, पर जिस बुद्धिभ्रष्ट बालक के लिए बड़ी सुबह की नींद ही स्वर्ग का पर्याय हो, वह योगेश्वर कृष्ण की तरह दिये गये समय के तत्वज्ञान को, पार्थ की गम्भीरता से कैसे लेता!

बल्कि मुझे याद है; एक रात नसीहत के ऐसे ही सैलाब से ऊब कर मैंने करारा-सा सुझाव दिया था, कि क्यों न हम दोनों ही साथ-साथ सुबह घूमने चलें! वे अपने ग़ुस्से को काबू में किये हुए अपने कमरे में चले गये थे।

एक पीढ़ी बाद आज मेरी बेटियाँ ऐसा जवाब सोचने की भी तकलीफ़ नहीं लेतीं। बस, चुप-से मेरा कहा सुन लेती हैं। एक बार उपदेश के ऐसे ही एक दौर के बाद, मेरी पत्नी ने दरवाज़े की दरार में से उनकी बातचीत सुनी थी। साढ़े चार साल की नन्ही, अपनी तुतलाती ज़बान में बड़ी बहन से कह रही थी, ''पापा तो सुबह सोते ही होंगे; उन्हें क्या पता कि हम नहीं उठे थे!'' और उसके बाद मुझसे भी देर से उठने लगीं!

बच्चों की तरह नींद भी अभिभावक के कहने में कहाँ रहती है?

जिस रात निर्णय किया था कि कल तो सूरज सर पर आने तक नहीं उठूँगा ताकि कार्यक्रम के लिए पूरी तरह तरो ताज़ा रह सकूँ, उसी दिन नींद ने दग़ा किया। तड़के ही नींद खुल गयी। घड़ी में समय के साथ चमकती हुई तारीख़ भी देखी—किसी महत्वपूर्ण घटना के निर्देश के समान! महसूस किया कि पेट में कुछ अजीब-सी गड़बड़ हो रही थी। जिस इण्टरव्यू पर आपके सारे कैरिअर का दारोमदार हो, उसके लिए जाने से पहले, या फिर मिलन की पहली रात दुल्हन को—और बाज़ दफ़ा दूल्हे को भी—ऐसे ही शारीरिक उद्वेग का मुकाबला करना पड़ता होगा।

शाम सात बजे हम होटल के प्रांगण में जमा हुए।

हमारे होटल के गोरे रिसेप्शन क्लर्क ने अब तक हमारे दल में कोई विशेष दिलचस्पी नहीं दिखाई थी। लेकिन आज ही सुबह के एक राष्ट्रीय अख़बार (वॉशिंगटन पोस्ट) में लताजी का इण्टरव्यू छपा था, जिससे उसके मन में कुतूहल जागा था। और जब से पता चला कि टिकट कितने महँगे हैं, तब से वह कार्यक्रम में आने के लिए ललचा उठा था। वादकों से कमरों की चाभियाँ वापस लेते हुए अपने स्मित में चाशनी घोल कर हर अंग्रेज़ी जाननेवाले से अनुरोध करना शुरू किया, ''आपको हमारे होटल में कोई तकलीफ़ तो नहीं...क्या दो टिकट की व्यवस्था नहीं हो सकती?...यू सी...ऐसे थियेटर (जे.एफ़.के. सेण्टर) में तो बड़े-बड़े नामी अमरीकन कलाकारों के कार्यक्रम होते हैं, फिर भी टिकट इतने दामी नहीं होते...'' मुझसे टिकट

माँगते हुए आख़िर उसने अपनी बुनियादी शंका का निवारण करना चाहा, "यह लाटा...है कौन?"

इस सज्जन को टिकट दिलाने पर एक अमरीकन का वर्तमान भारतीय संस्कृति के एक पहलू से परिचय होगा, सोच कर किसी-न-किसी तरह व्यवस्था करवा ही दी। बहुत झुक-झुक कर आभार प्रकट करते हुए उसने अपने सहायकों से ताक़ीद की कि होटल में हमें शिकायत का कोई मौक़ा न रहे!

शशांक लालचन्द की नाटी नेतागिरी में हम लोग जाने के लिए तैयार खड़े थे। "एल.एम.यूनिट स्टॅन्डबाय!" ("लता मंगेशकर दल तैयार रहे!") के उद्‌गार अब वातावरण में किसी भी क्षण गूँज सकते थे। सुनते ही हम लोग बाहर फ़ुटपाथ पर आये।

जो बस हमें वॉशिंग्टन का भ्रमण करने ले जानेवाली थी, वही हमें प्रेक्षागृह ले जाने को तैयार खड़ी थी।

भारत में 'इन्दिरा डॉक', 'इन्दिरा स्टेडियम' और 'इन्दिरा गांधी हवाई अड्डा' हैं, तो अमरीका में हमने प्रवेश किया 'केनेडी' हवाई अड्डे से और अमरीका में हमारा पहला कार्यक्रम होने जा रहा था 'द जॉन एफ़. केनेडी सेण्टर फ़ॉर द परफ़ॉर्मिंग आर्ट्‌स' में। अपने-अपने राष्ट्रों के राजनीतिक जीवन पर इन दोनों घरानों का जितना प्रभाव रहा, उतना ही साम्य उनके जीवन के अन्त के सम्बन्ध में भी रहा।

हम थियेटर आ पहुँचे।

अमरीका के भूतपूर्व और लाडले राष्ट्रपति स्वर्गीय जॉन एफ़. केनेडी की स्मृति में निर्मित यह भवन बाहर से जितना नयनाभिराम था, उतना ही भीतर से भी था। अन्दर पहुँचते ही, एक अलग ही लालिमा ने हमें घेर लिया। पाँव तले, टख़ने धँस जायें इतनी मोटी लाल कालीन, आस-पास लाल सीटें और दूर कक्ष की क्षितिज पर, मख़मल के शोख़ लाल कपड़े की पृष्ठभूमि में, काफ़ी नीचे तक आये हुए दीपवृक्ष (शेण्डेलियर)। वहाँ चहल-पहल के नाम पर कन्सर्ट हॉल के अमरीकन कर्मचारियों की आपस में फुसफुसाहट ही थी।

ठीक साढ़े सात बजे लताजी, मन्ना दा वग़ैरह आ पहुँचे। परस्पर नमस्कार हुए, हँसते-हँसाते बातें हो रही थीं...पर लगा जैसे कहीं कुछ ठीक नहीं था। राजसिंह के अभिवादन में भी, वह टीम का हौसला बढ़ानेवाला जोश नहीं था।

मैंने उनसे पूछ ही डाला। जवाब में उन्होंने अपनी परेशानी दबाते हुए उल्टे मुझसे पूछा, "तुमने कैसे जाना?...हाँ मामला कुछ गम्भीर है।"

"हुआ क्या?"

''एक टेलीफ़ोन आया था (अज्ञात व्यक्ति का) कि थियेटर में किसी ने बम रखा है, जो किसी समय फट सकता है''

''बम!''

''हाँ...बम।'' शायद उस विषय में ज़्यादा बात नहीं करना चाहते थे।

''पर आप तो बड़े स्वस्थ दिख रहे हैं!''

''और कर भी क्या सकता हूँ? मन्त्र जप कर बम को नाबूद करने की शक्ति तो मुझमें है नहीं!'' और उनके एक मर्दाना ठहाके ने माहौल को कुछ हल्का किया, ''पुलिस को भी इतला की गयी है।''

''लेकिन बम फटने से पहले पुलिस भी क्या कर सकती है?''

''यहाँ की पुलिस के लिए यह कोई नयी बात नहीं है। इतनी वारदातें होती हैं कि एक पूरी शाखा ही बनायी हुई है : बॉम्ब स्क्वॉड, जिनका काम ही यह है; छिपे बम ढूँढ़ निकालना और उन्हें निर्जीव कर देना।''

अब तो भारत की पुलिस भी इसकी आदी हो गयी है और हमारे पास भी आधुनिक उपकरणों से लैस बॉम्ब स्क्वॉड हैं। इसे प्रगति की एक निशानी कहा जाये!

चूँकि अब तक साज़िन्दों में से किसी को इस बात की भनक नहीं पड़ी थी, स्टेज पर यथावत् काम चल रहा था। तभी मेरी नज़र दो प्रवेश द्वारों पर पड़ी। फ़ौजी वर्दीनुमा गणवेश पहने दो पुलिस अफ़सरों के साथ, एक-एक डरावना कुत्ता। कुत्ते तेज़ी से कोना-कोना सूँघ रहे थे और कुछ न मिलने पर, जैसे आगे कुछ मिलने की उतावली में रास पकड़े अफ़सर को घसीटे जा रहे थे।

प्रेक्षकों की सीटों की कतारों के बीच, स्टेज पर, ग्रीन रूम में, हर जगह देखा गया। स्टेज के नीचे के हिस्से की तलाश को ज़्यादा ही देर लग रही थी। हम सबको स्टेज के पीछे एकत्रित किया गया—शायद इसलिए कि बाहर लोग आना शुरू हो गये थे।

इस समय स्थितप्रज्ञ रहने के सिवा और कोई चारा नहीं था। इस विषय पर बातें करते रहने से तो दहशत ज़्यादा ही फैलती। सोचने की बात थी कि ऐसी सम्भावित दुर्घटना की स्थिति में मुख्य कलाकार पर क्या गुज़र रही होगी?

नज़दीक चहलकदमी कर रहीं उषाजी ने पूछा, ''क्या सोच रहे हैं हरीशजी?''

''बस यही कि अब तो निर्णय इन कुत्तों के हाथ में है। यह श्वान सेना इजाज़त दे तो स्टेज पर, वर्ना वापस होटल!''

कुछ ही दूरी पर लताजी बैठी थीं। अनमने भाव से अपने तलुए फ़र्श पर ठप्-ठप् किये जा रही थीं। ऐसी मन:स्थिति में भी मेरा ध्यान उनके पैरों में पहनी

'निपुण वक्ता राजसिंह...'

सोने की पायल और नाज़ुक काली चप्पलों पर जड़े हीरों पर गये बिना न रहा। सुना था, पैरों में सोना पहनने का अधिकार राजघराने के सदस्यों को ही हासिल है, दूसरे पहनें तो अपशगुन माना जाता है। तो क्या उन्होंने यह पायल विद्रोह के रूप में पहनी है?...या कहीं किसी विशेष राजघराने की ओर से भेंट है? मालूम करना चाहिए!

बीस मिनट के अन्त में कुत्तों ने अफ़सरों को और अफ़सरों ने हमें अपना निर्णय सुना दिया—यहाँ कहीं बम नहीं है। फिर भी सुरक्षा हेतु, कार्यक्रम समाप्त होने तक, एक पुलिस कर्मचारी अपने कुत्ते सहित यहाँ तैनात रहेगा।

वाह, कुत्ते का नसीब! बाहर लोग सैकड़ों की तादाद में टिकट के नाम पर हो-हल्ला कर रहे हैं और ये जनाब यहाँ कलाकारों के सान्निध्य में पसर के पड़े हैं। आशा है, कुत्ते को हिन्दी फ़िल्म संगीत में (ख़ासकर पुराने गीतों में) दिलचस्पी होगी। शायद मेरे विचार ताड़ते हुए लताजी ने कहा, "इसको हमारे गाने अगर बहुत अच्छे लगें, तो कहीं अपनी भाषा में तारीफ़ न करने लगे!"

नियत समय से बीस मिनट बाद कार्यक्रम शुरू हुआ।

लता मंगेशकर का कार्यक्रम, और बिना किसी औपचारिकता के आरम्भ हो! न फूल मालाएँ, न भाषण! छूटते ही संगीत नाम का स्वस्थ मनोरंजन। शुरुआत हुई लताजी द्वारा श्रीमद् भगवद्गीता के नवम् अध्याय के प्रथम श्लोक के गायन से।

"इदं तु ते गुह्यतमं प्रवक्ष्याम्यनसूयवे।
ज्ञानं विज्ञानसहितं यज्ज्ञात्वा मोक्ष्यसऽशुभात्।।

सोचा, लताजी से कभी पूछूँगा कि आपने यही श्लोक क्यों चुना, जब गीता के दर्शन का प्रतिनिधित्व करनेवाले ज़्यादा नहीं तो पाँच श्लोक गिनवाये जा सकते हैं। यह बात और है कि इनमें से दो-एक तो स्कूल-कॉलेज के निबन्धों से ले कर, अनगिनत हिन्दी फ़िल्मों के आरम्भ में सैकड़ों बार घिसे जा चुके हैं।

गीतों का आरम्भ 'कभी कभी' के मशहूर शीर्षक गीत से हुआ। यह गीत अगर उसकी लोकप्रियता के कारण गाया जा रहा था, तो इसके चुनाव में लताजी की व्यक्तिगत भावुकता भी रही होगी। मुकेशजी की मृत्यु के बाद यह उनका पहला

अमरीका-दौरा था, जिसका यह पहला कार्यक्रम था। लग रहा था, प्रेक्षकों को भी यह बात कहीं छू गयी थी। जितनी तालियाँ इस गीत के आरम्भ में सुनायी दीं, उससे कहीं ज़्यादा गीत के समाप्त होने पर।

दूसरा गीत था, तभी-तभी लोकप्रिय हुआ, "मैं तुलसी तेरे आँगन की..."। इस बार तालियों के साथ, हर्ष का शोर भी था।

इसके बाद लताजी ने मानो मिठास का झरना बहा दिया : "राधा ना बोले..."। प्रतिक्रिया स्वरूप, आगे की कतारों में बैठे हुए संगीत पारखियों की 'वाह!' के उद्‌गार सुन कर ऐसा लगा जैसे वह लोग, आगे गाये जानेवाले किसी ऐसे ही दुर्लभ गीत के लिए बना माहौल तोड़ना न चाहते हों।

पर आगे तो वह गीत था, जिसने उन दिनों हिन्दी फ़िल्मों पर हुए 'डिस्को' के आक्रमण का मुँह-तोड़ जवाब दिया था : "डफलीवाले..."। प्रेक्षागार, तालियों, शोर और सीटियों से गूँज उठा।

स्टेज के एक छोर पर विंग में खड़े-खड़े मैंने सोचा कि आज के प्रेक्षकों को दो वर्गों में बाँटा जा सकता है। एक वह, जो कि संगीत की सूझ-बूझ रखता था, लेकिन जो अपनी सराहना को, अपने आल्हाद को तालियों की गड़गड़ाहट में रूपान्तरित नहीं करना चाहता था। शायद यही वह सुरुचिपूर्ण रसिक वर्ग था जिसने वॉशिंग्टन के प्रेक्षकों का नाम ऊँचा उठाया था।

इसके विपरीत दूसरा वर्ग वह था, जो अपनी रोज़मर्रा की एकरसता से छुट्टी पाने, एक शाम गुज़ारने-भर निकला था, जिनके आनन्द की अभिव्यक्ति तालियों और फ़रमाइशें चिल्लाने तक ही सीमित होती है।

मैंने प्रेक्षकों के बारे में अपना अभिप्राय स्थानीय संयोजक को दिया। उन्होंने कहा कि प्रेक्षकों के इस दूसरे वर्ग में एक बड़ा ही महत्वपूर्ण भाग उन लोगों का है, जिन्होंने थियेटर में बम होने की हमें ग़लत ख़बर दी थी।

"वजह?"

"सीधी-सी बात है! लता मंगेशकर के कार्यक्रम का आयोजन यही प्रतिस्पर्धी गुट करना चाहता था।"

शो बिज़नेस की रणनीति के जायज़ और नाजायज दाँव-पेंच मेरी समझ में कुछ-कुछ आने लगे।

प्रेक्षकों से कुछ फ़रमाइशें मिली थीं लेकिन चूँकि उनमें अन्तर्विरोध ज़ाहिर था, अभी तक लताजी तक पहुँचायी नहीं गयी थीं। कुछ श्रोता नये गीत सुनना चाहते थे, कुछ अतीत की मधुर स्वर लहरियों में खो जाना चाहते थे। इसके अलावा इन काग़ज़ के टुकड़ों में भारत की अनन्य समस्या ने यहाँ भी सर उठाया

था। हर कोई अपनी मातृभाषा में लताजी का गाया 'कम-से-कम एक' गीत सुनना चाहता था!

उपस्थित प्रेक्षकों में कुछ राजदूत भी थे, जिनका औपचारिक स्वागत करते हुए आभार व्यक्त करना आवश्यक था। शुरुआत भारत के राजदूत से करनी थी। उनके नाम की घोषणा करने के बाद मैं तालियों की प्रतीक्षा में ज़रूर दो-तीन सेकेण्ड रुका होऊँगा। मैं आगे बढ़ा। अगली बारी एक अन्य देश के राजनयिक की थी। ख़ुद राजदूत तो मौजूद नहीं थे, उनका प्रतिनिधित्व उनकी पत्नी कर रही थीं। उनके नाम की घोषणा होते ही हॉल तालियों से गूँज उठा। मेरे मुँह से एक सार-गर्भित "ओ...ह!" निकल गया। इससे अधिक मेरी निजी राय प्रकट करना उस समय न उचित था, न ही सम्भव!

चूँकि लताजी वॉशिंग्टन में पहले भी कार्यक्रम कर चुकी थीं, उन्होंने कुछ ऐसे गीत चुने थे जो इससे पहले किसी मंच से कम ही गाये थे। 'गूँज उठी शहनाई' का "तेरे सुर और मेरे गीत...", 'जेलर' का "हम प्यार में जलनेवालों को...", 'चोरी चोरी' का "रसिक बलमा..." वग़ैरह।

लेकिन वॉशिंग्टन के श्रोताओं के लिए विशेष तौर पर चुना गया—और लताजी तथा मन्नादा द्वारा बार-बार तैयार किया गया—शास्त्रीय राग 'हंसध्वनि' (जो कि लताजी के लिए बड़ा यादगार और महत्वपूर्ण राग क्यों है, वह इस पुस्तक में कहीं आगे) पर आधारित फ़िल्म 'परिवार' का युगल गीत, "जा तोसे नाहीं बोलूँ कन्हैया..." रणभूमि में आने से पहले ही वीरगति को प्राप्त हुआ!

ठीक है, शास्त्रीयता ने लोकप्रियता के लिए जगह बनायी। उन्होंने 'चोरी चोरी' का सुन्दर प्रेम गीत, "ये रात भीगी भीगी..." और 'बसन्त बहार' का "नैन मिले चैन कहाँ..." गाये। और गाये सो ऐसे गाये कि प्रेक्षकों की करतल ध्वनि, गायकों को स्टेज पर से उतरने ही नहीं दे रही थी।

युगल गीतों का दौर समाप्त होते ही मन्ना दा ने कव्वाली की शोख़ी को आज़माना चाहा और बहुत सही चाहा—फ़िल्म 'वक़्त' से साहिर लुधियानवी का गीत "ऐ मेरी ज़ोहराजबीं..."—उत्तरावस्था में पहुँचे दम्पतियों के प्यार का इज़हार और "यारी है ईमान मेरा..."—फ़िल्म 'ज़ंजीर' में अपनी 'विलनगिरी' से छुट्टी ले कर प्राण का किया यादगार पठान नृत्य।

एक अजीब बात देखने में आयी कि लोग तेज़ रफ़्तार और शान्त-मधुर दोनों ही तरह के गीत एक-सी दिलचस्पी से सुन रहे थे। हर गाने के बाद की तालियों की गड़गड़ाहट में, आगे और सुनने की लालसा भी सुनायी-सी दे रही थी। जैसे सब एक साथ कहना चाहते हों, कि इस कारवाँ को रोकियेगा मत।

मैंने ग़ौर किया कि गाना गा कर स्टेज पर से लौटते वक्त, जब कि मैं स्टेज पर जा रहा होता, सामने लताजी मिलतीं और मेरी मुस्कुराहट के जवाब में कुछ ऐसे ज़बान काट लेतीं, जैसे अपने आप से कह रही हों ''मैंने अच्छा नहीं गाया!''

अच्छा नहीं गाया!! ज़रा अपने पीछे हो रहा प्रेक्षकों का शोर तो सुन लेतीं। वह बेकाबू अन्धड़, कई पसन्दीदा गीतों की पहली पंक्तियों की मिली-जुली फ़रमाइश हुआ करता था।

कार्यक्रम का अन्तिम दौर हमेशा पराकाष्ठा का चरण होता है। इसमें लताजी के गाये उन गीतों को एक लड़ी में पिरोया गया था, जिनके द्वारा पारलौकिक वातावरण खड़ा हो जाता है। डिटेक्टिव और पुनर्जन्म की फ़िल्मों के इन गीतों के बोल, तर्ज़, गायकी, सब मिल कर यथार्थ सम्भावनाओं के इस लोक से, हमें तिलिस्म की सरज़मीन पर ले जाते हैं।

इन गीतों को प्रस्तुत करते समय, रौशनी कम कर दी गयी , उसमें अलग-अलग रंग घोले गये ताकि समाँ और बँधे।

पहले गीत के अन्तिम सुर दूसरे गीत के आरम्भ में जैसे छलक जाते। रोमांच की सिहरन तालियाँ बन कर बधाई और धन्यवाद का सन्देश अपने पूरे जोश पर दे पाएँ, उससे पहले ही दूसरा गीत आरम्भ हो जाता। इसी तरह तीसरा और चौथा गीत समाप्त होते-होते प्रेक्षक हर्षोन्मत्त हो उठे। ये गीत हैं : 'महल' का ''आयेगा आने वाला...'', 'मधुमती' का ''आ जा रे परदेसी...'', 'बीस साल बाद' का ''कहीं दीप जले कहीं दिल...'' और 'वह कौन थी' का ''नैना बरसे रिमझिम...''। इन गीतों का, अलबत्ता चुना हुआ एक-एक अन्तरा ही लिया गया था।

इस रचना के चलते ही प्रेक्षकों को अन्दाज़ा हो जाता है कि कार्यक्रम का अन्त नज़दीक है, कि शायद यह आख़िरी गीत है। फिर भी इसके ख़त्म होते ही माहौल में तिश्नगी-सी छा जाती है। ऐसा ही अलौकिक संगीत और भी सुनने की चाह प्रेक्षकों में मचल उठती है। साथ-साथ यह विचार भी ज़रूर आता होगा, कि इस पारलौकिक गीत समूह के बाद तो राष्ट्रगीत की गरिमा ही ठहराव पैदा कर सकती है।

हालाँकि उपस्थित राजदूतों के स्वागत के दौरान प्रेक्षकों ने तालियों की भाषा में हमें कुछ समझा दिया था, फिर भी राष्ट्रप्रेम से ओत-प्रोत गीत ''मेरे वतन के लोगो...'' गाया गया और उस कार्यक्रम को आह्लाद और सन्तुष्टि का पूर्णविराम प्राप्त हुआ।

वॉशिंग्टन वासियों के लिए आज की संध्या अभूतपूर्व और अविस्मरणीय

वॉशिंग्टन मे बम की अफ़वाह के दौरान, हरी झंडी की प्रतीक्षा में घड़ियाँ गिनते, शशांक लालचंद व लेखक के साथ।

थी, यही सबसे सुनने मिला।

साज़िन्दे अपने-अपने साज़ सँभालने लगे, मैं टहलने निकल गया। अगर इस प्रेक्षागार के भीतर जा कर कोई कार्यक्रम देखने का संयोग न हो, तो उसके आस-पास घूमना-भर भी अपने-आप में एक सुखद अनुभव है। विशेषकर पटॉमक नदी के समानान्तर फैला उसका प्रांगण और सीमेण्ट और लोहे से बनी थियेटर की कमानें, प्रकृति और आधुनिक वास्तुशिल्प के सह-अस्तित्व की एक और अमरीकन मिसाल हैं।

एक सफल कार्यक्रम के मंचन के तुरन्त बाद यह एकान्त बड़ा भला लग रहा था। प्रोग्राम के महत्वपूर्ण क्षण मेरे दिमाग़ के कैन्वस पर तेज़ी से गुज़रने लगे। प्रोग्राम कामयाब होना इसी को तो कहते हैं न? सब कुछ ठीक-ठाक तो हुआ न? प्रेक्षकों ने बाँधे तारीफ़ के पुलों में मैं दरारें खोज रहा था!

बहरहाल, एक ही बात मायने रखती थी, कि प्रबुद्ध वॉशिंग्टन वासियों ने आज के कार्यक्रम को अनन्य कहा था। बस इससे आगे कुछ भी सच नहीं।

बम्बई से हमने प्रयाण किया उसके कुछ दिन पहले कुछ दोस्तों ने आधे मज़ाक में मुझसे पूछा था, ''मियाँ ख़ुद तो आधी दुनिया घूम आओगे और भाभीजी को पीछे घर ही छोड़ जाओगे?''

तब तो मैं इतना ही कह कर छूट गया था कि लताजी के साथ मैं ही तो पहली बार जा रहा हूँ। लेकिन अब धीरे-धीरे पता चल रहा था कि हम आधी दुनिया घूमने नहीं, आधी दुनिया दूर काम करने आये हैं। पहले ही कार्यक्रम ने

सिखा दिया था कि अगर कार्यक्रम के मंचन के दूसरे ही दिन नये शहर के लिए रवाना नहीं होना है, तभी जा कर घूमने की तफ़रीह हासिल होगी।

हमने तो दूसरी ही सुबह डेट्रॉइट शहर की दौड़ लगाई।

होटल से निकलते हुए रिसेप्शन टेबल पर उस क्लर्क ने धन्यवाद कहते हुए अपनी कमर झुका दी और सुखद यात्रा के लिए शुभकामनाएँ प्रकट कीं : 'हैव अ नाइस ट्रिप'। सुखद यात्रा की शुभकामना, ख़याल तो अच्छा है, पर अमरीका में दिन में अनगिनत बार सुनायी देनेवाला वाक्य 'हैव अ नाइस डे', ('आज का दिन अच्छा गुज़ारना') आपको यही विश्वास दिला कर छोड़ता है कि अपना दिन सुधारना पूर्णतया आप ही के हाथ में है। इस छोटे-से वाक्य में या तो कोई गूढ़ तत्वज्ञान निहित है, या फिर यह अमरीकनों की, हर बात को अति सरल बनाने की प्रवृत्ति का द्योतक है।

जाते-जाते मैंने उससे पूछा कि कार्यक्रम कैसा लगा। वह तो जैसे हरेक से इस सवाल की प्रतीक्षा ही कर रहा था, सो उबाल मुझ ही पर निकाला: ''इट इज़ स्ट्रेन्ज हाउ यू इण्डियन्स प्ले इण्डियन म्यूज़िक ऑन वेस्टर्न इन्स्ट्रमेन्ट्स'' (''पाश्चात्य वाद्यों पर भारतीय धुनें आप हिन्दुस्तानी किस ख़ूबी से बजाते हैं।'') उसे पहला अचरज तो यह हुआ, कि हमारा लोकप्रिय संगीत पाश्चात्य वाद्यों का सहारा लेता है। ''और आपकी वह 'लाटा' तो सचमुच आश्चर्यजनक है। स्टेज पर आ कर बस केवल खड़ी-खड़ी गाती हैं और फिर भी सब लोग मन्त्रमुग्ध हो कर सुनते हैं। मैं और कुछ तो नहीं समझ पाया, पर उनकी आवाज़ बहुत मधुर है और ऐसा लगा कि उन्होंने तरह तरह के गाने गाये। हमारे यहाँ तो गायक अपनी ही तरह के गीत गाते हैं। रॉक स्टार शास्त्रीय संगीत को नहीं छूता और लोक संगीत का गायक अपनी चोंच पॉप म्यूज़िक ('पॉप', यानी पॉपुलर, लोकप्रिय संगीत) में नहीं डुबोता।''

इससे पहले कि वह संगीत के इन प्रकारों के तुलनात्मक विश्लेषण में ज़्यादा गहरे पैठता, मैं उसकी तनी भवों की कमान को ऊपर की ऊपर ही छोड़ चलता बना—उसे भी आज का दिन अच्छा गुज़ारने का हुक़्म देता हुआ!

डिट्रोइट की तरफ़ उड़ान भर रहा हमारा विमान कब नियत ऊँचाई पर पहुँचे और कब कमर पर बँधी पेटी से छुटकारा मिले, इसी का मुझे इन्तजार था।

किसी और को भी था।

मुझसे दो ही सीटों की दूरी पर बैठे राजसिंह, लग रहा था अन्दर-ही-अन्दर कोई कश-म-कश छुपाए हुए हैं। मैं जा कर उनके पास बैठा और सीधे ही काम की बात पर आया, ''मैं विदेश के कार्यक्रमों के रस्मो-रिवाज़ तो नहीं जानता, पर

मेरा यह ख़याल था कि अगर कार्यक्रम के बाद हम सब एक बार मिल सकते तो प्रस्तुत किये गये कार्यक्रम का विश्लेषण हो सकता ...''

''...हाँ, अपना प्रोग्राम अपने स्टांटर्ड तक पहुँचा हो तो भी।'' उन्होंने इस प्रथम अनौपचारिक बैठक के आरम्भ में ही ज़ाहिर कर दिया कि आम बैठकों की तरह हमारी बैठकें निरर्थक नहीं होंगी।

उन्होंने विदेशों में होनेवाले संगीत-कन्सर्ट की आयोजना पर अपने विचार क्या व्यक्त किये, समझो भारतीय क्रिकेट टीम को किसी टेस्ट मैच के बाद सम्बोधित कर रहे हों! अनजाने में ही आस-पास बैठे वादकों तक उनकी आवाज़ और प्रभाव पहुँचे; और इर्द-गिर्द हो रही सारी महत्वहीन गतिविधियाँ रुक गयीं। राजसिंह, जो कि एक निपुण वक्ता हैं, बोलते हुए कुछेक सटीक वाक्यों का सृजन भी करते जा रहे थे और इनमें अन्तिम था : ''हममें से कोई भी यहाँ छुट्टी मनाने नहीं आया है; मनोरंजन को भी अनुशासन की आवश्यकता होती है।''

कुछ तस्वीरें ऐसी होती हैं, कि देखते हुए हर देखनेवाले को लगता है कि चित्र में अंकित व्यक्ति की नज़र उसी की तरफ़ है। कुछ उसी तरह सबको लग रहा था कि एक-एक शब्द निजी तौर पर उसी को चुभोया जा रहा है। वह नहीं जानते थे कि राजसिंह तो एक मैच जीती हुई टीम को विश्वकप पाने के लिए प्रोत्साहित कर रहे थे!

बोलनेवाले को भी शायद प्रतीति हुई, कि प्रहार कुछ अधिक ही हो गया है। और चूँकि उन शब्दों में छिपे आरोप के जवाब में व्याकुल-सी शान्ति बनी रही, राजसिंह मेरी ओर मुड़ते हुए, बातचीत कुछ ठोस सतह पर लाए, ''ठीक है, हम डिट्रोइट पहुँचते ही मिलते हैं; लेकिन उस बैठक में रिहर्सल करनेवालों की (यानी गायकों तथा वादकों की) ज़रूरत न होगी। इस एक वाक्य ने कइयों में उद्भव हुई अपराध की भावना का शमन कर दिया।

मैं परिचारिका से अपनी प्रिय 'टाइम' पत्रिका मँगा कर पन्ने पलटने लगा। एशियाई संस्करण में लेखों के बीच विज्ञापन देखने को मिलते थे, इस मूल संस्करण में, चकाचौंध विज्ञापनों के बीच कहीं-कहीं लेख भी थे!

डिट्रोइट हवाई अड्डे पर उतरते हुए याद आया कि यह शहर तो लताजी का दूसरा—या शायद तीसरा?—घर माना जाता है। सुन रखा था कि लताजी जब भी विदेश के दौरे पर निकलती हैं, तो उनके कई विराम स्थानों में से एक डिट्रोइट ज़रूर होता है। तब फिर उनका पहला घर कौन-सा? बम्बई?... जो उनका कार्यक्षेत्र है! पूना या कोल्हापुर?...जहाँ उनकी ज़िन्दगी ने अहम मोड़ लिए! या फिर इन्दौर?...जहाँ उनका जन्म हुआ!

हुँ अड़धी गुजरातण छूँ!

"मेरी सबसे पहली यादें होंगी थाळनेर नाम के छोटे-से गाँव की। वहाँ मेरी नानी माँ का छोटा-सा घर था, जो मुझे बहुत अच्छा लगता। वहाँ मुझे ज़्यादा रहने तो मिला नहीं, लेकिन जब कभी जाती, तब मुझे नानी माँ से गाने सुनने में बड़ा मज़ा आता।" लताजी अपने बचपन की यादों में खो गयी थीं, जैसे आस-पास कोई न हो और उनके विचारों को बरबस ही वाचा मिल गयी हो।

"नानी के घर में एक छोटा-सा ठाकुरघर था, जहाँ शाम को हम सब जमा होते और नानी माँ, पेटी (हारमोनियम) ले कर हम सबको भजन सुनातीं, आरती सुनातीं। उन्हें कई लावणी गीत (महाराष्ट्र का एक पारम्परिक संगीत-नाट्य प्रकार) भी कण्ठस्थ थे। और लावणी के अलग-अलग प्रकार की सांगीतिक व्याख्या भी वे भली-भाँति कर पातीं। इनमें से जो 'बैठक' की लावणी होती है, उसकी बुनियाद में शास्त्रीय संगीत होता है," कह कर एक विद्वत्तापूर्ण, फिर भी कानों को भली लगनेवाली लावणी के सुर लताजी गुनगुनाती हैं और फिर कहती हैं, कि "वह सारे गीत याद करते हुए मन भर आता है।"

नानी माँ रात को कहानियाँ भी सुनाती थीं, जिनमें बीच-बीच में गीत आते थे। और फिर लताजी खानदेश की विशिष्ट हिन्दी मिश्रित मराठी भाषा में एक ठेठ लोकगीत का टुकड़ा गाती हैं :

"शक्कर का गारा खुन्दाई दे शिपाई जान,
बरफ़ी का होटा बंधाई दे शिपाई जान;
शेवन्ती देहली बँधाई दे शिपाई जान,
जिलेबी की खिड़की लगाई दे शिपाई जान।"

(शकर का गारा (सीमेण्ट), बरफ़ी का चौबारा, शेवन्ती फूल की दहलीज़ और जलेबी की खिड़की बना दो)

बग़ैर साज़िन्दों के गाई गयी उस सीधी-सादी लोकधुन में भी, श्रुतियों की बारीकी तो वही थी जो शायद नानी माँ के गले से सुनी थी। पर नन्ही लता को जो चीज़ इस गीत में सब से ज़्यादा भा गयी थी, वह थी शक्कर, बरफ़ी और जलेबी से घर बनाने की बात। आज भी मीठा उन्हें उतना ही अच्छा लगता है, जितना चटपटा और तीखा।

नानी माँ ने कई सारे गीत ही नहीं, रसोई भी सिखायी। महाराष्ट्र की सुप्रसिद्ध मिठाई 'पूरणपोळी' (चने की दाल से बनी मीठी रोटी) बनाना भी सिखाया।

''मैं दिन-भर अपनी नानी के पीछे-पीछे हठ लिए घूमती रहती, कि 'यह सुनाओ, वह सुनाओ'। तो वह कभी-कभी आटा पीसने के और हल चलाने के, नहाने के, खाने के, पूजा के, गोधूली वेला के, देवियों के, सप्तशृंगी के गीत और पावागढ़ के गरबे भी गातीं और सिखातीं।''

''गरबा? लेकिन वह तो गुजरात का है!''

''हुँ अड़धी गुजरातण छूँ!'' उन्होंने तपाक से विशुद्ध गुजराती में कहा (कि ''मैं आधी गुजराती हूँ!'')

''क्या, क्या...क्या मतलब?''

''मतलब, मेरी माई (लताजी की माताजी) गुजराती हैं। उनका तो गोत्र नाम भी 'गुजराती' पड़ गया था। यानी अगर 'मातृभाषा' शब्द का अर्थ 'माता की भाषा' किया जाये, तो मेरी मातृभाषा गुजराती है।''

''यह...यह तो मैं जानता ही नहीं था!''

''तो, जानिए!'' लताजी ने कुछ शरारत के स्वर में कहा।

प्रसिद्धि तो मुझे मिलेगी ही

"हम तो बनजारे हैं बनजारे...वह क्या कहते हैं उसे, 'जिप्सी'!" लताजी से छोटी, लेकिन अन्य सब (हृदयनाथ, ऊषा, आशा) से बड़ी बहन श्रीमती मीना खड़ीकर स्नेह निर्झर वाणी में, अपनी चिरस्थायी मुस्कान के साथ बोल रही थीं, "बाबा को उनकी कला, एक शहर से दूसरे शहर जहाँ भी ले गयी, साथ-साथ हम भी गये। और बाबा का गाँव-गाँव शहर-शहर घूमना तो तब से शुरू हुआ, जब वह चौदह साल की उम्र में किर्लोस्कर संगीत मण्डली के साथ जुड़े।"

मूल घराना तो हर्डीकर था, परन्तु पुर्तगालियों से गोआ प्रदेश में अपने देवस्थानों की रक्षा हेतु अपने रुधिर का अभिषेक करनेवाला (लहू बहानेवाला) यह घराना, 'अभिषेकी' के नाम से जाना जाने लगा। फिर तो उन मन्दिरों में अभिषेक करवानेवाले हर ब्राह्मण को अधिकार था, कि वह 'अभिषेकी' कहलाए।

कह्नाड़े ब्राह्मण इनकी जाति

भीकम भट्ट अभिषेकी के पुत्र, गणेश भट्ट अभिषेकी। 'भट्ट', यानी कर्मकाण्डी ब्राह्मण। कर्मकाण्ड में रत मँझले भाई 'बाळू काका' अभिषेकी बाज़ दफ़ा भतीजे हृदयनाथ के मन्दिर-प्रवेश पर आपत्ति करते, क्योंकि वह समन्दर पार, विदेश जा कर 'म्लेच्छ' हो गया है!

गणेश भट्ट की वक्तृत्व कला की साख आस-पास के सारे प्रदेश में थी। लाउड स्पीकर के बग़ैर दूर तक पहुँचनेवाली उनकी आवाज़ सुनते ही गाँव के लोग उनके आख्यान सुनने मंगेशी के मन्दिर की तरफ़ चल पड़ते। पत्नी येसूबाई का गाना चाहे यदा-कदा उत्सवों तक ही सीमित रहा हो, उनमें कला की अचूक पहचान थी। गणेश भट्ट और येसूबाई का ज्येष्ठ पुत्र था—दीनानाथ अभिषेकी।

दीनानाथ लड़कों के साथ कंचे खेलते हुए और पोखर में घण्टों तैरते हुए जो गुनगुना लेता था वह उच्च स्तर का संगीत था, यह पहचानने में उसकी माँ को देर न लगी। बड़े-बूढ़े कहते कि लड़के को 'नाटकों में डालो, नाम कमाएगा'।

उन दिनों मराठी नाटकों में अभिनेताओं के लिए अच्छा गायक होना निहायत ज़रूरी होता था।

लेकिन नाट्य अभिनेताओं के भाग्य के उतार-चढ़ाव से परिचित येसूबाई की परिपक्व बुद्धि को यह स्वीकार्य नहीं था। 'यह प्रशंसा तो समन्दर के ज्वार-भाटे की तरह होती है। असल यश तो साधना से प्राप्त किये हुए व्यवसाय में है', वह कहतीं।

येसूबाई ने अपने सीमित सामाजिक दायरे में सुना था कि अच्छे सारंगी-वादक को जीवन-यापन में कोई मुश्किल नहीं होती इसलिए सारंगी की शिक्षा शुरू हुई—चाहे इसके लिए गाँव के ऊबड़-खाबड़ रास्तों पर दीनानाथ को ले कर गुरु के घर तक पाँच मील चल कर ही क्यों न जाना पड़े! यहाँ एक अड़चन आयी। दीनानाथ को अपने नाख़ून चबाने की आदत थी, फिर सारंगी में निपुणता कैसे प्राप्त हो? बहरहाल, शिक्षा फिर भी जारी रही। सारंगी पर शिष्य का हाथ मीठा था और शिक्षक उसकी प्रगति से प्रभावित थे, लेकिन एक दिन गुरु ने पड़ोस की दुकान से शराब लाने को कहा। छोटे दीनानाथ ने शराब से होनेवाली दुर्दशा के बारे में इतना कुछ सुन रखा था, कि शराब लाने के आदेश मात्र ने उसके बाल मन को भयभीत कर डाला। उसने अपनी सारंगी उठाई और घर की ओर दौड़ लगायी। सारंगी शिक्षा यहीं समाप्त हुई।

अगर हम भाग्य की सत्ता को मानें तो यह भी मान सकते हैं, कि शायद इस घटना पर भाग्य उपहास कर रहा होगा। जिस मदिरा से डर कर लड़का अपने भविष्य से भाग रहा था, उसी मदिरा ने बहुत बाद में उसके जीवन में दबे पाँव प्रवेश कर उसका भविष्य नष्ट कर दिया।

लेकिन माँ का इरादा अटल था, सो लड़के को एक तबला-वादक का शिष्य बनाया गया। हालाँकि मन नहीं लग रहा था, पर संगीत की इस विधा में भी दीनानाथ ज़रूर प्रवीण होता। लेकिन मुश्किल यह थी कि दिन-भर हुड़दंग मचाते लड़के के हाथों में इतना पसीना आता, कि तबले का सुर उतर जाता।

तबले के गुरु माशेलकर की पत्नी ने दीनानाथ को गुनगुनाते हुए सुना और सुझाव दिया कि गाना ही सीखो।

भाग्य ने देखा कि लड़का अब स्वर्णिम भविष्य के महामार्ग पर आ चुका है। उसके बढ़ने की गति भी तेज़ हुई।

बालक दीना के अभी घूमने-खेलने के दिन पूरे नहीं हुए थे, फिर भी अपनी जन्मजात प्रतिभा से वह बिलकुल अनजान भी नहीं था ।

एक बार वह दोस्तों के साथ गुल्ली-डण्डा खेलने में मग्न था, कि नये गायक

'प्रसिद्धि तो मुझे मिलेगी ही'

''यह लड़का अगर मेरी नाटक कंपनी में आने के लिए तैयार होता, तो मैं मंगेशी से लेकर बम्बई तक के रास्ते पर रुपयों की कालीन बिछाकर, उस पर इत्र छिड़ककर उसका स्वागत करता।''

की खोज में एक नाटक कम्पनी के मशहूर गायक उसे ढूँढते हुए आये। कोई ऊपर ही से चिल्लाया, ''दीना...अपने यहाँ बड़े लोग आये हैं चल, ऊपर आ कर अपना गाना सुना!'' स्वाभिमानी बालक को शायद यह अधिकार का स्वर नहीं जँचा। वहीं से उसने कहा, ''अभी नहीं, अभी हम खेल रहे हैं। जिसको सुनना है उससे कहो कि यहाँ से गुज़रे, मैं खेलते-खेलते दो-चार तानें-हरक़तें गुनगुना लूँगा!''

उन्हीं दिनों दीनानाथ को एक जाने-माने गायक की कम्पनी में ले जाया गया। संगीतकार ने किशोर दीनानाथ को अपनी नज़रों से नापते हुए पूछा, ''अच्छा, तो

यही है वह दीनानाथ ?" और फिर उसकी ओर पीठ कर के एक बड़ी-सी कुर्सी में पसरते हुए आदेश दिया, "चल, सुना दे एकाध गाना।"

दीनानाथ ने उद्धत शब्दों में इनकार तो न किया, सिर्फ़ इतना कहा, "पहले आप गाइए न!"

लड़के के चमत्कारिक गायन और पुरुष तथा स्त्री, दोनों ही भूमिकाओं में श्रेष्ठता की बातें महाराष्ट्र के नाट्यसंगीत जगत में त्वरा से फैलीं। चौदह वर्ष का तरुण गायक, व्यावसायिक रंगभूमि की चुनौतियाँ स्वीकार करने के लिए तैयार था और दक्षिण महाराष्ट्र की नाटक कम्पनियाँ दीनानाथ को मुँह-माँगी शर्तों पर अनुबन्धित करने के लिए तत्पर थीं।

लड़के में छिपी संगीत की सम्भावनाएँ देख कर कुछ लोग कहते, "तू बाल गन्धर्व की रचनाएँ गाता रह, तुझे ख्याति मिलेगी"

"अगर बाल गन्धर्व के गाने गा कर प्रसिद्धि मिलनेवाली हो, तो मुझे वह नहीं चाहिए। वैसे, किसी की नक़ल किये बग़ैर भी प्रसिद्धि तो मुझे मिलेगी ही," वह कहता।

दीनानाथ की हाज़िर-दिमाग़ी में छिपा स्वाभिमान, उसकी एक सुप्रसिद्ध विशेषता बन गयी थी। वह कहता, 'कर्म से चाहे मैं ब्राह्मण हूँ, लेकिन जन्म से मैं ब्राह्मण और मराठा दोनों ही हूँ'—माँ येसूबाई (राणे) मराठा थीं।

अंशत: इसी स्वाभिमान ने मग़रूर दीनानाथ से एक निर्णय लिवाया, जो अन्त तक उसके साथ रहा और उसकी आनेवाली पीढ़ियों की अमिट पहचान बन गया—उसका गोत्रनाम। दीनानाथ अपने व्यावसायिक जीवन का आरम्भ, अपने ही चुने हुए अलग गोत्रनाम से करना चाहता था। उसे अपने अतीत से, अपने पुरखों से जोड़ कर नहीं। पुरखों के गाँव का नाम था—मंगेशी और कुल देवता का नाम—मंगेश। सो, अपने आपको मंगेश का हाथ ('कर') मानते हुए 'मंगेशकर' नाम अपनाया और गाँव-गाँव घूमती नाटक कम्पनी में शामिल हो गया।

किर्लोस्कर संगीत मण्डली में रहते हुए सिर्फ़ महाराष्ट्र ही नहीं, दिल्ली से ले कर कलकत्ते तक हिन्दी-उर्दू नाटक भी किये।

अट्ठारह वर्ष के होते-होते तो स्वयं अपनी बलवन्त संगीत मण्डली की शुरुआत की—"शाकुन्तल' नाटक से। हालाँकि जानी-मानी नाटक कम्पनियों से बुलावे आते ही रहते।

बलवन्त संगीत मण्डली के साझेदार थे—चिन्तामणराव कोल्हटकर और कृष्णराव कोल्हापुरे—अभिनेत्री पद्मिनी कोल्हापुरे के दादा। कृष्णराव से ही दीनानाथ की बहन बाद में ब्याहीं और वह भी शायद कृष्णराव के कला की ओर रुझान

मराठी रंगमंच के धुरंधर गायक-अभिनेता मास्टर दीनानाथ मंगेशकर

संगीत का मंगेशकर 'घराना'। आशा, हृदयनाथ, उषा, लता, माई एवं मीना

से मोहित हो कर। वे अच्छे अभिनेता, गायक और बीन वादक थे।

युवा दीनानाथ का गायन सुन कर उस समय के धुरन्धर गायक बाल गन्धर्व ने कहा था, ''यह लड़का अगर मेरी नाटक कम्पनी में आने के लिए तैयार होता,

तो मैं मंगेशी से ले कर बम्बई तक के रास्ते पर रुपयों की कालीन बिछा कर, उस पर इत्र छिड़क कर इसका स्वागत करता। इसके गले में तो कलेजा चीर डालने का सामर्थ्य है।''

तभी, भविष्य के महामार्ग पर चलते हुए ख़तरे की एक निशानी आयी। लेकिन सफलता की रफ़्तार और लोकप्रसिद्धि की चकाचौंध में दिखी नहीं।

दीनानाथ की आवाज़ मीठी लेकिन वयस्क होने पर भी कुछ पतली थी, सो एक शुभचिन्तक (?) ने हिदायत की कि रोज़ एक चम्मच ब्राण्डी लेने से आवाज़ को गहनता मिलेगी और उसकी ग़ज़ब की 'फेंक' वाली आवाज़ ज़्यादा प्रभावशाली बनेगी। यूँ इस घातक शत्रु ने दीनानाथ के जीवन में दबे पाँव प्रवेश किया।

इधर कामयाबी की घुड़दौड़ शुरू हो चुकी थी।

गाँव-गाँव, शहर-शहर घूमती बलवन्त संगीत मण्डली का उत्थान अब रुकने का नाम नहीं लेता था। सफलता के नये-नये कीर्तिमानों का सृजन हो रहा था।

दीनानाथ की गायन कला चाहे स्वयं-स्फूर्त थी, शास्त्रीय संगीत के दायरे में स्वीकृति के लिए यह ज़रूरी था कि वह किसी-न-किसी को अपने गुरुपद पर प्रस्थापित करे; सो गायनाचार्य वज़ेबुवा का 'गण्डा बाँधा औपचारिक रूप से शिष्य स्वीकृत करते समय गुरु द्वारा शिष्य के बाजू पर बाँधा जाने वाला धागा'। एक बार गुरु किसी अप्रचलित राग में एक क्लिष्ट लेकिन सुन्दर बन्दिश गा रहे थे। दीनानाथ ने वह सीखने की इच्छा प्रदर्शित की। गुरु ने कुछ मज़ाक के लहजे में शर्त रखी, कि अगर शिष्य अपनी नयी चमकीली घड़ी उन्हें भेंट करे तो वह बन्दिश सिखायेंगे। दीनानाथ अपनी कलाई को सुशोभित कर रही सोने की घड़ी नहीं देना चाहते थे और चाहे वह बन्दिश उन्हें अच्छी लगी, तब भी उनके अपने संग्रह में कोई कमी नहीं थी। उन्होंने अधिक आग्रह न किया, लेकिन उठते-उठते उसी असामान्य राग की दो-तीन और मुश्किल बन्दिशें गुरु को सुना दीं!

वज़ेबुवा ने चकित हो कर कहा, ''चाहे तू मेरा शिष्य कहलाये, गण्डा तो मुझे तेरा बाँधना चाहिए!''

दीनानाथ केवल नाट्य संगीत ही नहीं, शास्त्रीय गायन में भी अपना एक स्थान बना चुके थे। बड़े-से-बड़े नामी लेखक भी बलवन्त कम्पनी के लिए नाटक लिखने में अपना सौभाग्य मानने लगे थे।

एक महत्वपूर्ण नाटक 'राज संन्यास' के मंचन के लिए बलवन्त संगीत मण्डली इन्दौर गयी थी। वहीं उनके एक परिचित उन्हें आग्रह कर के महाराष्ट्र के धुलिया नगर ले गये।

जीवन के महामार्ग पर एक महत्वपूर्ण पड़ाव आया था।

क्या मैं सच आपकी बेटी हूँ?

तापी नदी के किनारे पर स्थित थाळनेर नाम का एक छोटा-सा गाँव था, महाराष्ट्र और गुजरात की सीमा पर—जो कि तब बम्बई राज्य के रूप में संयुक्त थे। समय, 1910 के आस-पास।

कोई छह-सात हज़ार की आबादीवाले इस गाँव के सबसे श्रीमन्त साहूकार और ज़मींदार थे सेठ हरिदास रामदास लाड। अपनी हवेली के अलावा गाँव में उनके कोई साठ घर थे। बरतन भर-भर के क़र्ज़ का लेन-देन करते थे। सात-आठ सौ रुपए तो कृषि कर भरा जाता था। थाळनेर और आस-पास के गाँवों में उन्होंने मन्दिर बनवाए थे, कुएँ ख़ुदवाये थे। घर में बारह भैंसें, बीस गायें और चार घोड़े थे। दूध के लेन-देन में कभी नाप नहीं होता था। दो पठान घर का दिन-रात पहरा देते। मूल गुजराती, लेकिन मराठी प्रान्त में रहते हुए महाराष्ट्र ही की संस्कृति अपना ली थी, लेकिन मांसाहार नहीं अपनाया था। इतने कोमल स्वभाव के थे कि पत्नी द्वारा अपनी चार बेटियों—नर्मदा, यमुना, शेवन्ती और गुलाब—के बीच हो रहे घोर पक्षपात का विरोध तक न कर पाते थे।

स्वयं देवी माँ के भक्त थे, पत्नी मारुति की पूजा करे और एक बेटी शेवन्ती (पालने का नाम दुर्गा) को शंकर भगवान का पागलपन ऐसा था कि हरिदास सेठ उसे 'शिवबा' कह कर ही पुकारते। कहते हैं, बच्ची चार साल की थी तब आधी रात गये एक नाग आया और भोर तक उसके सिरहाने रहा। बच्ची को बार-बार छुआ, फिर भी बग़ैर दंश दिये चला गया। घर के नौकरों ने उसे मारना चाहा पर हरिदास ने उन्हें रोका, "बच्ची के प्राण जायें तो जायें, नाग देवता को मत छुओ।"

पर कुछ साल बाद महाशिवरात्रि के दिन जब एक सर्प रसोई में पाया गया, तब हरिदास के रोकने से पहले ही नौकरों ने उसका ख़ात्मा कर दिया। पुत्री शेवन्ती बीते दिनों पर दृष्टि डाल कर आज कहती हैं कि उस नाग-हत्या के बाद घर की सम्पत्ति जानी शुरू हुई।

शेवन्ती की बड़ी बहन नर्मदा गोरी थी, सुन्दर थी; उसमें प्रतिभा भी थी। जन्मते ही चल बसे पाँच लड़कों के बाद आयी हुई वह पहली लड़की थी, सो नाज़ों पली थी। तीसरी जन्मी शेवन्ती का वैसे ही घर में बेमन से स्वागत किया गया था। फिर वह थी भी कुछ साँवली। सो, घर में नौकर होते हुए भी, चूल्हा-चक्की, झाड़ू झ-बुहारी, कुएँ में से पानी भरना, लाड़ली छोटी बहन गुलाब की देखभाल करना, सारा काम-काज उसके हिस्से आता। माँ काम तो करवाती ही, जी-भर के डाँट-डपट भी करती और वज़नदार अपशब्द भी सुनाती। माँ की संगीत में रुचि थी, स्वयं गाती भी थी सो कभी-कभार नर्मदा को भी गाने बिठाती। पर जहाँ तक शेवन्ती का सवाल था, गाना तो दूर, उसे नर्मदा के साथ बैठने तक की इजाज़त नहीं थी, ''यहाँ मत बैठ, अपनी बहन की नौकरानी लगती है!''

माँ के ज़ुल्म से तंग आ कर बेचारी बच्ची कभी तापी नदी के किनारे जा बैठती। नौकर ढूँढ कर लाते, तो माँ आड़े हाथों लेती। अगर स्कूल में कोई ग़लती हुई हो, तो मास्टर साहब शेवन्ती के पिता से शिकायत न करते क्योंकि वह तो स्कूल के 'चेअरमैन' थे; माँ को बताते। और फिर शेवन्ती की पिटाई बन्द कमरे में होती, ताकि पिता बीच-बचाव न कर सकें। पिटाई और रुलाई की आवाज़ से पड़ोसियों तक का दिल दहल जाता।

निरीह शेवन्ती ने एक बार पिता से पूछा था, कि क्या मैं सच आपकी बेटी हूँ—क्या मुझे कहीं से ख़रीद के लाए थे...या मैं कहीं पड़ी हुई मिली थी? स्नेहार्द्र पिता ने रोते हृदय से कहा था, ''नहीं शिवबा, ऐसा न बोल, तू हमारी ही बेटी है।''

बड़ी बहन नर्मदा की सगाई की बातें हो रही थीं, लेकिन माँ-बाप से छिप कर। मौसेरी बहन के पति ने बलवन्त संगीत मण्डली के मालिक दीनानाथ मंगेशकर को लड़की दिखाई। बात तय हुई और सगाई की रस्म भी अदा हुई। लेकिन लड़की के माँ-बाप से—ख़ास कर माँ से—छिप कर। सगाई हो चुकी है यह बताते हुए डर लगा सो ऐसा, कि बाद में सारी रस्म दुबारा करनी पड़ी।

सगाई के लिए सारा परिवार थाळनेर से धुलिया गाँव आया। इन्दौर से कोल्हटकर, मंगेशकर और कोल्हापुरे आये। सगाई के दिन नर्मदा को बड़ा सजाया गया था। सुन्दर तो वह थी ही, उस दिन गहनों में तो जैसे साक्षात लक्ष्मी लग रही थी। शेवन्ती के पास न तो अच्छी साड़ी थी, न गहने। मेहनत और धूप के मारे साँवला रंग काला हो चला था। मेहमान आते ही शेवन्ती जा कर एक कमरे में छिप गयी, 'आज तो मैं बहनों के सामने सचमुच नौकरानी दिखूँगी' सोच कर।

माँ, दीनानाथ की प्रथम पत्नी नर्मदा

बाहर बैठक में बाजा-पेटी मँगवा कर नर्मदा से एक गीत गवाया गया। फिर मेल-मिलाप शुरू हुआ। एक-एक कर के लड़की के परिवारवालों से पहचान कराई जा रही थी—सिवाय शेवन्ती से। एक मौसेरी बहन, जिसकी शेवन्ती से बड़ी दोस्ती थी, उसे ढूँढते हुए कमरे में पहुँची। शेवन्ती ने तो बाहर न ले जाने की मिन्नत करते हुए उसके पाँव ही पकड़ लिए लेकिन उसे ज़बरदस्ती ले जाया गया और

माई मंगेशकर, धीरज और स्नेह से अपने बच्चों में दीनानाथजी के कला–गुण और संस्कार सींचतीं।

वह गर्दन झुका कर झूले पर बैठी। उसे देख कर दीनानाथ ने कहा, ''यह लड़की मुझे पहले क्यों नहीं दिखाई गयी ?''

दीनानाथ ने शेवन्ती को पहली बार देखा। नियति ने भी दोनों को एक साथ पहली बार देखा।

गायक-अभिनेता दीनानाथ का कलाकार-हृदय विधि की सतायी शेवन्ती की ओर खिंचा। उसके मन की बात पहले उसके साथियों और बाद में शेवन्ती तक पहुँची। सर्वशक्तिमान ईश्वर और अत्याचारिणी माँ से डरनेवाली शेवन्ती ने दीनानाथ से प्रार्थना की कि वे ऐसी इच्छा प्रदर्शित करके उसे अधिक मुश्किल में न डालें। आख़िर वह माने और नर्मदा के साथ सगाई की रस्म पूरी हुई। लेकिन घर में हुई यह फुसफुसाहट, कुत्सित रूप धर कर माँ तक पहुँच चुकी थी और ज्वालामुखी फटना था, सो फटा ही। लावा की चपेट में, होनेवाली दुल्हन और न होनेवाली दुल्हन, दोनों ही आये। अन्ततः, जिसने इस रिश्ते की बात चलाई, थी उसने ही बीच-बचाव भी किया कि इसमें लड़की का कोई दोष नहीं। यूँ यह सगाई टूटते-टूटते शादी का दिन आया।

इन्दौर के 'आड़ा बाज़ार' इलाक़े में, बाराती और लड़कीवाले, दोनों ही पास-पास में ठहरे थे। दूल्हे दीनानाथ अपने कुछ साथियों को ले कर लड़की के घर आये। दुल्हन और उसकी तीन बहनों को साथ में बैठे हुए देख कर दीनानाथ ने अपने एक दोस्त से पूछा, ''बूझो तो, इनमें दुल्हन कौन-सी है।'' दोस्त ने सबके सामने शेवन्ती की ओर निर्देश किया और दीनानाथ की इच्छा और घरवालों का गुस्सा, दोनों फिर जाग उठे।

बहरहाल, योजनानुसार दीनानाथ और नर्मदा की शादी हुई। तीन दिन तक चलनेवाले विवाह समारोह में, विशेष रूप से 'काँटों में फूल' (भक्त प्रह्लाद) शीर्षक हिन्दी-उर्दू नाटक का मंचन किया गया था। साल 1922।

नर्मदा का ससुराल का नाम रखा गया 'श्रीमती'। उस समय उसकी उम्र थी 19 तथा दीनानाथ की 22।

इसी अरसे में दीनानाथ को ज्योतिष विद्या में गहरी रुचि जागी पर शायद अभी इतनी विद्या अर्जित नहीं की थी कि वह अपने ही भविष्य के बारे में निश्चित रूप से कुछ जान सकें।

नर्मदा का सुख और शेवन्ती का दुःख बढ़ता रहा। लेकिन दोनों ही का सीमा से बढ़ना भाग्य को मंज़ूर नहीं था। लगभग चार साल के विवाहित जीवन के बाद नर्मदा को सन्तान प्राप्ति हुई। शिशु के बचने की कोई आशा न थी। अगर वह बची, तो मौसी शेवन्ती के प्रयत्नों से। पर नर्मदा न बच सकी।

पिता हरिदास ने दीनानाथ के पाँव पर अपनी पगड़ी रख कर प्रस्ताव रखा कि अब उस बच्ची का जगत में कोई तारणहार है तो शेवन्ती, और शेवन्ती को उसकी यातना से कोई छुड़ा सकता है, तो दीनानाथ। दीनानाथ ने एक ही शर्त रखी कि नौकरानी से भी बदतर जीवन गुज़ार रही शेवन्ती उनके घर आ कर कोई काम नहीं करेगी, ''मेरी पत्नी, मेरे घर की रानी बन कर रहेगी।''

घर ही में एक छोटा-सा समारोह आयोजित कर के दीनानाथ और शेवन्ती का विवाह सम्पन्न हुआ। विवाह में सगी माँ शामिल न हुई! साल 1927।

शेवन्ती का ससुराल का नाम रखा गया 'शुद्धमति', लेकिन शुद्धमति की सास उसे 'श्रीमती' कह कर ही पुकारती, सो नाम 'श्रीमती' ही पड़ गया। श्रीमती अपने पति को 'मालक' (मालिक) कहती।

इस विवाह के साथ एक अच्छे-ख़ासे इतिहास की रचना हुई, पर एक पहेली आज तक कोई नहीं सुलझा पाया कि उस समय के भारतीय समाज में, अन्तरप्रादेशिक विवाह का प्रस्ताव, औपचारिक रूप से कैसे रखा गया!

अपनी ही कुण्डली देख कर 'ज्योतिषी' दीनानाथ ने अपने एक सहयोगी मास्टर अविनाश से कहा था, ''अबके मुझे जो सन्तान होगी, उसमें कुछ-न-कुछ दैवी अंश होगा।''

प्रकरण 6

लताबाबा

सुविख्यात नाट्य अभिनेता-गायक मास्टर दीनानाथ मंगेशकर की पत्नी श्रीमती मंगेशकर ने, शनिवार 28 सितम्बर 1929 की रात कन्या रत्न को जन्म दिया। जन्म स्थान था—इन्दौर के सिख मोहल्ले में स्थित श्रीमती की बहन का घर।

अक्सर अपने जन्म स्थान के साथ, उस घर, उस मुहल्ले और उस शहर की यादें जुड़ी होती हैं और जब उस व्यक्ति का इतिहास लिखा जा रहा हो तो उसकी जीवन-प्रेरणा का स्रोत और उसके संस्कारों की जड़ें, उसके परिवेश में खोजी जाती हैं। लेकिन लताजी के लिए यह शहर, क्या एक जन्मस्थान से अधिक भी कुछ था? बल्कि देश के परिप्रेक्ष्य में देखा जाये तो इन्दौर उनके लिए एक 'नर्सिंग होम' ही था—जहाँ मात्र जन्म पाने की प्रक्रिया के लिए जाते हैं और संसार में प्रवेश करते ही अपने घर लौट आते हैं।

लता के जन्म के समय मास्टर दीनानाथ सफलता के शिखर पर थे। वह मराठी रंगमंच के सबसे लोकप्रिय गायक-अभिनेता माने जाते थे। उनका बनवाया तेरह कमरों और विशाल बरामदेवाला दुमंज़िला मकान सांगली के जिस रास्ते पर था, आज उसका नाम है, 'दीनानाथ रस्ता'। नागपुर से ले कर खानदेश तक लगभग हर नगर, हर शहर के बैंक में उनका खाता था। उन दिनों उनके एक नाटक का निर्माण ख़र्च आज के सत्तर हज़ार रुपए जितना हुआ करता था!

अपने बढ़ते ऐश्वर्य के चिह्न के समान, गोआ में आम और काजू के बाग़ानों के अलावा उन्होंने एक पहाड़ भी ख़रीदा था। पहाड़ की कीमत थी—दो लाख रुपए! इरादा तो यह था कि 'अगर लक्ष्मी की ऐसी ही कृपा रही तो पचास वर्ष की आयु होने तक, पुर्तगालियों से सारा गोमन्तक (गोआ) ख़रीद लूँगा'।

दीनानाथ जब अपना नाटक 'राजसंन्यास' ले कर बम्बई आते, तो ब्रिटिश ज़माने में भव्य माने जानेवाले 'ऑपेरा हाउस' थियेटर में सुबह मंचन होता। बलवन्त की अन्य उपलब्धियों में से एक यह भी थी, क्योंकि यहीं से मराठी नाटकों में

''लता दीनानाथ मंगेशकर'' 'ख़ज़ांची' प्रतियोगिता में जीता मेडल गले में पहने।

'मैटिनी शो' की प्रथा शुरू हुई जो आज तक चली आ रही है। 'भावबन्धन' नाटक से तो पहली पंक्ति के टिकट बढ़ा कर पाँच रुपए कर दिये गये। कीमतें बढ़ने की दर सालाना अगर सिर्फ़ पाँच प्रतिशत भी मानी जाये (बीच में आये दो विश्व युद्धों के बावजूद!) तो भी तब के पाँच रुपए, आज के लगभग पिच्चासी रुपए के बराबर होते हैं! जबकि आज के मराठी नाटकों के अधिकतम टिकट की क़ीमत भी लगभग पैंतीस रुपए होती है!

दीनानाथ की अपूर्व सफलता और धन प्राप्ति का कुछ श्रेय, घर में लक्ष्मी—लता—के आगमन को दिया गया।

पुत्री के गले में अच्छी आवाज़ है यह पता चले, उससे भी पहले पिता को प्रतीति हो चुकी थी कि उसके गले में सुर है—जब वह छह-सात महीने की ही थी!

घर के आँगन में घुटनों के बल रेंगते हुए लता मुँह में मिट्टी डालने ही वाली थी कि निकट में चबूतरे पर बैठ कर सारंगी बजा रहे पिता ने उसे देखा। बच्ची को रोकने की मंशा से सारंगी की छड़ी दिखाई। बच्ची ने मिट्टी का कौर रोक कर तभी-तभी सारंगी पर बजाया जा रहा संगीत का टुकड़ा हू-ब-हू गले से निकाला। पिता चकित रह गये, "यह लड़की है कौन?"

शिशु लता को गोद में बिठा कर जब पिता गाते, तब बेटी उनका अनुकरण करती। तो बस यूँ ही खेल-खेल में पिता कोई छोटी-मोटी चीज़ गाते और गवाते। आश्चर्य की बात यह थी कि एक ही बार सुना हुआ गायन का टुकड़ा लता को हमेशा के लिए याद हो जाता।

नाटकों के लिए पिता बार-बार बाहरगाँव जाते, तब अक्सर सारा परिवार भी साथ जाता।

जब लता चार साल की थी, तब परिवार इन्दौर आया था। वहाँ हर सुबह इन्दौर राज्य के शासक के महल में शहनाई बजती। एक सुबह शिशु लता ने हठ किया कि मुझे ऐसी ही शहनाई चाहिए। पिता इस हठ की व्यर्थता जानते थे, इसलिए उसी राग में एक बन्दिश सुनायी। शहनाई का हठ भूल कर लता वह बन्दिश एकाग्रता से सुनती रही। शायद उसके अवचेतन में एक और हठ आ कर ले रहा था!

पिता रियाज़ करने बैठते, तो वह भी बैठती। वह शिष्यों को जो कुछ सिखाते, वह लता बड़े ध्यान से देखती, सुनती।

लता पाँच-छह साल की रही होगी, तब की बात है। पिता अपने एक शिष्य को गाना सिखा रहे थे। शिष्य को गाता छोड़, वह ज़रा बाहर गये। आस-पास ही में लता खेल रही थी, पर शिष्य का गाना कानों पर पड़ रहा था। लड़का पूरिया

धनाश्री राग गा रहा था, पर सदोष गा रहा था। लता अपना खेल छोड़ अन्दर गयी और 'ऐसे नहीं ऐसे' गाते हैं कह कर ख़ुद गा सुनाया। तभी पिता पीछे से आये और लता को गाते हुए सुना। तुरन्त पत्नी को बुलाया और कहा कि 'हमारे घर में ही एक अच्छा गवैया है और हमें मालूम ही नहीं'! बस, इसी के दूसरे दिन से लता की संगीत-शिक्षा शुरू हुई। बेटी को बड़ी सुबह उठा कर हाथ में तानपुरा दिया।

उसकी संगीत-शिक्षा का आरम्भ भी पूरिया धनाश्री राग से ही किया और कहा, ''जिस तरह कविता में शब्दों का अर्थ होता है, वैसे गीत में सुरों का भी अर्थ होता है। गाते समय यह दोनों अर्थ उभरने चाहिए।''

यूँ, लता को संगीत सीखने के लिए किसी और के पास कम ही जाना पड़ा था। घर के वातावरण में ही संगीत और सुरों का अनुशासन था। रंगमंच के *अभिनेता* दीनानाथ मंगेशकर नाटक ख़त्म होने के बाद रात चाहे तीन बज़े ही क्यों न सोये हों, *गायक* दीनानाथ फिर भी बड़ी सुबह पाँच बजे उठ जाते और अपनी बड़ी दो बेटियों (लता और मीना) को भी उठा देते। जब तक ख़ुद नित्यक्रम और पूजा-पाठ समाप्त करते, बेटियों को छेड़ कर सुर लगाने को कहते। पिता के लौटने तक बस 'सा' लगता और उसके बाद, सारे ही सुरों के पेंचोख़म में सभी सराबोर हो जाते। पिता आ कर कोई-न-कोई 'चीज़' (बन्दिश) गाते और बड़ी मेहनत से गवाते।

पाँच साल की उम्र में लता को चेचक हुई। लग रहा था, 'देवी माता' इस बच्ची को या तो छीन लेंगी या बुरी तरह विकलांग बना छोड़ेंगी। सारा शरीर प्रभावित था। नाक, कान, यहाँ तक कि आँखें भी नहीं छूटी थीं। घाव ऐसे रिस रहे थे कि चींटियाँ आक्रमण कर देतीं। माँ उसे केले के बड़े-बड़े पत्तों पर लिटाती, या पत्तों ही में लिपटा कर झूले में झुलातीं। माँ लोरी गातीं, तो बच्ची भी रोते-कराहते उसमें अपनी आवाज़ मिलाती।

''मुँह इतना सूजा हुआ था, कि दो दाने अन्न खाना भी मुश्किल। मैं बूँद-बूँद करके दूध पिलाती थी,'' आज भी वह दिन याद करते हुए 'माई' रूआँसी हो जाती हैं, ''दर्द होने पर भी लता रोती कम थी, आ...आ कर के गाती रहती थी। डॉक्टर ने तो कह दिया था कि शायद इस लड़की की आँखें चली गयी हैं। यह सब पूरे तीन महीने चला।''

जो सवाल लता की अन्य बीमारियों के दौरान पूछा गया, वह इस बार भी पूछा गया, 'इस बीमारी से यह लड़की उठेगी या नहीं'। न जाने कितनी बार दीनानाथजी बेटी की कुण्डली खोल कर बैठते और उसके भविष्य में झाँकने की

कोशिश करते।

तीन महीने के बाद साबुत आँखों और साबुत गले के साथ जब लता अच्छी हुई, तो पिता ने बैण्ड-बाजे सहित उत्सव मनाया और माँ ने बेटी की बीमारी में जो कोई कुशल पूछने आया था, उनको शगुन का अनाज, नारियल और क़ीमती साड़ी की सौग़ात भिजवाई।

अब पिता दुगुने उत्साह से लता को सिखाने लगे। देखते-ही-देखते लता ने गायकी का हर अन्दाज़ आत्मसात कर लिया। चाहे ''पिया का घर नहीं...'' जैसी राग प्रेम कल्याण की बन्दिश हो, या 'ख़ज़ांची' का गाना ''लौट गयी...'', या 'सिकन्दर' का ''सावन के दिन आये रे...'' जैसा फ़िल्मी गाना हो, लता को अब हर बारीकी के साथ कण्ठस्थ थे। बम्बई के ऑपेरा हाउस में 'गडकरी स्मृति दर्शन' में उसने जब 'भावबन्धन' नाटक का भूप राग में बद्ध ''लाड़ली असेच थोर...'' गाया तब जितनी तालियाँ मिली थीं, उतनी ही, सांगली में नाट्य शताब्दी के अवसर पर, के.एल.सहगल के ''मैं क्या जानूँ क्या जादू है...'' गाने पर मिलीं।

छह साल की उम्र में लता ने के.एल. सहगल की पहली फ़िल्म जो देखी, वह थी 'चण्डीदास' (1934)। घर आ कर ऐलान किया कि 'मैं बड़ी हो कर सहगल से शादी करूँगी!'

लताजी से जब कभी सफलता का राज़ बताने के लिए कोई कुरेद कर पूछता है, तो ईश्वर के बाद पिता का नाम लेती हैं, ''जो कुछ मिला है, ईश्वर की कृपा, पिता के आशीर्वाद और लोगों की शुभकामनाओं से ही मिला है।'' लताजी को पिता मास्टर दीनानाथ जितना प्रभावित और किसी ने नहीं किया। तो क्या पिता से संगीत की शिक्षा के अलावा कोई ऐसी सीख मिली, कोई ऐसी बात, जो मन में हमेशा के लिए अंकित हो गयी हो?

जवाब सोचना नहीं पड़ा, ''हाँ, उन्होंने मुझसे कहा था कि 'अगर एक बार तुम्हें विश्वास हो जाये कि जो तुम कर रही हो वह सही है, सत्य है, बस...तो फिर कभी किसी से डरना नहीं।' तब मैं बहुत छोटी थी...आठ साल की। शायद उनके कहने का अर्थ समझ नहीं पाई...और उन्हें भी ऐसा लगा होगा कि छोटी-सी बच्ची को बहुत गहन बात कह दी है, सो समझाते हुए कहा, कि 'देखो, मैं तुम्हें गाना सिखाता हूँ न, इसलिए तुम कभी-कभी मेरे साथ गाते हुए झिझकती हो। ऐसा कभी मत होने दो। जब कभी मेरे साथ गाओ तो यह मत सोचो कि अपने गुरु के सामने गा रही हो; यह सोचो कि तुम्हारी ही तरह कोई और गायक तुम्हारे साथ बैठा गा रहा है, न वह तुम्हारा 'बाबा' है, न वह तुम्हारा 'गुरु' है। घबराओ तो सिर्फ़ अपने आप से। ख़ुद

से पूछो कि जो कर रही हो वह सच है, अगर जवाब में 'हाँ' कह सको, तो बस, किसी बात की परवाह मत करो'।''

कुछ साल बाद, संगीत व्यवसाय में पदार्पण करने के बाद, वह लड़की किस-किस बात को सच मानकर किस-किस से नहीं घबरायी, वह आगे कहीं।

मास्टर दीनानाथ पर तो बचपन से ही संगीत और नाटक की धुन सवार थी। लेकिन उनके बच्चों को फ़िल्में तक देखने की आज़ादी नहीं थी, जब कि गाना तो ख़ुद बैठ कर बड़ी पाबन्दी से सिखाते थे। ऐसा क्यों?

दीनानाथजी मानते थे कि फ़िल्में देखने से रुचि का स्तर ऊँचा नहीं उठता, बल्कि अगर आप में कला का ज़रा भी पुट है, तो घटिया फ़िल्में देखने से रुचि का स्तर गिर ही सकता है। पर जहाँ तक संगीत का सवाल है, वह आपकी ऊर्ध्व गति ही करता है।

इसके दशकों बाद लताजी बतिया रही थीं, ''लेकिन आख़िर तो हम नादान बच्चियाँ ही थीं...सो कभी-कभी हम बाबा का डर भी भुला देतीं और मौक़ा देख कर...जब बाबा नाटकों के लिए दौरे पर गये हों, एकाध फ़िल्म देखने चली जातीं।'' और फ़िल्म देखने का आनन्द, परदे पर अंकित 'समाप्त' के साथ पूरा न होता। घर आ कर बहनें उस फ़िल्म की कहानी को तादृश जीवित करतीं।

''मीना और आशा, फ़िल्म के 'ड्रामेटिक' हिस्सों के 'डायलॉग' बोलतीं और मैं 'बैकग्राउण्ड म्यूज़िक' हूबहू गुनगुनाती,'' लताजी उतने ही उत्साह से कह रही थीं, जितना कि घर लौट कर उस फ़िल्म के पुनर्मंचन के दौरान रहा होगा, ''बीच-बीच में जो गीत आते, वह हम सब मिल कर गाते...पता नहीं, एक ही बार सुनने पर सब कुछ कैसे याद हो जाता था!''

एक बार लड़कियाँ 'सन्त तुकाराम' नामक मराठी फ़िल्म देख कर आयी थीं। इस फ़िल्म का एक गीत उन्हें विशेष रूप से पसन्द आया था जिसमें खेत में बीज डालने पर पहले अंकुरित होने की, बाद में पौधे उगने की, फिर पौधे फूलने-फलने की और फ़सल लहलहाने की बात थी।

सो, घर आ कर इस गीत की 'पटकथा' की कल्पना नये सिरे से की गयी। लता गीत आरम्भ करती तब छोटी मीना और आशा बोए जानेवाले बीज बन कर पहले तो फ़र्श पर लेटी रहतीं। फिर बीज के अंकुरण और बढ़ने के साथ हौले-हौले ज़मीन से ऊपर को होतीं। फिर जब पौधे उग आते, तो दोनों बहनें धीरे-धीरे सहमी हुई-सी बैठ जातीं और फ़सल लहलहाने पर खड़ी हो कर झूमने लगतीं।

यूँ मौलिक कल्पना की मदद से कहानी आगे बढ़ते-बढ़ते, तुकाराम की मृत्यु तक आ पहुँचती। ''अब श्मशान तो हम जा नहीं सकते थे,'' खिलखिलाती हुई

घर लौटकर फ़िल्म के नाटकीय दृश्यों का पुनर्मंचन होता

मीना ताई अपने खिलन्दड़ेपन की बातें कर रही थीं, "तो हम क्या करते, कि दौड़ते हुए ज़ीना उतर कर बिलकुल शौचालय के दरवाज़े तक चले जाते। हम यह सोचते कि श्मशान की तरह शौचालय से बुरी जगह और कोई नहीं होती, इसलिए यही हमारा श्मशान!"

फिर समस्या आती स्वर्ग का 'सेट' बनाने की, क्योंकि फ़िल्म में तुकाराम सदेह स्वर्ग में जाते हैं। "तो हम कमरे के एक कोने में चार-पाँच गद्दे एक-दूसरे के ऊपर रखते और उनके ऊपर तकिये पर तकिये पर तकिये पर तकिया रखते और उस पर दीदी को सफ़ेद कपड़े पहना कर एक लम्बे बाँस की मदद से बिठा देते और आँखें बन्द करने को कहते। बस, तुकाराम स्वर्ग में!" मीनाताई कह रही थीं, "और नीचे, धरती पर, आशा और मैं आँसू बहा कर रोते।" उनका बाल मानस सोचता कि इसीसे सन्त तुकाराम की मृत्यु पर सारे महाराष्ट्र की जनता के फूट-फूट कर रोने का दृश्य जीवन्त हो रहा था।

पिता की अनुपस्थिति में हो रहा संगीत और अभिनय का यह खेल, 'आशुअनुकरण' तक ही सीमित न रहता, मौलिक नाटक भी खेला जाता। दो हिस्से सुनी हुई बातें, एक हिस्सा मन में दबी इच्छाएँ और तीन हिस्से बाल-सहज कल्पना का घोल बना कर, कुछ तोड़-जोड़ कर के, एकाध अच्छा-ख़ासा नाटक तैयार किया

जाता। नाटक में पात्र तो कई होते, पर उसमें काम करनेवाली केवल तीन बहनें और एक फुफेरा भाई पण्ढरीनाथ (कोल्हापुरे)। तीनों में छोटी आशा बनती राजकुमारी, मीना होती दुष्ट रानी, और लता, उस राजकुमारी को दुश्मनों के हाथों से छुड़ानेवाली। पंढरीनाथ को 'हीरो' (राजा) और 'विलेन' (दुश्मन) दोनों ही का काम करना पड़ता। जब वह बाल बायीं तरफ़ बनाये तो वह बुरा आदमी और दाहिनी ओर बनाये तो अच्छा आदमी!

इन नाटकों में गीतों की भरमार हुआ करती थी। हर छोटे-से-छोटे बहाने पर कोई भी पात्र गीत गाने लगता और वह सारे गीत पिता के विविध नाटकों से लिए गये होते। संगीत के संस्कार पैतृक और मातृक, दोनों ही धाराओं से जो मिले थे!

जब कभी लता ने कोई नया गाना सुना हो और वह उसे बहनों को सुनाना चाहती हो तो उनसे पूछती, "ग्रामोफ़ोन सुनना है? रुको, बजाती हूँ," कह कर कान में उँगली डाल कर, ग्रामोफ़ोन की 'चाभी' घुमाती। फिर दूसरे हाथ से अपनी लम्बी चोटी की नोक अपने सिर पर टिकाती—जैसे सिर किसी गीत का रिकॉर्ड हो—और ख़ुद गाना शुरू करती। तब कौन जानता था कि यह अजीबो-ग़रीब 'ग्रामोफ़ोन' बननेवाली लड़की, ग्रामोफ़ोन रिकॉर्ड ही के क्षेत्र में कई रिकार्ड कायम करेगी!

चित्रकारी का भी शौक़ था। पर बचपन में इसे 'मेक-अप' के खेल में अभिव्यक्ति मिली। एक बार चेहरे पर गहरे ज़ख्म का 'मेक-अप' किया और लगी चिल्लाने, "हाय लग गया मुझे, लग गया!" सब घबरा कर जमा हुए तो ठहाका मार कर हँस दी।

चटपटा खाने का शौक़ तो था ही। एक बार घर में मांस का कोई व्यंजन बना था। बाक़ी सब लोग बातें करते हुए धीमे-धीमे खा रहे थे पर लता अपनी थाली साफ़ कर चुकी थी और अब उसकी नज़र थी बहनों की थाली में बचे गोश्त पर। तभी उसे एकदम से पिछली रात देखे एक 'सपने' की बात याद आयी, जो सबने सुननी भी चाही, "कल रात मैंने सपने में देखा कि मैं एक चूहा खा रही हूँ! मगर खाते-खाते पता चला कि वह ठीक से पका नहीं था...उसको काटा तो सारा गन्दा-गन्दा उसमें से निकला!!" खाना खा रहे भाई-बहनों को यह वीभत्स वर्णन सुन कर उबकाई आने लगी और वह खाने पर से उठने लगे। माई ने लता को चुप करते हुए उनसे कहा, "अरे, खाना मत छोड़ो," लेकिन इससे पहले कि, वे दोबारा खाने लगते, लता ने कहा, "कोई बात नहीं, मैं खा लेती हूँ," और मज़े से उनके हिस्से का गोश्त चट कर गयी!

वैसे इन शरारतों के अलावा लड़कोंवाले अक्खड़ खेल भी होते। गाड़ी के किसी बेकार टायर के बीच लता बैठ जाती और दूसरी बहनें रास्ते पर उसे चक्कर-

चक्कर घुमातीं। पेड़ पर चढ़ जाना, अमरूद तोड़ कर खाना और अपने ही कद की एकाध लाठी लिये घूमना, लता के लिए आम बात थी। जब शरारत बढ़ जाती तो पिता के सामने पेशी होती। सबको अपने सामने लाइन से वह खड़ा करते और सिर्फ़ आँखें तरेर कर देखते। बस इतना ही काफ़ी था। बच्चे रोने लगते और वह कहते, ''समझ गये न किसलिए बुलाया था!''

सबसे छोटा हृदयनाथ, न घर में होनेवाले नाटकों में शामिल किया जाता, न ही उसकी टी.बी. ग्रस्त पाँव की हड्डी उसे अन्य खेल खेलने देती। वह भला और उसकी कहानियाँ भलीं; कभी तानपुरे का साथ, तो कभी बस घण्टों बैठे गुनगुनाते रहना।

माई उसे पिता के नाटकों में ले जाती। दोनों पहली पंक्ति में बैठते। मंच पर मास्टर दीनानाथ ने संगीत का कोई टुकड़ा, वीर रस या शृंगार रस में डूब कर शुरू किया नहीं कि सामने बैठा ढाई साल का 'मास्टर' हृदयनाथ', वही टुकड़ा उसी सुर में उठा कर गाने लगता। आख़िर तंग आ कर पिता ने अपने नाटकों में उसके आने पर मनाही लगा दी।

''बाबा मारते कभी नहीं थे,'' उन खेलों के लगभग पचपन साल बाद लताजी कह रही थीं, ''पर माई कई बार पीट देतीं। हम माई के हाथों से नहीं, उन हाथों में पहने हुए भारी कंगनों से डरते थे, वे बहुत लगते थे।''

माई आज कहती हैं, ''जहाँ तक मुझे याद पड़ता है, 'मालक' ने अपनी लाड़ली को एक ही बार सज़ा दी थी। लता एक गीत ताल में नहीं गा पा रही थी। घर में एक अलमारी पर गद्दे रखे जाते थे। उसी के ऊपर 'मालक' ने उसे बिठा दिया और जब तक उसका गाना ताल में नहीं आया, उसे नहीं उतारा।''

बहुत छोटी लता की दो अजीब-सी हरक़तों के बारे में माई कहती हैं, ''आम लड़कियों की तरह इसके खेल तो थे ही नहीं। न मालूम क्यों उसे 'मालक' की नाटक कम्पनी का नक़दी का बक्सा बड़ा पसन्द था। नाटक के मंचन के बाद जब रुपयों से खचाखच भरा हुआ बक्सा घर लाया जाता, तो लता का हठ शुरू हो जाता, कि मुझे उस बक्से पर बैठना है। उसके बाबा उसका हठ पूरा करते। फिर वह कैशियर से पैसे निकलवाती। कैशियर की शामत आयी थी कि उसे ना कहता! फिर उनमें से एक-एक कर के रुपए बाहर फेंकती। मैं चिल्लाती कि यह क्या कर रही हो, पैसे फेंकने के लिए नहीं होते, पर इसके बाबा उल्टे मुझे ही रोकते, 'उसे करने दे जो करती है! उसके लक्षण कुछ अलग ही हैं'!

''उसका दूसरा शौक़ था—काँच के कप और तश्तरी तोड़ना। पहले पटक कर तोड़ देती और फिर सारे टुकड़े जमा कर के पानी में डालती। तब भी मुझे

पिता के साथ अपने स्टेज गायन के समय, सोलापुर में

'मालक' रोकते। कहते, 'जाने दो, हम दूसरे लायेंगे, लता से कुछ मत कहो'। लता को भी अपने बाबा से बड़ा प्यार था।''

''बाप-बेटी में बहुत जमती। लता दिन-भर 'बाबा बाबा' करती रहती।

इसलिए 'मालक' उसे 'लताबाबा' कहते। रात को जब 'यह' घर आते, तब मेरी अच्छी-बुरी छोटी-बड़ी सभी बातें लता उनको बताती। उनके पीछे उनके बारे में मेरा कहा एक-एक शब्द मालक तक पहुँचा देती, 'माई कहती है कि मालक बहुत बोलते हैं!' मेरे डाँटने पर कहती, 'क्यों नहीं बताऊँगी उनको? बाबा मेरे हैं'।

"एक बार लता हाथ में सोने की चूड़ियाँ पहने बाहर घूमने चली गयी थी। मैंने उसे डाँटा, तो मुझे ही धमकी देने लगी, कि मैं जा कर नदी में कूद कर जान दे दूँगी। 'मालक' ने यह सुन कर कहा, 'देख लता, पहले ये चूड़ियाँ निकाल, बाद में नदी में कूदने के लिए जा!' इसके बाद दो दिनों तक लता की अपने बाबा से कट्टी रही।"

छोटी लता डाँट-डपट का जवाब भी बड़ा तोल-मोल के देती थी। एक बार माँ ने कुछ ज़्यादा ही ग़ुस्सा किया तो मुँह-तोड़ जवाब दिया, "मुझे ज़्यादा डाँटा, तो मैं बाबा की यह 'दवाई' (शराब!) पी जाऊँगी!"

पर जब यह लड़की ऐसी शरारत के मूड में न हो, तब वह आचार-विचार में पूरी 'दीदी' बनी रहती थी। उसके व्यवहार में, बोल-चाल में स्नेह झलकता। स्वभाव से वह कुछ ज़िद्दी ज़रूर थी। छोटे-बड़ों पर, बचकानी सही, हुकूमत चला लेती थी और स्वतन्त्र विचार की तो थी ही। साथ-साथ लता में विनोद वृत्ति भी कूट-कूट कर भरी हुई थी। नकलें उतारने में माहिर थी। वह घर में हो तो हँसी-गाना चलता रहता, घर गुलज़ार रहता।

चूँकि छोटी लता में मिमिक्री और चित्रकारी, दोनों ही कलाओं का पुट था, वह किसी की लिखावट की नक़ल भी बहुत अच्छी कर लेती थी। एक बार माई के हस्ताक्षरवाला चेक बैंक ने यह कह कर लौटा दिया, कि हस्ताक्षर सही नहीं हैं। छोटी लता ने उस चेक पर अपने हाथों से माई के हस्ताक्षर कर दिये और चेक दुबारा बैंक भेजा गया। इस बार स्वीकार किया गया!

छोटी लता का रंगमंच पर पदार्पण आकस्मिक रूप से हुआ था।

नगर-नगर घूम कर नाटक कर रहे पिता ने पुत्री की संगीत-शिक्षा आरम्भ तो कर दी थी, पर नियमित रूप से उसे सिखा पाना सम्भव न हो पाया था। तिस पर सवाक् फ़िल्मों ने खड़ी की हुई तकनीकी स्पर्धा के चलते बलवन्त संगीत मण्डली को टिकाये रखने में मास्टर दीनानाथ इतने व्यस्त रहे, कि वह यह जान ही न पाए कि उनकी बेटी ने उनका संगीत किस हद तक आत्मसात कर लिया है।

जब लता सातेक साल की थी, पिता सहित सारा परिवार, 'सौभद्र' नाटक के मंचन के लिए मनमाड नगर आया था। लेकिन नाटक में नारद की भूमिका

करनेवाला अभिनेता ऐन नाटक के समय बीमार पड़ गया। दुविधा में पड़े अपने पिता से लता ने कहा, ''आप क्यों घबरा रहे हैं बाबा, मैं हूँ न मुझे आप नारद बनाइए, मुझे सारे गीत याद हैं, संवाद भी याद हैं बाबा!'' बेटी की ज़िद ने पिता को गम्भीरता से सोचने पर मजबूर किया। 'लता बाबा' के दावे में आत्म-विश्वास झलक रहा था, ''मेरा गाना पसन्द न किया गया तो कहिएगा...आपकी बेटी हूँ आख़िर!''

समस्या सिर्फ़ एक ही थी कि नाटक में अर्जुन छत्तीस साल का और नारद सात साल का! लेकिन इसके अलावा तो नाटक को रद्द ही करना पड़ता!

परदा उठा और छोटे नारद ने स्टेज पर कदम रखा। जाने-पहचाने अभिनेता की जगह एक छोटे बालक को देख कर लोग कुछ मचल उठे। मास्टर दीनानाथ भी व्यग्रता से देखते रहे। हारमोनियम-वादक (तारदळकर) ने कुछ हिचकिचाते हुए सुर छेड़े। वह क्या जाने कि लता को इसी का इन्तज़ार था। छूटते ही 'छोटे नारद' ने गायन शुरू किया। शब्द, सुर, लय, 'रेंज' और तिस पर तानों का शृंगार। प्रेक्षक अवाक्-से तकते रहे!

इतनी छोटी उम्र में ऐसे चामत्कारिक गायन से लोग इतने प्रभावित हो गये कि नारद की उम्र नज़रअन्दाज़ कर गये।

उस रात घर पर माई ने बिना भूले लता की नज़र उतारी।

इन्हीं दिनों मास्टर दीनानाथ ने नाटककार कोठीवाले से अपनी बेटी लता के लिए एक छोटी-सी नाटिका 'गुरुकुल' लिखवायी, जिसमें लता बनी श्रीकृष्ण तथा मीना सुदामा। छुटकी लता ने मुकुट की जगह मास्टर दीनानाथ का बाज़ूबन्द पहना था!

जैसा कि आम तौर पर साझेदारी की कम्पनियों में होता आया है, बलवन्त संगीत मण्डली में भी हुआ। एक पार्टनर, अभिनेता कोल्हटकर, बलवन्त से अलग हो गये। कार्यक्रम के ख़रीदार ने, 'कान्ट्रेक्ट' रद्द कर दिया। लेकिन मास्टर दीनानाथ हताश नहीं हुए, ''जहाँ तक मैं हूँ, कम्पनी रहेगी, और कम्पनी में काम करनेवाले लोग रहेंगे। मैं किसी को निराधार नहीं होने दूँगा। जैसे भी हो, चला लूँगा। और फिर कुछ न हुआ तो तानपुरा तो है ही—संगीत के कार्यक्रमों से कम्पनी चलाऊँगा।''

पर किसी व्यापारिक कम्पनी का लेखा-जोखा, चाहे वह कम्पनी कला के सृजन पर ही निर्भर क्यों न हो, केवल मालिक के धैर्य और निष्कपट इरादों का लिहाज़ नहीं करता। अगर आय कम हो रही है, तो बही खाता घाटा ही दिखायेगा।

उन दिनों कम्पनी का ख़ेमा सोलापुर में था और योजना बनी थी पंढरपुर जा कर नाटक खेलने की। नाटक करना था धनोपार्जन के लिए, लेकिन वह तो तब

सम्भव हो, जब लोग नाटक देखने आये। वहाँ तक पहुँचने के लिए, मंचन के दिन तक, नाटक मण्डली के खाने-पीने-रहने के लिए भी तो पैसे चाहिए और नाटक खेलने के लिए ज़रूरी धनराशि इकट्ठा करने का ज़रिया बना, वही तानपुरा—संगीत कार्यक्रम।

सो महाराष्ट्र के सोलापुर शहर के नूतन थियेटर में, नाट्य संगीत के एक जल्से का आयोजन किया गया। पर थोड़ा फ़र्क़ था। इस बार मास्टर दीनानाथ ने अपनी बड़ी बेटी, नौ साल की नन्ही लता, से भी गवाने की ठान ली थी! घोषणा होते ही हलचल-सी मच गयी! जब संगीतज्ञों ने बच्ची की प्रतिभा पर सन्देह प्रकट किया, तो आम लोगों ने तिरस्कार की दृष्टि से भी देखा होगा! यहाँ तक कि उनकी बलवन्त संगीत मण्डली के सदस्यों ने भी सन्देह किया। इन विरोधों के बावजूद वह कार्यक्रम साढ़े चार सौ रुपए में (1936 के!) ख़रीदा गया। कार्यक्रम के बाद ख़रीदार की ख़ुशी न समा रही थी। उसने कहा कि पूरा-का-पूरा एक नाटक खेलकर भी, मुझे इतना मुनाफ़ा कभी न होता।

इस कार्यक्रम में लता ने तत्कालीन अति लोकप्रिय नाटक 'मानापमान' का शौर्य रस से भरपूर गीत "शूरा मी वन्दीले..." (शूरवीर को मेरा प्रणाम...) गाया। क्लिष्ट तान-मुर्कियों से बोझिल गायकी का भार, लता की कच्ची आवाज़ सरलता से वहन कर गयी ।

नौ साल की वह लड़की "शूरा मी वन्दीले..." गा रही हो या 'ब्रह्मकुमारी' नाटक का "सुहास्य तुझे मनासी मोही..." (तुम्हारा स्मित मेरा मन मोहता है...) या फिर शास्त्रीय गायकी में पिता की संगत कर रही हो, जहाँ कहीं गाने का मुश्किल टुकड़ा आये—फिसलन वाली जगह आये—वह बहुत एकाग्रता से गाती और 'सही गाया या ग़लत' जानने के लिए, कनखियों से पिता की ओर देख लेती। सही होने पर पिता भी, गाते-गाते ही स्नेह से सर हिला कर 'हाँ' का संकेत देते।

"और फिर मेरा गाना ख़त्म होते, कई बार तो मैं स्टेज पर ही बाबा की गोद में सर रख कर सो जाती।"

आज हृदयनाथ अपनी सुपुत्री राधा से, उतने ही स्नेह से स्टेज पर गवाते हैं।

नाटकों की लगातार असफलता, बलवन्त के विघटन, बोलती फ़िल्मों के उदय और विश्वयुद्ध की भयंकर मन्दी ने दीनानाथ को अन्दर से तोड़ दिया। बलवन्त संगीत मण्डली का अस्तित्व ख़तरे में पड़ गया। बदलते समय को पहचानते हुए दीनानाथ ने एक फ़िल्म कम्पनी की शुरुआत की। लेकिन उसमें भी असफल रहे। जहाँ कुछ अरसे पहले अन्धाधुन्ध आमदनी हो रही थी, वहाँ वह क़र्ज़ की गर्त में धँसने लगे। फ़िल्म कम्पनी का कैमरा तक गिरवी रखा गया। मदिरा,

माई, आशा, लता, बाबा और मीना

जो महज़ एक आदत थी, अब विस्मृति का आधार बन गयी। लता को जब वे ''मानी न शापवाणी...'' पद सिखाते (जिसका भावार्थ था : 'सब पैसा देखते हैं, 'मित्रता', 'प्रेम' सब खोखले शब्द मात्र हैं, ग़रीबी बहुत बड़ा दुःख है'), तो अनायास उनके भीतर की सारी व्यथा और कड़ुआहट, उस पद के सारगर्भित शब्दों में व्यक्त होने लगती।

क्रमशः एक-एक कर के सब बलवन्त को छोड़ने लगे। 'जो रहे सो अपने, बाक़ी पराये' कह कर दीनानाथ ने मन को मनाया। धीरज टूट रहा था; सांत्वना के लिए कृत्रिम उपाय खोजे जा रहे थे। यहाँ रक्तचाप की तकलीफ़ बढ़ती जा रही थी। ऐसी हालत में चार-चार घण्टे स्टेज पर टिके रहना दीनानाथ के लिए भारी पड़ने लगा। तब बेटी लता ने—जिसे वे अपना ज्येष्ठ पुत्र ही मानते थे—'बाल बलवन्त' की नाटिकाएँ प्रस्तुत कर के, पिता का कुछ बोझ हल्का किया।

छोटे-मोटे गणपति उत्सवों में भी लता, यदा-कदा पिता के साथ गाती। पहले दीनानाथ श्रोताओं को अपनी अद्भुत गायकी द्वारा मन्त्रमुग्ध करते, फिर ज़रा देर

बाद लता को आगे कर देते। कठिन गायकी की भूलभुलैयाँ में ठिठकती लता को दीनानाथ सँभालते, सहारा देते और उसकी हिम्मत बाँधते जाते।

बेटी अच्छा गाती तो कहते, अब मुझे चिन्ता नहीं कि मेरे बाद मेरे परिवार की क्या दशा होगी। जिस दिन आकाशवाणी पर लता का गाया हुआ सर्वप्रथम गाना (एक ठुमरी) उन्होंने सुना, उस दिन अपनी पत्नी से कहा, ''आज मैंने जैसे अपना ही गाना सुना।''

हालाँकि अच्छे दिनों में बेटी को दी जा रही संगीत की शिक्षा उसे एक व्यावसायिक गायिका बनाने के लिए नहीं थी, लेकिन प्रतिकूल संजोगों में दीनानाथ को मजबूरन समझौता करना पड़ा।

''मुझे नहीं लगता कि बाबा चाहते थे कि मैं व्यावसायिक गायिका बनूँ। फ़िल्मों में आने का तो सवाल ही नहीं था'', फ़िल्मों में आने के लगभग पैंतालीस साल बाद लताजी कह रही थीं।

स्वयं पिता को शिक्षा का अवसर कम ही मिला था, पर धन के अभाव में भी, अपनी सन्तानों को इस सम्पदा से वंचित न रखना चाहते थे। कुछ अपनी ज्योतिर्विद्या की वजह से और कुछ आकार ले रही परिस्थिति को देखते हुए शायद वे जान गये थे कि जो भी देना है कम-से-कम समय में देना है। परन्तु शायद आम शिक्षा प्रणाली के दुर्बल परिणाम देख कर बच्चों को स्कूल न भेजकर संस्कृत पाठशाला भेजा।

वैसे यह कहना कि छोटी लता ने स्कूल का ज़ीना ही नहीं चढ़ा, शायद 'तकनीकी दृष्टि' से सही न हो।

सांगली के (मुरलीधरांची शाळा) स्कूल में दाख़िला हुआ। ''पहले दिन मास्टर साहब ने मुझे बोर्ड पर 'श्री गणेशाय नमः' लिखने को कहा, जो मैंने लिखा। उन्होंने मुझे शाबाशी दी और कहा, 'तुझे पूरे दस नम्बर मिले'। दूसरे दिन स्कूल जाते वक़्त छोटी बहन आशा रोने लगी, तो मैंने उसे कमर पर उठा लिया। फिर स्कूल पहुँच कर बच्चों को मैं कुछ गाने सुनाने लगी। इसी बात पर मास्टर साहब नाराज़ हो गये, 'यह पाठशाला है, अपने छोटे भाई-बहनों को बहलाने की जगह नहीं।' मुझे तो बड़ा ग़ुस्सा आया। मास्टर दीनानाथ की बेटी का ऐसा अपमान! बस, उसके बाद स्कूल की शक़्ल ही नहीं देखी। न बाबा ने मुझे इसके बारे में कभी पूछा, न ही माई ने कभी उस तरफ़ ध्यान दिया!''

लेकिन एक बार तो सुविख्यात पिता के नाम पर पत्थर तैर गया था।

बुरे दिनों की बात है। घर का नौकर बाज़ार से सौदा-सुलुफ़ कर के लौटा और शिकायत की कि बनिये ने इस दुअन्नी को खोटा कहा और लेने से इनकार

किया। छोटी लता ने उसके हाथ से वह सिक्का छीन लिया और दौड़ कर पहुँची बनिये के पास। ठाठ से दो आने का साबुन माँगा और थमाया वही सिक्का। वह बनिया उस दुअन्नी को उलट-पलटकर कुछ कहे उससे पहले ही लता ने कहा, ''जानते हो न मैं कौन हूँ? मास्टर दीनानाथ की बेटी।'' उस कलाकार के प्रति सम्मान भाव से हो या दया से, बनिये ने सिक्का ले लिया।

''लेकिन घर आ कर मुझे डाँट पड़ी। इतना ही नहीं, बाबा ने कहा कि उस खोटे सिक्के से ली हुई चीज़ें लौटा दो और माफ़ी माँग कर आओ,'' यह प्रसंग याद करते हुए आज लताजी कहती हैं, ''मुझे तब भी लगा था कि मुझे दुकानदार के पास वापस भेज कर बाबा शायद यह भी जताना चाहते थे कि किसी दूसरे के नाम पर अधिकार मत पाओ, चाहे वह तुम्हारे पिता का ही नाम क्यों न हो।''

करवट ले रहे संजोगों ने माई को शायद आगाह कर दिया था। उन्होंने छोटी-मोटी बचत शुरू कर दी थी। लेकिन छोटी लता को अभी ऐश्वर्य और निर्धनता के बीच का अन्तर समझ में न आया था।

''माई के बैग में एक छोटा-सा डिब्बा हुआ करता था जिसमें वह हमेशा आने-दो आने के सिक्के डालती रहतीं,'' बहुत पीछे छूटे विपत्तिकाल को याद करते हुए लताजी कह रही थीं, ''वैसे पुस्तकों में रुपये के नोट सँजो कर रखना भी माई की आदत थी। कई बार जब माई सोयी होतीं, तब मैं उस डिब्बे में से कुछ पैसे निकाल कर पासवाली एक दुकान से खट्टी-मीठी गोलियाँ ला कर मज़े से उड़ाती। पर एक दिन जब मैं पकड़ी गयी, तो माई ने मेरी वह धुनाई की कि खट्टी-मीठी गोलियों का स्वाद भूल गयी!''

दीनानाथ ने सफलता के सोपानों पर आरोहण बहुत ही कम आयु में आरम्भ किया था और कीर्ति के उत्तुंग शिखरों पर पहुँचने में विलम्ब न हुआ था। लेकिन उस ऊँचाई पर से निष्क्रियता के गर्त तक का पतन तेज़ और पीड़ादायक था।

उन्हीं दिनों, दीनानाथ को दस-पन्द्रह रुपए की ज़रूरत थी, ''सांगली के मेरे मकान की नीलामी होने वाली है,'' सफलता के दिनों के अपने एक कट्टर आलोचक से उन्होंने कहा, ''जिसे रुकवाने के लिए वहाँ जाना ज़रूरी है। पैसों की ज़रूरत है। घर की कोई चीज़ गिरवी रखने का मुझे क्या अधिकार है? मुझे पन्द्रह रुपए दो...इसकी एवज़ में आपको गाना सुना सकता हूँ,'' और वह अपना सुविख्यात गीत ''शूरा मी वन्दिले...'' गाने जा रहे थे। सजल नेत्रों से उस आलोचक ने उन्हें रोका, ''आप गा कर मुझे शर्मिन्दा मत कीजिए, आपकी योग्यता पैसों से नहीं तोली जा सकती।'' और दो विरोधी गले मिले।

घोर निराशा के काल में और बिगड़ते स्वास्थ्य के दिनों में दीनानाथ अक्सर

घर ही पर रहते और बाहरवालों से मिलने से इनकार करते। सारा ध्यान केन्द्रित था बच्चों पर। बच्चों की पढ़ाई के मामले में अधीर रहते थे।

एक दिन यूँ ही कराहते-कुढ़ते घर पर थे। पत्नी से बार-बार उत्तेजित स्वर में पूछ रहे थे—"अभी तक लता-मीना नहीं आयीं?"

"इतनी जल्दी कैसे आएँगी? आपने ही तो उन्हें संस्कृत सीखने भेजा है। आप ही तो कहते हैं कि संस्कृत सीखने से अन्य भाषाओं का ज्ञान अपने आप हो जाता है!"

बच्चे घर आते ही पिता ने प्रेम से पूछा, "आओ, मेरे पास आओ। आज मास्टरजी ने क्या सिखाया?"

"गायत्री मन्त्र।"

"अच्छा, बोल कर दिखाओ।"

सब सामने बैठीं और गायत्री मन्त्र गा कर सुनाया।

"ससुरी...सब-की-सब सुर में हैं," दीनानाथ, शब्दों के उच्चारण से भी ज़्यादा, सुरीले स्वरों से प्रभावित हुए। आँखें मूँद लीं और "मंगेश, मंगेश" का रटण किया, जैसे पुत्रियों को कोई दैवी आशीर्वाद दे रहे हों।

"अब बस हो गया, अब खाने के लिए भी तो अन्दर आइए," अन्दर से माई ने आवाज़ दी। ध्यान भंग होने से ग़ुस्सा आया। थोड़ी देर पहले वात्सल्य बरसानेवाली आँखों में अंगारे थे।

"आप ऐसे न देखिए," माई डर के मारे बोलीं। बच्चे सभी के सभी ठिठके हुए थे।

"मुझे भूख नहीं है, थोड़ा तो खाया न?"

"वह आधी रोटी? बस खाना हो गया? ऐसे तो सेहत बिगड़ जायेगी," फिर माई का स्वर ऊँचा हो गया।

"क्या रोज़ चार-चार रोटी खानी ही चाहिए, ऐसा कोई नियम है? और वह खाने से सेहत नहीं बिगड़ती, ऐसा भी कोई नियम है?"

"लेकिन रोज़ 'यह' लेनी चाहिए, ऐसा भी तो नियम नहीं है!" माई ने कहा।

"नियम?" गिलास में बोतल उँड़ेलते हुए कहा, "मेरा तो खाने का निसर्गधर्म, पीने का स्वधर्म बन गया है," और खुले स्वर में हँस दिये।

इस 'स्वधर्म' ने, जीवन के अन्त तक साथ न छोड़ा। शराब के प्रति लताजी की घृणा के बीज शायद यहीं बोए गये।

कहा जाता है कि बुराइयों में जितना प्रेम होता है, भलाइयों में उतना ही द्वेष

होता है। एक चोर तो दूसरे चोर की मदद कर लेता है, लेकिन एक विद्वान दूसरे विद्वान की भूल ही निकालता है।

लेकिन मास्टर दीनानाथ एक उच्च कोटि के कलाकार होते हुए भी, किसी दूसरे कलाकार के अच्छे प्रदर्शन की सराहना करना नहीं चूकते थे। सफलता के शिखर पर विराजमान कलाकार के लिए शायद यह बहुत मुश्किल न हो, पर दीनानाथ तो अपने निराशा और एकान्तवास के दिनों में भी दूसरों की जी-भर के तारीफ़ कर लेते थे।

दीनानाथ में अपनी कला को ले कर ग़ज़ब का आत्मविश्वास था, पर कहीं-कहीं वह आत्मविश्वास, अभिमान की सीमा लाँघ जाता मालूम देता है।

अगर कोई राग ग़लत गाया जाता, तो महफ़िल छोड़ कर चले जाते। लेकिन ख़ुद गाते समय एक ही राग में दस रागों का मिश्रण कर डालते। "ऐसे क्यों गाते हो दीना?" पूछे जाने पर लापरवाही से कहते, "अरे गाते समय सभी सुर मेरे सामने हाथ जोड़े खड़े हुए होते हैं। हरेक को मौक़ा तो देना चाहिए न?"

एक बार एक जानीमानी गायिका ने उनसे पूछा, "दीना—तू मुझसे पहले गायेगा या बाद में?"

उन्होंने हँस कर कहा, "पहले गाने में मुझे कोई आपत्ति नहीं लेकिन मेरे 'सा' छेड़ने के बाद, तुम गा भी पाओगी?"

लेकिन ऐसे मग़रूर-मिज़ाज दीनानाथ, रहमत ख़ान, अल्लादिया ख़ान और भास्कर बुवा बखले का नाम सुनते ही ऐसे विनम्र हो जाते कि इन दोनों में से कौन-से दीना असली दीनानाथ हैं, यह तय कर पाना मुश्किल हो जाता।

दीनानाथ पूर्णतया राजसिक वृत्ति के व्यक्ति थे। खान-पान के वह बड़े शौक़ीन थे। सामिष भोजन में विशेष रुचि। चाहे गुजराती परिवार में पली-बढ़ी पत्नी ख़ुद मांस-मछली नहीं खाती थी (आज तक नहीं खातीं!) पति के लिए तरह-तरह के मांसाहारी व्यंजन पकातीं।

क्रिकेट के खेल से दिलचस्पी तो थी ही; बलवन्त संगीत मण्डली की अपनी एक क्रिकेट टीम भी बना रखी थी। इस टीम में ख़ुद खेलते और जाने-माने खिलाड़ियों को निमन्त्रित करके उनके साथ खेलने का भी मज़ा लेते। तब वह नहीं जानते थे कि अपनी बड़ी बेटी लता को भी क्रिकेट से आजीवन गहरा लगाव रहेगा।

उन्होंने बन्दूक ख़रीदी थी; शिकार का बड़ा शौक़ था। तलवार ख़रीदी, लेकिन उसका कभी उपयोग नहीं किया।

लगता है कि लता के अवचेतन ने, पिता में जो अनुकरणीय नहीं था, वह

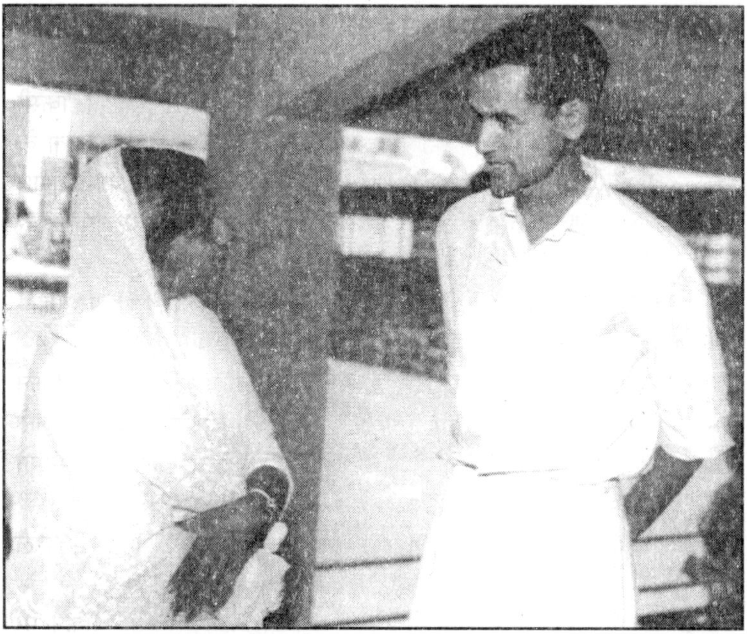

बलवंत संगीत मंडली की एक टीम बनाई थी ख़तरनाक स्पिन गेंदबाज़ बापू नाडकर्णी के साथ

ग्रहण नहीं किया—गाँधीजी के कथन 'बड़े कहें, वैसा करो, करें वैसा नहीं' का अक्षरशः पालन किया।

फ़िल्म 'ख़ज़ांची' के लिए आयोजित एक संगीत प्रतियोगिता में ग्यारह साल की लता प्रथम आयी थी; दो चन्द्रक और एक दिलरुबा पुरस्कार स्वरूप मिले थे। वही दिलरुबा एक बार पिता बजा रहे थे। कहीं से एक चूहा निकल आया। ग़ुस्से में उन्होंने दिलरुबा का छड़ फेंका और वह टूट गया। लता ग़ुस्से से रो पड़ी।

"तब बाबा ने जो बात कही, वह मुझे हमेशा के लिए याद रह गयी। उन्होंने कहा था कि 'तुम्हें रोना और ग़ुस्सा इसलिए आ रहा है न कि यह *तुम्हारा* जीता हुआ पुरस्कार है?...यानी यह सिद्धि तुम पर असर कर गयी है। यह अच्छी बात नहीं है, क्योंकि तुम्हें भविष्य में बहुत बड़े-बड़े पुरस्कार मिलनेवाले हैं। अपनी ख्याति, अपने यश पर अभिमान नहीं होना चाहिए'...। जब भी मुझे कोई पुरस्कार, कोई सम्मान मिला है तब मैंने ख़ुद को बाबा की यह बात याद दिलायी है।"

पुणह्य की 'राजिवड़ेकर की चाल' में स्थित कमरे को छोड़ कर पुणे ही में कहीं और कमरा लिया गया। आस-पड़ोसवालों की मदद से सामान चढ़ाया जा रहा था। एक तिजोरी, ज़ीने पर से ऊपर उठाने में बहुत मुश्किल हो रही थी। दीनानाथ

ने एकदम से कहा, "उस तिजोरी को वहीं रहने दो। इस ज़ीने की पहली पायदान यह तिजोरी ही होगी।"

माँ सुन कर सुन्न हो गयीं, "यह तो लक्ष्मी है, उस पर पाँव रखना ठीक नहीं।"

"यह मेरी भाग्यलक्ष्मी की शवपेटी है। लक्ष्मी तो कब की बिक चुकी!"

वह घर छोड़ने तक उस तिजोरी का उपयोग सीढ़ी की तरह ही किया गया।

सारा परिवार छत पर सोता था।

एक रात अभी नींद लगी ही थी कि दूर से एक विचित्र-सी आवाज़ आयी। गहरी—डरावनी, भूगर्भ से उठती-सी; कभी बढ़ती, कभी घटती, लेकिन न रुकती। लग रहा था जैसे पानी का कोई प्रचण्ड जहाज़ डूब रहा हो। सबकी नींद खुल गयी। माई चीख़ीं, "सुनते हो, यहाँ क्या सोये पड़े हैं, नीचे चलिये, बम गिरनेवाला है।" दूसरे विश्वयुद्ध की गड़गड़ाहट शायद भारत तक सुनायी देने लगी थी।

आपातकाल की सायरन बजते ही सब घबराये हुए नीचे घर में दौड़े। सिर्फ़ दीनानाथ शान्त थे। जीवन से उदासीन जो हो चले थे। अबोध हृदयनाथ भी निश्चिंत था। भय का जन्म ही तो ज्ञान से होता है। आकुल-व्याकुल माई को दीनानाथ ने हँसकर कहा, "यहाँ कोई नहीं आयेगा। हिटलर बुद्धिमान है। वह अच्छी तरह जानता है कि ग़ुलामों के साथ लड़ना नहीं होता, उनके तो बस गले का पट्टा बदलना होता है।" लेकिन उस रात तो सायरन इतनी ज़ोरों से बजता जा रहा था कि वातावरण में तनाव फैल गया था। हर गड़गड़ाहट में मौत की आवाज़ सुनायी देती थी। माई बच्चों के कानों में रुई और मोम ठूँसने लगी। दीनानाथ के पूछने पर कहा, "बम की आवाज़ से बच्चे कहीं बहरे हो गये तो?"

"तुम नाहक घबरा रही हो। यह बच्चे कभी बहरे हो ही नहीं सकते। इनके नसीब में तो गाना लिखा है," दीनानाथ का यह विधान उनकी ज्योतिर्विद्या का परिणाम था या संसार के प्रति विरक्ति का, यह सोचने की मनःस्थिति में तब शायद ही कोई रहा होगा।

पाचोरा गाँव में कार्यक्रम था। रात हो गयी थी। घर में दिया बुझते-बुझते जल रहा था। दीनानाथ, निराशा से घिरे बैठे हुए थे। कार्यक्रम के टिकट नहीं बिके थे। अँधेरे से घबरा कर या किसी अज्ञात भविष्य के डर से, लता, मीना, आशा, उषा एक दूसरे से लिपट कर एक कोने में बैठी थीं और छोटा हृदयनाथ माँ की गोद में सोया हुआ था।

उस सन्नाटे को चीरते हुए, कम्पनी के लोगों की आवाज़ें सुनायी दीं, "मालक, दो महीने का वेतन चाहिए, हमारे बाल-बच्चे खायेंगे क्या?"

दीनानाथ अन्दर के कमरे में चले गये और तानपुरा छेड़ कर गाने लगे। गाना सुन कर लोग आपे से बाहर हो गये। घर में घुस कर थाली-बरतन ले कर पीटने लगे और दीनानाथ के गायन के साथ चिल्लाने लगे, "दीवाला, दीवाला, नीलामी नीलामी," मुहल्लेभर में शोर हो गया। घबराये हुए बच्चे और माँ अपने आँसू पोंछ रहे थे पर दीनानाथ शान्त, स्थितप्रज्ञ थे। कहीं उनकी चेतना उन्हीं का गाया एक गीत तो नहीं गुनगुना रही थी : 'जगी हा खास वेड्याचा पसारा...!' ('यह दुनिया एक पागलों की बस्ती...' ठीक ग़ालिब की एक पंक्ति की तरह: "बाज़ीचा-ए-अत्फ़ाल है दुनिया मेरे आगे, होता है शबो-रोज़ तमाशा मेरे आगे")।

कुछ देर बाद कम्पनी के लोग घर का जो कुछ सामान हाथ लगा, ले कर चले गये। घर में शान्ति और अँधेरा असहनीय हो गया।

"आज से मैं शराब नहीं पिऊँगा," पुत्री लता को दिया हुआ वचन उस दिन तोड़ दिया, सो आख़िर तक।

मंगेशकर परिवार, सतारा की पुरानी हवेली में रह रहा था। लोगों ने सावधान किया कि यहाँ रहना ख़तरे से ख़ाली नहीं। भूत-प्रेत, साँप-बिच्छू का डर लगा रहता है।

"ऐसी आर्थिक स्थिति में ऐसी जगह और कहाँ मिलेगी मुझे?" फिर भी जब छोटे-छोटे बच्चों के बारे में चिन्ता व्यक्त की गयी तो तपाक से कहा कि "मैं या मेरे बच्चे साँप-बिच्छू काटने से मरने के लिए पैदा नहीं हुए!"

एक बार दीनानाथ के एक साथी पर केस हो गया। हालाँकि करार पत्र पर दीनानाथ के हस्ताक्षर नहीं थे, साथी की मदद करने की भावना से केस अपने सर ले लिया। पता चला वारण्ट निकला है तो स्वाभिमानी दीनानाथ ने कहा, "पुलिस का हाथ मेरे कन्धे पर पड़ें इससे पहले मेरी जान चली जाये...मैं फ़रार हो जाऊँगा।" और वास्तव में छह महीनों के लिए फ़रार रहे। 27 पुलिस थानों का वॉरंट था लेकिन वह नहीं मिले। आज तक कोई नहीं जानता कि छह महीने के इस अज्ञातवास में दीनानाथ कहाँ रहे।

आख़िरकार, उनकी अनुपस्थिति में केस चला। नतीजा उनके पक्ष में आया और वे लौट आये। पत्नी-बच्चों के लिए नये कपड़े और कुछ पैसे लाये। उनके जीर्ण-शीर्ण कपड़े देख कर पत्नी उनके लिए नयी धोती और कमीज़ ख़रीद लायी। अभी खाना खा कर पान चबा ही रहे थे कि द्वार पर भिखारी आया, "मालक एक गाना सुनाऊँ?"

वह भिखारी मीठी आवाज़ और पक्के सुर में हृदय को छू लेनेवाला एक भजन गाने लगा। सब मन्त्रमुग्ध हो कर और दीनानाथ सजल नेत्रों से सुन रहे थे। भजन

पूरा होते ही कहा, "तकदीर का खेल भी अजीब है। मैं रंगमंच पर गाता हूँ, इसलिए 'मास्टर दीनानाथ' कहलाता हूँ और तुम रास्ते पर गाते हो इसलिए भिखारी। लेकिन तुम्हारी और मेरी जाति तो एक ही है, बिरादरी एक ही है : कलाकार की। क्या दूँ तुम्हें? आज तो मेरे पास कुछ नहीं है...यह कमीज़ है," कह कर नयी कमीज़ उतार कर दे दी।

पत्नी ने सिर्फ़ इतना कहा, "तुम साधु लोग शादी क्यों करते हो?"

अन्तिम दिनों में स्थिति सच ही साधुओं की-सी थी।

किसी ने पूछा कि 'आपकी लाड़ली बिटिया (लता) इतने सादा कपड़ों में कैसे?'

"जान-बूझ कर यह आदत डाल रहा हूँ...ज़रूरत पड़ेगी इसकी। आगे चल कर तो अच्छे-से-अच्छे कपड़े पहनेगी ही!"

मरने से कुछ दिन पूर्व दीनानाथ ने माई को बुलाकर पूछा, "बैंक में कितने रुपए जमा बाक़ी हैं?"

"कुछ दो-चार रुपए ही होंगे," माई ने कहा।

"ठीक है, मेरे आयुष्य का 'अकाउण्ट' भी अब समाप्त होने जा रहा है। अब मुझे भी दो-चार ही दिनों में सब कुछ समाप्त करके यहाँ से चलना होगा, श्री मंगेश के चरणों में।" फिर लता को नज़दीक बुला कर कहा, "मैंने ज़िन्दगी में लाखों कमाये, पर आज मेरे पास कुछ नहीं बचा। दुनियादारी के दाँव-पेंच मैं कभी सीख न पाया और आज मैं तुम्हारा गुनहगार हूँ। लेकिन जो चीज़ें मैं तुम्हें दे रहा हूँ—मेरा तानपुरा और मेरी 'चीज़ों की बही' (बन्दिशों की सरगम की कॉपी)—इन्हें हमेशा अपने पास रखना। फिर देखना, तुम मुझसे भी बड़ी कलाकार बनोगी एक दिन। जो मैंने अब तक नहीं किया...तुम्हारा संरक्षण...वह मेरे जाने के बाद ये चीज़ें करेंगी...और श्री मंगेश भी हैं तुम्हारी रक्षा करनेवाले।"

सालों बाद, पिता को श्रद्धांजलि स्वरूप एक मराठी गीत रिकॉर्ड करते हुए यह प्रसंग लताजी के मस्तिष्क में ज़रूर उभर आया होगा। कवि पी. सावळाराम लिखित गीत, था भी बड़ा सारगर्भित :

कल्पवृक्ष कन्ये साठी लावुनीया बाबा गेला,
वैभवाने बहरुनि आला याल का हो बघायाला।

("बाबा, तुम्हारा लगाया हुआ कल्पवृक्ष आज फला-फूला है। हमारी सारी कामनाएँ पूरी कर रहा है, तब उसे देखने एक बार भी नहीं आओगे?")

सेहत बहुत ख़राब थी। बुख़ार, दर्द, क्षीण काया और सूजा हुआ पेट। फिर भी गाना चाहते थे, सिखाना चाहते थे। पत्नी के बहुत मना करने पर भी स्नान

किया और गाने बैठें साथ में लता, मीना और आशा भी तानपुरा ले कर बैठीं। कुछ देर भैरव और बहार राग गाये, गवाये।

माई को कहीं कुछ ठीक नहीं नज़र आ रहा था। "आपको कुछ हो रहा है, हम डॉक्टर के पास जायेंगे" दीनानाथ सिर्फ़ हँसे और पूछा, "एक कविता याद आ रही है, सुनाऊँ?"

"कधी काळाने मरण मला येता,
कुठे जासी तू हीच मनी चिंता।"
("जब मैं चल दूँगा अपने रास्ते,
कभी न लौटने के वास्ते,
तू कहाँ जायेगी,
डर रहा हूँ सोचते-सोचते।")

पिता की मृत्यु के कोई पचास साल बाद, दूसरे विश्वयुद्ध के अरसे का वह दिन हृदयनाथ याद कर रहे थे, "युद्ध की वजह से पूना में 'कर्फ़्यू' और रात को

एक गुणी कलाकार की गुमनाम मौत

'ब्लैक आउट' अक्सर लगा रहता...वह दिन आज भी मुझे याद है। बाबा बीमार तो थे ही। उस दिन उन्होंने बिस्तर में थोड़ी उल्टी कर दी थी जिसमें ख़ून नज़र आया था, इसलिए उन्हें अस्पताल ले जाना तय हुआ। मैं चूँकि चल नहीं पाता था, माँ ने मुझे गोद में उठाया और हम ताँगे में ससून अस्पताल पहुँचे।''

जाँच-पड़ताल के बाद डॉक्टर ने कहा कि अच्छा हुआ कि आप आ गये, मरीज़ का बहुत ध्यान रखना पड़ेगा। घरवालों को अब भी हालात की संजीदगी का अन्दाज़ा न था; तभी तो लता उनके साथ अस्पताल न गयी थी।

''लेकिन पता नहीं कैसे, माई को अन्दाज़ा हो गया और उन्होंने बाबा से कहा, 'तुम्ही चाललात, ह्यांचं काय करु'? (तुम तो चल दिये, अब इनका,— हृदयनाथ को दिखा कर, यानी बच्चों का—क्या करूँ?)''

बोल कर जवाब देने की हालत में दीनानाथ न थे। उन्होंने अपनी उँगलियों से तानपुरा बजाने का संकेत किया। जीवित अवस्था में, यह उनकी आख़िरी हरक़त थी।

''जब अस्पताल से दुबारा घर पर बुलावा आया, तो जीवन-लीला समाप्त हो चुकी थी,'' अपने पिता की मृत्यु के बारे में गढ़ी गयी रोमांचक कहानियों को झुठलाते हुए लताजी बता रही थीं, ''माई के साथ मैं जब वहाँ पहुँची, तो ससून अस्पताल के उस कमरे में बाबा का अचेत शरीर अकेला पड़ा था। युद्धकालीन ब्लैक आउट के कारण श्मशानयात्रा उजाला रहते ही निकालनी थी।''

32 साल की माई और 13 साल की लता के भरोसे सारे परिवार को छोड़, 42 साल के दीनानाथ चल दिये।

मृत देह को अस्पताल से घर लाने के लिए ऐम्बूलेन्स न मिली। किसी को टैक्सी लाने भेजा लेकिन कोई अपनी गाड़ी में शव ढोने को तैयार ही न हो। आख़िर एक बुज़ुर्ग ड्राइवर ने पूछा, ''मृतदेह है किसकी?''

''किसी की भी हो, तुम चलोगे? बहुत पैसे मिलेंगे।''

''लेकिन था कौन?''

''एक गायक था।''

''गायक? क्या नाम था?''

''मास्टर दीनानाथ।''

''वह बलवन्त संगीत कम्पनीवाले?''

''हाँ''

''यह तो बहुत बुरा हुआ। उन्होंने हमको बहुत पैसा कमा दिया है...मालूम नहीं कितनी सवारियों को उनके नाटक देखने छोड़ा है... वाह, क्या गाते थे! दिलदार

पहले पर्दे पर, मराठी फ़िल्म 'उनके प्रति मैं आजीवन अनुगृहीत रहूँगी।' मास्टर विनायक के साथ पहली बार – 'पहली मंगळागौर' में

आदमी थे। हम ज़रूर आयेंगे...आप पैसे दें या न दें।''

अभी अच्छे समय के दोस्त तो क्या, ख़ून के रिश्तेदार भी नहीं आये थे। कुल छह लोग थे अर्थी के साथ, जिनमें वह टैक्सी ड्राईवर भी शामिल था। दीनानाथ ही के एक सहयोगी, अभिनेता श्रीपाद जोशी ने मुखाग्नि दी। दहकती हुई चिता को भावपूर्ण प्रणाम कर के उस मुसलमान टैक्सी ड्राइवर ने अन्तिम विदा ली।

एक गुणी कलाकार की गुमनाम मृत्यु हुई...शुक्रवार 24 अप्रैल 1942 को।

माई मंगेशकर जीवन में दूसरी बार ऐश्वर्य से दारिद्र्य का खेला देख रही थीं।

अभी मार्च के महीने में ही तो फ़िल्म के लिए लता ने ज़िन्दगी का पहला गीत गाया था (वसन्त जोगलेकर की मराठी फ़िल्म 'किती हसाल'—'कितना हँसेंगे'—के लिए)। गायक पिता ने बड़ी नाराज़गी के साथ फ़िल्म में गाने की रज़ामन्दी दी थी।

"बाबा की मर्ज़ी के ख़िलाफ़ गाया हुआ गीत खटाई में पड़ गया। संयोग से फ़िल्म में से इसे अलग कर दिया गया। मुझे एक तरह से अच्छा ही लगा क्योंकि मैं चाहती तो भी फ़िल्म से उस गीत को निकलवा न सकती थी," अपने फ़िल्म गायन की पचासवीं वर्षगाँठ के कुछ ही दिन पहले लताजी ने कहा।

पर क्या ज्योतिषी पिता को पता था कि पुत्री को जीवन-भर फ़िल्मों ही के लिए गाना था? दीनानाथ तो अपने जीवन ही नहीं, मृत्यु के बारे में भी अच्छी तरह जानते थे। बुधवार को अपने परिवार से कहा था कि शुक्रवार ग्यारह बज कर बीस मिनट के बाद वह नहीं रहेंगे और अगर प्रभुकृपा से बच गये तो दीर्घायु होंगे। लेकिन पूर्वनिर्धारित समय ने उन्हें बख़्शा नहीं।

एक बार पुत्र हृदयनाथ की कुण्डली देख कर दीनानाथ ने पत्नी से कहा था, "यह पाँच साल का होगा उसके बाद या तो तेरा पति रहेगा, या पुत्र। अगर मैं बच गया, तो छिहत्तर साल का हो कर जाऊँगा।"

दीनानाथ की मृत्यु के कुछ ही दिन बाद पूना की एक सिद्ध साध्वी को अन्तर्ज्ञान हुआ था कि उनकी मृत्यु का समय अशुभ था, उनकी आत्मा पिशाचों से घिरी हुई है। जब तक विधिवत क्रिया न की जाये, उनकी आत्मा को सद्‌गति प्राप्त न होगी।

आवश्यक क्रियाएँ सम्पन्न हुईं। कहते हैं, भोज के समय वहाँ उपस्थित एक महाराज के शरीर में दीनानाथ की आत्मा ने प्रवेश किया। महाराज ने मंगेशकर परिवार को प्रसाद का एक नारियल देते हुए कहा कि 'तुम्हारे पिता की आत्मा को मुक्ति मिली है और अब वह इस नारियल में प्रविष्ट हुई है। इसे अपने पास रखो। यह जब तक तुम्हारे पास रहेगा, तुम्हारी उन्नति होगी।'

आज भी वही नारियल लताजी के पूजा घर में है और श्रद्धा से पूजा जाता है।

अपने मृत युवा पिता के साथ एक लेख के माध्यम से अन्तरंग बातें करते हुए हृदयनाथ ने लिखा था, 'तुम ज़्यादा जी गये होते तो तुम्हें कदाचित आज का विश्व और उसके नैतिक मूल्य न सुहाये होते, लेकिन तुमने तो जाने में बहुत ही जल्दी कर दी। अरे, बस 1950 तक भी रुक गये होते तो दीदी का 'आयेगा आनेवाला...' सुन के गये होते...आश्वस्त हो कर गये होते, हँसते-हँसते गये होते'।

पर शायद नहीं।

“अपने सुरों से, संगीत जगत को नये आयाम, नयी दिशाएँ दिखानेवाली लता का उदय होना था, इसीलिए ईश्वर ने तुम्हें अपने पास जल्द बुला लिया। हो सकता है कि अगर तुम रहे होते तो दीदी का गरिमामय स्वर शायद रूढ़ि और परम्पराओं के अरण्य में कहीं खो जाता। पिता रूढ़िवादी तो थे ही, हो सकता है कि दीदी शायद शादी कर के किसी घराने की लक्ष्मी बन कर पूना, कोल्हापुर या सांगली के किसी घर की चार-दीवारी में कीर्ति-विहीन जीवन बिता रही होती। हाँ, कभी तीज-त्योहारों पर, शुभ प्रसंगों पर गा लेती और रिश्तेदारों से प्रशंसा पाकर प्रसन्न हो लेती!”

यूँ होता, तो क्या होता...

प्रकरण 7

क्या अब मुझे नौकरी करनी होगी?

जब खेल का मैदान, पलक झपकते—या किसी की पलक मूँदते—कार्यक्षेत्र में तब्दील हो जाता है, तो खेल के लिए फुदकते हुए कदम, ज़िम्मेदारी के बोझ से कुछ गम्भीरता से उठने लगते हैं। संजोगों की गर्दिश में बचपन कहीं खो जाता है।

पिता की मृत्यु के एक घण्टे बाद ही तेरह वर्ष की लता ने बिलख रही माँ से पूछा था, ''माई, क्या अब मुझे नौकरी करनी होगी?''

दीनानाथजी की अन्तिम क्रिया पर ख़र्च हुए पचहत्तर रुपए के बाद, घर में केवल चार दिन का राशन बचा था। पाँचवें दिन घर के छह जीवों के लिए अन्न कहाँ से आयेगा, यह विकराल प्रश्न जितना माई को सताता था, उतना ही तेरह वर्ष की 'वयस्क' लता को।

माई के गहने तो बहुत पहले बिक चुके थे—बलवन्त फ़िल्म कम्पनी का गिरवी रखा कैमरा छुड़ा न पाने के वक़्त। अब तो एक-एक कर के बर्तन भी बिकने लगे थे। कुछ दिन तो ऐसे भी गुज़रे कि घर की नौकरानी कहीं से बच्चों के लिए खाना जुटा लाती, लेकिन चोरी-छिपे। माई को पता चलता तो फेंक देतीं। कहतीं, ''भूख से तो शरीर ही मरता है, भीख से आत्मा मरती है।''

लता की संगीत शिक्षा में रुकावट आ गयी पर पिता की अकाल मृत्यु होने पर, मुख्य सवाल सीखने का नहीं, जो कुछ सीखा था उसे काम में लाने का था। फ़िल्मों में पार्श्व-गायन की प्रणाली अभी युवा थी और पार्श्व-गायन के लिए लता की आवाज़ भी अभी बहुत कच्ची थी। संगीत और नाटकों के माहौल में पली-बढ़ी लता के सामने संगीत के अलावा एक ही विकल्प था अभिनय।

अब समय आ गया था कि संकट की स्थिति में पिता की मदद करनेवाला 'नारद', अपने परिवार के जीवन-निर्वाह के लिए चेहरे पर मेक-अप लगाता। इस समय लता को पिता के शब्द ज़रूर याद आये होंगे, ''मैंने अपने चेहरे पर रंग पोता

है यही, काफ़ी है। तुम लोगों को इसमें आने की ज़रूरत नहीं। इस व्यवसाय में नाम मिलेगा, पैसा भी मिलेगा, लेकिन सामाजिक प्रतिष्ठा नहीं मिलेगी।''

लेकिन इस समय प्रश्न प्रतिष्ठा का नहीं था। एक ही लक्ष्य सामने था—दो जून की रोटी मुहैया करना। पाँच भाई-बहन और माँ; और हर सुबह, हर रात, भूख तो लगती ही थी!

दीनानाथजी ही के एक साथी, अभिनेता श्रीपाद जोशी की मदद से निर्माता-अभिनेता मास्टर विनायक (अभिनेत्री नन्दा के पिता विनायक राव कर्णाटकी) की साझेदारीवाली फ़िल्म कम्पनी 'नवयुग' में लता ने काम शुरू किया। उनकी मराठी फ़िल्म, 'पहिली मंगलागौर' में पहले-पहल अभिनय किया और उसी फ़िल्म में—मास्टर विनायक के विशेष आग्रह पर—एक गीत भी गाया (''नटली चैत्राची नवलाई...'')। संगीतकार : दादा चांदेकर।

मराठी भाषा के आदरणीय साहित्यिक राम गणेश गडकरी ने कहा है कि अगर हर सन्तान ठीक अपने पिता की तरह ही होती तो विश्व के इतिहास में सिर्फ़ नाम ही बदलने रह जाते और कोई बदलाव न आता। लेकिन श्रीमती मंगेशकर अपने बच्चों को उनके पिता जैसा ही बनाना चाहती थीं।

''हम बाबा की तरह बनें इसलिए माई हमें बाबा के नाटक पढ़कर सुनाती। इतना ही नहीं, बाबा के व्यक्तित्व के उजले पहलुओं से हमें अवगत कराती। बाबा वीर सावरकर से कैसे मिले और बड़े-बड़े साहित्यिकों ने बाबा के लिए नाटक क्यों लिखे, यह विस्तृत रूप से बताती,'' हृदयनाथ कहते हैं। माई बच्चों को स्वाभिमान का सबक सिखातीं। कहतीं, ''तुम सामान्य काम करने के लिए नहीं जन्मे, तुम लोग कुछ 'अलग' हो''

ईश्वर का भक्त जिस धीरज से मोक्ष की आशा में माला के मनके फेरता है, कुछ वैसे ही धीरज और स्नेह से माई अपने बच्चों में दीनानाथजी के कला-संस्कार सींचतीं। इसके लिए अगर कठोरता की ज़रूरत पड़ती तो सख़्ती से भी पेश आतीं, मृत पिता का डर दिखातीं। कुछेक बार तो उन्होंने दावा किया था कि पिता की आत्मा उनमें प्रवेश कर गयी थी। तब पिता की मुद्रा में और उनकी जैसी ही आवाज़ में बच्चों पर ग़ुस्सा करके हुक्म करतीं और अपनी मनवा कर ही रहतीं। माई गरज कर मोटी आवाज़ में कहतीं, ''मैं तुम्हारा बाबा हूँ...अगर सुबह उठ कर ठीक से रियाज़ नहीं करोगे, तो बहुत बुरा होगा...''

हम लोग भय-मिश्रित विस्मय से देखते और माई के इस विकराल स्वरूप का कुछ-कुछ मज़ा भी लेते,'' हृदयनाथ कहते हैं, ''पर चूँकि बाबा की आत्मा ने सिर्फ़ तब-तब ही प्रवेश किया था, जब-जब हम माई की बात नहीं मानते थे,

इसलिए आज तक हम यह नहीं जान पाए कि वह वास्तव में बाबा की आत्मा का प्रवेश था, या माई का छद्‌मवेश था।''

चाहे माई ख़ुद गाना नहीं जानती थीं, चाहे रियाज़ के ढंग से भी पूर्णतया परिचित न थीं, फिर भी तानपुरे पर सुर लगा कर रियाज़ हर रोज़ करना चाहिए यह अच्छी तरह जानती थीं। यूँ बच्चों की इच्छा-अनिच्छा की परवाह किये बिना, उनसे पाबन्दी से रियाज़ करवातीं और बाबा की शास्त्रीय 'चीज़ें' गवातीं।

बच्चों से सही रियाज़ करवाने के लिए माई के पास एक गुरुमन्त्र था: वह उन से कहतीं, '' 'मालक' यह 'चीज़' इस तरह गाते थे।'' अब चूँकि वह 'किस तरह' गाते थे, यह गा कर नहीं बता पाती थीं, रियाज़ करने बैठी हुई हर बहन से संगीत का वह टुकड़ा गवातीं। ठीक न लगे तो कहतीं, ''मालक ऐसे नहीं गाते थे।'' इतना ही नहीं, माई का आग्रह हुआ करता था कि बच्चे सिर्फ़ दीनानाथ के ही संगीत का अभ्यास करें, ''और किसी के गाने से तुम लोगों को कोई मतलब नहीं,'' निर्णायक स्वर में कहतीं। दीनानाथजी गाते समय सरगम के बोलों के तान-पल्टे नहीं लेते थे, सो बच्चों के लिए भी सरगम बोलकर तानें लेना वर्जित था। वैसे गायक की असली परीक्षा 'ग रे नी ग रे नी सा' गाने में नहीं, सिर्फ़ 'आकार में यही सुर सही लगाने में होती है। सो, घण्टों बिठाकर बच्चों से तानें याद करवाती थीं। और अगर सही तान गाने पर माई ने कहीं कह दिया कि, ''हाँ, मालक ऐसे गाते थे,'' तो बच्चों के लिए यह पुरस्कार से कम न था। ठीक तरह से न गाने पर गुस्से में कभी कहतीं, ''कैसे बच्चे हो तुम? ऐसी कुसन्तान से तो निःसन्तान होना अच्छा!''

''हमें स्टेज पर भेजने से पहले माई कहतीं, 'देखो, तुम्हारे बाबा जब स्टेज पर गाते तब 'वन्स मोर' के बग़ैर वापस न आते थे। इसलिए पिता की इज़्ज़त रखनी है तो तुम भी अच्छा गाना', श्रद्धा-सजल नेत्रों से हृदयनाथ कहते हैं, इसीलिए हम पाँचों भाई-बहनों को लोगों के सामने गाते हुए कभी डर नहीं लगा। अगर मन में डर था तो माई का'।''

इस तरह 'साम-दाम-दण्ड-भेद' में से, भेद के अलावा हर हथियार अपनाकर, ख़ुद न गाते हुए भी माई ने अपनी सन्तानों से सही रियाज़ करवा कर, उनकी संगीत शिक्षा जारी रखी।

यूँ घुट्टी में मिला संगीत बराबर तराशा जाता रहा। लता का रियाज़, नौकरी पर जाने से पहले बड़ी सुबह और देर शाम, काम से घर लौटने के बाद होता।

ग़रीबी के थपेड़े झेलते मंगेशकर परिवार की मुश्किलों से अनजान और तेरह वर्ष की 'दीदी' के कन्धों पर आ पड़े बोझ से अनभिज्ञ, छह साल के बाळ ने

'चौथी प्रतिज्ञा—हम पाँचों भाई-बहन संगीत के सिवा और कोई काम नहीं करेंगे'

एक बार ज़िद की, कि मुझे भी आस-पास के बच्चों की तरह पहनने के लिए अच्छे कपड़े चाहिए। मुश्किल से दो जून खाना जुटा रही लता, इस शौक़ के लिए पैसे कहाँ से लाती? और अपने छोटे भाई को अपनी मजबूरी भी कैसे समझाती? तीन-चार दिन तो टाल गयी लेकिन बाद में छोटे हृदयनाथ के लिए एक 'नाविक सूट' लाई। नीली निक्कर, नीली कमीज़ और ऊपर सफ़ेद-नीली टोपी।

हृदयनाथ कुछ ही दिन के बाद मास्टर विनायक की (जिनकी फ़िल्म कम्पनी में लता मुलाज़िम थी) नयी फ़िल्म देखने गया, जिसमें बेबी नन्दा (मास्टर विनायक की पुत्री) और उसका भाई ठीक वही कपड़े पहन कर एक गीत गा रहे थे।

वय की उस अवस्था में भी 'बाळ' को समझते देर न लगी कि उसकी ज़िद के कारण उसकी दीदी को किसी के सामने हाथ पसारने पड़े थे; उसी बहन को, जो ग़रीबी में ठण्ड से बचने के लिए भाई-बहनों के साथ एक कम्बल में सोती, पर जिसे किसी के सामने हाथ फैलाना गवारा न होता था।

कुछ ही अरसे में मास्टर विनायक उस फ़िल्म कम्पनी से अलग हो गये और कोल्हापुर का रुख़ किया—अपनी ख़ुद की फ़िल्म कम्पनी स्थापित करने। लता, जाना तो उन्हीं के साथ चाहती थी, पर कॉन्ट्रेक्ट के अनुसार पूना ही में रह कर

फ़िल्म का काम ख़त्म पड़ा। उस साल दीवाली में मास्टर विनायक की नयी फ़िल्म संस्था 'प्रफुल्ल पिक्चर्स' का मुहूर्त हुआ और पूना में अपना काम निपटा कर, 1943 के पहले दिन लता सारे परिवार के साथ कोल्हापुर पहुँची।

कोल्हापुर स्टेशन पर मंगेशकर परिवार को लेने एक गाड़ी भेजी गयी थी—शाही स्वागत के लिए नहीं, उस गाड़ी में बिठा कर उन्हें सारे शहर में किराए पर मिलनेवाले सात-आठ मकान दिखाए गये। कुछ बाग़ वाले बँगले थे, कुछ तीन-चार कमरोंवाले फ़्लैट थे। लेकिन किराया सुनते ही माई आगे बढ़ जातीं। आख़िर जा कर अँधेरे ज़ीने और टीन की छतवाले एक दुमंज़िले जर्जर मकान की दूसरी मंज़िल पर दो कमरों का घर पसन्द आया। घर तो नहीं, उसका माहवार साढ़े पाँच रुपए का किराया पसन्द आया।

''वह घर हमारे लिए एक तरह से ऐतिहासिक था,'' हृदयनाथ अपने 'म्यूज़िक रूम' में बैठे बतिया रहे थे, ''बाबा का पहला श्राद्ध था, आशाताई और मीनाताई ने मिल कर हर तरह का भोजन बनाया था। इक्कीस तरह की तो सब्ज़ियाँ बनी थीं। इस मामले में माई को कोई समझौता स्वीकार न था। इसके लिए तो माई ने चाँदी की एक बड़ी थाली उस दिन बेच दी।'' दीदी ने ग़ुस्से में भर कर कहा कि ''यह क्या किया? वह तो बाबा की निशानी थी,'' तो माई ने जवाब दिया कि 'यह मेरे मालक का श्राद्ध हो रहा है, किसी ऐरे-ग़ैरे का नहीं। जिस वैभव में वह जिये थे, उसी वैभव में उनका श्राद्ध भी होना चाहिए। उनके श्राद्ध के लिए मैं किसी के सामने हाथ नहीं फैलाऊँगी। चाँदी की एक थाली के लिए क्या रो रही है? तू मालक की तरह गाती रहेगी तो चाँदी तो क्या, सोने के

'ठेठ महाराष्ट्रीय शैली की नौ गज़ की साड़ी पहने, बम्बई स्थित अपने नाना चौक के घर में'

पिता की बरसी पर शास्त्रीय गायन

सिक्कों की बारिश होगी।' माई शायद नहीं जानती थी कि वह अपनी बड़ी बेटी को समझा नहीं रही थीं, भविष्यवाणी कर रही थीं।''

''ख़ैर,'' हृदयनाथ ने आगे कहा, ''श्राद्ध के समय मुझे पिण्डदान के लिए, हमारी टीन की छत पर बिठाया गया, जो कि अप्रैल के महीने में भट्ठी की तरह तप रही थी। किसी ने माई को बताया था कि जब तक पिण्ड के लिए रखा हुआ भोजन चील न छुए, तब तक परिवार के सदस्य पानी भी नहीं छू सकते। बस, माई ने भी घर में यह मनाही हुक्म जारी कर दिया। हम लोग भूखे-प्यासे न मालूम कितनी देर तक चील की प्रतीक्षा करते रहे। लगभग घण्टे-भर के बाद माई ने कहा, 'तुम पाँचों भाई-बहनों में से किसी ने कोई भूल की है, तभी चील नहीं आ रही।' अब छह साल का व्याधिग्रस्त लड़का कौन-सी गम्भीर भूल कर सकता है? लेकिन बहनें भी कोई जवाब सोचें, उससे पहले माई ने अपना दूसरा फ़ैसला सुना दिया, पाँचों मिल कर कोई प्रतिज्ञा करो, तभी श्राद्ध का ग्रास खाने पंछी आयेगा'।''

''माई ने तभी-के-तभी हम सब से शपथ लिवायी कि हम रोज़ संगीत का रियाज़ करेंगे। फिर भी चील नहीं आयी। व्यग्र हो रही माई ने हमसे दूसरी प्रतिज्ञा

अभिनेत्री लता फिल्म 'जीवनयात्रा' में

करवाई कि हम नियमित रूप से बाबा का श्राद्ध करेंगे। फिर तीसरी, 'बाबा, हम आपकी पुण्यतिथि पर हर वर्ष संगीत का कार्यक्रम भी करेंगे'। तब भी आसमान से चील नहीं उतरी, सो चौथी प्रतिज्ञा लिवायी गयी, 'हम पाँचों भाई-बहन संगीत के सिवा और कोई काम नहीं करेंगे'। आख़िर चील को हम पर तरस आया होगा, सो आसमान से उतर कर उसने उस भोजन को ज़रा-सा छू लिया! माई की श्राद्ध के प्रति इस श्रद्धा ने हम लोगों के जीवन के कितने बड़े निर्णय ले लिए!''

कोल्हापुर में मास्टर विनायक के निर्देशन में शालिनी सिनेटोन के अन्तर्गत (सुविख्यात मराठी उपन्यासकार वि.स. खाण्डेकर द्वारा लिखित) 'माझं बाळ' ('मेरे लाल') नामक मराठी फ़िल्म बनाने की तैयारियाँ चल रही थीं। उनके कहने पर छोटी लता को एक अनाथ लड़की की भूमिका दी गयी। इस फ़िल्म में, चन्दा इकट्ठा करने के लिए अनाथाश्रम के बच्चे रास्तों पर निकल पड़ते हैं। इस दृश्य में कई बच्चों की ज़रूरत थी। मंगेशकर परिवार को थोड़ा ज़्यादा वेतन मिल जाये, इस मंशा से लता के साथ मीना और आशा को भी अनाथ बच्चों की उस 'फेरी' में शामिल कर लिया गया।

''एक्टिंग मुश्किल नहीं थी क्योंकि हम सब नये-नये ही अनाथ हुए थे। उस समय अगर विनायकराव का सहारा न होता तो क्या मालूम, 'माझं बाळ' का यह प्रसंग, हमें असल ज़िन्दगी में ही खेलना पड़ता!''

कुछ अरसे बाद, प्रफुल्ल पिक्चर्स के तहत, तब की चोटी की हीरोइन और गायिका नूरजहाँ को ले कर 'बड़ी माँ' नामक एक फ़िल्म शुरू की गयी। साथ में थे ईश्वरलाल, सितारा, याकूब, लीला मिश्रा और 'बेबी लता'। नूरजहाँ अपने पति शौक़त हुसैन और बड़े बेटे अकबर को ले कर कोल्हापुर आयीं।

शूटिंग के दौरान दो शॉट के बीच 'लाइटिंग' के लिए जब भी समय मिलता, नूरजहाँ लता को गाना सुनाने कहतीं, ख़ुद भी गातीं और 'सेट' पर सबको स्वयं-

स्फुरित 'जुगलबन्दी' सुनने मिलती। नूरजहाँ खुले दिल से लता की तारीफ़ करतीं, "विनायक साहब, मैं अभी से बता रही हूँ, यह लता एक दिन ज़रूर बहुत बड़ी बनेगी।" और 'बेबी लता' की हौसला अफ़ज़ाई करतीं, "रियाज़ करती रहो, बहुत नाम कमाओगी।"

'मलका-ए-तरन्नुम' और 'स्वर सम्राज्ञी' के स्नेह सम्बन्ध की शुरूआत यहीं से हुई थी।

एक साल बीत गया। फिर अप्रैल का महीना आया। पिता के पिण्डदान के समय ली हुई प्रतिज्ञा कोई भूला न था। लेकिन जहाँ दो जून खाने-भर का जुगाड़ मुश्किल से होता था और उसी में दिन के बारह-चौदह घण्टे ख़र्च हो जाते थे, वहाँ नामवर पिता की पुण्यतिथि के अवसर पर सार्वजनिक कार्यक्रम कैसे सम्भव था? माई ने संगीत क्षेत्र के कुछ लोगों के सामने प्रस्ताव रखा। उन्होंने उँगुली-निर्देश किया दीनानाथ के उन साथियों की ओर, जिन्होंने अच्छे दिनों में उनकी 'सफलता की मलाई' खाई थी। पर 'मलाई' का उपभोग कर चुके संगी-साथी दूर तक नज़र नहीं आ रहे थे।

आख़िर, अनुभवहीन माई और चौदह साल की लता ने ख़ुद ही यह उत्तरदायित्व अपने सर लेने का निश्चय किया। लता ने मास्टर विनायक से कहा कि एक गायन समारोह कर के बाबा को श्रद्धांजलि देने जा रही हूँ...आपके आशीर्वाद चाहती हूँ।

सो कोल्हापुर के पैलेस थियेटर में मास्टर दीनानाथ की प्रथम पुण्यतिथि हुई। बहुत लोग आये। कुछ जाने-माने गायक भी उपस्थित थे। लता ने पिता की छवि को हार पहनाया और तानपुरा ले कर पिता की गाई हुई और सिखाई हुई रचनाएँ गाने में खो गयी। बाद में कुन्दन लाल सहगल का गीत, "मैं क्या जानूँ क्या जादू है..." भी गाया।

उस रात घर लौटने पर माँ ने कहा कि स्टेज पर गाते समय तू चेहरा बहुत टेढ़ा-मेढ़ा कर रही थी। तेरे बाबा ऐसा कभी नहीं करते थे।

"बाबा की दूसरी पुण्यतिथि पर, वह एक निश्चय मैंने किया कि गाते समय चेहरे की मुद्रा बिगड़नी नहीं चाहिए, चेहरे के भाव में संयम होना चाहिए... 'बाबा को यह अच्छा न लगा होगा'।"

अस्सी रुपए माहवार पर कड़ी मेहनत का यह सिलसिला चलता रहा। 1945 में प्रफुल्ल पिक्चर्स का कारवाँ, 'बड़ी माँ' की शूटिंग करने बम्बई आया। शायद लता के कदम नये क्षितिजों की ओर बढ़ रहे थे।

लेकिन लता को फ़िल्मों में पहला हिन्दी गीत गाने के लिए बम्बई पहुँचने

अस्सी रुपये माहवार पर गायिका-अभिनेत्री लता की नौकरी जाने-माने कॉमेडियन दामुअण्णा मालवणकर के साथ प्रफ़ुल्ल पिक्चर्स की फ़िल्म गजाभाऊ में

तक का इन्तज़ार न करना पड़ा था, न ही लता का गाया पहला हिन्दी गीत किसी हिन्दी फ़िल्म का था! सुविख्यात मराठी हास्य अभिनेता दामुअण्णा मालवणकर द्वारा अभिनीत कोल्हापुर में बन रही मराठी फ़िल्म 'गजाभाऊ' में, एक देशभक्तिपूर्ण हिन्दी गीत था : ''माता एक सपूत की दुनिया बदल दे तू...'' यही था लताजी के जीवन का पहला हिन्दी गीत, जिस पर उन्होंने अभिनय भी किया था—सन् 1944। संगीतकार थे—दत्ता डावजेकर और गीतकार पण्डित इन्द्र।

वैसे मुख्य धारा की जिस हिन्दी फ़िल्म में पहले-पहल गीत गाया, वह थी 'आपकी सेवा में'। इत्तफ़ाक़न इस फ़िल्म के निर्माता भी वही थे, जिनके लिए मराठी में पहली बार पार्श्व-गायन किया था वसन्त जोगलेकर।

और यह भी क्या ही दिलचस्प बात है कि ज़िन्दगी-भर बड़े-से-बड़े नामी कवि और शायरों के गीत गानेवाली लताजी के शुरुआत के गीत लिखे थे, तिलिस्मी और धार्मिक फ़िल्मों ('अलीबाबा', 'अल्लादीन') के नायक महिपाल ने!

बम्बई आ कर दक्षिण बम्बई के भीड़-भाड़वाले इलाके (गिरगाँव) खेतवाड़ी

उस्ताद अमजद अली ख़ान और पण्डित हृदयनाथ मंगेशकर के साथ—बम्बई में आयोजित दीनानाथजी की 49वीं पुण्यतिथि के कार्यक्रम में

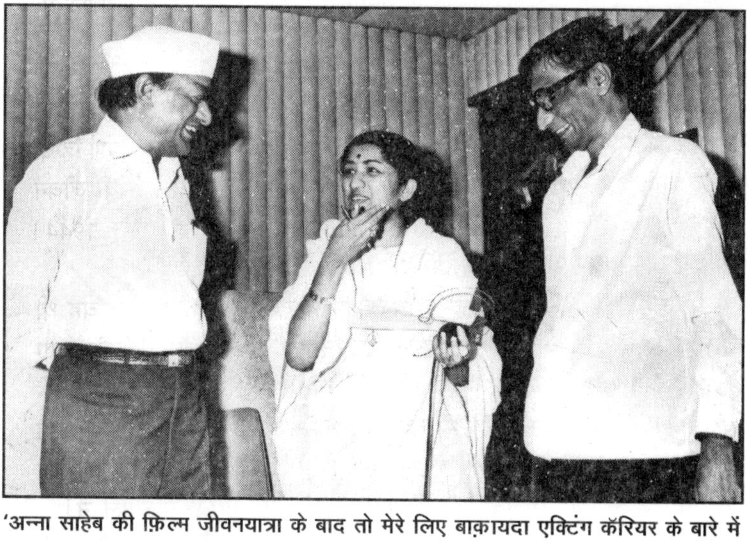

'अन्ना साहेब की फ़िल्म जीवनयात्रा के बाद तो मेरे लिए बाक़ायदा एक्टिंग कॅरियर के बारे में सोचा जा रहा था' वी.शान्ताराम और रेकॉर्डिस्ट मंगेश देसाई के साथ

एक मराठी फ़िल्म में अपने ही गाये प्रथम हिन्दी गीत पर अभिनय करती परी लता। साथ में सुमति गुप्ते एवं सहकलाकार।

की एक सँकरी गली, निकतबरी लेन में डेरा डाला गया। एक सराय किराए पर ली गयी, जिसके अलग-अलग कमरों में फ़िल्म कम्पनी के सभी सदस्य रहते—एडिटर, कैमरामेन, मेकअपमैन, साज़िन्दे और अब संघर्षरत गायिका लता, अपने परिवार के साथ।

कुछ अरसे के बाद विनायकराव ग्राण्ट रोड के इम्पीरियल सिनेमा के सामने स्थित 'कुमुद विला' में रहने चले गये। लता और मीना भी इस परिवार के साथ, परिवार के सदस्य की तरह ही रहने लगीं, क्योंकि माँ, मैके थाळनेर गयी हुई थीं।

उन दिनों अगर कलाकार चोटी के आस-पास की ऊँचाई तय न कर पाया हो और अगर उसकी ऊँची कीमत अभी उद्योग के लोगों की ज़बानी न हुई हो, तो वह अपने मालिक को छोड़, औरों के साथ काम न कर पाता था। तब फिर जो फ़िल्म कम्पनी केवल एक ही फ़िल्म बना रही हो, उसमें लता के लिए गायिका के तौर पर व्यस्त रहना तो असम्भव ही था। वैसे, यह विनायकराव की भलमनसाहत थी कि उन्होंने लता के अनुबन्धित होते हुए भी औरों के साथ गाने की रज़ामन्दी दी थी।

पार्श्वगायन की असल शुरुआत यहीं से हुई।

"मेरे ख़याल से मैं अकेली ही ऐसी अभिनेत्री होऊँगी जिसका कोई 'फ़ैन' नहीं होगा! होता भी कैसे? मैं फ़िल्मों में काम ही मजबूरन कर रही थी। न मुझे फ़िल्म शूटिंग की 'लाइट्स' अच्छी लगतीं, न 'सेट', न ही वह नाटकीय संवाद। अन्ना साहेब (वी. शान्ताराम) की फ़िल्म 'जीवनयात्रा' के बाद तो मेरे लिए बाक़ायदा एक्टिंग कैरिअर के बारे में सोचा जा रहा था! लेकिन मेरा दिल ही नहीं लगता था। जब पार्श्वगायन नियमित रूप से शुरू हुआ तो एक्टिंग को आख़िरी सलाम किया और हाथ जोड़ कर ईश्वर से धन्यवाद कहा।"

लेकिन 1947 में विनायकराव की मृत्यु क्या हुई, सर पर से छत ही नहीं, पैरों तले से मानो ज़मीन ही खिसक गयी । काम कर-कर के और ख़र्च न कर-कर के जमा किये हुए 14,000 रुपये (1947 के!) अब तो उन्हीं के साथ चले गये! उनकी मृत्यु के कुछ ही दिन पहले पता चला था कि जिस बैंक में पैसा रखा गया था (ए.बी.सी.बैंक) वह डूब गया है। विनायकराव ने आश्वासन तो दिया था कि "घबराओ मत, मैं जो हूँ। वैसे वह ख़ुद पिछले छह महीनों से तनख़्वाह भी न दे पाये थे।"

आज इस करुण प्रसंग को याद करते हुए लताजी कहती हैं, "ग़लती किसकी थी यह तो कौन जाने, पर हम लोग फिर से 1942 की हालत में पहुँच गये थे। तिस पर रहने के लिए अब नयी जगह ढूँढनी थी क्योंकि निकतबरी लेन के कमरे का भाड़ा तो ख़ुद से देते न बननेवाला था और मालिक मकान ने कुछ निर्ममता से जता दिया था कि विनायक राव नहीं तो कम्पनी भी बन्द और कम्पनी बन्द तो यहाँ रहना भी बन्द।

'न मुझे शूटिंग की लाइट्स अच्छी लगती, न सेट न ही वह नाटकीय संवाद'

विनायक राव की मृत्यु के दसवें दिन ही उनके कैमरामन पापा बुलबुले, लता को संगीतकार हरीशचन्द्र बाली से मिलवाने सेन्ट्रल

नाना चौक के घर में; मीना, उषा और अपनी एक सखी के साथ

स्टूडियो ले गये। बालीजी ने लता का गाना सुना और तभी-तभी बाँधी एक तर्ज़ उनसे गवाने का वादा किया। फ़िल्म थी निर्माता सूद की 'लव इज़ ब्लाइण्ड'। मेहनताना तय हुआ था चार सौ रुपए। विनती करने पर तुरन्त कॉन्ट्रेक्ट बनाया गया और तीन सौ रुपए पेशगी मिले। अब जा कर कोई कमरा ढूँढने की हिम्मत बँधी क्योंकि तब तक बम्बई में 'पगड़ी' (लगभग कमरे के मूल्य जितनी अमानत रक़म) का रिवाज़ शुरू हो गया था। वैसे यह बात कम मायने नहीं रखती कि वह फ़िल्म कभी बनी ही नहीं!

माँ के बम्बई लौटते ही नाना चौक के एक शिवमन्दिर से लगा एक कमरा भाड़े पर लिया गया। यह मन्दिर आज भी मौजूद है। माँ अपने साथ आशा,

उषा और हृदयनाथ ही नहीं, अपनी मौसेरी बहन और उनके तीन बच्चों को भी लायी थीं।

युवा लता का कई दिनों से अरमान था कि एक रेडियो ख़रीदे। सो, जतन से संचय किये हुए पैसों में से पूरे सवा पाँच सौ रुपए का एक रेडियो ख़रीदा, "उन दिनों के सवा पाँच सौ, बहुत ही ज़्यादा हुआ करते थे...वह रेडियो आज के टीवी जितना बड़ा था। रेडियो घर पर लायी, एक ठिगनी अलमारी पर उसे सजा कर रखा। घर में फ़र्नीचर तो ख़ास था नहीं इसलिए दरी बिछा कर मैं उस पर आधी लेट गयी। रेडियो शुरू करते ही जो पहली आवाज़ आयी, वह के.एल. सहगल की मृत्यु का समाचार था।

पार्श्वगायन में जिसे अपना आदर्श माना था, उस कलाकार के निधन की ख़बर सुनानेवाले उस रेडियो को बदशगुनी का संकेत माना और दूसरे ही दिन जा कर सस्ते दामों में बेच आयी!

नाना चौक के इस घर का मतलब था, एक छोटा कमरा और एक बड़ा-सा सार्वजनिक चबूतरा। इसी चबूतरे पर रात को सारे बच्चे सोते। किशोरावस्था पार कर चुकी लड़कियाँ यूँ खुले में सोयें यह माई को कुबूल न था। सो देर रात तक पास बैठे हुए अकेले ताश खेलतीं और जागतीं।

साम्प्रदायिक दंगों के दौरान एक रात उस इलाके का एक 'दादा' पुलिस से भागता हुआ वहाँ घुस आया। उसके एक हाथ में छुरा था और कपड़ों पर ख़ून के धब्बे थे। शंकर सेठ मेन्शन के पाइप पर चढ़ कर उसे ऊपर जाते हुए माई ने देखा था।

पीछे-पीछे ही पुलिस आयी और माई से दरियाफ़्त किया, पर माई ने कुछ बताया नहीं। ऊपर छिपा हुआ वह गुण्डा सब कुछ सुन रहा था। दो-चार रोज़ के बाद वह लौट कर आया और माई के पाँवों पर सिर रख कर

'एक्टिंग को आखिरी सलाम किया और...ईश्वर को धन्यवाद कहा'

लता और नूरजहाँ—बहुत पुराना लगाव

कहा, "उस रात आपका एक इशारा मुझे पकड़वा सकता था। मुझे क्यों बचाया आपने?"

स्पष्टवक्ता माई ने दो टूक-सा जवाब दिया, "डर से बचाया। मुझे रहना तो यहीं है न। तू जेल में से छूटने के बाद हमें थोड़े न छोड़ता?"

उस गुण्डे ने कहा कि आपने मेरी जान बचाई है। अब आपको ताश खेलते हुए रात-भर जागने की ज़रूरत नहीं। मैं यहाँ हूँ, तब तक आपका कोई बाल भी बाँका नहीं कर सकता।

परिवार जब तक वहाँ रहा, उस 'दादा' की छत्र-छाया उन पर थी। गणपति उत्सव के दिनों में वह उनके यहाँ नाचने भी आता।

"इस मन्दिर में तो मैंने बग़ैर गुरु के संगीत की बड़ी शिक्षा पाई," 1992 में एक कार्यक्रम की तैयारियों के दौरान लताजी वह दिन याद कर रही थीं। दुनिया-जहान की फ़िक्र से परे, यह ज़िम्मेदार फिर भी अबोध-सी लड़की, उस मन्दिर में पड़े एक तख़्त पर लेटे हुए दोपहर भर चिल्ला-चिल्ला कर गाती रहती। "उस मन्दिर में एक गुजराती पण्डित हुआ करते थे। मेरा ज़ोर-ज़ोर से गाना सुन कर आते और कहते, 'बेटी, क्या गा रही हो। भगवान के सोने का समय है।' तो मैं उनके सामने टकटकी लगा कर कहती, 'महाराज, यह आप नहीं समझेंगे', और उनके जाते ही फिर चिल्ला के गाना शुरू!"

शेक्सपियर को तब तक इस लड़की ने पढ़ा तो नहीं था, पर जो इस महान लेखक ने लिखा, क्या उसी को तो वह चरितार्थ नहीं कर रही थी: 'लेट योर डिस्क्रीशन बी योर ट्यूटर' कलाकार का सबसे बड़ा गुरु वह ख़ुद ही होता है, उसकी अपनी विवेकबुद्धि होती है।

अपनी आवाज़ और विवेकबुद्धि ही जिसकी कुल जमा सम्पदा थी, वह लड़की अभी कहाँ जानती थी कि उसके संघर्ष की परिणति होगी उस सोपान पर,

जहाँ श्रेष्ठ पार्श्वगायन का दूसरा नाम होगा—लता मंगेशकर।

हर सामान्य मनुष्य की तरह लता मंगेशकर ने भी अगर विरासत में कुछ पाया था तो माता-पिता के संस्कार और अपने संजोग। लेकिन अपने वर्तमान को सुदृढ़ भविष्य में परिवर्तित करता है व्यक्ति का स्वभाव, जीवन के महत्वपूर्ण मोड़ों पर लिए गये उसके निर्णय।

इसलिए हम लौट आयें, इतिहास से वर्तमान पर।

बम्बई में अपने नाना चौक स्थित निवास स्थान के अहाते में

अमरीका के डिट्रॉइट शहर के हवाई अड्डे से होटल जाते हुए मैं सोच रहा था कि अपने अन्य घरों की तरह, लताजी के लिए डिट्रॉइट भी एक घर है, कि यहाँ उनके माने हुए भाई मोहन देवड़ा रहते हैं। उस नाते भी, इस शहर में होनेवाले मंचन का महत्व कुछ बढ़ जाता है, या किसी और कारण से भी...?

डिट्रोइट, अमरीका, सितम्बर, *1980*

प्रकरण 8

ससुरी, मैं तेरा क्या करूँ?

जनसंख्या विशेषज्ञों का कहना है कि विश्व के दो प्रतिशत लोग ही ऐसे हैं, जिनका रोज़मर्रा का काम उनकी रुचि के अनुसार होता है, या यूँ कहिए कि जिनका पेशा उनका शौक़ भी है। 'शौक़' शब्द की मेरी निजी परिभाषा है: रुचि की इतनी विकसित अवस्था कि उसे व्यवसाय में रूपान्तरित किया जा सके। और 'व्यावसायिक कलाकार' यानी वह व्यक्ति, जिसे अपनी मनमर्ज़ी के काम के लिए मुआवज़ा मिलता है! फिर क्या ही आश्चर्य कि कलाकार काम करते थकते कम हैं और जितना ज़्यादा काम करें, चेहरे पर उतना ही सन्तोष झलकता है।

इसलिए एक रेडियो कार्यक्रम के लिए बुलावा आते ही मैंने सिर्फ़ जूते पहनने जितनी ही देर लगायी। नये देश, नये शहर में, नया रेडियो स्टेशन, वह भी जीवन्त प्रसारण ('लाइव ब्रॉडकास्ट')। और फिर भारत की रेडियो प्रणाली में जिस तरह के कार्यक्रम की आज भी इजाज़त नहीं मिलती, ऐसे प्रोग्राम का सूत्र मुझे सँभालना था। अमरीका में रेडियो कार्यक्रमों के दौरान श्रोताओं के साथ टेलीफ़ोन पर बात करना और उस बातचीत को रेडियो पर प्रसारित करना आम बात है। डिट्रोइट शहर के WMZK रेडियो स्टेशन पर होनेवाले इस 'फ़ोन इन' प्रोग्राम में श्रोताओं को कलाकारों के साथ गुफ़्तगू का अवसर मिलनेवाला था और साथ-साथ मुझे लताजी का इण्टर्व्यू करना था।

मेरा यह विचार है कि टीवी और रेडियो पर बेहतरीन इण्टरव्यू तभी हो सकता है जब वह 'लाइव' हो, सिर्फ़ इसलिए नहीं कि जवाब देनेवाले शब्द वापस नहीं ले सकते, या टेप रोक कर कोई 'आसान' सवाल पूछने को नहीं कह सकते, पर इसलिए भी कि बातचीत करनेवालों को यह अहसास होता है कि उन्हें उसी वक़्त सुना जा रहा है।

रेडियो स्टेशन की ओर जाते हुए, नये शहर के दृश्य नज़र-भर के देख लेने से ज़्यादा, मैं लताजी से पूछने के लिए सवाल सोचने में अधिक मग्न था।

रेडियो स्टेशन पहुँचने पर लताजी ने कहा, "अगर ज़्यादा मुश्किल सवाल पूछेंगे तो मैं आप से गाना गाने के लिए कहूँगी...उसके बाद ही जवाब दूँगी!"

लताजी के इस साक्षात्कार के दौरान उनके एक जवाब ने उनके व्यक्तित्व के एक ख़ास पहलू से मेरी पहचान करवाई।

मैंने उनसे पूछा था, "मैंने आपको एक बार राहुल देव बर्मन की रिकॉर्डिंग करते हुए देखा है। आपने पाँच मिनट में गाना सीखा, दस मिनट में गाया और पन्द्रह मिनट में बाहर निकल आयीं। रिकॉर्ड होने के बाद आप गाना सुनने नहीं रुकी थीं। मुझे तो इसके दो कारण दिखते हैं : या तो आप में कुछ ज़्यादा ही आत्मविश्वास है कि मैंने जो कुछ गाया सही गाया है, इसमें कोई क्या मीन-मेख निकाल सकता है? या फिर, अब आप अपने काम के प्रति लापरवाह हो गयी हैं, जो मानना कुछ मुश्किल ही है।"

उन्होंने शान्ति से मेरे आरोप सुने, फिर बोलीं, "नहीं, इन दोनों में से एक भी वजह सही नहीं है; दरअसल अपना रिकॉर्ड किया हुआ गीत सुनते हुए मैं डरती हूँ।"

"डरती हैं?" अचम्भे में मैं कुछ ज़्यादा ही ज़ोर से बोला होऊँगा। साउण्ड इन्जीनियर ने मुझे इशारा किया।

"हाँ बिलकुल, मुझे तो डर लगता है कि जब अपना गाया गीत मैं दुबारा सुनूँगी तो न जाने उसमें मुझे कितने ही नुक़्स दिखेंगे। हो सकता है, कहीं सुर से हट गयी होऊँगी, या किसी जगह 'इम्प्रेशन' में (भावना के सही आलेखन में) कसर रह गयी होगी; यूँ हर 'टेक' में कुछ-न-कुछ त्रुटि मिलेगी ही। सुनूँगी तो कहाँ तक बार-बार रिकॉर्डिंग करती रहूँगी और सुधारती रहूँगी? बस, इसी डर से फिर 'मैं भाग जाती हूँ'। गाना अच्छा हुआ है या नहीं, इस बात का निर्णय मैं संगीतकार, निर्देशक और रिकॉर्डिस्ट पर छोड़ती हूँ।"

उन्होंने आगे कहा, "अलबत्ता, नौशाद साहब मुझे रिकॉर्डिंग के बाद ज़बरदस्ती रोका करते। 'पहले बस यह 'ओ.के.' टेक सुन के जाओ' कह कर मिक्सिंग रूम में आने की विनती करते और वहाँ जाते ही अन्दर से दरवाज़ा बन्द करवा देते। लिहाज़ा मेरे साथ, रिकॉर्डिस्ट, निर्माता, फ़िल्म निर्देशक, सब-के-सब कैद! और फिर नौशाद साहब को एक 'टेक' सुना कर कब सन्तोष होता था? सारे-के-सारे 'टेक' सुनवाते और उनमें से मुझे किस 'टेक' में से गाने का कौन-सा अन्तरा और संगीत का कौन-सा टुकड़ा अच्छा लगा, यह बताना पड़ता था। यूँ हम सब मिल कर तय करते कि जो गाना पर्दे पर लोग देखेंगे और रिकॉर्ड बजा कर सुनेंगे, उसका अन्तिम रूप-आकार क्या होगा। लेकिन पिछले कुछ बरसों से मैंने रिकॉर्डिंग के

बाद अपना गाया हुआ गीत सुनना लगभग छोड़ ही दिया है।''

यानी ठीक ही सुनने में आया था कि अगर लताजी अपना गाया गीत सुनने रुक गयीं तो उस घटना को सुर्ख़ियों का दर्जा मिल जाता है।

एक दिन की बात है। लोकप्रिय साप्ताहिक रेडियो कार्यक्रम 'कोहिनूर गीत गुंजार' की रिकॉर्डिंग, जिसका मैं कोई पाँच सालों तक उद्‌घोषक रहा, हो रही थी कि अचानक बग़लवाले स्टूडियो से संगीतकार वनराज भाटिया उत्तेजित-से हमारे स्टूडियो में आ धमके, ''तुम लोगों को मालूम है, बाई कल गाना सुनने रुकीं!''

''बाई? कौन-सा गाना, वनराज भाई...?''

''तुम लोग मेरा यह गाना सुनो तो सब समझ में आ जायेगा।''

जब कोई कवि अपनी कविता सुनाने का इरादा कर चुका हो, या संगीतकार अपनी धुन सुनाने पर आमदा हो, तो जल्द ही घुटने टेक देने में दोनों पक्षों—सुननेवालों और सुनानेवाले—की भलाई है। जब तक उनकी टेप लग रही थी, वनराज से रहा न गया :

''कल ही लताबाई ने मेरा गाना गाया। वह तो जीनियस हैं बाबा; क्यों रोज़-रोज़ कमर्शियल गाना गाती हैं?'' कला फ़िल्मों के संगीत सर्जक ने व्यावसायिक फ़िल्मों द्वारा अस्वीकार किये जाने की भड़ास निकाल ही ली। फ़िल्म 'तरंग' का वह गीत (''संग सो जा...'') शुरू होते ही इतनी देर से अकेले बोले जा रहे वनराज ने हम सबसे बिलकुल शान्त रहने का आदेश दिया! हालाँकि गीत के बीच में ख़ुद ही, 'ताल बहुत टेढ़ा है गीत का', 'बाई भी एक बार सोच में पड़ गयी 'थीं,' वग़ैरह टिप्पणी देते रहे, ''माय गॉड, शी इज़ अ कम्पोज़र्स ड्रीम'' (संगीतकार की कल्पना हू-ब-हू साकार करती हैं!)

वैसे गीत से भी ज़्यादा वे इस बात पर फूले नहीं समाते थे कि लताजी ने ख़ुद रिकॉर्डिंग के बाद गीत सुनने की इच्छा व्यक्त की।

लेकिन मेरी नज़र में गीत सुनने के लिए न रुकना एक किस्म का पलायनवाद भी है, क्योंकि वही नुक़्स जो सुनने से वे घबराती हैं, या जिन्हें सुधारने से वे कतराती हैं, वह तो अनजाने ही में उनके अवचेतन में अंकित हैं। और यह तथ्य, उसी साक्षात्कार के अगले भाग में सामने आया।

''कोई चाहे या न चाहे, लता मंगेशकर के गाये हुए गीत तो दिन-रात कहीं-न-कहीं सुनायी पड़ते ही हैं—रेडियो पर, टीवी पर। क्या लाखों संगीत रसिकों की तरह आपको वह सुनने अच्छे नहीं लगते?'' मैंने पूछा।

उन्होंने कुछ मायूस हो कर कहा, ''मैं अपने गीतों का रस नहीं ले पाती, क्योंकि मैं अपना संगीत भी एक 'क्रिटिक' (आलोचक) के कानों से सुनती हूँ।

मैंने आज तक कई हज़ार गीत गाये होंगे, फिर भी आप यक़ीन कीजिए, मुझे एक-एक गीत में, अपनी गायकी में कहाँ-कहाँ ख़ामी रह गयी है, वह ठीक याद है। बरसों बाद भी गाना सुनते ही मुझे याद आ जाता है, कि अब वह जगह आयेगी जहाँ मैंने ग़लती की है। इसलिए जब भी मुझे अपना गाया गीत बजता सुनायी पड़ता है, मैं बेहद व्याकुल हो उठती हूँ। अगर अकेली रही, तो फ़ट् से रेडियो बन्द कर देती हूँ; लेकिन आस-पास कोई हो तो ऐसा नहीं कर सकती। उस हालत में मैं लोगों का ध्यान बँटाने के लिए ज्यों ही वह ख़ामीवाली जगह आने को हो, ज़ोर-ज़ोर से बातें करने लगती हूँ ताकि किसी का ध्यान उधर न जाये। अभी पिछले दिनों ही टीवी के एक कार्यक्रम (छाया गीत) में मेरा गाया एक गाना बज रहा था। उस वक़्त घर में मेहमानों का जमघट लगा हुआ था। अब इतने सारे लोग बैठे सुन रहे हों और मैं ख़लल डालने की कोशिश करूँ तो कुछ अच्छा न लगता। तो जैसे ही वह अन्तरा शुरू हुआ, मैं हठात् उठ कर भीतर रसोई में ज़ा कर यूँ ही बरतन उलट-पुलट करने लगी ताकि कम-से-कम मुझे तो वह ग़लत गाया हुआ हिस्सा न सुनना पड़े। जब वह बज चुका, तब फिर मैं बाहर आ कर अपनी जगह पर बैठ गयी ।

''मैं अपने गीतों का रस नहीं ले सकती, क्योंकि मैं अपना संगीत भी एक 'क्रिटिक' (आलोचक) के कानों से सुनती हूँ''

जिरह करते हुए वक़ील की तरह मैं पूछ बैठा, ''तो फिर आप रिकॉर्डिंग के समय ही क्यों इन ख़ामियों को सुधार नहीं लेतीं?''

''मुझे ऐसा लगता है कि कुछ श्रोताओं ने और पत्रकारों ने मिल कर मुझे बड़े ऊँचे आसन पर बिठा दिया है। कोई-कोई तो मुझे सरस्वती का अवतार बताते हैं, जबकि मैं अपने आपको केवल एक समर्पित गायिका मानती हूँ। समर्पित, सम्पूर्ण नहीं। आप क्यों सोच लेते हैं कि मेरा गाना बिलकुल त्रुटिहीन है? हाँ, यह हो सकता है कि मेरा 'स्टैण्डर्ड' (उत्तमता का मानदण्ड) ही कुछ अलग हो! यह त्रुटियाँ, ज़्यादातर लोगों के तो ध्यान में ही नहीं आतीं, और कुछ लोग, इन्हें गिनती में भी

नहीं लेते!

मैंने संक्षेप में कहने की कोशिश की, ''कहीं आप यह तो नहीं कहना चाहतीं कि शायद अन्य गायक यह देखते हैं कि वह दूसरों से कितना बेहतर गाते हैं, जब कि आप यह देखती हैं कि ख़ुद आप अपनी नज़रों में कहाँ तक उठी हुई हैं?''

उन्होंने सिर हिलाकर 'हाँ' कहा और फ़िकरा कसा, ''मैं गायिका हूँ, लेखक नहीं...कि बात को घुमा-फिरा कर पेश कर सकूँ!''

तब मैंने जानना चाहा कि उनके गाये कुछ तो ऐसे गीत होंगे जिनसे वे पूर्णरूप से सन्तुष्ट हों—जिन्हें वे औरों के सामने भी बेझिझक सुन सकें।

''यह तो आपने मुझे उलझन में डाल दिया,'' बहुत सोचने के बाद कुछ अनिश्चय के भाव से कहा, ''ऐसे गीत तो सचमुच बहुत कम हैं।'' मैंने उनकी सहायता करने हेतु उनके कुछ श्रेष्ठ गीत गिनवाए। ''बिछुआ...'' ('मधुमती'), ''ए री मैं तो प्रेम दीवानी...'' ('नौबहार'), ''जागो मोहन प्यारे...'' ('जागते रहो'), ''आ जा रे परदेसी...'' ('मधुमती'), ''यूँ हसरतों के दाग़...'' ('अदालत'), ''रसिक बलमा...'' ('चोरी चोरी'), ''सत्यम् शिवम् सुन्दरम्...'' वग़ैरह, लेकिन वे नकारात्मक भाव से सिर हिलाती रहीं, मानो कह रही हों 'हाँ मैं जानती हूँ लोग इन्हीं को मेरे श्रेष्ठ गीत मानते हैं'। आख़िर उन्होंने कहा, ''हाँ, एक ऐसा गीत इस

गीता दत्त के साथ एक युगल गीत गाते हुए

वक़्त मेरे ध्यान में आ रहा है...फ़िल्म का नाम तो याद नहीं, लेकिन धुन मदन भैया (संगीतकार मदन मोहन) की है,...बैरन नींद न आये मोहे...' उन्होंने गीत का मुखड़ा गुनगुना दिया।

यह दुर्लभ गीत 'चाचा ज़िन्दाबाद' फ़िल्म का था। धुन और गायकी में इतनी मिठास कम ही सुनने में आती है। अन्तरों के बीच के संगीत में दिखावा भी इतना कम कि गीत ख़त्म होने पर एक तिश्नगी सी छा जाती है—वही गीत दुबारा सुनने की प्यास।

बाद में एक बार, बात-ही-बात में उन्होंने कहा था, ''मेरे कई बेहतरीन गाने रिकॉर्ड बन कर बाहर आये ही नहीं हैं।'' कई गीत, जो रिकॉर्ड तो हुए लेकिन आज तक अधबनी फ़िल्मों के डिब्बों ही में क़ैद हैं। इनमें से कुछ, जो मदन मोहन के गीत थे, उन्हीं के पुत्र संजीव कोहली की कोशिशों के परिणाम स्वरूप, एक रेकॉर्ड के रूप में प्रकाशित हुए।

''रिकॉर्डिंग के बाद गाना न सुनने की एक और भी वजह है,'' लताजी कहती गयीं, ''वहाँ तारीफ़ बहुत होती है और उससे मुझे डर लगता है। गुलदस्ते, फूलहार और फ़ोटो तक तो ठीक है, लेकिन लोग उस गीत की और गायकी की प्रशंसा ऐसे करते हैं मानो वही मेरे कैरिअर का बेहतरीन गीत हो और यह कैसे

किसी ने तारीफ़ थोड़ी ज्यादा कर दी हो तो नेपथ्य में ज़रूर पेशी होती है, 'कहिए क्या गड़बड़ है?' लंदन में वेम्ब्ली अरीना में संजीव कोहली के साथ

सच हो सकता है, जब स्वयं मैं ही इतनी 'श्योर' (गीत की श्रेष्ठता के बारे में आश्वस्त) नहीं हूँ! मुझे तो बड़ी झेंप होती है। मेरे लिए तो यह कहना मुश्किल होता है कि इन सब में कितना सच है और कितना..."

शायद मुझे शान्त देख कर उन्होंने सवाल या प्रतिक्रिया का इन्तज़ार नहीं किया, "इस बारे में मुझे शुरुआत के दिनों का एक प्रसंग याद आता है। मैं तब फ़िल्मों में बिलकुल नयी आयी थी, काफ़ी छोटी थी उम्र में। एक दिन मैं राजकमल स्टूडियो में संगीतकार वसन्त देसाई के लिए एक गाने के रिहर्सल पर गयी थी। स्टूडियो में देखती हूँ तो तब की बड़ी मशहूर पार्श्व गायिका ज़ोहराबाई (अम्बालेवाली) की रिकॉर्डिंग होनेवाली थी। मैं तो पहले ही उनकी दीवानी थी, सो कुछ तो एकदम से उनको सामने पाकर 'नर्वस' हो गयी थी, तिस पर वसन्तराव ने उनसे कहा कि 'आपको एक नयी आवाज़ सुनवाता हूँ' और मुझसे कोई गाना सुनाने को कहा। और क्या चारा था? मैंने तो अपना ही गाया हुआ गीत सुना दिया। थोड़ा-सा गीत सुनते ही वह कहने लगीं, 'आ हा हा...सुब्हान अल्लाह, क्या गाती है लड़की, बहुत अच्छे;' तो मुझे ऐसा लगा कि यह तो मेरी फ़ुज़ूल तारीफ़ कर रही हैं; ख़ुद इतनी अच्छी आर्टिस्ट हैं और मेरी तारीफ़ कर रही हैं! तो मैंने तो कह दिया कि आप तो मेरी झूठ-मूठ तारीफ़ कर रही हैं! तो उन्होंने मुस्कुराकर कहा, 'ऐसे नहीं कहते; कहना चाहिए अल्लाह की बड़ी मेहरबानी है'। उस पर मैंने कहा कि मुझे यह सब कहना नहीं आता। और सच हरीशजी, जो तब कहा था, वह आज भी सच है; आज भी मेरी समझ में नहीं आता कि मैं तारीफ़ का क्या जवाब दूँ, इसलिए बस उधर से भाग जाती हूँ।"

स्टूडियो से भागने का समय हमारा भी आ गया था। लेकिन अभी होटल नहीं, माइक्रोफ़ोन परीक्षण के लिए थियेटर जाना था।

विश्व की 'मोटरकार राजधानी' डिट्रोइट के (मोटरकार उद्योगपति ही के बनवाए) हेनरी फ़ोर्ड ऑडिटोरियम की मंच सज्जा इस समय पूर्णतया पारम्परिक भारतीय थी। अच्छा-ख़ासा मन्दिर बनाया गया था। "सत्यम् शिवम् सुन्दरम्..." गीत में बजाने के लिए एक घण्टा तक लगाया हुआ था। कलाकारों और वादकों के पीछे पत्थर की दीवार-सी खड़ी की गयी थी और बीच में एक मोटी लकड़ी का द्वार था, जो प्राचीन गुजरात-मारवाड़ की कला को जीवन्त करता था।

जब तक सारे साज़िन्दों और उनके माइक्रोफ़ोन का सही समन्वय नहीं हो जाता, गायक भी क्या करते, सो मुझे उस दरवाज़े की नक्काशी जाँचता हुआ देख कर लताजी ने पूछा कि कहीं दरवाज़े की दूसरी तरफ़ ताला तो नहीं है? हमने तय किया कि उनका परिचय देते हुए, मेरे किन्हीं विशेष शब्दों पर उन्हें उस दरवाज़े

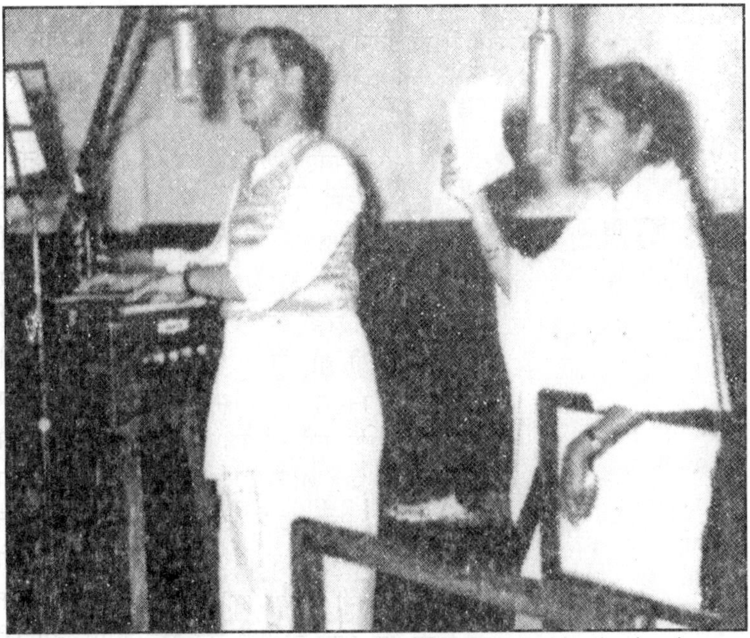

'सोर नहीं... शोर... शोर...!' एक और यादगार युगल गीत का जन्म, प्यारे मुकेश भैया के साथ

से स्टेज पर प्रवेश करना चाहिए।

"तब दरवाज़ा लॉक हो गया तो? और मुझे सुनायी कैसे देगा कि आप क्या बोल रहे हैं? मैं तो 'मन्दिर के बाहर होऊँगी'? ऐसा करती हूँ, मैं दरवाज़े पर दस्तक दूँगी; और आप वहाँ से ज़ोर से पूछिएगा, कौ...न?' कह कर अपने ही खींचे शब्दचित्र पर प्रसन्न हो कर खिलखिला कर हँस दीं।

हालाँकि रिहर्सल के साथ भी उनकी हँसी-चुहल चल रही थी, मुझे कहीं कुछ खटक रहा था। उनकी हमेशावाली स्वस्थता नहीं दिख रही थी। 'माइक रिहर्सल' की प्रक्रिया तो बारीकी से निभा रही थीं, फिर भी लग रहा था कुछ बेचैन हैं, जैसे कहीं जाने की जल्दी में हों।

वादकों का ध्वनि परीक्षण पूरा हुआ; गायक भी आधे-पूरे गीत गा कर आश्वस्त हुए, साउण्ड इन्जीनियर के चेहरे पर सन्तोष दिख रहा था।

थियेटर से चलते हुए मुझे तभी-तभी मिली गीतों की सूची दिखाते हुए मैंने लताजी से कहा, "चलिए, आपका काम ख़त्म हुआ, अब मेरा शुरू होगा।"

"ख़त्म कहाँ, काम शुरू करने की अब तो चिन्ता शुरू होगी।"

"आपको क्यों चिन्ता होने लगी?"

"चिन्ता? भूल गये, आज 'शो' है? मुझे शाम के आठ बजने का नहीं, रात के ग्यारह बजने का इन्तज़ार है।"

इस मन:स्थति को कोई कैसे समझाए? जो लड़की नौ साल की उम्र से मंच पर गाने की अभ्यस्त है, उसे आज 41 साल बाद, हज़ारों गीतों के बाद, बेशुमार पुरस्कारों के बाद, संगीत की एक आम संध्या के आरम्भ से पहले अकुलाहट या डर का अनुभव हो रहा है?

बहुत सुन रखा था कि कार्यक्रम के दिन लताजी बेहद चुपचाप रहती हैं; किसी से मिलना-जुलना तो दूर, अपने कमरे के कोने में दुबक कर सोई पड़ी रहती हैं—खाना तक नहीं खातीं।

"आप तो जानते हैं, कि मैं ज़्यादा कार्यक्रम करती नहीं और कार्यक्रम में अधिकतर पुराने गाने गाये जाते हैं। इसलिए जब भी कार्यक्रम होते हैं, लोगों की मुझसे अपेक्षा कुछ ज़्यादा ही होती है। यही नहीं, जब कई बार सुने हुए गीत वही गायक प्रेक्षकों के समक्ष गानेवाले हों, तब उम्मीद की जाती है कि वह गीत ठीक वैसे ही गाये जायें जैसे रिकॉर्ड में गाये गये थे। और सीधी-सी बात है, स्टेज पर 'री-टेक' नहीं होता। जो गाया गया, बस वही लोगों तक पहुँचा; इसलिए एक ज़िम्मेदारी-सी हो जाती है (लोगों के प्रति)...मुझे तो हमेशा इस बात का डर रहता है कि मैं कुछ ग़लत शब्द न गा जाऊँ, या गीत ग़लत जगह से न उठा लूँ। यह याद रखना बहुत ज़रूरी होता है कि मुखड़े और अन्तरे के बीच में कितना संगीत है; आलाप कहाँ और कितना लम्बा है। इसलिए बस जितना अच्छा हो सके, गाने की कोशिश करती हूँ...वैसे, ज़्यादा अच्छा तो मैं गाती नहीं!"...हम दोनों की हँसी का ठहाका।

"लेकिन आपने तो स्टेज पर गाना पहले शुरू किया, प्ले बैक सिंगिंग तो बहुत बाद में न?"

"हाँ मेरे गाने की शुरुआत चाहे स्टेज पर से हुई, पर जहाँ तक व्यावसायिक रूप से स्टेज पर गाने का सवाल है, बाबा के साथ उन दो-तीन सालों के बाद स्वतन्त्र रूप से मैंने बहुत ही कम गाया। बाबा के चले जाने के बाद विनायकराव के साथ कुछ नाटक किये...उनमें गाना ज़रूर होता था लेकिन यह दो अलग बातें है। फ़िल्म इण्डस्ट्री में आने के बाद ज़ोर दिये जाने पर कहीं-कहीं स्टेज पर एकाध गीत गाया हो सो अलग बात है, वरना स्टेज पर कार्यक्रम करने की हिम्मत नहीं की। बल्कि मुझे तो अचरज होता है कि आजकल के लड़के-लड़कियाँ (गायक-गायिकाएँ) गाना सीखते-सीखते ही कैसे अपना कार्यक्रम प्रस्तुत करने का साहस जुटा पाते हैं!"

''तो स्टेज पर अपने कार्यक्रम प्रस्तुत करना आपने कब से ठीक समझा?''

''यह तो बड़ी 'पर्सनल' बात है।''

''पर्सनल' क्यों?''

''एक तरह से विदेशों में कार्यक्रम करने का निर्णय, मैंने अपने कमरे की चारदीवारी के भीतर ही लिया था...वह भी बहुत झिझकते हुए...बस, वह एक सपना था...नहीं जानती थी कि कभी सच होगा या नहीं।''

''सपना? मेरा तो ख़याल है कि चोटी की गायिका सिर्फ़ इच्छा प्रदर्शित करे, तो उत्सुक प्रमोटरों का ताँता बँध जायेगा।''

''लेकिन गायिका में इतनी हिम्मत तो हो!''

यह तब की बात है, जब युवा लता के संघर्ष का दौर समाप्त होने पर ही था। फ़िल्म जगत में अभी स्थायी तो हो पाई थी, पर स्थापित नहीं।

''उन दिनों...हम अभी नाना चौक में ही रहते थे (वैभवशाली पेडर रोड पर नहीं, जहाँ आज स्थित है)...तब मैंने एक अंग्रेज़ी फ़िल्म देखी थी : 'कार्नेगी हॉल (Carnagie Hall) जिसमें माने हुए गायकों के 'लाइव' प्रोग्राम होते थे और...उन गायकों को मैंने जिस तरह गाते हुए देखा...बस, उसके बाद तो मुझे रात-रात सपने आते थे कि मैं भी कहीं विदेश में ऐसे ही किसी थियेटर में गा रही हूँ और लोग सुन रहे हैं, प्रशंसा कर रहे हैं, तालियाँ बजा रहे हैं...यहाँ तक कि मैंने भी वैसी ही लम्बी ड्रेस पहनी हुई है, मेरे साथ भी वैसे ही 'म्यूज़ीशियन्स' हैं!''

''तो आपने कार्यक्रम आयोजित करने की क्यों नहीं सोची? अपने देश से तो शुरुआत हो ही सकती थी; तब तक तो आपके काफ़ी गाने लोकप्रिय होने लगे थे।''

''हाँ काफ़ी गाने 'हिट' हो चुके थे...लेकिन मुझे डर लगता था कि अभी प्रोग्राम कैसे कर सकती हूँ, अभी तो सीख रही हूँ, थोड़ा अच्छा गाने लगूँ।

तब सोचूँगी। बस उसके बाद तो रिकार्डिंग का दौर ऐसा चला... आप तो जानते हैं, कुछ अरसे तक तो मैं रोज़ के तीन, चार, पाँच गाने रिकॉर्ड करती थी... हफ़्ते, महीने, साल ऐसे ही गुज़रते गये...और कोई ढंग का 'प्रपोज़ल' भी सामने न था। हो सकता है, मेरा 'एक्स्पेक्टेशन' भी कुछ बढ़ गया था।''

''तो फिर शुरुआत हुई कैसे?''

कुछ देर रुककर लताजी ने पूछा, ''आप जानते हैं मैं किसकी 'फ़ैन' हूँ?''

''नहीं, लेकिन मैं हमेशा से जानना चाहता था कि क्या आप कुछ चुने हुए शास्त्रीय गायकों के अलावा, किसी की प्रशंसक रही भी हैं?''

''उम्मे कुल्सुम की।''

"मिस्र (इजिप्ट) की मशहूर गायिका?"

"हाँ, मुझे वह बहुत अच्छी लगीं। उनकी भाषा (अरबी) समझ न आये, तो भी उनके गाने सुनती रहती थी...सुना है कुछ लोग उन्हें 'इजिप्ट की लता मंगेशकर' कहते हैं। यह तो बिलकुल ग़लत है। वह तो मुझसे कहीं बड़ी हैं। मुझे क्यों कोई 'भारत की उम्मे कुल्सुम' नहीं कहता? मुझे तो बड़ा अच्छा लगता!...हाँ, तो 1972 में उम्मे कुल्सुम पचास साल की हुईं और तब काहिरा में एक बहुत बड़ा स्टेज प्रोग्राम किया गया था। उसी प्रोग्राम का रिकॉर्ड मैंने मँगवा कर अपना कमरा बन्द कर के बार-बार सुना। उसमें उनका गाना तो अच्छा था ही, पर उसमें जो लोगों की तालियों की आवाज़ें थीं, वह गड़गड़ाहट, लोगों का चिल्लाना, जो गाने के काफ़ी देर बाद तक चलता...मेरा तो रोम-रोम...ऐसे झुरझुरी हो जाती थी। ऐसा लगता था कि वहाँ के लोगों ने उम्मे कुलसुम को सर पर उठा लिया है, कुछ अजीब ही 'फ़ीलिंग' थी।"

किसी भी कलाकार को आह्लाद के चरमोत्कर्ष, ख़ुशी की इन्तहा तक ले जानेवाली वह आवाज़ें सुन कर, भारत की उम्मे कुल्सुम रो पड़ी थीं—बेशक उनके आँसू उनके कमरे की दीवारों ने ही देखे। पता नहीं यह आँसू हर्ष और उत्कण्ठा के थे, या यह सोच कर रो पड़ी थीं, कि यह सुरूर उनकी ज़िन्दगी का हिस्सा कभी बनेगा या नहीं! क्या कभी ऐसे अधीर-उतावले प्रेक्षकों के सामने वह गायेंगी, क्या कभी विदेशों में भी हज़ारों की तादाद में लोग उनके कार्यक्रम देखने आयेंगे? और अगर यह सब हुआ भी, तो क्या उनके 'लाइव' कार्यक्रम के ऐसे रिकॉर्ड जारी होंगे?

और इसके सिर्फ़ दो साल के भीतर ही, 1973 में...

लताजी के पहले विदेशी कार्यक्रम के संयोजक, लन्दन में स्थित व्यापारी एस.एन. गौरिसारिया का विचार था, "जब कोई 'टॉप' का आर्टिस्ट इण्टरनेशनल फ़ील्ड में आ रहा हो, तो स्टेज भी उसके मुकाबले का होना चाहिए।"

तत्कालीन रक्षामन्त्री वी.के. कृष्ण मेनन के अनुरोध पर, लताजी ने लन्दन के भव्य रॉयल एल्बर्ट हॉल में लगातार तीन दिनों में तीन कार्यक्रम प्रस्तुत किये। यह प्रथम साहस ही कितना सफल रहा और जितने प्रेक्षक प्रेक्षागार के अन्दर थे, उतने ही निराश उम्मीदवार बाहर थे और टिकट दुगुने दाम बिके, यह बातें तो अब फ़िल्म संगीत के इतिहास का अंश बन चुकी हैं।

एल्बर्ट हॉलवाले कार्यक्रम का 'डबल एल्बम' भी फ़िल्म संगीत के रसिया सुन ही चुके हैं।

1974 के उस पहले प्रवास के पाँच साल के बाद लताजी फिर लन्दन लौटीं—एल्बर्ट हॉल ही में। इस बार भारतीय वादकों के साथ रेन ओर्केस्ट्रा के ब्रिटिश साज़िन्दे

भी थे। विदेशी साज़िन्दे किसी भारतीय पार्श्व गायक की पहली बार संगत कर रहे थे।

पर शायद विदेश भ्रमण के बीज बहुत बचपन में बोए गये थे। छोटी लता को विदेशी पत्रिकाओं में से दुनिया के मशहूर शहरों के चित्रों की कतरनें जमा करने का बहुत शौक़ था!

तो फिर सालों तक सफलतम गायिका रहने के बावजूद, आज स्टेज पर गाते हुए इतना डर क्यों?

उनके स्टेज कार्यक्रमों में वाद्यवृन्द के संचालक अनिल मोहिले कहते हैं, "दीदी कितनी नर्वस हैं, उसका अन्दाज़ा मुझे (कार्यक्रम के आरम्भ में गाये जानेवाले) श्लोक में ही हो जाता है। 'ऑर्केस्ट्रा कण्डक्ट' करने के साथ-साथ मैं उनके साथ हारमोनियम भी बजाता हूँ...उनकी दाहिनी तरफ़ खड़ा रहता हूँ। मैंने देखा है कि स्टेज पर आ कर पहला सुर गले से निकले, तब तक वह काफ़ी 'टेन्शन' में होती हैं और उनके कान गुलाबी-लाल (सुर्ख़) हो जाते हैं। अगर ऐसा हुआ है तो मुझे ज़रा सँभाल लेना पड़ता है।"

"कैसे सँभालते हैं?"

"दीदी बुरा तो गाती ही नहीं हैं। बस जो अच्छा गाया है, वह उन्हें एकाध बार इशारे से कहना पड़ता है। 'एक्व्युअली' दीदी की 'नर्वसनेस' श्लोक के बाद की तालियों तक ही होती है।" अनिल के अनुसार, प्रेक्षकों की तालियों की पहली बौछार शान्त होते-होते, लताजी स्वस्थ हो जाती हैं।

कार्यक्रम के दौरान बाज़दफ़ा लताजी को विश्वास दिलाना पड़ता है कि कार्यक्रम अच्छा जा रहा है—दरहक़ीक़त अच्छा जा रहा हो तो भी! और कहीं किसी ने तारीफ़ थोड़ी भी ज़्यादा कर दी हो तो पहले चार (या पाँच) गीत पूरे होने पर जब वह नेपथ्य में आती हैं, तो ज़रूर पेशी होती है। सीधा-सा सवाल पूछती हैं, "कहिए, क्या गड़बड़ है?"

अब इसे अपने स्तर के बारे में निरन्तर जागरूकता कहें या अविश्वास?

लेकिन आज, डिट्रोइट में, कार्यक्रम से एक घण्टा पूर्व, यह अविश्वास छुट्टी पर गया हुआ लग रहा था। शायद सब कुछ समय पर हो रहा जान कर प्रसन्न थीं। कार्यक्रम के नियत समय से डेढ़ घण्टा पहले साज़िन्दे आ गये थे और घण्टा-भर पहले गायकगण।

नेपथ्य में 'वॉकी टॉकी' पर थोड़ी-थोड़ी देर के बाद कार्यक्रम शुरू होने में कितनी देर है इसका ऐलान होता था, किसी अवकाशयान नियन्त्रण केन्द्र की तरह : "अब परदा उठने में केवल पाँच मिनट। साज़िन्दे स्टेज पर।" और जिस

तरह किसी दमकल केन्द्र में ख़तरे की घण्टी बजते ही कर्मचारी अपना-अपना काम छोड़ कर, तनिक भी उत्तेजित हुए बग़ैर, केन्द्र में खड़े वाहन की ओर स्थितप्रज्ञता से हो लेते हैं, वैसे ही, दूसरी बार यह वाक्य सुनायी देने पर, साज़िन्दे चाय-कॉफ़ी, कोकाकोला या बातें छोड़ कर स्टेज की ओर चल दिये। कहीं—"बेस्ट ऑफ़ लक" सुनायी दिया, तो कहीं असली उत्तरप्रदेशीय आह्वान "जरा जमके भैया"। संगीत संचालक अब भी सूची में हुए रद्दो-बदल दोहरा रहा था और कहीं से फुसफुसाहट में रुँधी झुँझलाहट सुनायी दी, "चलो भाई, एक और शो ख़तम करो, तो जल्दी बम्बई पोंचेंगा।" देनेवाला भी बग़ैर सोचे ही नियामतें बाँटता है! ठाठ से अपना काम करते हुए, सात समन्दर पार हवाख़ोरी के लिए मेहमान बन कर जाना कितनों के नसीब में होता है? और यहाँ कोई साज़िन्दा, यात्रा के आरम्भ में ही यात्रा के अन्त की प्रतीक्षा कर रहा था!

परदा खुलते ही सामने एक व्यवस्थित-सा जनसमूह दिखाई पड़ा। सब सजे-सँवरे, अपनी-अपनी जगह पर पहले से आसीन। लगता था, परदा खुलने का इन्तज़ार भी सलीके से किया जा रहा था। देर से आनेवालों की आम-दरफ़्त न के बराबर थी।

उद्घोषक के रूप में काम करते हुए मुझे हर घड़ी यह अहसास होता है—बल्कि अब तो यह एक मनोग्रन्थि-सी हो गयी है—कि असल कलाकार की प्रतीक्षा कर रहे प्रेक्षक, उद्घोषक से पीछा छुड़ाना चाहते हैं। सो, प्रेक्षकों से प्रभावित प्रवक्ता ने, दो शब्द उनकी सुरुचि और समयनिष्ठा पर भी जोड़ दिये। पूर्व निश्चित शब्दों पर मन्दिर के उसी द्वार से लताजी ने प्रवेश किया। जब मैं लताजी को अभिवादन करने मुड़ा, तब आ रही तालियों की आवाज़ से लग रहा था कि प्रेक्षागार की इमारत में कम्पन हो रहा है। और जब प्रेक्षकों की ओर मुड़ा, तो एक लाजवाब नज़ारा आँखों के सामने था। कोई चार हज़ार सात सौ व्यक्ति बरबस ही अपनी जगह पर खड़े हो गये थे और भावविभोर हो कर करतल ध्वनि का अर्घ्य दे रहे थे।

लताजी झुक-झुक कर नमस्कार करती रहीं, लेकिन तालियाँ बेरोक टोक चलती रहीं। हर बीतते सेकेण्ड के साथ लताजी का संकोच बढ़ता नज़र आता था। वे कुछ और झुक कर, कुछ और विनीत भाव से नमस्कार करते हुए, मानो प्रणाम कर रही थीं। स्वागत की ऐसी उत्कटता को कुछ बोल कर शान्त कर देना, मेरे लिए अभद्र व्यवहार से कम न होता। अब तो तालियाँ रोकने का एक ही उपाय था, संगीत का आरम्भ; और फिर श्लोक के सस्वर पठन को व्यवधान भी कौन मानेगा? कुछ असंमजस के भाव में लताजी ने श्लोक का आरम्भ किया। तालियाँ रुकने के बजाय, लताजी के गले से निकला पहला स्वर सुनते ही चरम सीमा की-सी

ऊँचाई पर पहुँची, वहीं बिखर-सी गयीं और पूर्ण शान्ति छा गयी । ऐसी उत्तेजनापूर्ण नीरवता में, प्रार्थना और भी पुनीत लग रही थी।

डिट्रोइट के कार्यक्रम का आरम्भ कभी न भूला जायेगा।

लताजी के गीतों का पहला दौर, 'बरसात' के बरसात गीत से पूरा हुआ। कार्यक्रम बिलकुल सही जा रहा था और लोगों की प्रतिक्रिया अपेक्षा से भी बेहतर थी, फिर भी मुझे लगा कि लताजी कुछ बुझी-बुझी-सी थीं। मन्नादा के स्टेज पर प्रवेश के साथ, स्टेज के पास ही एक कोने में बैठ गयीं। मुझसे पूछा, "मन्नादा की तबीयत कैसी है?"

"क्यों मन्नादा को क्या हुआ? अच्छे-भले हैं!"

"कल ज़रा तबीयत गड़बड़ थी!"

"ओह, वह तो नींद और सफ़र..."

"लेकिन मुझे तो डर लगता है, यहाँ डिट्रोइट में..."

"यहाँ डिट्रोइट में? क्यों?"

जवाब में बस वह स्टेज की ओर ताकने लगीं और गाये जा रहे गीत ('सीमा' के "तू प्यार का सागर है...") पर पाँव से धीरे-धीरे ताल देने लगीं। कुछ पल के बाद मुड़ीं और पूछा, "जानते हैं, मुकेश भैया मुझे प्यार से क्या कहते थे? 'ससुरी मैं तेरा क्या करूँ? अचार डालूँ'?" कह कर हँसीं, पर मुक्त रूप से नहीं।

तो यह बात थी! पचपन पार कर चुके पुरुष सह-गायक द्वारा डिट्रोइट शहर में, कार्यक्रम से पहले सेहत ख़राब होने की शिकायत करना, अपनी आँखों के सामने अपने अतिप्रियजन की मृत्यु देख चुके संवेदनशील कलाकार को विकल करने के लिए काफ़ी था।

थियेटर भी तो यही था।

मुकेशजी की मृत्यु के समाचार, बम्बई में टीवी के माध्यम से सब से पहले देने का दायित्व मुझ ही पर था। ठीक याद है, वह समाचार पढ़ते हुए शब्द गले में अटके थे। बात चल रही है तो मुकेशजी की मृत्यु के बारे में कुछ ग़लतफ़हमियाँ दूर करता चलूँ क्योंकि सुना तो यह गया था कि चालू कार्यक्रम में दिल का दौरा आने पर स्टेज ही पर गिर पड़े और प्राण त्याग दिये थे। अफ़वाह की सृष्टि करनेवाले ने शायद सोचा होगा कि तथ्य में वह थोड़ी-सी नाटकीयता जोड़ देगा तो कौन नुक़सान होगा। वह केवल यह नहीं जानता था कि वास्तविकता ज़्यादा नाटकीय थी!

यह कहना सही न होगा कि मुकेशजी की सेहत ने उन्हें पहले से आगाह न किया था। 1976 से पहले मुकेशजी को दिल के चार दौरे पड़ चुके थे। इतने से उन्हें सतर्क हो जाना चाहिए था, पर होते भी कैसे? दिल के दो दौरों के डेढ़

ही महीने बाद उन्होंने पूरे दस कार्यक्रमों के कनाडा और अमरीका के दौरे किये थे और वहाँ से क्षेमकुशल लौटे थे। ऐसे में तो दिल के दौरों की गम्भीरता पर से विश्वास ही उठ जाये!

हो सकता है इसकी एक मानसिक वजह यह भी रही हो कि जिस तरह का दिल का दौरा उन्हें आता था उसमें दर्द बिलकुल न होता था, और ऑक्सिजन लेने से राहत मिलती।

24 अगस्त 1976 को, कनाडा के मॉन्ट्रियाल शहर में हो रहे कार्यक्रम के दौरान मुकेशजी को ज़ुकाम ही की शिकायत थी और गले में ज़रा तकलीफ़ थी। जब लताजी ने नितिन को बुला भेजा, तब साहबज़ादे गले से दुश्मनी कर रहे थे—आइसक्रीम खा रहे थे। लताजी ने कहा, ''मुकेश भैया का गला ज़रा भारी लग रहा है, तुम क्यों नहीं गाते दो गाने?'' तब तक की संक्षिप्त ज़िन्दगी में नितिन की यही तो तमन्ना थी, ''पर वह इस तरह, अनायास ही पूरी होगी, सोच भी न सकता था'', सालों बाद, अपने घर में बैठे नितिन पुरानी यादें पगुरा रहे थे, ''शायद मेरी हिचकिचाहट भाँप कर दीदी ने कहा कि ठीक है, दो ड्यूएट ही गा दो।'' नितिन की फेंकी हुआ, बाक़ी बची आइसक्रीम पिघले, उससे पहले तो वह स्टेज पर 'कभी कभी' का शीर्षक गीत गा रहा था।

तब विंग में खड़ा उसी गीत का मूल गायक हर्ष के आँसुओं में सराबोर था। युगल गीत के बाद मुकेशजी स्टेज पर आये और अपने जीवन का शायद सबसे अधिक महत्वपूर्ण गीत, ''दिल जलता है तो जलने दे...'' भी नितिन से गवाया।

मुकेशजी ने वापस नेपथ्य में जा कर लताजी से कहा, ''लगता है, मेरी पेंशन पक्की हो गयी, नितिन दाल-रोटी ज़रूर कमा लेगा।'' (और आज सालों बाद लोग यह पूछते नहीं थकते, कि नितिन की रोटी का आटा किस चक्की में पिसता है!)

दूसरे ही दिन कनाडा ही के टोरण्टो शहर में, फिर मुकेशजी की सेहत ने साथ न दिया, बेटे के गले ने दिया।

टोरण्टो कार्यक्रम ख़त्म होने में जब तीन ही चार गीत बचे थे, तो संयोजक मोहन देवड़ा एक दनदनाती ख़बर ले कर आये। और ख़बर के सुबूत की शक्ल में साथ में एक आदमी भी था, जो अच्छी शर्तों पर एक और कार्यक्रम करने के लिए मोहन देवड़ा को राज़ी कर चुका था। और राज़ी मोहन को चाहिए थी लताजी की रज़ामन्दी। अब लताजी, नया गाना रिकॉर्ड करने के सिवा, कोई भी काम बहुत फ़ुरसत से करती हैं! सो एक और कार्यक्रम का प्रस्ताव आने पर छूटते ही इनकार कर दिया। बड़े कलाकारों के लिए 'हाँ' कहने की कई वजहें होती होंगी, 'ना' कहने के लिए ज़रूरी नहीं कि कोई वजह हो! सब चुप्पी साधे हुए थे। समझाएँ

भी तो कैसे? बीस मिनट तक मान-मनौव्वल चलती रही और आख़िर कलाकार जो ठहरीं, पसीज गयीं। लेकिन मुकेशजी को यह अच्छा न लगा था कि लताजी से उनकी मर्ज़ी के ख़िलाफ़ कोई कार्यक्रम करवाया जाये। बात-बात में उन्होंने हृदयनाथ से कहा भी, कि "क्या ज़रूरत है और प्रोग्राम करने की? रहने दो, मेरे लिए तो यही आख़िरी 'शो' है।"...नियति का संकेत?

मुकेशजी के गले की ज्वारी में चाहे दुनियाभर के ग़मों का दर्द मौजूद था, उनके स्वभाव में ज़िन्दगी के हर पल का आनन्द उठाने की वृत्ति थी।

मैं नहीं मानता कि शराब पीने का असली मज़ा हर शाम धुत्त हो जाने में है। लेकिन शराब पियो और उसके मद्धम-से ख़ुमार से महरूम रह जाओ, तो फिर शराब पियो ही क्यों? मुकेशजी का शराब का फ़लसफ़ा अनन्य था। हालाँकि वे ड्रामाई अन्दाज़ में कहते कि "दिन में कभी छुओ मत और रात को कभी छोड़ो मत", मुकेशजी, पीते थे बड़े सलीके से। वे तो इसके ख़ुमार में खिल उठते थे। दूसरे लोग अपनी भड़ास को ज़बान देते होंगे, मुकेशजी अपने हृदय की कोमलता को वाचा देते थे। अक्सर पेटी मँगवा कर अपनी पसन्दीदा धुनें सुनाने लगते।

टोरण्टो में एक शाम मुकेशजी साज़िन्दों के साथ बैठे ताश खेलने में मशग़ूल थे। हार-जीत की बाज़ियाँ चल रही थीं, तब अचानक मुकेशजी ने साथ बैठे हृदयनाथ के घुटनों को छू कर कहा, "देखो, मेरे बेटे का ख़याल रखना। वैसे तुम उससे प्यार तो करते ही हो, पर ख़ास ध्यान देना...अभी नादान है...ठीक हो जायेगा।"

संकोच के मारे हृदयनाथ ने कहा कि, "आप मेरे पाँव न छुएँ, मैं आपसे बहुत छोटा हूँ।"

"मैं तुम्हारे नहीं, तुम्हारे गुरु अमीर ख़ाँ साहब के पाँव छू रहा हूँ...मेरे बाद तुम्हें ही नितिन का ध्यान रखना है"

शायद बात टालते हुए हृदयनाथ ने कहा, "अरे आप कहाँ चले जा रहे हैं, कैसी बात कर रहे हैं मुकेश भैया?"

"कैसी बात कह रहा हूँ? शराब पीते वक़्त तो सच बात ही करता हूँ।" हाँ, उस वक्त वे कड़ुवी व्हिस्की पी रहे थे और शायद कड़ुवा सच भी बोल रहे थे।

26 अगस्त 1976 के दिन, डिट्रोइट शहर के कार्यक्रम की पूर्व तैयारी सुचारू रूप से चल रही थी। कौन जानता था कि इस समय मुकेशजी के लिए उनकी घड़ी वक़्त नहीं बता रही थी, कितना वक़्त बचा है यह बता रही थी। पर या तो घड़ी देखी नहीं जा रही थी, या देखनेवाले समझ नहीं रहे थे।

आज तो यह भी समझना दूभर हो गया है, कि '9' का अंक उनके लिए शुभ था, या अशुभ का संकेत।

डिट्रोइट के वैभवशाली होटल पँचट्रेइन के कमरा नम्बर 2007 में दाख़िल होते हुए उन्होंने नितिन से कहा कि ज़रा ऊपर देखो क्या नम्बर है...और कल अमरीका में (इस शृंखला का) हमारा नौवाँ शो है और सोचा भी है कि कल कौन-सी तारीख है? सत्ताईस; जोड़ो तो नौ आयेगा...''कल का 'शो' यादगार होगा।'' पर कमरे में दाख़िल होते ही नितिन को एक बात कचोट गयी। कमरा तिकोना था, जिसे वह अशुभ मानता था। कुछ और संकेत?

यूँ, शुभ के शगुन और अशुभ की आशंकाओं के बीच वह रात मुकेशजी बहुत ही अच्छा सोए। हमेशा की तरह प्रातः साढ़े पाँच बजे उठ गये। हमेशा की तरह ही रामायण का पाठ किया और नितिन के उठते ही कहा कि आज तो मेरी तबीयत बिलकुल अच्छी है। मैं दिन-भर आराम करूँगा ताकि आज शाम के 'शो' के लिए बिलकुल 'फ़िट' हो जाऊँ। खाना भी उन्होंने बहुत हल्का-सा ही मँगवाया (उबली मछली, सलाद वग़ैरह)। नितिन उन्हें आराम करता छोड़, ख़ुद खाने के लिए होटल के आलीशान रेस्त्राँ में गया। पर वह 'सूट' में न हो कर 'जीन्स' पहने हुए था, इसलिए खाना 'नसीब न हुआ'—या नसीब चाहता था कि वह उस समय मुकेशजी से परे न जाये!

जब नितिन लौटा तो कमरे में छाए मद्धम-से अँधेरे में गहरी संजीदगी महसूस हो रही थी। नितिन के कहे अनुसार, ''मालूम नहीं क्यों, पर वह माहौल कुछ डरावना लग रहा था। शान्त मुद्रा में स्थिर सोये पापा के चेहरे पर 'स्माइल' भी थी'' मुकेशजी की वह मुस्कान कुछ अप्राकृतिक लगी हो, या नितिन को अन्तर्बोध हुआ हो, कमरे में खाना मँगा कर वह पिता की नींद में ख़लल नहीं डालना चाहता था, सो भूखा ही लेट गया। उसके बाद अगर नितिन को कुछ याद है तो यही, कि उसके तलुओं पर हल्के-हल्के गुदगुदी करके, हौले-हौले गाते हुए, मुकेशजी उसे नींद से जगा रहे थे और नितिन, उनींदी आवाज़ में ''पाँच मिनट और'', ''दस मिनट और'' की याचना कर रहा था!

''आज भी प्रोग्राम में तुम गाओगे न? तो चलो, तैयार हो जाओ'', कह कर मुकेशजी ने लताजी के कमरे से बाजा (हारमोनियम) मँगाया। बाजा लाया गया। पर इससे पहले कि सही जगह पर रखने के लिए कहा जाये, बाजा लानेवाला उसे ज़मीन पर ही रख कर चल दिया था। नितिन ने अपनी अधखुली आँखों से देखा कि दिल के चार-चार दौरे भुगत चुका इन्सान, ज़मीन से भारी भरक़म बाजा उठा रहा है क्योंकि उसका दिल अपने बेटे को नींद से जगाने की इजाज़त नहीं दे रहा। नितिन उठ बैठा, अपने पापा को प्यार से डाँट दिया और बाजा सही जगह पर रख दिया।

कार्यक्रम से पहले वे हमेशा रियाज़ करते। उस दिन कहा, ''आज तो मेरा गला इतना 'फ़िट' है कि तुझे आज गाने की ज़रूरत ही नहीं पड़ेगी। तू गाने लगता है फिर मुझे गाने ही नहीं देता।''

नितिन कहाँ शरारत से बाज़ आनेवाला था! उसने कहा, ''अब तो मुझे भी चस्का लग गया है।''

''ठीक है, लेकिन 'कभी कभी' मैं गाऊँगा।'' 'कभी कभी' का शीर्षक गीत तब उनका नवीनतम लोकप्रिय गीत था, ''गाना है तो जल्द तैयार हो जाओ'', उन्होंने कहा और नितिन तैयार हो तब तक ख़ुद रियाज़ करते रहे।

अब तैयार होने की बारी उनकी थी। टेलीविजन पर पड़ा अख़बार नितिन से माँगा; नितिन ने दिया, पर साथ ही उस पर पड़ी नितिन की साँई बाबा की अँगूठी गिरी और उसके पाँव से आ टकरायी। अपनी लापरवाही की माफ़ी चाहते हुए उसने अँगूठी आँखों से लगायी, और तभी एक उत्कट आभास हुआ, कि आज कुछ बुरा होनेवाला है और वह भी पापा के साथ।

''मैंने कुछ देखा नहीं, मुझे आ कर किसी ने 'कहा' नहीं बस, मैंने महसूस किया।'' मुकेशजी तो अख़बार ले कर बाथरूम में चले गये। कुछ देर नितिन असमंजस में बैठा रहा। फिर हारमोनियम के पास जा कर ख़ुद ही गाने लगा। थोड़ी देर के बाद तो उससे भी बुरा हुआ।

''तुम मानो या न मानो,'' अपनी कनपटी को छूते हुए नितिन ने कहा, ''मैंने तो अनुभव किया कि स्वयं साँई बाबा के दर्शन हुए और मुझे बताया, कि आज पापा का आख़िरी दिन है। मैं सकते में पड़ गया। वहीं बैठे-बैठे पापा को आवाज़ दी कि उनकी तबीयत कैसी है। तीसरी बार पूछने पर तो वे लगभग झल्ला उठे। फिर भी मैंने कहा कि बाथरूम का दरवाज़ा अन्दर से बन्द न करें। वैसे भी पापा के साथ हम आम तौर पर इतनी सावधानी तो बरतते ही थे, सो पापा ने चटख़नी खोल दी।''

कुछ ही पल के बाद मुकेशजी ने बाथरूम का दरवाज़ा खोला। खुले दरवाज़े से बिखरे प्रकाश बिम्ब से, अँधेरे कमरे में थोड़ा उजाला छाया। नज़र उठा कर नितिन देखता क्या है, कि बाथरूम की दहलीज़ पर खड़े मुकेशजी अपने सीने में हवा भरने की जी-तोड़ कोशिश कर रहे हैं और पसीने से ऐसे तर-ब-तर हैं जैसे कपड़े पहने हुए स्नान किया हो। नितिन को समझते देर न लगी कि दिल का दौरा पड़ा है। छलाँग लगा कर उनके पास पहुँचा और उन्हें सहारा देना चाहा। लेकिन मुकेशजी हठ करके ख़ुद ही धीमे-धीमे चल कर बिस्तर तक आये और लेट गये।

उस दिन होटल का डॉक्टर छुट्टी पर था, ''लेकिन अगर कोई 'इमरजेन्सी'

हो तो डिट्रोइट जनरल अस्पताल से सम्पर्क करवा दें!'' सो, 'पन्द्रह सेकेण्ड के अन्दर-अन्दर ही' नितिन, उस अस्पताल के डॉक्टर को सूचित कर रहा था कि वह लोग तुरन्त आयें, साथ में ऑक्सिजन का एक छोटा सिलेण्डर भी ज़रूर लाएँ क्योंकि ''मैं लक्षण अच्छी तरह जानता हूँ, यह दिल का दौरा है और पापा को ऑक्सिजन से तुरन्त आराम मिलता है।''

कमरे के खिड़की-दरवाज़े खोले जा रहे थे, तभी क्षीण स्वर में मुकेशजी ने कहा कि ''दीदी को बताने की ज़रूरत नहीं है।'' पर ऐसी घड़ी में नितिन किसी की न सुननेवाला था। दो-एक मिनट में ही सभी ऊपर आये। तब तक मुकेशजी ने रामायण की प्रति माँगी और अपने सीने पर रख ली।

लग रहा था, मुकेशजी की उल्टी साँस चल रही थी और बीच-बीच में ''हाय बउआ'' शब्द निकलते थे। वे अपनी माँ को 'बउआ' कहते। आँखें खोलने पर इतने सारे लोग दिखे, तो कुछ चिढ़े और लताजी से कहा कि ''चिन्ता की कोई बात नहीं। आप लोग चलिए, मैं इन्जेक्शन ले कर तैयार हो कर अभी आता हूँ।''

सब लोग परिस्थिति की गम्भीरता समझ तो गये थे, पर अपने आप पर ज़ब्त किये हुए थे। केवल भारतीजी (हृदयनाथ की पत्नी) अपना रोना न रोक सकीं। मुकेशजी ने पूछा, ''क्या हुआ, रो क्यों रही हो? लाओ, प्रसाद दो।'' मुकेशजी को अपनी पूजा का प्रसाद देना भारतीजी का हर रोज़ का नियम था, सो मुँह में चीनी रखी।

तीन-चार मिनट में अपना तीव्र सायरन बजाती हुआ ऐम्बूलेन्स आ पहुँची। डॉक्टर ऊपर आये और प्राथमिक जाँच-पड़ताल शुरू की। नितिन बेचारा एक ही सवाल पूछता रहा था कि ''ऑक्सिजन का सिलेण्डर कहाँ है?''

''नीचे ऐम्बूलेन्स में है'' जवाब सुन कर उसकी छटपटाती निराशा की कल्पना ही की जा सकती है। उस समय मुकेशजी का रक्तचाप शून्य था।

अन्त का आरम्भ हो चुका था।

मुकेशजी को 'व्हील चेअर' पर बिठाया गया और सुरक्षा के लिए कुर्सी की पेटी बाँध दी गयी। विज्ञान में गुरुत्व के सिद्धान्त के अनुसार चाहे ऊपर से नीचे जाना बहुत आसान हो, किसी होटल की बीसवीं मंज़िल से नीचे तक जाने में कई रुकावटें झेलनी पड़ती हैं। जिस किसी मंज़िल पर लिफ़्ट रुकती, नितिन दोनों हाथ जोड़े, लिफ़्ट का इन्तज़ार कर रहे लोगों से लिफ़्ट में न आने की भीख माँगता। इधर मुकेशजी अपनी ही दुनिया में डूबे जा रहे थे। कभी पूछते ''नन्ही कैसी है?'' तो कभी अपनी आठ साल की बिटिया अपने साथ ही है समझ कर, तुतलाती बोली में उसके साथ बातें करने लगते, ''मेली नन्ही क्या कल लही है?'' और

बीच-बीच में शिकायत करते कि यह कुर्सी की पेटी छुड़वाओ, साँस लेने में और तकलीफ़ हो रही है। हालाँकि अस्पतालवाले क़ानून का पालन कर रहे थे, पर ज़्यादा मिन्नत करने पर थोड़ी ढील की।

अस्पताल पहुँचते ही स्ट्रेचर को तेज़ी से 'इन्टेन्सिव केअर' की ओर सरकाया जा रहा था। इमजेन्सी रूम आते ही नितिन से कहा गया कि इससे आगे तुम नहीं जा सकते। इस बार आँसू भरी मिन्नतों से भी क़ानून नहीं पसीजा। जाते-जाते मुकेशजी मुड़े और नितिन के सामने मुस्कुराते हुए देखते रहे। नितिन को लगा, जैसे उनकी उस मुस्कान में एक अजीब-सा, पारलौकिक ठहराव था।

कुछ ही देर बाद एक फ्रांसीसी डॉक्टर आया और वहीं बेंच पर बैठे नितिन से कहा कि अगर चाहो तो तुम घरवालों को बुला भेजो, क्योंकि मरीज़ की हालत कुछ ज़्यादा ही ख़राब है। नितिन के यह पूछने पर कि क्या "भारत से माँ को बुला लूँ?" तो, "ज़रा रुको", कह कर अन्दर चला गया। तब एक भारतीय डॉक्टर आया और कुछ तफ़सील से बताने की कोशिश की, "मैं तुम्हें यह जता देना चाहता हूँ कि मुकेशजी की तबीयत बहुत ही गम्भीर है, भारत बुलावा भेजने का शायद कोई मतलब न होगा। मैं बरसों से उनका प्रशंसक रहा हूँ और तुम्हें विश्वास दिलाना चाहता हूँ कि उन्हें बेहतरीन चिकित्सा सेवाएँ मिल रही हैं। इस वक़्त 'रिसेसिटेशन' किया जा रहा है (कृत्रिम रूप से साँस देकर पुनर्जीवित करने का प्रयास) और ज़रूरी शॉक भी दिये जा रहे हैं।"

कुछ ही पल में लताजी वहाँ आ कर बैठीं। कुछ कहने की स्थिति में थीं तो नहीं, पर नितिन को अपने पास बुलाया और बड़ी मुश्किल से कुछ शब्द जुटा पाईं, "ईश्वर की मर्ज़ी के सामने हम क्या कर सकते हैं?"

नितिन की स्थितप्रज्ञता अब जा कर टूटी। पर एक ही विचार उसे खाये जा रहा था, "ऑक्सिजन का वह सिलेण्डर नीचे एम्बुलेन्स में पड़ा न रह कर, अगर होटल के कमरे में आता तो...?"

लेकिन नियति?

इस वक़्त शाम के पाँच बज कर पचास मिनट हुए थे, कार्यक्रम छह बजे का था।

यह बात ग़लत है कि मुकेशजी की मृत्यु, ऐन कार्यक्रम के दौरान स्टेज पर हुई, पर यह ज़रूर सच है कि वे चाहते ऐसी ही मौत थे—काम करते-करते, कुढ़ते हुए नहीं। अभी बीस मिनट पहले ही मुकेशजी ने कहा था कि "तैयार हो कर आ रहा हूँ।" वे आये, पर किस तरह तैयार हो कर? ताकि वे बिना हिले-डुले, बिना साँस लिए, बम्बई तक की दूरी तय कर सकें!

नियति अधूरा व्यंग्य भी तो नहीं करती। मुकेशजी का पार्थिव शरीर उसी उड़ान से न्यूयॉर्क से बम्बई आया, जिसके लिए पहले ही से उनका टिकट रिज़र्व्ड था।

नेपथ्य के अँधेरे में उसी जगह, उसी तरह बैठी हुईं लताजी के पास जा कर मैंने कहा, ''उषाजी का दूसरा गाना पूरा हो रहा है।''

''हाँ, तो?''

शायद चार साल पहले के हादसे में खोयी हुई थीं। मैंने याद दिलाया, ''उषाजी के साथ गायेंगी न?''

''हॉ हॉ, 'हमरे गॉव कोई आयेगा...' और उसके बाद?'' लग रहा था अब वर्तमान में लौट आयी थीं।

''उसके बाद आपके तीन गीत, 'सावन के झूले पड़े...' ('जुर्माना' से राहुल देव बर्मन की धुन), 'रहें न रहें हम...' ('ममता' से; रोशन की आख़िरी फ़िल्मों में से एक) और 'जाने कहाँ गये वो दिन...' (मूल मुकेशजी का गाया गीत, 'मेरा नाम जोकर' से)।''

आख़िरी गीत के शब्द सुनते ही सिर्फ़ ''ओह!'' कहा और ''ठीक है...गीतों के काग़ज़ स्टेज पर ही हैं न!'' कुछ इस तरह कहा, जैसे कुछ देर और अकेली रहना चाहती हों।

इण्टरवल में, नेपथ्य में आये कुछ चुने हुए प्रेक्षकों की प्रशंसा झेलने भी वे कम ही उपलब्ध रहीं। और मध्यान्तर के बाद अपने तीन गाने पूरे होते ही फिर लताजी अलग जा कर बैठ गयीं।

अगर आपके स्वभाव में कला का पुट है तो आप जानते ही होंगे कि कलाकार के 'मूड' को न ही छेड़ना बेहतर है। जी लेने दो उसे जिस किसी दुनिया में वह कुछ क्षण गुज़ार रहा है। मेरा तो यह विश्वास है कि यही स्वप्निल दुनिया, कल्पनालोक में विहरने का उसका यही सामर्थ्य उसकी बुनियादी पूँजी है। आम तौर पर यह समय होता है, जब लताजी ख़ूब खुल कर बातें करती हैं, जब उनकी बातों पर सतर्कता का कोई आवरण नहीं होता।

स्टेज पर मन्नादा गा रहे थे। मैं ज़रा दूर फ़ुरसत से टहल रहा था; आनेवाले चार गानों तक मंच पर जाना जो नहीं था।

तभी नेपथ्य में प्रवेश के दरवाज़े से ''लता कहाँ हैं?'' का विनम्रता-रहित वाक्य सुनने में आया। मुड़ कर देखा तो दो सज्जन स्टेज की ओर आ रहे थे। मुझसे पूछा, ''लता कहाँ है, हमें फ़ोटो खींचनी है!'' न जान न पहचान, न ही परिचय देने की तकलीफ़ ज़रूरी समझी! ऊपर से यह बदतमीज़ी!

मुझमें एक अवगुण है कि बदतमीज़ी का जवाब और करारी बदतमीज़ी से

देता हूँ। पर इस समय जगह और प्रसंग को देख कर और बेशक अगले का हट्टा-कट्टा डील-डौल देख कर थोड़ा नर्म पैंतरा अपनाया।

भारतीय व्यक्ति को डराने के लिए एक कारगर हथियार है : धाराप्रवाह अंग्रेज़ी—क्योंकि एक भारतीय व्यक्ति को अंग्रेज़ी में कहे गये कड़े शब्द, भारतीय भाषा में कही गयी गालियों से भी बुरे लगते हैं। मैंने अंग्रेज़ी का इस्तेमाल किया लेकिन असर उस पर उल्टा हुआ। उसका व्यवहार और कड़ा हुआ। श्री हट्टे-कट्टे के साथ एक अधेड़ उम्र का व्यक्ति श्री ढीला-ढाला भी था जिसे लताजी के साथ एक तस्वीर खिंचवाने की अदम्य इच्छा थी और साथी की इच्छा अब प्रतिष्ठा का प्रश्न बन चुकी थी। मैंने उसे मनाने की बड़ी कोशिश की, कि लताजी के गीत पूरे होते ही मैं ख़ुद तस्वीर खींच दूँगा, पर उसने तो सिर्फ़ इतना कहा कि अगर तुम नहीं बताओगे तो मैं ख़ुद ढूँढ लूँगा।

''अपने मेहमानों के साथ आप ऐसा सुलूक करते हैं?'' मैंने कहा।

''मेहमान की ऐसी तैसी'' कहता हुआ वह आगे बढ़ा। तभी स्थानीय प्रायोजक की पत्नी दूसरी दिशा से आयीं और जानना चाहा कि इन लोगों को अन्दर घुसने ही किसने दिया और फिर 'सिक्योरिटीवालों को बुलाना चाहिए' की कमअसर चेतावनी दी। बस इसी ने तो उस हट्टे-कट्टे जनाब की ग़ैरत को ललकारा, ''मेरे को इस शहर में कोई नहीं रोक सकता। कर ले, जो करना है!'' मैंने फिर उसे विश्वास दिलाने की कोशिश की, पर प्रतिक्रिया के रूप में एक ख़तरनाक-सी धमकी मिली, ''तुम लोग ज़्यादा स्मार्ट बनोगे तो मैं स्टेज पर जा कर सारे माइक गिरा दूँगा।''

इस उजड्ड इन्सान का मंच पर जा कर एक श्रेष्ठ कार्यक्रम को खदेड़ देने का दृश्य मुझमें सिहरन पैदा कर गया। और इस आशंका से कि वह अपनी धमकी को अमल में ला सकता है, मैं उसके और स्टेज में जाने के रास्ते के बीच खड़ा हो गया। वहाँ से मुझे इस वाक्-युद्ध की पृष्ठभूमि में राजसिंह डुंगरपुर दिखे। मैंने उन्हें ''नमस्ते'' कह कर रणभूमि में आमन्त्रित किया।

झगड़े के विषय तक से पूर्णतया अनभिज्ञ, उन्होंने जनाब बदतमीज़ से कहा कि आप जो भी कह रहे हैं, चिल्ला कर न कहें। अचानक शायद उसे लगा होगा कि वह सशक्त दुश्मनों के के खेमे में अकेला ही है। उसने बात कर रहे राजसिंह के हाथ को धक्का देकर स्टेज की तरफ़ छलाँग मारनी चाही।

मैंने मुद्दई का माद्दा देख कर शारीरिक सामना करने का हौसला खो दिया था, तो इधर पहाड़काय डुंगरपुर को साथी पाकर, हमला करने की हिम्मत भी आ गयी। मैं लपक कर उसके पीछे गया और उसकी कोहनियों के कोणों में अपनी बाँहें फँसा कर मेरे और उसके हाथों की इस तरह गाँठ-सी बना दी, जिससे वह

'भगवान ने मुझे जो कुछ भी मैं हूँ, उससे बहुत ज़्यादा दिया है।' अपने पूजा घर में।

मेरी इजाज़त के बग़ैर हिल-डुल न सके। वह चिल्ला तो फिर भी सकता था। इसलिए, हालाँकि मुझे बैलगाड़ी या इक्का चलाने का बिलकुल अनुभव नहीं था, मैंने उसे हाँक कर स्टेज से दूर हटाना शुरू किया और चाबुक की जगह हर दूसरे कदम पर, दाहिने घुटने का इस्तेमाल करता और जानवर को पुचकारने की जगह, मैं उसे जानवरों को भी शरमानेवाले शब्द कहने लगा।

स्कूल के तीसरे साल में पढ़ते हुए, न जाने क्यों मैंने बहुत सारी गालियाँ तरतीब से एक काग़ज़ के टुकड़े पर लिखी थीं, जो बाद में मेरे पिताजी के हाथ आयी थीं। तब जो मार मुझे पड़ी थी, कुछ उसी शिद्दत से मैं उस पर प्रहार कर रहा था।

हमारे साथ चल रहे थे रिकॉर्डिस्ट शशांक लालचन्द। कानों से 'वॉकी टॉकी' सटा कर वह हमारे समानान्तर ठीक ऐसे चल रहे थे, जैसे क्लाइमेक्स के 'फ़ाइट सीन' की शूटिंग में पटरियों पर रखा हुआ कैमरा अभिनेताओं के साथ-साथ सरकता है!

अभी तक इस बखेड़े का कारण न जान पाने की वजह से राजसिंह के राजसी क्रोध का दम घुट रहा था, "यह सब हो क्या रहा है?" वे लगभग दहाड़े।

इसी तरह हमारा यह हैरतअंगेज़ कारवाँ, ग्रीन-रूम के गलियारे तक पहुँचा। मैंने उसकी टाँगों में अपनी बाँयीं टाँग फँसा कर उसे गिरा दिया और टार्ज़न के दूर के रिश्तेदार की अदा से उस पर बैठ गया। अरे भई काम की बातें तो ढंग से बैठ कर ही की जाती हैं न! सो उस आसन पर बैठे हुए मैंने राजसिंह को सारा क़िस्सा बयान किया। किसी को परास्त कर उसके ऊपर विजय मुद्रा में बैठना अपने अहं को सहलाने का एक अच्छा तरीक़ा होगा, पर यहाँ एक पल भी ज़्यादा बैठे रहना ख़तरे से ख़ाली न था, क्योंकि तभी मुझे ध्यान आया कि मन्नादा चौथा गीत गा रहे थे और यह शायद उसका आख़िरी अन्तरा था (वही गीत जिसने मन्नादा को ख्याति दिलायी : फ़िल्म 'मशाल' का "ऊपर गगन विशाल...")

मन्नादा का यह गीत ख़त्म होते ही मुझे स्टेज पर जा कर लताजी को मंच पर लाने का ऐलान करना था, ताकि वह दोनों युगल गीत गायें। चूँकि अभी तक कोई और मदद नहीं पहुँची थी, मैंने राजसिंह से निवेदन किया कि आप इस लेटे हुए शख़्स को किसी तरह उठने न दें, मैं अभी स्टेज पर हो कर आया।

मैं अपनी टाई और कोट ठीक-ठाक करके मंच पर प्रवेश करने ही वाला था तब लताजी ने पूछा कि क्या बात है, आप हाँफ़ क्यों रहे हैं? जब कोई और जवाब न सूझे और सच बात भी न कहनी हो तो इतनी बेदर्दी से झूठ बोलो कि पूछनेवाला समझ तो जाये कि आप झूठ बोल रहे हैं, पर उसे दुबारा पूछने में झिझक महसूस हो। मैंने कहा, "नहीं तो, मैं कहाँ हाँफ़ रहा हूँ!"

एक तरफ़ लताजी और मन्नादा ने गाना ('उजाला' का ''झूमता मौसम मस्त महीना...'') शुरू किया और नेपथ्य में हमने अपना रुका हुआ 'सीन' नये सिरे से आरम्भ किया। अब तक एक काला सुरक्षा कर्मचारी अपने एक गोरे अधिकारी के साथ आ पहुँचा था। मुझे फिर से सारी कथा सुनानी पड़ी। अब वह जनाब बिलकुल शान्त हो गये थे। उसी अंग्रेज़ी भाषा और गोरे रंग का दोहरा प्रभाव होगा। मैं भी नेपथ्य युद्ध की डोर 'श्वेत-श्याम शान्ति सेना' को सौंप कर कार्यरत हो गया।

ग़नीमत तो हम यह समझे, कि अब के जो लताजी स्टेज पर गयीं, वह कार्यक्रम समाप्त कर के ही नेपथ्य में लौटनेवाली थीं।

पर चूँकि अतृप्त वासना सहित नेपथ्य से पीछे हट करनेवाला दुश्मन कभी भी लौट सकता था, वह भी मज़ीद क़ुव्वत के साथ, इसलिए देखते-ही-देखते बड़ी कारगर सुरक्षा व्यवस्था की गयी।

कार्यक्रम के लिए फ़ोर्ड ऑडिटोरियम के स्टेज का केवल आधा (आगे का) ही हिस्सा इस्तेमाल हो रहा था। पिछले हिस्से में एक बड़ा-सा चौकोर भाग 'लिफ़्ट' की तरह पूरा-का-पूरा नीचे तक जा सकता था, जहाँ गाड़ियों की पार्किंग के लिए, जगह थी। सो लताजी को ले जानेवाली समूची गाड़ी ही उस 'लिफ़्ट' द्वारा नेपथ्य में लाई गयी।

जब आख़िरी गीत (''सत्यम् शिवम् सुन्दरम्...'') का आख़िरी अन्तरा शुरू हुआ, तो गाड़ी का इंजन भी शुरू किया गया और गीत ख़त्म होने पर, लताजी का दर्शकों को नमस्कार करना, परदे का गिरना, अभिभूत दर्शकों का अपनी जगह पर खड़े हो जाना और नेपथ्य में खड़ी गाड़ी का दरवाज़ा खुलना—दुबारा कोशिश करने पर शायद इतना एक साथ न हो पाता।

न्यूयॉर्क, अमरीका; सितम्बर, *1980*

प्रकरण 9

इस नाम में कुछ है

विश्व साहित्य में जो स्थान महाभारत का है, विश्व के शहरों में वही स्थान न्यूयॉर्क का है। इसलिए महाभारत की तरह न्यूयॉर्क के लिए भी कहा जा सकता है कि 'जो अन्य शहरों में है वह सब कुछ तो यहाँ है ही, जो यहाँ नहीं, वह और कहीं नहीं'।

अमरीका को अवसरों का कल्पवृक्ष मान कर बीसवीं शताब्दी के आरम्भ में आया इतालवी शरणार्थी हो या पश्चिमी तट पर स्वर्ण की खोज में आया हुआ साहसिक व्यापारी; बेहतर नौकरी पा कर एक ही पीढ़ी में मध्यम वर्ग से ऊपर के तबक़े की ओर छलाँग लगाने की उम्मीद में आया इन्जीनियर हो या फिर विश्व के सबसे अधिक विकसित देश को देखने आया पर्यटक, न्यूयॉर्कतट के बाहर खड़ी स्वतन्त्रता की मूर्ति, हरेक में प्रेरणा का संचार करती है।

'न्यूयॉर्क' का प्रतिनिधित्व करनेवाला दृश्य यानी इतनी ऊँची इमारतों की शृंखला, कि पचास मंज़िला इमारत देखने के लिए कौन गर्दन को तक़लीफ़ दे? और 'न्यूयॉर्क' का प्रतिनिधित्व करनेवाली आवाज़, यानी पुलिस और ऐम्बूलेन्स की सायरन।

न्यूयॉर्क के मुख्य, और अधिकतर व्यापारिक, भाग मैनहट्टन के मध्य में स्थित पेण्टा होटल की बीसवीं मंज़िल के अपने कमरे में पहुँचते ही मैंने पहली आवाज़ वही सुनी और पक्का एतबार हो गया कि न्यूयॉर्क बदला नहीं।

उज्ज्वल भविष्य का जुआ खेलने आये लोगों को अगर न्यूयॉर्क असीमित अवसर देता है, तो फिर व्यावसायिक जुआ खेलनेवालों को दीगर गुनाह करने के मौक़े भी देता ही होगा!

कहते हैं कि आप सारी ज़िन्दगी अमरीका में बिता दीजिए पर आपको 'माफ़िया' के प्रकोप का साया तक नज़र नहीं आयेगा और फिर भी उनका अवैध साम्राज्य तो (राजकुमारी के रूप की तरह) दिन दूना-रात चौगुना बढ़ता ही जाता

है। मतलब यह कि आप उन्हें मत छेड़िये, वह आपको नहीं सताएँगे। और कहीं सताने पर उतारू हुए, तो भी पीड़ा ज़्यादा न भुगतनी पड़ेगी, क्योंकि माफ़िया तो केवल 'वह प्रस्ताव देते हैं, जो आप ठुकरा नहीं पाते!'(दे मेक यू एन ऑफ़र यू काण्ट रिफ़्यूज़'!) —यानी, आपको उस पार पहुँचने के लिए, चार कन्धों का इन्तज़ार भी नहीं करना पड़ेगा!

वैसे, जितने गुनाह होते हैं, उससे कहीं ज़्यादा तो इन कथित गुनाहों के बारे में डर होता है। न्यूयॉर्क के घरों का दरवाज़ा यानी अपने आपको छोड़ हर किसी पर अविश्वास का प्रतीक-सुरक्षा के हर उपलब्ध उपकरणों से लैस। अगर इस शहर के हर नागरिक को पिस्तौल रखने की इजाज़त दी जाती तो माँग इतनी बढ़ जाती कि कपड़ों, धूप की ऐनकों और सौन्दर्य प्रसाधनों की तरह, हर साल या हर मौसम में, मारे स्पर्धा के, पिस्तौलों के नये-नये मॉडल निकलते—विशिष्ट डिज़ाइनरों के लेबलवाले पिस्तौल बेहद महँगे होते और उनकी मिल्कियत अमीरी शान मानी जाती। क्या पता, अन्य उत्पादों की तरह, तीज-त्योहारों पर, शायद पिस्तौलों की भी 'सेल' लगती!

यह बात मानी जा सकती है कि इस शहर और इस देश के गुनहगारों पर निर्दयता की देवी कुछ ज़्यादा ही मेहरबान होती है (अगर हिमालय के बेटी हो सकती है तो निर्दयता की देवी क्यों नहीं!), पर यह कहना कि बम्बई शहर गुनाहों की तादाद के मामले में न्यूयॉर्क या शिकागो से पिछड़ गया है, स्वदेशी उपलब्धि के प्रति अज्ञानता का प्रदर्शन ही होगा। फ़र्क़ इतना ही है कि बम्बई में हुए कई छोटे गुनाह अव्वल तो पुलिस स्टेशन तक पहुँचते नहीं। वहाँ तक गये, तब भी उन्हें पुलिस की डायरी में दर्ज करवाने के लिए या तो हिम्मत चाहिए, या 'ऊपर तक' की पहचान। और फिर जो कुछ दर्ज होता है, ज़रूरी नहीं कि उस पर छानबीन की ही जाये! शिकायत डायरी का काग़ज़ काला करना भी तो एक काम होता है!

फिर, जिन मामलों की पुलिस छानबीन कर ही लेती है, वह सारे-के-सारे अख़बार के पन्नों या टेलीविज़न की ट्यूब तक पहुँचते नहीं। आख़िर रोज़ के रोज़ गुनाह और धोखाधड़ी की ख़बरें छापनेवाला पत्रकार भी तो गुनाह में कुछ नयापन, कुछ नयी नीचता देख कर ही छापेगा! पढ़नेवाले और टेलीविजन देखनेवाले कहीं यह न मान बैठें कि हमारे गुनाहों में से सृजनशीलता लुप्त हो गयी है!

यूँ, गुनाहों की हमारी अँधेरी दुनिया में अँधेरा बरक़रार रहता है और पाश्चात्य देशों में अख़बार और टेलीविजन उसे प्रकाश में लाते रहते हैं।

धोखाधड़ी और गुण्डागर्दी पर काबू पाने के लिए छठे-छमासे पुलिस कड़ा

और कभी-कभार क्रूर रुख़ अपनाती है और क़ानून सख़्त किये जाते हैं। पर यहाँ के क़ानून की इमारत में भी ज़मानत नाम की एक खिड़की होती है, जो पैसे उगलते ही खुल जाती है।

फिर भी अनगिनत लोग हैं, जो इस बड़े से भी बड़े शहर से जितनी नफ़रत करते हैं, उससे उतना ही प्यार करते हैं।

इन्हीं में से एक हैं लताजी।

वह कभी बढ़-चढ़ कर न्यूयॉर्क के गुण तो गाती नहीं, पर बातचीत में कहीं पता चले कि साथ वाला व्यक्ति इस शहर का मुरीद है, तो फिर कोई ख़ुफ़िया बात बता रही हों उस तरह एकाध वाक्य कह देती हैं, ''जानते हैं, मुझे भी न्यूयॉर्क बहुत ही अच्छा लगता है।'' उनकी बोलने की आवाज़ वैसे ही नाबालिग़; सुनते हुए लगता है जैसे कोई लड़की अपने उस दोस्त के बारे में कह रही है जो अब उसे दोस्त से ज़्यादा लगने लगा है!

मैंने तो तपाक से कारण पूछा—जिज्ञासा ही नहीं, अविश्वास से। पर जवाब में केवल, ''किसी ख़ास वजह से नहीं, बस...यूँ ही,'' कहा।

इस 'यूँ ही' का कुछ तो मतलब होगा!

न्यूयॉर्क की भूगर्भ रेल की दीवारों पर की गयी अन्धाधुंध चित्रकारी चाहे उनकी सौन्दर्य दृष्टि को ठेस पहुँचाती हो, चाहे इस बेरहम शहर की अविरत चहल-पहल में वह शामिल न हुई हों, या इस निरन्तर आपा-धापी की रणभूमि के बीच हरित द्वीप समान 'सेण्ट्रल पार्क में चहलकदमी का सुकून हासिल न किया हो, फिर भी न्यूयॉर्क से न जाने क्यों उन्हें इतना लगाव है!

''न्यूयॉर्क में सब 'लार्जर दैन लाइफ़' है...यहाँ मैं देखती हूँ कि लोग...हर व्यक्ति, बस अपनी ज़िन्दगी जीता है, दूसरे के निजी मामलों से उसे कोई सरोकार नहीं...शायद उसके लिए समय भी नहीं। फिर यह शहर कभी सोता नहीं...किसी भी टाइम पर, रात दो-तीन बजे भी...ऐसा लगता है कि हमारे हृदय की तरह हमेशा धड़कता रहता है और... न्यूयॉर्क अच्छा लगने की एक वजह यह भी है, कि इस शहर में आ कर लोगों के सपने साकार होते हैं। हो सकता है मुझे न्यूयॉर्क इसलिए अच्छा लगता है कि मैं यहाँ रहती नहीं! जंगल की तरह है यह। अगर आप में दम है, प्रतिभा है...मेहनत करें...तो आसमान को छू लीजिए, वरना कोई पूछेगा नहीं...हमारी फ़िल्म इण्डस्ट्री की तरह।''

एक रेडियो इण्टरव्यू के दौरान मैंने लताजी से एक बेबाक सवाल पूछा था, ''क्या आपको कभी ऐसा महसूस हुआ है, कि आपको अपनी योग्यता से अधिक प्राप्ति हुई, धन की, ऐश्वर्य की, ख्याति की? इस विषय में कोई अपराध बोध?''

जहाँ मैंने सोचा था कि शब्दों की राजनीति का सहारा ले कर इसके जवाब को टाल दिया जायेगा, छूटते ही मुझे सरल-सा जवाब मिला, "हरीशजी, मुझे हमेशा ही ऐसा लगता है, कि भगवान ने मुझे, जो कुछ भी मैं हूँ, उससे बहुत ज़्यादा दिया है। मुझसे ज़्यादा अच्छा गानेवाले या समझनेवाले बहुत सारे आर्टिस्ट हैं, पर जो आज मुझे शोहरत मिली है, वह बहुत कम लोगों को मिली है। कई मर्तबा बड़े-बड़े गानेवालों के जब मैं रिकॉर्ड सुनती हूँ तो मुझे बार-बार यह महसूस होता है कि शायद मैं ऐसा कभी नहीं गा सकूँगी।"

मैंने जानना चाहा, "क्या आप बता सकती हैं कौन हैं वह गानेवाले?"

"गानेवाले, जैसे बड़े ग़ुलाम अली ख़ाँ साहब थे, या अमीर ख़ाँ साहब; और भी, जैसे सहगल साहब गाते थे...मतलब यह हमारे फ़िल्मी म्यूज़िक में; पर मुझे क्लासिकल सिंगर्स को सुनने के बाद ऐसा कई मर्तबा महसूस हुआ है कि शायद ऐसा मैं कभी नहीं गा सकूँगी।"

ऐसा कहनेवाले मेरी नज़र में दो तरह के लोग होते हैं; एक वह, जो विनम्रता के शब्दों तले अपनी ख़ामियों को छिपाना चाहते हैं और दूसरे वह, जो अपनी असाधारण प्रतिभा पर अगर विनम्रता की परत न चढ़ाएँ, तो अपार संकोच का अनुभव करेंगे।

उस रेडियो साक्षात्कार के ख़त्म होने पर, लताजी ने जैसे अपने-आपसे कहा था, "काश मैं उनके पास जा कर सीख पाती।"

"उनके?"

"बड़े ग़ुलाम अली ख़ाँ साहब से।"

"तो सीखीं क्यों नहीं उनसे? वे ज़रूर सिखाते!"

"वैसे उनके पास गये बग़ैर भी मैं उनसे सीखती रही हूँ...उन्हें सुन-सुन कर।"

एकलव्य भी तो द्रोणाचार्य से सीखता रहा था—देख-देख कर। इस अप्रत्यक्ष गुरु ने प्राचीन राजकुमारों के गुरु की तरह अँगूठा न माँग कर, बस गायन का एक छोटा-सा प्रदर्शन माँगा था।

1952 में आयोजित एक मिश्र संगीत महोत्सव में शामिल होने लताजी कलकत्ते गयी थीं; हेमन्त कुमार के घर ठहरी थीं। 'मिश्र संगीत' यानी, ध्रुपद-धमार से ले कर फ़िल्म संगीत तक का पूरा इन्द्रधनुष : ख़याल, ठुमरी, दादरा, ग़ज़ल, लोक संगीत, फ़िल्म संगीत—सब कुछ। चार दिन चलनेवाला यह संगीतोत्सव, असल में पूरी चार रातें चलता; शाम से शुरू हो कर भोर तक।

उस रात लताजी को गाना था, लेकिन उन्हें पता न था कि कार्यक्रम के प्रबन्धक, कलाकारों के क्रम के विवेक को नज़रअन्दाज़ कर जायेंगे! लताजी को

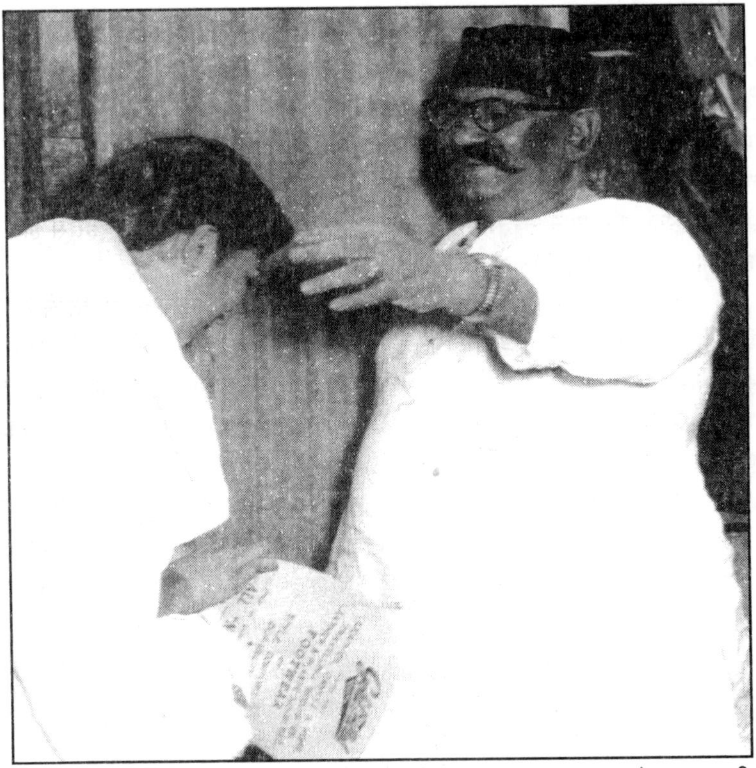

'गंडा बँधवाए बग़ैर भी मैं उनसे सीखती रही हूँ...उन्हें सुन-सुन कर।' उस्ताद बड़े गुलाम अली ख़ान से आशीर्वाद ग्रहण करते हुए

फ़िल्म संगीत प्रस्तुत करना था। उनसे, सुविख्यात शास्त्रीय गायक उस्ताद बड़े ग़ुलाम अली ख़ाँ साहब से पहले गाने को कहा गया। और किसी कर्तव्यनिष्ठ गायक के लिए यह धृष्टता से कम नहीं! अपने क्षेत्र में चोटी छू चुकी यह गायिका, इन पारम्परिक मूल्यों को आदर से देखती थी। देखा जाये तो इन मूल्यों की जड़ में तर्क समाया होता है। अपने गुरु या किसी बड़े जाने-माने कलाकार के तुरन्त बाद गाना, खुले-आम वरिष्ठ के प्रदर्शन को ललकारना है और बड़े कलाकार से तुरन्त पहले गाना, समय से पहले ही अपने बड़प्पन का दिखावा लग सकता है। वैसे, दोनों ही हालात में छोटे कलाकार को ही ख़तरा है—बड़े कलाकार से तुलना का। इसीलिए जब छोटा कलाकार-ख्याति में या उम्र में—वरिष्ठ गायक से तुरन्त पहले या बाद में गाने से मना करता है, तो वरिष्ठ कलाकार को सम्मान देने का यह प्रमाणित तरीक़ा है। लताजी ने भी यही किया।

पहले तो लताजी ने संगीतोत्सव के अधिकारियों को यह रीति समझाने की कोशिश की और बाद में सीधे इनकार किया। बात फिर भी न बनी, तो ख़ाँ साहब से ही शिकायत कर दी। उस्ताद ने हिदायत दी, कि इन छोटी-छोटी बातों का ख़याल न करो, बस गाओ। लताजी ने यहाँ तक कहा कि मेरा नाम तो दो-चार फ़िल्में चल जाने से हुआ है, कहाँ आप और कहाँ मैं! फ़िल्म की गायिका उनका जितना सम्मान करती थी, शास्त्रीय संगीत के ख़ाँ, उसे उतना ही प्यार करते थे, सो कहा, कोई बात नहीं, यह लोग कहते हैं तो गाओ।

लताजी ने सोचा था कि उन्हीं दिनों बेहद मशहूर हुई किसी फ़िल्म का कोई गीत गायेंगी। और उनके गाये गीतोंवाली मशहूर फ़िल्मों की और मशहूर गीतों की सूची कहाँ छोटी थी? 'बैजू बावरा', 'बाज़ी', 'आवारा', 'ज़िद्दी', 'अलबेला', 'महल', 'बरसात', 'बड़ी बहन'! पर जब यह तय पाया गया कि ख़ाँ साहब से तुरन्त पहले गाना ही है, तो गाना भी ऐसा चुना कि प्रशंसा होने पर, सस्ती लोकप्रियता अर्जित करने का आरोप न लगे। 'मालती माधव' नामक फ़िल्म से, पण्डित नरेन्द्र शर्मा का लिखा और महाराष्ट्र के सुप्रसिद्ध संगीतकार सुधीर फड़के का, राग जयजयवन्ती में ढाला एक गीत (''बाँध प्रीति फुलडोर...'') चुना। ''और मैंने भी ख़ूब जमकर तानें लीं। मुझे तो डर था कि मुझसे 'हिट' गाने सुनने आये लोगों को मैं निराश कर रही होऊँगी, पर उनकी तालियाँ सुन कर मुझे बड़ा प्रोत्साहन मिला।''

इसके तुरन्त बाद ख़ाँ साहब को गाना था। उनके गाये 'ख़याल' के एक-एक मोड़ पर राग की ख़ूबसूरती उजागर हो रही थी। पर बंगाल के कला रसिक श्रोताओं की रुचि, उस शाम कुछ पराकाष्ठा पर नहीं मालूम देती थी, हालाँकि उन दिनों तो ख़ाँ साहब युवा वर्ग में भी बड़े प्रिय थे।

राग के ख़त्म होते-होते, उन्होंने पास बैठे तानपुरेवाले को भेज कर लता को स्टेज पर बुला भेजा और आते ही उसे अपने साथ, ज़रा पीछे बिठा लिया और भक्ति विभोर कर देनेवाला भजन ''हरि ओम् तत्सत्'' गाया।

बड़े का बड़प्पन इसमें है कि वह निष्कपट भाव से परिस्थिति को स्वीकार करे और छोटे का विवेक इसी से शोभा पाता है, कि वह वरिष्ठ को लज्जित होने का मौक़ा न दे।

बड़े ग़ुलाम अली ख़ाँ साहब ने लता के साथ स्टेज से उतरते हुए कहा, कि ''सुना तुमने, लोग तुमसे फिर से गवाने के लिए चिल्ला रहे थे, इसीलिए मैंने तुम्हें बुला कर अपने पास बिठा लिया।''

लता मंगेशकर ने इतना ही जवाब दिया कि ''आज मैंने ज़िन्दगी में दूसरी बार किसी बड़े गायक के इतने नज़दीक बैठ कर स्टेज पर से उनका गाना सुना;

'मैं पिया तेरी...गीत में लगता है जैसे दो गायिकाएँ हैं, मैं और पन्नाबाबू की बाँसुरी।' अनिल विश्वास और बाँसुरी वादक पण्डित पन्नालाल घोष के साथ

पहले थे मेरे पिता!'' और वह शरमाती-सकुचाती उनसे अलग हुई। मन-ही-मन वह गायिका, श्रोताओं को दोष दे रही थी कि वे ख़ाँ साहब का उत्कृष्ट शास्त्रीय गायन सुनने की जगह फ़िल्मों के गीत सुनना चाहते थे।

जब समारोह छोड़ कर जाने का समय आया, तो लताजी ने ख़ाँ साहब को प्रणाम कह कर जाना चाहा। उस्ताद साहब ग्रीन रूम में बैठे, हमेशा की तरह अपना सुर मण्डल छेड़े हुए थे। यही ख़ाँ साहब की आदत थी, अदा थी। जहाँ बैठते, जिनके भी साथ बैठते, अपने सुरमण्डल से दूर न बैठते। आस-पास उनके शिष्य, अनुयायी, प्रशंसक, कार्यकर्ता वग़ैरह जमा थे।

जब लताजी वहाँ पहुँचीं तो ख़ाँ साहब की एक शिष्या उन्हें कुछ गा कर सुना रही थी। लताजी वहीं ठिठक गयीं, और उन्हें देख कर उस शिष्या का गाना भी ठिठक गया। इससे पहले कि लताजी विदा माँगतीं, ख़ाँ साहब ने बैठने को कहा और...गाने को कहा।

लताजी ने मन-ही-मन सोचा कि पहले ही मैं मंच पर इस वरिष्ठ गायक से पूर्व गा कर अपराध कर चुकी हूँ, इनके सामने तो बिलकुल न गा पाऊँगी।

''यह तो मुमकिन नहीं है; मैं आपके सामने कैसे गाऊँ?'' लताजी ने कहा।

''ठीक है हमारे सामने न गाओ, इसके साथ ही गाओ,'' बड़े ग़ुलाम अली ख़ाँ ने अपनी शिष्या की ओर निर्देश करते हुए कहा, जो उस समय पहाड़ी राग

में कोई 'चीज़' गा रही थी।

लताजी ने फिर इनकार किया, तो ख़ाँ साहब ने कहा कि "हमारे इतना कहने पर भी नहीं गाओगी?" यह वाक्य कुछ इस तरह कहा गया था कि वह आग्रह न रह कर, अधिकार बन गया था।

अब न गाने पर ख़ाँ साहब को बहुत बुरा लग सकता है यह सोच कर लताजी भी बैठीं और शिष्या के शुरू करने पर लताजी ने भी पहाड़ी के सुर मिलाये। यूँ स्पर्धात्मक रूप से गाना अच्छा तो नहीं लग रहा था, पर वह पीछे हटने की न थीं; ज़रूर सोचा होगा, कि अगर यह परीक्षा है, तो मेरे गुरुओं की भी परीक्षा है और इनमें बाबा भी शामिल हैं। और ज़रूर सालों पहले गुरु-पिता के कहे शब्द, कि गाते वक़्त 'चाहे जितना बड़ा व्यक्ति सामने हो, डरना नहीं' मस्तिष्क में कौंध गये होंगे। सब कुछ उँड़ेल दिया अपने गायन में। गाना समाप्त होते ही ख़ाँ साहब, "वाह बेटी वाह!" कह उठे, "आज मैं तुम्हारा कायल हो गया।"

इसके कई सालों बाद, ख़ाँ साहब इसी तरह अपना सुर मण्डल छेड़े हुए पण्डित जसराज के साथ बैठे बतिया रहे थे। तभी कहीं से लताजी के गाये किसी गीत की आवाज़ सुनायी दी, तो ख़ाँ साहब बेसाख़्ता ही कह उठे थे, "कमबख़्त कभी बेसुरी नहीं होती, क्या अल्लाह की देन है।"

कलकत्ते वाले उस प्रसंग पर टिप्पणी करते हुए मैंने लताजी से पूछा कि उस समय क्या आपको ऐसा आभास नहीं हुआ कि अपनी शिष्या के साथ गवा कर ख़ाँ साहब आपको एक चुनौती दे रहे थे?

जवाब बहुत दृढ़ता से मिला, "बिलकुल ही नहीं। ख़ाँ साहब इन चीज़ों से बहुत ऊपर उठे हुए थे। यह मुमकिन ही नहीं।" बड़े ग़ुलाम अली ख़ाँ पहले ही से स्नेह तो जताते ही थे, इस प्रसंग के बाद तो लताजी के साथ एक ख़ास अपनत्व हो गया, और वह भी इतना कि अपने अन्तकाल में लताजी से मिलना चाहा।

उन दिनों (1965 के करीब) वे हैदराबाद में किसी नव्वाब के यहाँ ठहरे हुए थे। कई सालों से लक़वा मार गया था। पहले लताजी को दो-तीन ख़त आये और थोड़ा-बहुत पत्र-व्यवहार हुआ। फिर एक दिन टेलीफ़ोन से बुलावा आया; पर लताजी वहाँ जायें, तब तक हिन्दुस्तानी शास्त्रीय संगीत का वह संगे-मील, तानसेन और बैजू बावरे से मिलने निकल चुका था।

कलाकारों के हर दल के लिए, हर श्रृंखला में एक-दो तो 'बड़े' कार्यक्रम होते ही हैं, जिन पर यह सोचा जाता है, कि सारी श्रृंखला की सफलता का दारोमदार होता है। हमारा दल इसे 'फ़र्स्ट क्लास मैचों की सीरीज़ का टेस्ट मैच' कहता (तब

अभी 'वन-डे' मैचों का चलन शुरू नहीं हुआ था!)। "बस एक बार यह ठीक हो जाये तो गंगा नहाए।" वैसे गंगा स्नान के बाद भी रवैया बदलता नहीं। वही रिहर्सल, तैयारियों में वही संजीदगी, 'छोटे-से-छोटे' कार्यक्रम की कामयाबी के लिए भी, कुछ भी कर गुज़रने की तैयारी, फिर चाहे प्रेक्षकों में जवाहरलाल नेहरू हों, बम्बई की भेल-पूड़ी जैसी मिली-जुली प्रजा हो, या बारीकी से सुननेवाले संगीतज्ञ हों।

और हमारा 'टेस्ट मैच' खेला जानेवाला था, न्यूयॉर्क के सबसे प्रतिष्ठित प्रेक्षागार मेडिसन स्क्वेर गार्डन में। उसी मंच पर हो रहे रिहर्सल के दौरान हो रही फुसफुसाहट में सुना गया कि अमिताभ बच्चन भी (जो कि इस दौरे के सिर्फ़ दो ही क्रार्यक्रमों में शामिल होनेवाले थे) रिहर्सल के लिए आनेवाले हैं, लेकिन अभी तक न्यूयॉर्क ही नहीं पहुँचे थे।

'तब तो आ चुके' सोच कर, मैं फिर रिहर्सल में व्यस्त हुआ। जब हाड़-मांस के बने सामान्य मानव को भी बम्बई से न्यूयॉर्क के सफ़र के बाद, 'जेट लेग' की मानसिक थकान उतारने के लिए कम-अज़-कम छह घण्टे की अतिरिक्त नींद चाहिए, तो फिर इन महामानवों की ज़रूरतें तो और भी बड़ी होंगी! लेकिन डेढ़-एक घण्टे के भीतर ही (कद से भी) हमारे महामानव, अपनी मशहूर चुस्ती-फ़ुर्ती के साथ नज़र आये। रिहर्सल कर रहीं लताजी से अपनी गहरी आवाज़ में "नमस्कार बाईजी, मैं आ गया हूँ" ऐसे कहा, जैसे हुक्म के ताबेदार हों। समय के हुक्म के ताबेदार तो वह रहे ही हैं।

इधर-उधर की बातों में पाँच मिनट भी नहीं गये होंगे कि एक क्षेत्र के सुपर स्टार, दूसरे क्षेत्र के विनम्र छात्र बन कर पूर्व तैयारी के लिए बैठ गये। उत्तर प्रदेश का पारम्परिक गीत "मेरे अँगने में तुम्हारा क्या काम है..." शुरू हुआ। चूँकि यह गीत अभी फ़िल्म के माध्यम से प्रदर्शित नहीं हुआ था, लोगों तक पहुँचा नहीं था, पर आसान और बेबाक शब्द और उससे भी आसान तर्ज़ की वजह से, वहाँ मौजूद अहिन्दीभाषियों ने भी, इसे एक ही बार सुन कर गुनगुनाना शुरू कर दिया था। लेकिन अमिताभ बच्चन एक बार की कोशिश में कहाँ रुकनेवाले थे? तीसरे रिहर्सल के बाद वाद्यवृन्द के संचालक ने छूटने की मंशा से कह दिया, "बहुत अच्छा हुआ है" तो अमिताभ ने अपने विशिष्ट मज़ाहिया लहजे में कहा कि "मतलब लग रहा है कि जम सकता है, है न? तो फिर जमा ही दें!"

यूँ पाँच रिहर्सलों के बाद उनके किसी सवाल पूछने से पहले ही फ़िल्मी भाषा में प्रशंसा का जवाब मिल गया, "फ़र्स्ट क्लास है"

"ऐसी बात है? तब तो एक बार और हो जाये!" फ़िल्मी प्रशंसा से न

...अपने आपको सुनकर, अपने से ही बेहतर गाने की कोशिश...

पसीजनेवाले ने, अपनी प्रतिभा की पुष्टि करनी चाही। और छठा रिहर्सल भी उतने ही ज़ोर-शोर से हुआ। गीत ख़त्म होते ही, ''सियावर रामचन्द्र की जय,'' कहते-कहलाते हुए, अमिताभ उछल कर उठ खड़े हुए। जाते-जाते दरवाज़े पर किसी ने

नसीहत की, ''अब ज़रा सो लीजिए...'शो' के लिए 'फ्रेश' हो जायेंगे।''

''अब तो स्टेज पर ही सोयेंगे,'' कहते हुए, अपने कहे वाक्य ने उछाले हास्य को सुनने के लिए रुके बग़ैर, लम्बे-लम्बे डग भरते हुए चल दिये। अमिताभ के जाने के बाद वहाँ शेष बचे लोगों ने एक-दूसरे के सामने इस तरह देखा मानो इस सुपर स्टार की अनुशासन-प्रियता के बारे में कह रहे हों : ''भई, मान गये!''

इकत्तीस सालों से अपने क्षेत्र में सुपरस्टार का पद भोगती चली आ रहीं लताजी ने कहा, ''देखा 'डिसिप्लिन' ही काफ़ी नहीं, सीखते रहने की इच्छा भी बहुत ज़रूरी है।''

एक बार लताजी ने न जाने किस सन्दर्भ में बातें करते हुए कहा था, ''जिस दिन कलाकार में सीखने की इच्छा ख़त्म हो गयी, तो समझो...''

''लेकिन इतने सालों बाद भी आपको ऐसा नहीं लगता कि बहुत सीख लिया, अब कुछ सिखाऊँ?''

''कैसी बात करते हैं? सीख पाने के लिए भी अच्छा नसीब चाहिए। देखिए, मुझे ऐसे कलाकार और स्नेहशील पिता अपनी मेहनत से तो नहीं मिले; बुरे संजोग भी मेहनत से नहीं मिले। दोनों ही नसीब से मिले। हो सकता है कि संजोग बुरे न होते तो मैं इतनी मेहनत करने पर बाध्य न होती...शायद। नहीं, सीख पाना भी तो ईश्वर की कृपा ही है।''

लताजी ने अपने जन्म-नगर के सुप्रसिद्ध अख़बार 'नयी दुनिया' के संपादक अभय छजलानी से बातचीत करते हुए कहा था, ''जो आवाज़ भगवान ने मुझे दी है, वह उनकी नियामत है...उसी के ज़रिये तो मैंने पैसा कमाया है। फ़िल्मों में गाने गाये हैं...कभी 'चीप' गाने भी गाये होंगे। कभी अच्छे गाने भी गाये होंगे (!) पर मैं अपनी तरफ़ से कोशिश यह करती हूँ कि उसने मुझे जो उपहार दिया है, उसके ज़रिये मैं उसको भी कभी-कभी याद करूँ। मुझे वाक़ई भजन गाना ज़्यादा अच्छा लगता है।''

मेरा तो हमेशा से यह शक रहा है कि लता मंगेशकर, मारे मुरव्वत के ही यह कहती हैं कि मैंने इस गुरु से यह बात सीखी और बग़ैर उनकी कृपा के मैं आज कहीं न होती। हाँ, उनकी इस सूची में दो महत्वपूर्ण नाम होते हैं : पिता दीनानाथजी और ईश्वर, जिनके प्रति उनकी श्रद्धा के बारे में मुझे कोई सन्देह नहीं। वैसे, मेरे मतानुसार इस गायिका ने जो कुछ सीखा है, अपने गायन के प्रति असन्तुष्ट रहने की वजह से सीखा है, निरन्तर काम करते रहने की वजह से सीखा है। दूसरों को नहीं, अपने आपको सुनकर, अपने से ही बेहतर गाने की कोशिश करते हुए सीखा है; हर बार कुछ नया करने के प्रयास की वजह से सीखा है। और हाँ, जो

गीत गाया जा रहा हो, उसकी कविता और सुरों के अर्थ में पैठ कर, उन्हें उजागर करने के प्रयत्न से सीखा है।

पर मेरे इस शक को उन्होंने हँस कर लगभग नकार ही दिया। मैंने सोचा कि जिस तरह एक झूठ छिपाने के लिए कई झूठ बोलने पड़ते हैं, कहीं एक बार की विनम्रता के समर्थन में, बार-बार तो विनम्र बने नहीं रहना पड़ता! और उन्होंने थोड़ी-सी हार मानते हुए कहा, ''बिलकुल ऐसी बात तो नहीं है। बाबा से तो मुझे बहुत-कुछ मिला ही है, लेकिन औरों से भी मैंने कुछ-कुछ पाया है।''

''दीनानाथजी के बाद आपके पहले गुरु कौन थे?''

''बाबा के चले जाने के बाद लगभग तीन साल तक उनकी सिखाई 'चीज़ों' के रियाज़ के अलावा, किसी से सीख पाना मुमकिन नहीं था। सो, एक तरह से...परोक्ष रूप से बाबा से ही सीखती रही। जब मैं बम्बई आयी तब मास्टर विनायक की फ़िल्म कम्पनी के साथ 'कोन्ट्रेक्ट' में थी...फिर भी उन्होंने मुझे औरों के साथ काम करने की इजाज़त दी थी।''

''तो क्या संगीत शिक्षा बिलकुल ही रुक गयी? तब तो आपकी उम्र मुश्किल से सोलह साल रही होगी!''

''नहीं नहीं...औरों के साथ काम करने की अनुमति देने के साथ-साथ विनायकराव ने यह भी सुझाव दिया था कि अतिरिक्त समय का सदुपयोग संगीत की शिक्षा ले कर किया जा सकता है। वैसे किसी और से सीखने में मुझे एक डर लगा रहता था कि बाबा का सिखाया संगीत कहीं भूल न जाऊँ'

1945 में, संगीत सिखाने के लिए एक बुज़ुर्ग मास्टरजी तय किये गये। उस्ताद अमान अली ख़ाँ भेण्डीबाज़ारवाले। बड़ी-बड़ी मूँछें, आँखों में काजल, और सीने में बाप का प्यार लिए एक दिन आये, लड़की का गाना सुना। गाना अच्छा लगा, इसलिए थोड़ी नसीहत भी की, ''गाने के लिए भी अच्छी सेहत की ज़रूरत होती है। गण्डा बाँधने के दिन, उन्होंने राग 'हंसध्वनि' सिखाया था : आज भी लताजी के प्रिय रागों में से एक।

उस समय शिष्या अगर सच में बहुत ही छरहरी थी, तो वह केवल उसकी शारीरिक प्रकृति का परिणाम न था। पराये घर रहने में और अपने घर रहने में अन्तर तो होता ही है। मेज़बान चाहे जितना अपना हो, मेहमान और मेज़बान के बीच, पारदर्शक ही सही, संकोच की दीवार तो होती ही है। और कहीं मेज़बान या उसके घरवाले के सोचने में थोड़ी-सी भी खोट हो, तब तो और मुश्किल।

गुरु संगीत सिखाने ही में नहीं, हर तरह से अपने इरादे के पक्के थे। आते-आते कहीं से शिष्या के लिए अण्डे का ऑमलेट और पावरोटी, एक पुड़िया में

बँधवा लाते। पहले बन्द दरवाज़े के पीछे इस पौष्टिक आहार का सेवन कराते, बाद में संगीत की सेवा के गुर बताते। छोटी बहन मीना के लिए, ऑमलेट के साथ कभी-कभी तीखे पकोड़े भी लाते और कहते कि पकौड़ों से गला अच्छा होता है। आज भी लताजी, तीखी तीखी लौंगी कोल्हापुरी मिर्च को दाँतों से काटती हैं और "सी सी..." करते हुए कहती हैं, कि तीखा खाने से गला खुलता है (जिस बात से गले का पेशेवर, मैं भी सहमत हूँ)।

गायिका नूरजहाँ को तो ठण्डे पेय का इतना शौक़ था कि उनके आस-पासवाले लोग कहते कि इन्हें तो बर्फ़ का नशा है। यह बात बड़ी अटपटी लगती है क्योंकि आवाज़ के पेशेवरों को माँग कर भी ठण्डा पानी नहीं मिलता। देनेवाला ख़ुद ही उसे गले के परहेज़ याद दिलाता है और आस-पास मौजूद सभी को बड़े गर्व से, ठण्डी, तीखी और तली हुई वस्तुओं से गले को होनेवाले नुक़सान के बारे में बारीकी से बताता है। पेय में बर्फ़ माँगने पर कुछ लोगों को आपके गले की क्षमता पर सन्देह तक होने लगता है! अगर आप व्यावसायिक गायक या वक्ता हैं, तब आइसक्रीम पर तो आपका कोई हक़ ही नहीं पहुँचता।

जहाँ तक गले पर बाहरी चीज़ों का—यानी खान-पान की वस्तुओं या शारीरिक स्थिति या ठण्डी-गरमी का—सवाल है, यह ज़रूरी नहीं कि सभी के गले पर एक-सा असर हो। "चाहे बुख़ार हो, चाहे भरपेट खा लिया हो, बाबा के गले में कोई फ़र्क़ न पड़ता," लताजी इस बात के समर्थन में कहती हैं।

हकीकत में, सही अनुपात में ठण्डा, तीखा, खट्टा, तला हुआ खाया जाये या गले को झकझोरने वाले पेय पिये जायें, तो स्वर पेटी को ज़रूर कुछ लोच मिलता है।

अगर यह सच है तो तीखेपन का यह लोच तो लता मंगेशकर बहुत पहले से पाती आयी हैं। 1946-'47 में जब से उनका परिवार नाना चौक इलाके में रहने आया, तब बम्बई के मशहूर चौपाटी के समुद्र तट पर सब लोग घूमने जाया करते। बड़े सवेरे चार बजे उठ कर रियाज़ होता, फिर उजाला होते ही समुद्र तट की सैर के लिए सारी बहनें निकल पड़तीं। "उन दिनों बम्बई में कोई डर नहीं था; फिर भी साथ में पंढरीनाथ (अभिनेत्री पद्मिनी कोल्हापुरे के पिता और लताजी के फुफेरे भाई) हुआ करते थे।" वहाँ से लौटते हुए, 'कोना' नाम के एक रेस्त्राँ में, तीखे गरम बटाटे-वड़े खाने सब ज़रूर रुकते।

शिष्या की संगीत सीखने की चाह हो, या गुरु का स्वभाव, अमान अली बहुत धीरज और प्रेम से सिखाया करते थे। वैसे ख़ुद भी बड़े सुरीले गायक थे और सुना जाता था कि उनकी भी महफ़िलें हुआ करती थीं। लेकिन अब तो उम्र

बड़ी-बड़ी मूँछें, आँखों में काजल और सीने में बाप का प्यार...उस्ताद अमान अली ख़ान भेंडीबाजारवाले।

हो चली थी, इसलिए गाने नहीं, गवाने में ही परिपूर्णता पाने की कोशिश करते। गुरु एक बार दो-एक महीनों के लिए अपने गाँव गये। बस वहाँ से न कभी लौटे और न ही कोई चिट्ठी आयी। उनके इन्तज़ार ही में आठ-दस महीने बग़ैर संगीत सीखे गुज़र गये। अपनी मरज़ी से रियाज़ चलता रहा सो, और बात है।

बुज़ुर्ग अमान अली भेण्डीबाजारवाले के बाद संगीत सिखाने आये, जवान अमानत ख़ाँ देवासवाले। आप भी, गाते और सिखाते, दोनों ही थे। अमान अली और अमानत ख़ाँ से अगर ख़ास कुछ सीखने को मिला तो वह लय पर गाना। ''बाबा के साथ तो सुर का ज्ञान पाया था। जो सीखा वह बड़ा गहन था, पर वह 'खुली गायकी' थी। जब तक ताल का ज्ञान और लय का विवेक नहीं आता, गीत कभी अच्छे नहीं गाये जा सकते।''

एक बार अमानत ख़ाँ ने अपनी शागिर्द का ज़िक्र करते हुए संगीतकार-दोस्त सज्जाद हुसैन से कहा था कि, 'आजकल एक लड़की को सिखा रहा हूँ, उसे जितना सिखाओ, उससे ज़्यादा ही सीखकर दिखाती है। मैं जितने मुश्किल टुकड़े सिखाता हूँ, वह फ़ौरन ही उठाती है। परेशान हूँ कि म्यूज़िक में ऐसी भी कोई चीज़ है जो वह अदा नहीं कर पाती?'

पर अमानत ख़ाँ से भी ज़्यादा सीखना न बदा था। 1947 में बँटवारे के समय वह देवास गये थे। एक सुबह अपने घर में मरे पाए गये। किसी ने कहा कि बँटवारे की भेंट चढ़ गये, और किसी ने कहा कि हालात का फ़ायदा उठाते हुए किसी निजी दुश्मन ने ज़हर दे दिया।

''तो अमान अली और अमानत ख़ाँ के बाद?''

''बाद में...आये तो थे तीन...या चार सिखानेवाले, लेकिन...मैं कुछ सीख नहीं पाई।''

''समय की कमी?...बहुत सारी रिकॉर्डिंग?''

''रियाज़ के लिए मुझे समय की कमी कभी आड़े नहीं आयी...पर...''

"तो!"

"सच कहूँ तो मैं ही बहाने बना कर सीखी नहीं।"

"मतलब"

"मतलब, मुझे सीखने जैसा कुछ लगा नहीं। ज़रूरी नहीं कि हर गुरु के पास हरेक शिष्य को सिखाने लायक कुछ हो ही।"

"कौन थे यह 'गुरु'?"

नाम देने से इनकार। पर इतना ज़रूर कहा कि यह गुरु गाना सिखाने से पहले कहते, 'गाना बाद में, पहले मैं कैसे गाता हूँ वह देखो...मेरे मुँह के सामने देखो।'

"और वे पूरा जबड़ा फाड़ कर तान और आलाप लेते। मैं तो बच गयी लेकिन मेरे साथ एक गायिका उनसे संगीत सीखती थी, उसने शायद उनकी यह विशेषता ग्रहण कर ली और कुछ हद तक आज भी उस आदत से वह पीड़ित है।"

"मुझे याद है, बहुत शुरुआत में मैं भी कभी-कभी ऐसे गाती थी। आदत तो नहीं...बहुत छोटी थी मैं...चौदह साल की; लेकिन शायद दूसरे, बड़े गायक ऐसा करते थे, इसलिए मैंने भी वैसा ही करना ठीक समझा हो!"

"तो बस इसलिए आपने आगे गाना नहीं सीखा?"

"हाँ, तो मैं क्या करती, कि झूठ-मूठ का कोई बहाना बनाती; या सर पर कसकर कपड़ा बाँध लेती या फिर मोटे-मोटे लिहाफ़ ओढ़ कर सो जाती, कि बुख़ार है, ठण्ड लग रही है।"

वैसे लताजी ने काम से जी चुराते हुए भी क्या कुछ नहीं सीखा! चालीस के दशक के वरिष्ठ मराठी संगीतकार (और लताजी के पार्श्व गायनवाली पहली हिन्दी फ़िल्म 'आप की सेवा में' के संगीतकार) दत्ता डावजेकर बताते हैं, "कोल्हापुर में मैं विनायकराव की कम्पनी में कर्मचारी था। गायन परीक्षा में छोटी लता के अद्‌भुत प्रदर्शन से वैसे ही मैं चकित था...मैं जो भी गाता, वह साथ-साथ ही गाती, कुछ सिखाना ही नहीं पड़ता था। इसलिए ख़ाली समय बहुत मिलता था। और मुझे गप-शप की बड़ी आदत। सुबह-सुबह, विनायकराव स्टूडियो में आते ही हाँक लगाते, 'फिर गप-शप चल रही है? रिहर्सल बन्द है क्या?' तो मैं झटपट लता से कहता कि कुछ गाओ...कुछ भी...और वह गाने लगती और मैं विनायकराव से कहता, 'नहीं जी, नयी तर्ज़ बाँधी है, लड़की को सिखा रहा हूँ।' लता की संगीत साधना का यह भी एक तरीक़ा था।'

"लेकिन अगर ऐसा हँसी-मज़ाक चलता रहता था, तो साथ-साथ वक़्त आने पर गायकों से सही काम भी लिया जाता था," एक और घटना याद करते

हुए डावजेकर कहते हैं, ''फ़िल्म 'गजाभाऊ' के एक गीत (''धाव सख्या गिरीधारी...'') की रिकॉर्डिंग चल रही थी। कहानी में, सौतेली माँ से त्रस्त एक लड़की कुएँ से पानी निकालते हुए उसकी मदद के लिए ईश्वर से दौड़ कर आने को कहती है। गीत मुश्किल तो ज़रूर था, लेकिन लता के लिए नहीं। पर न जाने क्यों, उस दिन लता के गाने में सही भाव नहीं उभर रहे थे, उसके स्वर में करुणता नहीं आ रही थी। बहुत देर तक 'री-टेक' होते रहे। हम सब तंग आ गये थे। आख़िर विनायकराव ने पानी से भरा हुआ एक भारी मटका लता को अपनी कमर पर रखने को कहा और फिर रिकॉर्डिंग शुरू की। उस वज़न से थक कर कुछ रोते हुए लता ने गाया और हमको वह पसन्द आया। पर ख़ास बात तो यह थी कि ऐसी हालत में भी क्या मजाल कि लता का एक सुर भी इधर का उधर हुआ हो, एक भी तान चूक गयी हो!''

लताजी की संगीत शिक्षा पर लौटते हुए मैंने पूछा, ''सन पचास से तो आप आँधी की तरह रिकॉर्डिंग करती रहीं...लगभग 1970 तक। तो उस दौरान भी सीखना जारी रखा?''

''हाँ, बाद में तुलसीदासजी आते थे (पण्डित तुलसीदास शर्मा, उस्ताद बड़े ग़ुलाम अली ख़ाँ के शिष्य)...रियाज़ भी कराते थे...वह अपनी मृत्यु तक आते रहे।''

''आपका क्या विचार है...रियाज़ सिर्फ़ गले को चुस्त-दुरुस्त रखने के लिए...एक व्यायाम की तरह है, या...?''

''वह तो है ही, लेकिन सही रियाज़ करने से हम सीख भी सकते हैं, आगे भी बढ़ सकते हैं...और 'बाळ' हम सबको बहुत अच्छा रियाज़ कराता है। उसके दिमाग़ में अभी भी बाबा की कई 'चीज़ें' वैसी-की-वैसी हैं और वह इन्हें बहुत मेहनत से सिखाता है...मुझे तो बहुत सीखने को मिलता है। और मैंने केवल शास्त्रीय गायकों और गुरुओं से ही नहीं, फ़िल्म के संगीतकारों से भी बहुत कुछ सीखा।''

''मिसाल के तौर पर?''

''आप तो जानते हैं कि मुझे 'ब्रेक' देने में ग़ुलाम हैदर साहब का बड़ा हाथ रहा। वे कहते थे कि सबसे पहले तो बोल बिलकुल साफ़ होने चाहिए। और फ़िल्म के गाने में सिर्फ़ संगीत की कारीगरी से काम नहीं चलेगा; साथ-साथ अल्फ़ाज़ की अदायगी भी बड़ी ज़रूरी है। गायकी की कारीगरी पर नहीं, बोलों पर ध्यान दो और यह भी जाँच लो कि जो गीत तुम गा रही हो उसकी अदायगी परदे पर कौन करनेवाला है।'' अगर लताजी ने 'एक थी लड़की' में (''लारा लप्पा लारा लप्पा...'') अभिनेत्री मीना से ले कर, 'सत्यम् शिवम् सुन्दरम्' में (''यशोमती मैया...'') पद्मिनी कोल्हापुरे की अदायगी के अनुरूप गाया, तो उसके पीछे, ग़ुलाम

हैदर साहब की हिदायत भी काम कर रही थी।

लताजी के गाये बहुत कम गीत ऐसे हैं, जिनमें उनकी गायकी—तान मुकियों की नक़्क़ाशी—उस गीत के 'मूड' पर हावी होती सुनायी देती है। शायद उन्हीं में से एक है, फ़िल्म 'बाज़ार' का "साजन की गलियाँ छोड़ चले...।" संगीतकार थे श्याम सुन्दर। और 'बरसात' का "जिया बेक़रार है...।"

ग़ुलाम हैदर ने एक और नियम बताया, कि 'बीट' पर आनेवाले बोलों पर थोड़ा-सा ज़्यादा वज़न देना चाहिए। इससे गाना 'उठता' है, निखरता है।

अनिलदा (अनिल बिस्वास) से वह गुर हासिल किया जो आज तक लताजी के गायन की विशेषता माना जाता है : वह साँस, जो कभी सुनायी नहीं देती। "अनिलदा इस बात पर बहुत ज़ोर देते...कि पहले तो गीत गाते समय साँस कहाँ तोड़नी चाहिए...और साँस तोड़नी इस तरह चाहिए कि सुननेवाले को वह खटके नहीं। अनिल दा कहते, 'पंक्ति को तोड़ना अगर ज़रूरी ही है तो इस तरह तोड़ो, कि उसके अर्थ को आँच न आये।' "

आम तौर पर गायकों और वक्ताओं में यह चलन है कि गाते-बोलते समय साँस लेने से पहले पेट थोड़ा-सा फुला लेते हैं ताकि साँस की आवाज़ कम आये। पर इससे साँस लेने के बाद गाये-बोले जानेवाले पहले शब्द को झटका-सा लगता है।

"अनिलदा ने सिखाया कि दो शब्दों के बीच साँस लेते समय, हौले-से चेहरा माइक्रोफ़ोन से दूर ले जाओ, साँस लो और तुरन्त यथास्थान लौटकर गाना जारी रखो।" यह तरीक़ा सुनने में जितना आसान लगता है, अमल में लाना उतना ही मुश्किल है। माइक से आँख-मिचौली की इस प्रक्रिया में, आख़िरी शब्द का अन्तिम अक्षर और नये शब्द का पहला अक्षर, दोनों ज़...रा ज़ोर से गाने चाहिए।

अब के जब कोई गीत सुनें, तो साँस की इस बाबत पर ज़रा ग़ौर फ़रमाइएगा, और जब ग़ौर करेंगे तो यह बात भी ध्यान में आ ही जायेगी कि लताजी की साँस, पहले ही बहुत लम्बी है।

यह तो बात हुई शब्दों की और साँस की। लेकिन सुरों की अदायगी में कोमलता बहुत महत्व रखती है। पंक्ति का पहला सुर अगर पूरी ताक़त से माइक्रोफ़ोन से टकराए तो उसके शब्दों का माधुर्य कम हो जायेगा। लताजी ने यह भी अनिलदा ही से सीखा कि गाते वक़्त, हर पंक्ति 'फ़ेड-इन' कैसे की जाये। किस तरह हौले से शुरुआत की जाये और पंक्ति का आख़िरी सुर छोड़ते वक़्त भी उसकी नज़ाकत किस तरह बरक़रार रखी जाये। गीत की कर्णप्रियता या कर्कशता, इसी तकनीक पर निर्भर करती है। हालाँकि यह बात भी सच है कि गायन में कोमलता या कर्कशता, व्यक्ति के स्वभाव का ही अभिन्न अंग है।

इन दोनों संगीतकारों से भी पहले, 'बड़ी माँ' फ़िल्म के लिए गाते हुए, उस फ़िल्म के संगीतकार दत्ता कोरगाँवकर ने एक बहुत ज़रूरी सबक सिखाया था।

"एक शाम को हम लोग सब गेट वे ऑफ़ इण्डिया के आस-पास घूम रहे थे। मुझे याद है, ताज महल होटल के पास से गुज़रते हुए बातों-बातों में मैंने 'पैग़ाम' शब्द का इस्तेमाल किया, लेकिन नुक़्ते के बग़ैर। बात पूरी होने से पहले ही कोरगाँवकरजी ने टोका, 'देखो बेटे एक बात बताऊँ; अगर तुम्हें हिन्दी गीत गा कर कैरिअर बनाना है, तो हिन्दी भाषा पर काबू होना बहुत ही ज़रूरी है; और फ़िल्मों में हिन्दी का मतलब होता है, हिन्दी और उर्दू—हिन्दुस्तानी'।"

लताजी ने आगे कहा, "उसी के कुछ दिनों बाद यूसुफ़भाई वाला किस्सा हुआ...उन दिनों हम लोग लोकल ट्रेनों में जाया करते थे—हमारे पास गाड़ियाँ नहीं थीं और ट्रेनों में भीड़ भी नहीं होती थी!...और स्टूडियो तो दूर-दूर ही हुआ ही करते थे!"

एक दिन अनिल बिस्वास और लताजी बम्बई की उपनगरीय ट्रेन से गोरे गाँव जा रहे थे—फ़िल्मिस्तान स्टूडियो। इत्तफ़ाक़न्, बान्द्रा स्टेशन से उसी डिब्बे में दिलीप कुमार चढ़े। अनिलदा से अभिवादन हुआ। नयी गायिका का परिचय देते हुए अनिलदा ने उसकी प्रतिभा की भूरि-भूरि प्रशंसा की। दिलीप कुमार ने इस साँवली छरहरी लड़की को नज़रों से नापा और बस इतना कहा, "वह तो सब ठीक है, पर इन महाराष्ट्रियनों की उर्दू में दाल-भात की बू आती है।"

उस संघर्षरत, लेकिन स्वाभिमानी लड़की को शब्दों का व्यंग्य चुभ गया। ग़ुस्सा आया, लेकिन 'तेरे बेमेहर कहने से वह तुझ पे मेहरबाँ क्यों हो'; सो, उस उत्तेजना को रचनात्मक दिशा दी।

हिन्दी और उर्दू की बाक़ायदा पढ़ाई शुरू हो गयी। अपने कान सुन सकें वैसे सस्वर पढ़ना; गद्य, पद्य, अफ़साने, शायरी। "एक मौलवीजी आते थे, जो न सिर्फ़ बोलना सिखाते, ग़ज़लों का अर्थ भी समझाते।"

वैसे सिर्फ़ उर्दू के तलफ़्फ़ुज़ की जानिब ही तवज्जो थी यह बात नहीं, बाद में जा कर जब 1966 में श्रीमद्‌भगवत गीता के श्लोक रिकॉर्ड करने की ठानी, तब भी उतनी ही पाबन्दी से संस्कृत उच्चारण शुद्धि की शिक्षा ली गयी ।

संस्कृत के प्रकाण्ड पण्डित श्री गो.नी. दाण्डेकर को पूना से बम्बई निमन्त्रित किया गया। दाण्डेकरजी वेदों के ही नहीं, पुरानी शिक्षा पद्धति के भी हिमायती थे। लताजी से श्लोकों का लगातार पठन कराया जाता। जहाँ कोई त्रुटि लगी, कि बैठी हुई छात्रा लता को उठ खड़ा होना पड़ता और उच्चारण तथा लय दोनों ही में परिपूर्णता न आ जाये, तब तक बैठने की अनुमति न मिलती।

धुरन्धर शास्त्रीय गायक पण्डित भीमसेन जोशी के साथ 'राम श्याम गुण गाऊँ'

"यह सिलसिला कोई डेढ़ महीने तक चला...और उन दिनों मेरी सारी रिकॉर्डिंग रुकी हुई थीं।"

"और किससे क्या सीखा?"

"सहगल साहब से, जिनसे मिलने का सौभाग्य तो मुझे कभी नहीं मिला, लेकिन उनसे मैं बहुत प्रभावित रही...उनकी अँगूठी मैंने अब भी सँजो कर रखी हुई है," लताजी कह रही थीं। के. एल. सहगल की मृत्यु के काफ़ी बाद, लताजी उनके परिवारवालों से सहगल साहब की अगूठी माँग लाई थीं। और इस अमूल्य भेंट के लिए आज तक उनकी ऋणी हैं, "सहगल साहब का साफ़ तलफ़्फ़ुज़ (आज की पीढ़ी के श्रोता इस कथन को आश्चर्यचकित हुए बग़ैर स्वीकार नहीं कर पाएँगे!) और उनकी ज़बरदस्त रेंज! गले में कितनी तैयारी थी! लेकिन उस तैयारी का दिखावा उनकी गायकी में बिलकुल न था। वह गाना आपको याद है : "मैं क्या जानूँ क्या जादू है, इन दो मतवाले नैनों में...?" इसमें 'क्या' शब्द पर उन्होंने बड़ी मुश्किल तान ली है, लेकिन सुनने में क्लिष्ट नहीं लगती।"

बहुत बाद को अपने दिवंगत सहगायकों और वरिष्ठों को श्रद्धांजलि स्वरूप निर्मित एक कैसेट ('श्रद्धांजलि' शीर्षक ही से) में, लताजी ने के.एल. सहगल

का यही मुश्किल लेकिन 'मीठा' गीत गाया है।

"और किन-किन गायकों ने आपको प्रभावित किया?"

'और'?...अगर आप हमारे देश के बाहर के कलाकारों के बारे में पूछ रहे हैं, तो... बीथोवन और मोन्ज़ात की सिंम्फ़...नेट किंग कोल और फ्रैंक सिनाट्रा के गीत। अपने यहाँ...मुझे ज़्यादातर शास्त्रीय गायक अच्छे लगते हैं।

"बड़े ग़ुलाम अली ख़ाँ साहब?...क्या ख़ूबियाँ नज़र आयी?"

"क्या खूबी? उनमें तो कोई ख़ामी ही नहीं थी। 'साक्षात् संगीत' ही कहना चाहिए। आवाज़ अच्छी, बला का सुर। ख़याल क्या, ठुमरी-दादरा क्या; आलाप, तानें, सरगम, सब कुछ 'परफ़ेक्ट'। और कारीगरी के बावजूद रस था।"

"और?"

"और...अमीर ख़ान साहब। वह इन्दौर घराने के थे। उनको सुनते वक़्त मुझे पता नहीं क्यों ऐसा लगता था, कि मन्दिर में बैठ कर कोई साधु या योगी गा रहा है। पर बड़े ग़ुलाम अली ख़ाँ साहब की तरह उनके गाने में रोमाँस महसूस नहीं होता था। पण्डित जसराज भी बहुत अच्छे लगते हैं—इसलिए भी, कि उनके

उस्ताद अली अकबर ख़ान, पंडित चतुरलाल और पण्डित रवि शंकर

गाने का तरीक़ा अमीर ख़ान साहब की तरह है...भीमसेन जोशी भी बहुत अच्छा गाते हैं।''

''और वादकों में?''

''अली अकबर ख़ान बजाते हैं तो मैं...सब कुछ भूल जाती हूँ...रविशंकरजी का पहले का बजाना मुझे ज़्यादा पसन्द था...और उनके ससुर अल्लाउद्दीन ख़ान तो दोनों हाथों से सरोद बजा सकते थे।''

''तन्तुवाद्य में ही, सारंगी के वादक पण्डित रामनारायण, बहुत...बहुत ही अच्छे हैं, लेकिन वह वाद्य मुझे कुछ ज़्यादा ही करुण लगता है।'' रामनारायणजी ही ने लताजी के जीवन के तीन शास्त्रीय गायन के कार्यक्रमों में संगत की थी। 1949 से पहले, यानी ''आयेगा आनेवाला...'' और 'बरसात' की सफलता से पहले, कुछेक धार्मिक अवसरों पर लताजी ने बैठक का गाना प्रस्तुत किया था। राग 'जयजयवन्ती', 'खंभावती' और 'हंसध्वनि' उन्होंने मंच पर से ख़याल के रूप में गाये थे।

''उस्ताद अमजद अली ख़ान की सरोद...यह बेपरदा साज़ जो कई सरोद-वादकों को बेपरदा कर छोड़ता है (सरोद में परदे नहीं होते, इसलिए बजाने में ज़्यादा मुश्किल होता है)...लेकिन अमजदभाई की बात ही कुछ और है। उन्हें सरोद बजाने की कला में बला की महारथ हासिल है।''

''आप मानेंगे, मुझे सन्तूर वाद्य अच्छा तो लगता है, पर उसमें...सम्पूर्णता नहीं लगती। क्योंकि उसमें मींड लेना सम्भव नहीं। मींड यानी एक सुर पर से दूर के किसी सुर पर 'लहरा' कर जाना, बीचवाले सुरों को बस ज़रा-सा छूते हुए; इसे अंग्रेज़ी में 'ग्लाइड' कहते हैं। सन्तूर की संरचना ही ऐसी है, कि एक साथ एक ही सुर बज सकता है (मॉनोफ़ोनिक) फिर वह चाहे कोमल हो, शुद्ध हो या तीव्र। वैसे मेरे ख़याल से पण्डित शिवकुमार शर्मा ने इस वाद्य पर इतना कुछ 'रिसर्च' किया है और बदलाव लाए हैं, कि सन्तूर वाद्य ही अहसानमन्द होगा कि उसे शिवकुमार ने चुना। क्योंकि वे तो अपने वाद्य की तकनीकी सीमा से भी आगे निकल गये हैं।''

''तन्तुवाद्य छोड़ अन्य वादकों में...?''

''बाँसुरी मुझे बहुत प्रिय है। पन्नाबाबू (पन्नालाल घोष) की बाँसुरी बजती ही नहीं थी, गाती थी। मेरे एक पुराने गीत ''मैं पिया तेरी तू माने या ना माने...'' में (फ़िल्म : बसन्त बहार, संगीत : शंकर जयकिशन) आप सुनिए, ऐसा लगता है कि दो गायिकाएँ हैं, मैं और पन्नाबाबू की बाँसुरी। उनके बाद की पीढ़ी के बाँसुरी वादक हरिजी (पं. हरिप्रसाद चौरसिया) ने भी नये-नये प्रयोग किये हैं और हमारी

बाँसुरी को दुनिया में ख्याति दिलवाई है।''

''उस्ताद बिस्मिल्लाह ख़ान की शहनाई के बाद मुझे किसी और की शहनाई नहीं जँची।'' उनके इस एक ही वाक्य ने जैसे देशभर के संगीत रसिकों के अभिप्राय को वाचा दी।

और यही संगीत रसिक लगातार एक सवाल पूछते आ रहे हैं, कि लताजी शास्त्रीय संगीत की इतनी ही तरफ़दारी करती हैं तो ख़ुद क्यों कभी शुद्ध शास्त्रीय संगीत—ख़याल, या ठुमरी ही सही—नहीं गातीं? हिन्दी फ़िल्मों में उनका पहला गीत भी तो एक ठुमरी ही थी—1947 में वसन्त जोगलेकर की फ़िल्म 'आप की सेवा में' के लिए, दत्ता डावजेकर के संगीत में ''पा लागू कर जोरी रे, शाम मोसे न खेल होरी...!''

16 दिसम्बर 1941 के दिन ऑल इण्डिया रेडियो पर से पहली बार गाया था, वह भी तो शास्त्रीय गायन ही था : दस मिनट तक बिहाग राग में गाया गीत ''मोरी निन्दिया गमाए डारी रैना...''

इसका छोटा-सा जवाब हो सकता है 'व्यस्तता'। लेकिन यह भी तो सम्भव है कि एक क्षेत्र में अभूतपूर्व सफलता पाने के बाद ज़रूर एक हिचकिचाहट सी होती होगी, कि दूसरे क्षेत्र में कहीं उसी स्थान को न पाया तो नाम का क्या होगा?

'मंगेशकर' नाम का क्या होगा, यह डर दीनानाथजी को भी सालों पहले कचोट गया था।

छोटी लता की उम्र तब कुल ग्यारह साल की ही थी। उन दिनों 'ख़ज़ांची' नामक फ़िल्म बेहद कामयाब हुई थी और उसके गाने भी बड़े चले थे। निर्माताओं ने शहर-शहर घूमने वाली 'ख़ज़ांची' गीत प्रतियोगिता चला रखी थी जिससे गीतों की लोकप्रियता बढ़े और नयी प्रतिभाओं को ढूँढ़ा जा सके। यह प्रतियोगिता कोल्हापुर भी आयी थी और अपने संगीतमय भविष्य से अभी अनजान यह लड़की, इसमें भाग लेने के लिए मचल उठी, लेकिन संगीत ही के क्षेत्र में ख्यातिप्राप्त पिता ने मनाही कर दी। बेटी गाना गाये उसमें कोई हर्ज नहीं था, पर अगर प्रतियोगिता में जीती नहीं तो बदनामी सहनी पड़ेगी, 'मंगेशकर' नाम का क्या होगा! पर प्रतियोगिता के दिन पिता बाहरगाँव गये थे, इसलिए छुप-छुपा कर वह उसमें भाग लेने पहुँच ही गयी ।

''तब मुझे क्या पता था कि वहाँ (उस फ़िल्म के संगीतकार) ग़ुलाम हैदर साहब भी मौजूद होंगे, जो बाद में मेरे कैरिअर को कितना बड़ा मोड़ देनेवाले थे। हाँ, तो...गाना गाने से पहले हर बच्चे को स्टेज पर बुलाया जाता था और अपना नाम बोलने कहा जाता था।'' लताजी एक इण्टरव्यू के दौरान मुझे बता रही थीं,

एक क्षेत्र के सुपरस्टार, दूसरे क्षेत्र के विनम्र छात्र बनकर पूर्वतैयारी में लग गए। 1980 के उस न्यूयॉर्क कॉन्सर्ट के 25 साल बाद

''मेरी बारी आने पर स्टेज पर जा कर मैंने ज़ोर से ऐलान किया, ''लता दीनानाथ मंगेशकर!'' मेरे गाने पर कितनी तालियाँ पड़ीं यह तो मुझे याद नहीं, पर मेरे नाम पर इतनी ज़ोर से तालियाँ बजीं कि अब भी जब उस प्रसंग के बारे में सोचती हूँ तो मुझे सुनायी देती हैं...मुझे हमेशा से लगा है कि इस नाम में कुछ है।''

''नाम में, यानी 'लता' में, या 'मंगेशकर' में?''

''नहीं, जब दोनों साथ में होते हैं।''

मैंने सोचा कि उनका संकेत शायद विज्ञान के आधार से वंचित अंकशास्त्र (न्यूमेरोलॉजी) की ओर था, जिसमें हर अक्षर के साथ एक अंक जुड़ा हुआ होता है और नाम के अक्षरों को जोड़ने पर जो अंक आता है वह आप के शुभ या अशुभ का संकेत होता है। लेकिन नहीं। उनके अनुसार, उनके नाम के दो शब्द जब साथ-साथ बोले जाते हैं, तब उसकी लय में एक अकथ्य-सा सामर्थ्य है...'कुछ' है।

बात चली थी मेरे यह पूछने पर कि आपने अपने कैरिअर की शुरुआत में, कई और फ़िल्मी हस्तियों की तरह अपना नाम क्यों नहीं बदला जब कि आपके (कुल) नाम से, स्पर्धापूर्ण फ़िल्म जगत पर यह ज़ाहिर हो जाता है, कि आप अहिन्दीभाषी हैं?

''मंगेश हमारे कुल देवता हैं; उन्हें मैं अपने नाम से कैसे हटा देती?''

यह बात तो बहुत बाद में पता चली, कि 'लता' नाम भी कितना मूल्यवान है।

लताजी को जाननेवाले सभी यह जानते हैं कि वह मंगेशकर परिवार में ज्येष्ठ हैं, पर शायद ही किसी को यह विदित है कि वे दीनानाथजी की प्रथम पुत्री नहीं थीं! प्रथम पत्नी श्रीमती मंगेशकर की पहली पुत्री (जो कि शैशव में ही चल बसी थी) का नाम लता था! और वह 'लता' नाम भी रखा गया था, दीनानाथजी के एक अति लोकप्रिय नाटक 'भावबन्धन' के एक पात्र 'लतिका' के नाम पर से। लतिका की स्त्री-भूमिका स्वयं मास्टर दीनानाथ निभाते थे।

जब से मुझे यह पता चला कि हिंदू राशिचक्र के अनुसार उनका (लताजी का) जन्म कर्क राशि में हुआ था, तब से मैं जानना चाहता था कि उनका नाम 'ड' या 'ह' अक्षरों से शुरू क्यों नहीं होता, 'ल' से क्यों होता है? विशेषकर जब पिता दीनानाथ स्वयं जाने-माने ज्योतिषी थे। बल्कि उनके द्वारा प्रतिपादित ज्योतिर्विद्या के सिद्धान्त, एक ज़माने में महाराष्ट्र के एक अंचल में सन्दर्भ सामग्री माने गये थे। उनकी सिखाई गयी ज्योतिर्विद्या तो उनके एक बुज़ुर्ग के जीवन यापन का सहारा बनी थी। ऐसे ज्योतिषी मास्टर दीनानाथ राशि के अनुसार नाम रखना चूक गये?

नहीं चूके थे।

जब माई पहली बार उम्मीद से थीं, तब दीनानाथजी ने तैयारी कर रखी थी पुत्र रत्न की। नाम सोचा था 'हृदयनाथ', पर कर्क राशि ही में लड़की हुई इसलिए नाम 'हृदया' रखा। पालने का नाम—हेमा। पर माई ने कहा कि आगे जब लड़का हो तब उसका नाम 'हृदयनाथ' रखना, इसे तो मैं 'लता' ही कहूँगी।

इसलिए पासपोर्ट में नाम 'हृदया मंगेशकर' न हो कर 'लता मंगेशकर' ही दर्ज हुआ है।

इसी नाम की उद्घोषणा से न्यूयॉर्क के महत्वपूर्ण माने जानेवाले, 'बड़े' कार्यक्रम का आरम्भ हुआ।

वही खचाखच भरा हुआ प्रेक्षागार, वही थियेटर के बाहर कार्यक्रम देखने को लालायित लोगों का जमघट। वही अभिभूत श्रोताओं की ख़त्म न होनेवाली तालियाँ—फिर आज तो अमिताभ बच्चन पहली बार विदेश के मंच पर आ रहे थे।

मंच पर आने से पहले, अमिताभ 'विंग' में से सारे दृश्य का जायज़ा ले रहे थे। उनके पास बैठे हुए मुझे लग रहा था कि वह एक ही नज़र में बहुत कुछ समेट लेना चाहते थे। स्टेज कार्यक्रम से सम्बन्धित कुछ बड़े ही तकनीकी सवाल भी पूछते जा रहे थे। उनके अवचेतन में शायद स्वयं अपने स्टेज कार्यक्रम प्रस्तुत करने की योजना आकार ले रही थी।

अपनी बारी आते ही उठे और कुछ भारी कदमों से लोगों के सामने आ खड़े

हुए। अपनी गहराती आवाज़ में प्रेक्षकों को विशुद्ध हिन्दी में सम्बोधित किया और शायद तुरन्त मन-ही-मन निर्णय किया कि जब ख़ुद अपने कार्यक्रम प्रस्तुत करेंगे तब ऐसी औपचारिक भाषा से दूर रहेंगे। हालाँकि हिन्दी भाषा के आभिजात्या को गरिमा प्रदान करनेवाले वह अकेले ही अभिनेता हैं, पर अगर प्रेक्षक अपने स्तर तक उठ न पाएँ, तो ख़ुद ही को कुछ झुकना पड़ेगा। प्रयत्न करने पर भी मैं उनका सुन्दर सम्बोधन 'देवियो तथा सज्जनो' आज तक अपनाने की हिम्मत नहीं कर पाया।

लताजी के एक-एक गीत को मिल रही प्रशंसा अगले गीत के लिए आह्वान-सी बन रही थी और उन्हें स्टेज पर से लौटना मुश्किल जान पड़ रहा था। चूँकि अमिताभ सपत्नीक आये थे, लताजी ने विशेष रूप से फ़िल्म 'अभिमान' का एक गीत (''नदिया किनारे...'') प्रस्तुत कर के लोगों की उत्सुकता बढ़ा दी। जब प्रेक्षक आपे से बाहर होने लगे, तो लताजी ने कुछ खिन्न स्वर में उलाहना दिया।

कार्यक्रम के उत्तरार्ध तक इस हर्षोन्मत्त शोर-ओ-ग़ुल के बीच, कलाकार-प्रेक्षकों में दोस्ती-सी हो गयी। कार्यक्रम की पराकाष्ठा तक तो लग रहा था कि अमिताभ के लिए स्टेज पर ही सुरक्षा व्यवस्था करनी पड़ेगी। जब वह आख़िरी बार स्टेज पर से लौट रहे थे तो प्रेक्षकों के इस भूचाल के बीच अमिताभ ने सहायता पाने के इरादे से मुझे इशारे से पूछा कि इतने सारे गुलदस्तों को कैसे उठाएँ, कहाँ रखें। कुछ न सूझने पर और लोगों का प्यार-भरा आक्रामक रुख़ देख कर, मैंने इशारे से ही कहा कि गुलदस्ता प्रेक्षकों में उछाल दें। 'गुड आइडिया' जैसा कुछ वह बोले और दे मारा एक गुलदस्ता! प्रेक्षागार के जिस हिस्से में वह गिरा, वहाँ जितनी भगदड़ मच सकती थी, मची। दो और गुलदस्तों ने उड़ान भरी और एक महँगा-सा लाल मफ़लर भी लोगों की नज़र हुआ। हो सकता है प्रेक्षकों की उत्तेजित प्रशंसा के जवाब के इस नये सिलसिले की शुरुआत यहीं से हुई हो।

'बड़े' कार्यक्रम की हमारी परीक्षा में हम उत्तीर्ण हुए थे, यह तो पहले दस मिनट में ही पता चल चुका था। कार्यक्रम के बाद लोगों की एक शिकायत सुनी— जो बाद में सालों-साल सुनता रहा हूँ—कि इतने कम गाने क्यों गाये गये? कितने सारे युगल गीत रह गये, फ़लाँ गीत रह गया, और 'इण्टरवल' तो देना ही नहीं चाहिए था! इन आलोचना-समीक्षाओं में एक बात ग़ौर करने लायक थी, कि कोई भी डाँस, मिमिक्री वग़ैरह का तो ज़िक्र भी न करता था, जो चीज़ें आम तौर पर आम जनता के मनोरंजन के लिए ज़रूरी बतायी जाती हैं!

लगने लगा था कि अच्छे नम्बर पाने की हमें आदत-सी हो चली है। तो फिर...बेहतर से बेहतरीन की तलाश?

हाँ कोई किसी पर मेहरबानी नहीं कर रहा

जिस समय हमारे विमान ने उत्तर और दक्षिण अमरीका के बीच बसे 'पोर्ट ऑफ़ स्पेन' के लिए उड़ान भरी, तब हममें से कई अभी यह गुत्थी नहीं सुलझा पाए थे कि यह नाम किसी देश का है, शहर का है, या उधर के हवाई अड्डे का!

हम भारत में रहनेवालों के लिए हज़ारों मील दूर स्थित द्वीप समूह 'वेस्ट इण्डीज़' यानी कभी-कभार भारत में क्रिकेट के टेस्ट मैच खेलने आनेवाले तेज़ गेंदबाज़ और तीन स्टम्प्स की रक्षा करते हुए ढेरों रन-धन बटोरनेवाले बल्लेबाज़ों का देश। या फिर स्कूल में भूगोल पढ़ते हुए जिनका स्थान कभी याद न रहता था, वह, विशाल अतलान्टिक महासागर के कोने में छितरे पड़े, कुछ बिन्दु समान देश। अक्सर तो हम यही नहीं जानते कि 'वेस्ट इण्डीज़' कोई एक देश नहीं बल्कि कई सारे छोटे-छोटे देशों का एक समूह है, जिनमें से एक, और सबसे बड़ा, (फिर भी बम्बई शहर से सिर्फ़ पाँच गुना!) देश है : 'ट्रिनिडाड एण्ड टोबेगो'; दो द्वीप। संक्षेप में कहा जाये तो एक में होता है काम और एक में आराम। हालाँकि 'काम' शब्द की परिभाषा ही इस द्वी-द्वीप देश में निराली है। यहाँ के लोग, सुबह के नौ बजे से शाम के पाँच तक ऑफ़िसों में बैठ कर जो कुछ करते हैं, वह तो, यहीं के लोगों के कहे अनुसार, केवल औपचारिकता होती है, हाज़िरी लगाना भर। नौ-से-पाँच की औपचारिकता निभाने के बाद यहाँ जो कुछ होता है, असल में वही 'काम' होता है। कुदरतन, यही इनका शौक़ भी है और इसी के लिए यह लोग दुनिया में जाने गये हैं।

किसी भी देश के बारे में, कम-से-कम समय में ज़्यादा-से-ज़्यादा जानकारी पानी हो तो वहाँ के किसी पत्रकार या रेडियो टेलीविजन ब्रॉडकास्टर को बोलने का मुक्त अवसर दीजिए और सुनते वक़्त जम्हाई मत लीजिए। मैंने वही किया। वहाँ के टेलीविजन स्टेशन (टीटीटी—ट्रिनिडाड एण्ड टोबेगो टेलीविजन) की राह पकड़ी।

लताजी द्वारा ली गई तस्वीरों में अधिकतर 'नेचुरल लाइट' का रोचक 'खेल' देखने को मिलता है। भतीजे आदिनाथ का छायाचित्र

होटल से टेलीविजन स्टूडियो की दो किलोमीटर की यात्रा मैंने पैदल करने की ठानी। इस फ़ासले में पूरा एक किलोमीटर तो मैदान (क्वीन्स पार्क सवाना) का व्यास ही रहा होगा। इस छोटे-से देश की छोटी-सी राजधानी पोर्ट ऑफ़ स्पेइन में चाहे रहने के लिए जगह कम हो—और इसी वजह से तो मकानों की कीमतें मकानों की ऊँचाई से और बम्बई की कीमतों से कहीं ऊँची हैं!—पर खेल-कूद के लिए मैदानों के सतह क्षेत्र में सरकार ने कृपणता नहीं बरती! वहाँ हो रहे कई खेलों की बहुत सारी गेंदों से बचते-बचाते मैदान की चौड़ाई नज़र से नापना मुमकिन न था लेकिन रक़म-रक़म के गेंदों से इतना ज़रूर पता चल रहा था कि उस मैदान में एक साथ तीन टीमें क्रिकेट और दो टीमें हॉकी और फ़ुटबाल खेल रही थीं। इनके अलावा कई छोटे-छोटे गुट क्रिकेट फ़ील्डिंग और तेज़ गेंदबाज़ी का पूर्वाभ्यास

कर रहे थे। मैं सोच ही रहा था कि 'खेलना ही जिसका व्यवसाय है, वह बड़े अच्छे नसीब वाले होंगे', तभी एक गेंद, कोई 140 किलोमीटर की रफ़्तार से नज़दीक से जो गुज़री, तो जैसे मेरे कानों में कह गयी कि गावस्कर और तेण्डुलकर की तरह चालीस हज़ार लोगों के सामने खेलने से तो दस हज़ार लोगों के सामने बोलना ही बेहतर है!

मैदान के कुछ कोनों में वेस्ट इण्डीज़ के विशेष वाद्य स्टील बैण्ड पर, वहीं की विशेष लय 'कैलिप्सो' बजाई जा रही थी।

अगर आप सोचते हैं कि हम हिन्दुस्तानी वक़्त के पाबन्द नहीं हैं, तो ट्रिनिडाड में किसी को मिलने का समय देकर देखिए। 'एप्वॉइण्टमेण्ट' याद रह जायेगा! वह बन्दा सुबह ग्यारह की जगह शाम पाँच बजे पहुँचेगा और उसे अपराध की भावना भी नहीं सताएगी! फिर 'सॉरी' कहने का सवाल ही कहाँ उठता है?

और अगर ट्रिनिडाड में हो रहा यह सब कुछ 'काम' है, तब फिर आराम क्या होगा? इसी देश के दूसरे हिस्से टोबेगो में—जिसका नाम पहले रॉबिन्सन केज़ो आयरलैण्ड था—जो हो रहा होगा, वह विश्व का सबसे सुखदायक आराम होगा।

कैसे न हो? ट्रिनिडाड से 34 किलोमीटर के फ़ासले पर स्थित यह द्वीप, मानव सभ्यता से अभी अनछुआ-सा ही है। यहाँ का पिज्यन प्वाइण्ट नामक समन्दर का किनारा और 'स्टॉर बे' दुनिया में सबसे ख़ूबसूरत माने जाते हैं। ट्रिनिडाड के विश्वविख्यात बिल्लौरी काँच जैसे पानी वाले 'माराकास' बीच से भी सुन्दर! थोड़ी-सी अतिशयोक्ति के साथ कहें, तो आदम और हव्वा ने पृथ्वी को जितना ख़ूबसूरत पाया होगा, आज टोबेगो उतना ही ख़ूबसूरत है।

इस देश की अंग्रेज़ी में आराम फ़रमाने के लिए विशेष एक क्रियापद है : लाइमिंग मतलब है, 'कुछ न करना और इस कुछ न करने की क्रिया का भरपूर आनन्द लेना।'

काश पृथ्वी के इस आराम-पसन्द भू-भाग में आ कर 'लाइमिंग' की सारी ज़िम्मेदारी हम पर सौंप दी जाती! लेकिन नहीं। लता मंगेशकर को किसी ने इस शब्द का महत्व समझाया ही न होगा वरना क्रिकेट खिलाड़ियों के इस देश में आ कर ख़ुद क्रिकेट-रसिक होने के बावजूद, वह अपने रिहर्सल के बारे में न सोचतीं।

विदेशों के दौरों पर रिहर्सलों के दौरान ताज़ा खींची हुई तस्वीरों को देखना-दिखाना, उनकी तकनीकी बारीकियों पर बहस करना, माँगे-बिन माँगे आलोचना करना, सालों से लताजी का और मेरा जो क्रम रहा है, उसकी शुरुआत यहीं कहीं हुई।

"कोई नयी तस्वीरें खींचीं?" मेरे बैठते ही लताजी ने पूछा। फ़ोटोग्राफ़ी को

महत्व देनेवाला हर अव्यावसायिक तस्वीरकार दूसरों को सिर्फ़ वही तस्वीरें दिखाना चाहता है जिन पर प्रशंसा के शब्द सुनने की सम्भावना हो। लेकिन लताजी ने तो अपनी ऐनक चढ़ाकर सारी तस्वीरें देखनी चाहीं। अगर किसी तस्वीर का एक ही हिस्सा अच्छा हो, तो दूसरी दो तस्वीरों को उलट कर बाक़ी हिस्से को ढाँपतीं और कहतीं, ''सिर्फ़ इतने हिस्से को 'एन्लार्ज' करना चाहिए। लेकिन...'' इस तरह तो व्यावसायिक फ़ोटोग्राफ़र ही तस्वीरों को नापते हैं, मैंने सोचा!

एक ज़्यादा उजली तस्वीर को देख कर उन्होंने अधूरा छोड़ा हुआ वाक्य पूरा किया, ''...लगता है आपने चार सौ ए.एस.ए. (अधिक संवेदनशील) फ़िल्म का इस्तेमाल किया है। यहाँ इसकी ज़रूरत नहीं। यहाँ तो धूप है और बादल भी कम हैं।''

फ़ोटोग्राफ़ी की उनकी जानकारी पर अपना आश्चर्य छिपाते हुए मैंने कहा, ''हाँ कनाडा के लिए ख़रीदी थी, लेकिन वहाँ सारी इस्तेमाल नहीं हुई।''

''इन्हें तो 'एन्लार्ज' करने में ख़तरा है, 'ग्रेइन्स फटेंगे' (तस्वीर बड़ी करने पर दिखनेवाले काले-काले बिंदु)।''

भई मान गये!

''लेकिन अच्छा है कि आप 'ओटोमेटिक' कैमरा से तस्वीरें नहीं निकालते,'' उन्होंने तस्वीरें लौटाते हुए, कुछ-कुछ विख्यात ब्रिटिश डिटेक्टिव पात्र शेरलॉक होल्ड्स की अदा से कहा।

''आपने कैसे जाना?'' मैंने कुछ जिज्ञासा और कुछ परीक्षा करने के इरादे से पूछा।

''...और अगर कैमरा ऑटोमेटिक है, तो उसमें 'एपर्चर प्रायोरिटी' की सुविधा है'' (प्रकाश जाने के लिए बने सूराख़ को छोटा-बड़ा करने को प्राधान्य देने की प्रणाली)!

मैं कुछ सकते में पड़ गया। तस्वीर में मुख्य विषय के अलावा और हिस्सा 'फ़ोकस' में न रख कर, कुछ धुँधला रहने दिया गया था। पर इतनी-सी बात पर से कैमरा की बनावट के निष्कर्ष पर पहुँच पाना, फ़ोटोग्राफ़ी के ज्ञान का परिचायक था, ''आप तो अच्छी-ख़ासी फ़ोटोग्राफ़ी जानती हैं।''

''हाँ, सिर्फ़ 'क्लिक' करने में मज़ा नहीं आता''।

''तो?''

''सामने जो हम देख पाते हैं, ठीक वही तस्वीर में आना चाहिए न?''

''तो क्या आपने इस पर किताबें पढ़ी हैं...कहाँ सीखीं?''

''किताबें तो मैंने संगीत पर भी नहीं पढ़ीं,'' कहते हुए वह इस तरह मुस्कुराने

आज धूप नहीं हैं, फास्ट फिल्म की जरूरत पड़ेगी कूचविहार पश्चिम बंगाल में

लगीं कि कुछ और सवाल झेलने के मूड में हों।

"तो फ़ोटोग्राफ़ी कहाँ सीखी?"

"बस वैसे ही...अच्छी लगती है, इसलिए ज़रा 'सीरियसली' लिया," किसी भी कला को सीखने का गुरुमन्त्र बताया।

"आपने कोई तस्वीर खींची है यहाँ?"

"बम्बई लौट कर कुछ अच्छी तस्वीरें दिखाऊँगी," कह कर रिहर्सल में जुट गयीं। फ़ोटोग्राफ़र तो अच्छी तस्वीरें ही दिखाना चाहेगा!

जब नये गाने लिए जानेवाले हों, तो रिहर्सल में मेरा उत्साह कुछ बढ़ जाता है। शायद लताजी का भी। चाहे मुल्क़-दर-मुल्क़, शहर-दर-शहर स्टेज कार्यक्रमों में श्रोता बदलते हों, पर स्वयं कलाकार को, प्रोग्राम-दर-प्रोग्राम वही गीत प्रस्तुत करते हुए, ज़रूर कुछ उकताहट महसूस होती होगी।

गीत के शब्दों से पूर्व छिड़नेवाले सुरों से लगा कि शायद लताजी के गाये मेरे सबसे प्रिय गीतों में से एक लिया जा रहा है : 'अलबेला' का "धीरे से आजा री अँखियन में...।" इतनी सुन्दर लोरी कि कोई इसे बेसुरा गाये तो भी कुछ क्षण के लिए तो मातृभाव जाग्रत हुए बिना न रहे। यह गीत गाते समय लताजी को ज़रूर अपनी कोख से जन्मे शिशु पर स्नेहवर्षा करने की लालसा अधूरी रह जाती महसूस होती होगी। लेकिन उनके चेहरे पर तो वही तन्मयता दिखती थी जो कोई भी गीत गाते वक़्त देखी जा सकती है।

अगर लताजी और उनके दौर के गायक-गायिका ख़ुशनसीब रहे तो केवल

अपनी-अपनी अलग पहचान देनेवाली उनकी ईश्वरप्रदत्त आवाज़ों के कारण ही नहीं। उन्हें जिन सन्निष्ठ संगीतकारों की धुनें मिलीं, वैसी धुनों का सृजन न उस दौर से पहले हुआ था, न ही बाद में हुआ है। पर देखा जाये तो जितनी लताजी इन संगीतकारों की ऋणी रहीं, उतने यह विद्वान संगीतकार भी उनके आभारी रहे।

"अल्लाह के फ़ज़ल से मेरी यह तर्ज़ तुम गा रही हो। नौशाद अली, 'मुग़ले-आज़म' के गीत "मोहे पनघट पे नन्दलाल छेड़ गयो रे..." के बारे में।"

"मैं इतनी मुश्किल धुनें बनाता हूँ, कि तुम्हारे सिवा इन्हें कोई नहीं गा सकता," सलिल चौधरी।

"तुम हो इसलिए यह गाने बनाता हूँ, नहीं तो बनाऊँगा ही नहीं," मदन मोहन।

कई साल पहले जब फ़िल्म उद्योग के साज़िन्दों की हड़ताल हुई थी तब संगीतकारों की मीटिंग में बर्मनदा कई बार यह पूछ चुके थे, कि "भाई लोता गायेगा न?" साथी संगीतकार कहते "हाँ दादा", तो दादा यह कह कर फिर चुप हो जाते, "तो फिर हम 'सेफ़' है।"

"इन श्रेष्ठ संगीतकारों की इतनी सुन्दर-सुन्दर रचनाएँ मुझे गाने को मिलीं, इसे तो मैं अपना नसीब मानती हूँ," लताजी कहती हैं।

धूप-से उजले वेस्ट इण्डीज़ में हो रहे रिहर्सल में अभी सी. रामचन्द्र रचित लोरी द्वारा निर्माण किया हुआ परियों के देश जैसा माहौल छँटने भी न पाया था कि साज़िन्दे एक और नये गीत की तैयारी में जुट गये। कुछ तर्ज़ें होती ही ऐसी हैं, जिन्हें सुनने के बाद, थोड़ी देर तक कुछ भी और सुनने को मन नहीं करता, लेकिन सिर्फ़ उतनी देर तक, कि ऐसी ही क़ैफ़ियत-भरा कोई और गीत सुनायी न दे।

'बैजू बावरा' का "मोहे भूल गये साँवरिया..." शुरू हुआ।

इस नये और लताजी के लिए भी अनजान देश में गीतों के चुनाव के लिए, न किसी मेज़बान से मशवरा किया जा रहा था, न ही फ़रमाइशें मँगाई जा रही थीं। मुझे डर था कि गाने चुनने में कहीं जल्दबाज़ी तो नहीं की जा रही, कहीं हम जज़्बाती तो नहीं हो रहे थे? ख़ासकर इस देश में बसे भारतीयों के हिन्दी भाषा के ज्ञान—या अज्ञान—को नज़रअन्दाज़ तो नहीं कर रहे थे? तय पाया गया कि कुछ पहले आज़माए हुए गीत भी लिए जायें।

23 सितम्बर 1980 को शाम आठ बजे, सालों से प्रतीक्षित 'लता मंगेशकर कन्सर्ट' का आरम्भ, पोर्ट ऑफ़ स्पेइन के विशाल जीन पियरे स्टेडियम में होने जा रहा था। यह मैंने पहली—और अब तक आख़िरी—बार देखा कि आठ बजे

के कार्यक्रम के लिए लोग सपरिवार, खाने तथा पीने की सामग्री से लैस, चार बजे से ही आना शुरू हो गये थे!

स्टेज पर लताजी के प्रवेश के बाद प्रेक्षकों में ऐसी शान्ति छायी थी कि लग रहा था जैसे लोग उस शाम के हर पल का अनुभव, आनेवाले लम्बे अरसे तक सँजोए रखना चाहते हों। वेस्ट इण्डीज़ में बसे भारतीय तो भारत की मिट्टी की सोंधी-सोंधी ख़ुशबू पाने के लिए चार-चार पीढ़ियों से तरस रहे थे—सन् 1883 के आस-पास 'लालारुख़' नामक जहाज़ से उतरे तब से।

"मोहे भूल गये साँवरिया..." गीत गाया गया, तो सुनते वक़्त की सहमी-सी शान्ति और सुनने के बाद की करतल ध्वनि से आभास हुआ कि यहाँ के लोग चाहे हिन्दी का 'ह' न जानते हों, इस गीत की आत्मा तक को पहचानते थे। अगर वह नहीं जानते थे, तो इस गीत की रिकॉर्डिंग से जुड़ी वह घटना, जिसका अक्षरशः वर्णन नौशाद साहब ने मुझसे किया था।

"अगरबत्ती की ख़ुशबू, माहौल को एक तरह की पाक़ीज़गी अता करती है," अपने बँगले के म्यूज़िक रूम में बैठे हुए नौशाद साहब बता रहे थे, "इसलिए मेरी हर रिकॉर्डिंग से पहले स्टूडियो में अगरबत्तियाँ जलाने का दस्तूर रहा है। तो...इस रिकॉर्डिंग में भी, हमेशा की तरह, साज़िन्दे आते ही उस गीत के (राग के) सुर छिड़ने लगें।"

यूँ गीत के शब्द और सरगम छिड़ने से पहले ही कारदार रिकॉर्डिंग स्टूडियो के वातावरण में उस राग की उर्मियों की अनुभूति हो सकती थी। लताजी ने गीत की तैयारी तो हमेशा की तरह पहले ही से की हुई थी। तीनेक रिहर्सल किये गये और रिकॉर्डिंग शुरू हुई।

"गीत का मुखड़ा और पहला अन्तरा, दोनों ही बहुत अच्छे गाये गये। पर दूसरा अन्तरा "नैन कहें रो रो के सजना..." शुरू होते-होते एकदम से लताजी की आवाज़ रुक गयी," नौशाद साहब कह रहे थे, "मैं तो ऑर्केस्ट्रा 'कण्डक्ट' रहा था, सो मुझे तब तक पता न चला जब तक (रिकॉर्डिस्ट) ईशान घोष साहब ने मुझे संगीत रोकने का इशारा न किया। मैं मुड़ के क्या देखता हूँ (उन दिनों गायकों के लिए अलग कमरा न हुआ करता था), कि लताजी अपने पास में रखे एक स्टूल पर बैठ गयी हैं...और वह अश्कवार थीं। मैंने रोने की वजह पूछी तो चेहरे पर ढाँपा हुआ रूमाल हटा कर कहा, 'आपकी तर्ज़ मुझे कहाँ ले गयी ...बस लगता है जज़्बात में खो गयी'।"

मुझे यह सारी बातें बताते हुए नौशाद साहब ने ख़ास कहा, "यह कमाल मेरा नहीं, 'राग भैरव' का है और इस फ़नकार के 'डिवोशन' (समर्पण) का है।"

एक और प्रसंग चालीस और पचास के दशकों की जानी-मानी अभिनेत्री रागिणी (जिन्होंने लाहौर में दलसुख पंचोली द्वारा निर्मित 'दासी' से ख्याति पाई और 'शाहजहाँ' में के.एल. सहगल के साथ काम किया) बताती हैं :

''मुझे लता को देखने की बड़ी इच्छा थी। जगदीश सेठी की फ़िल्म 'इन्सान' की मैं हीरोइन थी और मेरे ही ऊपर फ़िल्माया जानेवाला गीत लता गानेवाली थी, इसलिए मैं रिकार्डिंग पर गयी। लता आयी, उसने सफ़ेद मलमल की साड़ी पहनी हुई थी। एक हाथ में एक चूड़ी थी और बड़े-बड़े हीरे के टॉप्स। लम्बे बालों का जूड़ा बाँधा हुआ था और उसमें फूल लगाया था। सेठी ने पूछा, ''पहचानो'' तो लता बोलीं, ''मुझे तो रागिनी बाई लग रही हैं।'' सी. रामचन्द्र संगीतकार थे। गाना रेकॉर्ड होते वक़्त रागिणी लताजी के साथ बैठना चाहती थी लताजी ने क्षमा माँगी कि अगर ख़ुशी का गीत होता तो मैं आपको अपने पास बिठा लेती। यह ग़म का नग़्मा है। जब इर्द-गिर्द कोई मौजूद हो तो मेरा मूड नहीं बनता। कभी-कभी तो रोना भी आ जाता है। आप बुरा न मानें, आप चाहें तो बाद में साज़िन्दों को रोक लेंगे, आप जो भी गाना सुनना चाहेंगी, सुनाऊँगी।''

और वाक़ई जब लता गा कर बाहर आयी, तो उसकी आँखें भीगी हुई थीं और रूमाल से मुँह पोंछ रही थी। उसने कहा, ''अब बताइए, आपको कौन-सा गाना पसन्द है?'' मैंने कहा, ''मुझे तो वही ग़म का नग़्मा पसन्द है—'आयेगा आनेवाला...'। और उन्होंने गा दिया। इस बार मेरी आँखें भर आयीं।''

यहाँ ट्रिनिडाड में लताजी के गाये 'अनारकली' के ''ये ज़िन्दगी उसी की है...'' और उस गीत के अन्त में आती, आर्तनाद जैसी 'अलविदा...' की पुकार ने, लोगों को भाव-विभोर कर छोड़ा था।

मध्यान्तर में लताजी से मिलने के इच्छुक आम और ख़ास लोगों का ताँता बँध गया। अमरीकनों से भी तेज़ अंग्रेज़ी बोलने के आदी ट्रिनिडाड के लोग, प्रोग्राम की तारीफ़ इस तेज़ी से कर रहे थे मानो उनके शब्दों में लताजी तक पहुँचने के लिए होड़ लगी हुई हो।

और लताजी, दबी आवाज़ में मुझसे कह रही थीं, ''यही बोलें और यही समझें,'' और प्रशंसा करनेवालों से, हाथ जोड़ कर झुक-झुक कर विनम्रता से प्रशंसा स्वीकार कर रही थीं, ''थैंक यू वेरी मच,ब्यूटीफ़ुल कंट्री, एक्सेलण्ट ऑडियन्स (धन्यवाद, आपका देश ख़ूबसूरत है और प्रेक्षक बड़े अच्छे हैं)।''

कहाँ तो हम इस भुलावे में थे कि वेस्ट इण्डीज़ में बसे भारतीय हिन्दी नहीं समझते इसलिए वही गीत गाये जायें जिनकी धुन से उन्हें गीत का अन्दाज़ा हो जाये, और कहाँ लोगों की फ़रमाइशों में, एक-से-एक उन गीतों का ज़िक्र होता

था, जिन्हें भारत के श्रोता 'क्लास' (विशिष्ट रुचि) का दर्जा देते हैं। ''मैं तुलसी तेरे आँगन की...'' और, ''धीरे से आ जा री अँखियन में...'' तो गाये ही गये, सराहे भी गये, पर लताजी का ग़ैर फ़िल्मी देशभक्ति गीत ''ऐ मेरे वतन के लोगो...'' भी गाया गया।

1962 के चीन युद्ध के काल में इस गीत ने पण्डित नेहरू की आँखों में पानी ला दिया था। आज 1980 में, भारत के किनारे से कोई बारह हज़ार किलोमीटर दूर, इसने कितने लोगों की आँखें भिगो दीं, हम नहीं गिन सके।

बहुत बार सुना जाता है कि सालों से लता मंगेशकर उस स्तर पर रहीं, जहाँ उनके लिए कोई स्पर्धा नहीं बची। एक कलाकार के लिए यह जगह ख़तरनाक हो सकती है, क्योंकि अगर कलाकार ने इस बात को स्वीकार कर लिया, तब तो उसके भविष्य के लिए एक ही दिशा रह जाती है : नीचे की तरफ़।

सफलता के शिखर पर पहुँच कर वहाँ टिक पानेवाले कुछ दुर्लभ व्यक्तियों की तरह, लताजी को भी शायद यह अहसास रहा है। शायद इसीलिए उस स्थान पर भी उन्होंने स्पर्धा जारी रखी है : अपने ही पिछले सर्वश्रेष्ठ काम के साथ।

पोर्ट ऑफ़ स्पेइन में ही एक और कार्यक्रम की तैयारियाँ चल रही थीं। पहले कार्यक्रम से कलाकार सन्तुष्ट थे, प्रायोजक बेहद प्रसन्न थे और लोग तो पहले कार्यक्रम के बाद अगर कुछ कर रहे थे, तो दूसरे कार्यक्रम की प्रतीक्षा। पर रिहर्सल के दौरान लताजी किसी उधेड़-बुन में लग रही थीं, ''जब एक ही शहर में दो प्रोग्राम करने हों तो मुझे बड़ी समस्या लगती है...पहला प्रोग्राम अच्छा हुआ हो तो दूसरे को बेहतर बनायें तो कैसे?''

अच्छा तो 'कल की लता मंगेशकर' से 'आज की लता मंगेशकर' बेहतर कैसे हो, यह सोचा जा रहा था! नये गीत चुने जा रहे थे। अगर हिन्दी से अनजान लोगों ने कुछ चुनिंदा गीत स्वीकारे, तो अब ग़ज़ल आज़माई जाये! मदन मोहन की स्वर रचना, 'अनपढ़' की ''आपकी नज़रों ने समझा प्यार के क़ाबिल मुझे...'' की तैयारियाँ शुरू हुईं। 'नागिन' की मीठी मेलोडी ''मन डोले...'' गायी गयी। रिहर्सल पूरा होते-होते लताजी कुछ आश्वस्त लग रही थीं, ''अगर हम पूरी कोशिश न करें तो अपने भाग्य को कोसने का भी हमें कोई अधिकार नहीं है,'' अपने विचारों को कम शब्दों में समेट कर कहना और फिर चुप हो जाना, उनकी एक और लाक्षणिकता है।

हमारे साथ बैठा एक पत्रकार, मौक़ा पाकर, लताजी से सवाल किये जा रहा था। एक सवाल जो उनसे नहीं पूछ पा रहा था, फुसफुसाकर मुझसे पूछा, ''लताजी की 'मोनोपोली वाली बात कितनी सच है?'' मेरे यह कहने पर कि उन्हींसे पूछ

लो, तुम्हें तो सारे सवालों के जवाब दे रही हैं, थोड़ी देर के बाद फिर मेरी तरफ़ मुड़ा, ''ऐसा तो मुमकिन नहीं हो सकता कि इतने सारे सालों में ऐसी एक भी गायिका पैदा न हुई हो जो लता की जगह ले सके!'' अगर इस विषय पर चर्चा करनी भी थी, तो मेरे ख़याल में उसके लिए यह समय उपयुक्त न था। कुछ देर बाद उसने अपने मन का उबाल निकाल ही डाला। वही सवाल घुमा-फिराकर लताजी से ही पूछा, ''दूसरी गायिकाओं के बारे में आपके क्या विचार हैं?''

''क्यों? अपनी-अपनी जगह सब अच्छी हैं। इनमें से कुछ तो बहुत ही अच्छी हैं और इसकी मुझे बड़ी ख़ुशी है।''

''तो फिर कोई आगे क्यों नहीं आ रही?''

''आ रही हैं। और भी आगे आयेंगी...आजकल तो मैं गाने ही कम गा रही हूँ।''

पत्रकार ने अपनी छोटी बही में कुछ नोट किया और जैसे ही लताजी गाने में व्यस्त हुईं, उसने मुझसे कहा, ''देखा, ख़ुद ही ने कहा कि दूसरी 'सिंगर्स' भी बहुत अच्छा गाती हैं और वह लोग तभी ऊपर आयेंगी, जब ख़ुद गाना कम करेंगी।''

अपने विचारों से हज़ारों-लाखों को प्रभावित वही कर सकता है, जिसके हाथ में कलम हो और जिसकी कलम की स्याही, छपाई की स्याही में तबदील होने की क्षमता रखती हो! वह पत्रकार शायद इसी प्रक्रिया के लिए उतावला हो रहा था, सो चल दिया।

एक ही शहर में होनेवाला दूसरा प्रोग्राम, पहले प्रोग्राम से जितना हो सके अलग हो इसलिए एक और संगे-मील गीत का रिहर्सल किया गया : संगीतकार रोशन का ''जो वादा किया वह निभाना पड़ेगा...'' और इसके बाद रिहर्सल समाप्त घोषित की गयी।

मैं वहीं टिका रहा। लग रहा था, लताजी कुछ कहना चाह रही थीं। लेकिन रिहर्सल के लिए आरक्षित नोर्मण्डी होटल के बैन्क्वेट रूम से निकलते हुए उन्होंने हठात् ही एक अप्रत्याशित-सा सवाल पूछा, ''आप मेरी सफलता का रहस्य जानते हैं?''

'मेरी' और 'सफलता' यह दो शब्द मैंने लताजी के मुँह से कभी एक साथ बोले गये नहीं सुने थे—न ही बाद में सुने हैं! और जहाँ तक 'रहस्य' का सवाल है, उसका श्रेय तो उन्होंने हमेशा ईश्वर, पिता और श्रोताओं को ही दिया है! फिर यह किस रहस्य की बात कर रही थीं?

लेकिन राज़ जानना हो तो अपना मुँह बन्द और कान खुले रखने चाहिए सोच कर मैंने कुछ नहीं कहा।

आप मेरी सफलता का रहस्य जानते हैं?

''बम्बई चल कर मैं आपको एक अच्छा-सा इण्टर्व्यू दूँगी।'' इससे पहले कि मैं इसे सम्मान समझूँ, या किसी ब्रॉडकास्टर को मिला वरदान, उन्होंने जैसे उस सम्भावित साक्षात्कार की शुरुआत ही कर दी, ''देखा जाये तो आज फ़िल्म संगीत में काफ़ी अच्छी आवाज़ें सुनायी दे रही हैं,'' उस पत्रकार से शायद तफ़सील से बात नहीं कर पायी थीं!

''...लेकिन?'' मैंने भी जानने की ठान ली थी।

''मुझे पहले यह बताइए कि आपने मुझे 'सत्यम् शिवम्...' गीत गाते हुए कितनी बार सुना होगा?''

''रिहर्सल मिला कर लगभग पैंतीस-चालीस बार!''

''जितनी बार मैं यह गीत गाती हूँ, मेरे अन्दर कुछ...कुछ अजीब-सा होता है।''

''...यानी स्टेज पर गाते वक़्त, या कभी भी?''

''कभी भी,'' कह कर वह कुछ देर शान्त रहीं, ''मैं...जैसे किसी ध्यानावस्था में चली जाती हूँ...और यह सिर्फ़ मानसिक रूप से ही नहीं...बदन में झुरझुरी-सी होती है।''

''मतलब...मैं ठीक से समझा नहीं।''

''मतलब ?...यही कि केवल अच्छी आवाज़, सुर और ताल ही काफ़ी नहीं। माइक की तकनीक और गाने की सिचुएशन समझना ही काफ़ी नहीं...बता पाना ज़रा मुश्किल है, पर लगता है कि मैं अपने पूरे...अस्तित्व से गाती हूँ। जब तक गीत गाते समय गायक के ऊपर ही कोई असर न हो, तो सुननेवालों तक वह असर कैसे पहुँच सकता है?'' हम होटल के लम्बे बरामदे में चले जा रहे थे, ''...जिस दिन मेरे अन्दर यह 'कुछ' होना बन्द हो जायेगा, मैं ''सत्यम् शिवम्...'' गाना बन्द कर दूँगी।''

यह पुस्तक लिखे जाने तक, स्टेज कार्यक्रमों में यह गीत गाना अभी जारी है। हाँ, पिछली—खाड़ी और सुदूर पूर्व के देशों की—1992-'94 यात्राओं के दौरान यह गीत उनसे गवाना पड़ा, स्वेच्छा से नहीं गाया।

''लेकिन रोज़मर्रा की रिकॉर्डिंग का क्या? रोज़-रोज़ तो ऐसे गाने नहीं मिलते कि आप सब कुछ भूल कर गीत के शब्द, सुर और भावना में खो जायें?''

''देखिए मेरी हर रोज़ की पूजा का भी कुछ ऐसा ही असर मुझ पर होता है। और गाना, मेरे लिए पूजा से कम नहीं है। अब आम गानों में चाहे यह प्रक्रिया यंत्रवत् होती हो, लेकिन हर गीत गाने की...'टेक' की अवधि में तो मैं उसमें पूरी तरह खो जाती हूँ। और अगर ऐसा अनुभव नहीं होता, तो वह गाना बस...'गाया ही जाता' है।''

''पर क्या 'ज़िद', 'हठ', 'लक्ष्य की ओर एकाग्रता' यह चीज़ें मायने नहीं रखतीं?''

''आप इसे ज़िद कहिए, मैं इसे 'धर्म' मानती हूँ,'' शायद ग़लत अर्थ लगाये जाने के डर से तुरन्त आगे कहा, ''धर्म का अर्थ हिंदू-मुस्लिम वग़ैरह मत निकालिएगा।''

हाँ, हठ या ज़िद किसी चीज़ को पाने के लिए होती है, जब कि 'धर्म', व्यक्ति के स्वभाव, उसके 'रसायण' को जताता है। एक बार अपना धर्म पहचान लिया, उसके बाद यह सोचना 'पाप' है कि अपना काम दूसरे कामों की तुलना में छोटा है या क्षुल्लक है। या कि अपने क्षेत्र में तो एक हद तक ही आगे बढ़ा जा सकता है। अपने क्षेत्र, अपने व्यवसाय से लगाव इतना तीव्र हो, कि अपने काम के आगे कुछ दिखे ही नहीं।

किसी एक क्षेत्र में अति सफल व्यक्ति को, अक्सर एकाध अन्य क्षेत्र में भी महारथ हासिल होती है, लेकिन दोनों तरफ़ ध्यान देने से उसके प्रयासों में तनुता तो आ ही जायेगी। अगर लताजी ने गायन—वह भी केवल फ़िल्म गायन—को प्राधान्य न देकर और क्षेत्रों में—शास्त्रीय गायन, संगीत रचना, फ़ोटोग्राफ़ी,

चित्रकारी—को भी समय दिया होता, तो उनके प्रयत्नों की सघनता, शिद्दत ज़रूर कम हो जाती।

लताजी की सफलता के लिए, उनका ज़िद्दी—और कभी-कभी निष्ठुर—स्वभाव भी, जो उन्हें श्रेष्ठ से रत्तीभर भी कम प्रदर्शन की अनुमति नहीं देता, ज़रूर ज़िम्मेदार है। "अगर मजबूरी न हो तो समझौता क्यों किया जाये? और अगर समझौता ही करना है तो वह काम ही क्यों किया जाये?" कहती हैं लताजी।

आवाज़ में ज़रा-सी ख़ामी हो तो तपाक से रिकॉर्डिंग कैन्सिल करना और धरती पर स्वर्ग जैसे देशों में जा कर अपने रिहर्सलों के लिए घूमने के दुर्लभ अवसर छोड़ देना और छुड़वाना, निष्ठुरता ही तो है!

"और अगर 'धर्म' न कहना चाहें तो आसान शब्द है 'पागलपन', 'बेचैनी'...अच्छा नमश्का...र", कह कर उनके लिए खोले गये आलीशान लिंकन कॉन्टिनेटल गाड़ी के दरवाज़े की ओर मुड़ीं और आस-पास खड़े सभी के विनम्र अभिवादन का स्वीकार करती हुई बैठीं।

बेआवाज़ सरकती और नज़रों से ओझल होती हुई गाड़ी को देखते हुए मैंने सोचा कि वह पत्रकार और उसकी तरह सोचनेवाले लाखों लागों की विचारधारा, क्या लताजी की यह बात स्वीकार कर पाएगी? क्या उनके अन्दर उद्भवित होनेवाला वह 'कुछ'...और वह 'धर्म' ही लताजी की अपार सफलता का रहस्य हैं? और कुछ नहीं?

'संगीतकार तो चाहेगा कि उसकी धुन को बेहतरीन आवाज़ मिले...' गायिका शारदा और संगीतकार शंकर के साथ

लताजी का वह गीत न गाना, मेरे लिए तो बड़े-से-बड़े मेडल से कम न था—कविता कृष्णमूर्ति

विश्व के सब से बड़े फ़िल्म उद्योग में (भारत सालों से विश्व में सबसे अधिक फ़िल्मों का निर्माण करता आ रहा है) सर्वोच्च स्थान पर रहने पर, अधिकार की परिधि विस्तृत होती है। जो प्रभाव अधिकार-प्राप्त 'गद्दी' से मिलता है, सफलता के फलस्वरूप मिला अधिकार, उसी के मुकाबले का होता है। अपनी मनमानी करने का, करवाने का अधिकार। अधिकार, अपनी व्यस्तता में से काम के लिए तारीख़ें 'राशन' करने का; अधिकार, अपनी सुविधा तक इन्तज़ार करवाने का, फिर चाहे उस इन्तज़ार की वजह से लाखों की लागत वाली फ़िल्म के प्रदर्शन में इतना विलम्ब हो जाये, कि उसका भविष्य ही संकट में पड़ जाये; अधिकार, किसी व्यक्ति-विशेष के लिए व्यक्तिगत कारणों को ले कर काम न करने का और किसी सह-कलाकार को वही काम न करने देने का; और इन आरोपों की सफ़ाई न देने का और हाँ, आरोपों के मुसलसल दोहराए जाने पर, उन पर हँसने का अधिकार।

"अब तो इन बेबुनियाद बातों पर मैं हँसती भी नहीं। मैंने तो यहाँ तक सुना है कि जब किसी दूसरी गायिका की रिकॉर्डिंग चल रही हो, तो आशा (भोंसले) और मैं जा कर रिकॉर्डिंग की मशीन ख़राब कर देते हैं! इस 'सीन' की कल्पना करती हूँ तो ज़रूर हँसी आती है। जो गाड़ी के मेकेनिक पहनते हैं, वैसे गहरे नीले कपड़े पहन कर, हाथों में पकड़, हथौड़ा, पेंचकस, 'वायर' वग़ैरह ले कर, हम दोनों

दबे पाँव स्टूडियो में दाख़िल होती हैं...शायद एक तरफ़ से मैं और एक तरफ़ से आशा! मगर यह नहीं समझ में आता कि वहाँ मौजूद इतने सारे लोगों की नज़रें कैसे बचा पाती हैं! शायद रात को ही सारा काम तमाम कर देते हों!''

''यह हँसने की बात नहीं, हमारे कैरिअर का सवाल है, हमारी ज़िन्दगी का सवाल है,'' एक गायिका, जिसने गुमनामी के पर्दे में रह कर ही पर्दाफ़ाश करने की शर्त रखी, कह रही थीं, ''बहुत साल राज कर लिया, अब तो दूसरों को चाँस दो।''

''लेकिन 'प्ले बैक सिंगिंग' तो क्या, किसी भी व्यवसाय में ऐसा अजूबा तो सुना नहीं गया कि अपनी मेहनत से अर्जित ख्याति, अपना स्थान, कोई यूँ ही दूसरे को दे दे! क्या आप अगर उस जगह पर होतीं तो अपनी जगह ख़ाली कर देतीं?''

''लेकिन पहले वहाँ तक कोई पहुँचने तो दे।''

''तो आपके आगे बढ़ने में किस तरह का अवरोध होता है?''

''अवरोध क्या...म्यूज़िक डायरेक्टर गाने के लिए बुलाता ही नहीं!''

''लताजी के कहने पर?''

''दोनों बहनों के कहने पर!''

''आपने कैसे जाना?''

''जानना क्या है, सुबूत है! पहले हमको ख़ुद म्यूज़िक डायरेक्टर बुलाते हैं, गाना रिकॉर्ड भी होता है, पूरे 'ओर्केस्ट्रा' के साथ...''

''लेकिन यह तो सालों से चलता आ रहा है कि जब तय की हुई गायिका न मिले, तो 'डबिंग सिंगर' से गीत गवाया जाता है और बाद में प्रमुख गायिका उपलब्ध होते ही वह गीत दुबारा 'डब' किया जाता है, और इस काम के तो बाक़ायदा पैसे मिलते हैं!''

''हाँ तो हमने कब ना कहा है, ज़रूर गवाओ। जिससे गवाना है, गवाओ! लेकिन क्या हमने एक बार भी अच्छा नहीं गाया? कभी तो हमारे लिए गाना छोड़ देतीं?''

''लेकिन यह 'डबिंग' की परम्परा तो गायिका ही नहीं, पुरुष गायकों के लिए भी तो...''

मेरी बात काटते हुए ही कहा, ''अब आप ही बताइए, 'मेल सिंगर्स' के लिए कोई 'मोनोपॉली' की बात क्यों नहीं करता?''

''यह तो आप ही बेहतर जानें, आरोप आपने लगाया है।''

''सीधी बात है, वह किसी को आगे आने ही नहीं देना चाहतीं।''

"माना कि उनको दिया गया गाना उन्होंने ही गाया, किसी और के लिए नहीं छोड़ा, लेकिन गाना किससे गवाया जाये इसका निर्णय तो वह नहीं करतीं!"

"वह लोग ही तो सब निर्णय करती हैं; कौन म्यूज़िक डायरेक्टर होगा, कितने गाने होंगे, कौन गायेगा—सब कुछ। प्रोड्यूसरों की हिम्मत ही नहीं होती कि इनकी इजाज़त के बग़ैर कुछ करें।"

अपनी कुण्ठित मनःस्थिति में वह सन्नारी शायद भूल गयीं कि अगर हमारी फ़िल्मों में संगीतकारों का प्रबन्ध भी मंगेशकर बहनों की निगरानी में किया जाता, तो उन्हीं के लाड़ले अनुज हृदयनाथ मंगेशकर, गले तक फ़िल्म अनुबन्धों में डूबते-उतराते होते, साल में इक्का-दुक्का 'आर्ट' फ़िल्में न करते होते। यह बात और है कि उस हालत में, वह हमें मीरा के भजन, ग़ालिब की ग़ज़लें और गीता के श्लोकों के रिकॉर्ड शायद भेंट न कर पाते।

"कौन-सी फ़िल्म में कौन म्यूज़िक देगा, यह भी हम तय करती हैं?" लताजी कुछ ग़ुस्से में भर कर कह रही थीं, "वाह, तब तो आधी फ़िल्में 'बाळ' ही करता! अरे, हृदयनाथ को मिली हुई फ़िल्म दूसरे छीन जाते हैं फिर भी हम कुछ नहीं कर पाते!"

हृदयनाथ को एक फ़िल्म मिली थी। इस बार तो 'साइनिंग अमाउण्ट' भी दिया गया था, एक हज़ार रुपए। यहाँ उन्होंने फ़िल्म साइन की होगी और वहाँ एक बहुत ही सफल संगीतकार को पता चला। वह थे तो इतने व्यस्त कि प्रोड्यूसरों को उनके साथ 'सिटिंग' करने के लिए इन्तज़ार करना पड़ता और संगीतकार भी एक गीत के लिए एक से ज़्यादा सिटिंग देते नहीं थे। फिर भी बड़े बैनर की एक भी फ़िल्म हाथ से जाने नहीं देना चाहते थे। सो, वह संगीतकार उस प्रोड्यूसर के पास पहुँचे और सीधी-सी बात कही, कि हम यह फ़िल्म सिर्फ़ सवा रुपए में करेंगे...और उन्होंने की भी।

फ़िल्म उद्योग के बाहर के लोग सोचते हैं कि गीत किससे गवाया जाये इसका निर्णय सिर्फ़ संगीतकार ही करता है। कई बार यह स्वतन्त्रता उससे छीन ली जाती है। निर्देशक, निर्माता और रिकॉर्डिंग कम्पनी ही नहीं, ख़ुद अभिनेत्रियाँ भी अपनी बात मनवा कर रहती हैं। "मधुबाला तो अपने कॉन्ट्रेक्ट में लिखवा लेती थीं कि मेरे ऊपर फ़िल्माए जानेवाले गीत लता ही गायेगी," लताजी ने एक साक्षात्कार में कहा है। यह बात और है कि मधुबाला ने लता-एस.डी. के परस्पर बहिष्कार के काल में, अपनी पार्श्व-गायिका से अधिक महत्व फ़िल्म को दिया और तब आशा भोंसले और गीता दत्त ने उनको प्लेबैक दिया।

एक निराश गायिका ने तो बड़ी चौंकानेवाली बात कही थी। ऐसी बात कि

किसी पत्रिका के पाठक तो क्या, उस पत्रिका में लिखनेवाला पत्रकार भी चौंक जाये।

मोहतरमा के पास मैं एक रेडियो साक्षात्कार के लिए टेप रिकॉर्डर ले कर पहुँचा। लता मंगेशकर के बारे में एक 'नाज़ुक' सवाल का जवाब देने से पहले मोहतरमा ने कहा, "अगर आप किसी मैगजीन से आये होते तो मैं बहुत कुछ कहती, क्योंकि छपने के बाद हम लोग कह देते हैं कि मैंने ऐसा कुछ कहा ही नहीं था, पर इसमें तो मेरी अपनी आवाज़ होगी, जो पहचानी जायेगी!" कह कर ठहाका मार कर हँस दीं!

मैं इस गायिका को 'मोहतरमा' न कह कर उनका नाम दे सकता था; लेकिन उस हालत में भी वह कह सकती थीं कि 'मैंने ऐसा नहीं कहा था!'

इसके विपरीत, बीते कल की 'डबिंग' गायिका और आज की जानी-मानी पार्श्व गायिका कविता (मूल नाम शारदा) कृष्णमूर्ति ने मुझे अपना एक अनुभव बताया था और चूँकि अपना नाम न बताने की शर्त न रखी थी, उसे 'एक मोहतरमा' न कह कर कविता कृष्णमूर्ति कह रहा हूँ।

लगभग 1982 में, कविता ने निर्माता राजकुमार कोहली की एक निर्माणाधीन फ़िल्म के लिए, बप्पी लाहिरी के संगीत निर्देशन में 'डबिंग' गायिका के तौर पर एक गीत गाया था, यह जानते हुए, कि बाद में यह किसी नामी गायिका द्वारा गाया जायेगा।

"आम तौर पर तो मैं लक्ष्मीजी (लक्ष्मीकान्त-प्यारेलाल) के लिए ही 'डबिंग' करती थी, पर इस बार बप्पीदा के लिए गाया था। मुझे फ़िल्म का नाम तो याद नहीं, पर शब्द थे "ओ मेरे सजना..." और गीत शिवरंजनी राग में था। गीत रिकॉर्ड हो गया, पैसे मिल गये, मैं तो सब कुछ भूल-भाल गयी थी। कोई तीन-चार महीने बाद मैंने एक तमिल पत्रिका में पढ़ा कि लता मंगेशकर बप्पी लाहिरी की एक रिकॉर्डिंग पर गयीं, पर 'डबिंग आर्टिस्ट' कविता कृष्णमूर्ति की रिकॉर्डिंग सुनने के बाद गाना 'डब' करने से इनकार कर दिया।"

युवा गायिका पर जैसे बिजली गिरी। सोचा, "यहाँ तक तो सह जाते थे कि मुख्य गायिका के रूप में गाने नहीं मिलते, पर अब क्या 'डबिंग' से भी गये!" पर कुछ ही दिनों के बाद एक हिन्दी सामयिक में वही समाचार पढ़ा। इस बार भी मज़मून तो वही था, पर ब्यौरा पूरा दिया गया था। लताजी रिकॉर्डिंग के लिए स्टूडियो में आयीं, गीत की तर्ज़ सुनी, शब्द देखे और रिकॉर्ड किया हुआ गीत सुनना चाहा। ध्यान से सुनने के बाद अपना निर्णय दिया, कि 'इस लड़की ने तो इतना अच्छा गाया है, फिर मुझसे क्यों गवाना चाहते हो?' इस पर काफ़ी देर तक

चर्चा हुई, संगीतकार और निर्माता-निर्देशक ने लताजी को मनाने का प्रयास किया, लेकिन वह अपने फ़ैसले पर अड़ी रहीं। "आप की धुन और शब्दों की जो 'डिमाण्ड' है, वह सब तो इस लड़की ने दिया है, उसी की आवाज़ में रहने दीजिए...लड़की का नाम क्या है?"

कविता को विश्वास ही न हुआ। क्या यह सच हो सकता है कि नयी गायिका को अवसर दिया जा रहा है और वह भी एक वरिष्ठ गायिका द्वारा? उसने जानना चाहा कि अवसर ही दिया जा रहा था या फिर...?

समय रहते पता चला कि अगर यह नयी गायिका को अवसर देना न हो कर ईर्ष्या या एकाधिकार का परिणाम होता, तो उसका असर संगीतकार और निर्माता पर भी ज़रूर होता। लेकिन इस घटना के बाद न लताजी ने बप्पी लाहिरी के लिए गाना बन्द किया था, न ही राजकुमार कोहली के साथ कोई अनबन थी।

"लताजी का वह गीत इसलिए न गाना, कि वह पहले ही अच्छा गाया हुआ था, मेरे लिए तो बड़े से बड़े 'मेडल' (पुरस्कार) से कम न था। उस दिन मुझे पहली बार लगा कि मैं सच एक 'प्ले बैक सिंगर' बन पाऊँगी। मैं उन्हें जा कर सच्चे दिल से 'थैंक यू' कहना चाहती थी, मगर बड़ी झेंप हो रही थी, मैं उनसे क्या कहूँगी, वह क्या कहेंगी।"

किसी सहगायिका के लिए गाना छोड़ देने की एक मिसाल ख़ुद लताजी देती हैं, "चूँकि सुलक्षणा (पण्डित) अपने अभिनीत गाने ख़ुद ही गाना चाहती थी, उसकी मदद करने के लिए मैंने (दक्षिण के निर्माता-निर्देशक) चिनप्पा देवर की फ़िल्म के गाने नहीं लिए। यह बात पता चलने पर देवर साहब इतने ग़ुस्सा हो गये कि सुलक्षणा का 'कॉन्ट्रेक्ट' ही फाड़ दिया। अब क्या यह भी मेरी ग़लती है?"

"कोई ऐसा अनुभव हुआ कि आपकी प्रगति को रोका गया हो?" मैंने कविता कृष्णमूर्ति से पूछा।

"ऐसी बात करने का हक़ तो उसी को है जो उनके मुकाबले का गाता हो, क्योंकि प्रतिस्पर्धी तो एक ही स्तर के होते हैं न? 'हेवी वेट' और 'लाइट वेट' तो एक साथ 'कॉम्पिटिशन' में नहीं हो सकते," कविता ने कहा।

कुछ ऐसी ही बात, फ़िल्म उद्योग के सम्मान-प्राप्त लेकिन खरी-खरी सुनाने के लिए कुख्यात, वरिष्ठ रिकॉर्डिस्ट स्व. कौशिक (जिन्हें हर कोई 'कौशिक बावा' के नाम से जानता-पुकारता था) ने कही थी।

हिन्दी की खड़ी बोली में जो दर्जा भोपाल और मुज़फ़्फ़रनगर की 'कड़ी' बोली को प्राप्त है, वैसा ही दर्जा गुजराती भाषा में सूरत की 'रंगीन' बोली को है। कौशिक बावा मूल वहीं के रहनेवाले थे और चाहे बम्बई आ कर बसे थे, उनकी

बोली में अभी वहीं का रंग बरक़रार था, ''बाई के (लताजी के) ग़ुस्से की बात थोड़ी सच है। वह ग़ुस्सा नहीं, स्वाभिमान है। मैं बोलूँ, उनका स्वाभिमान शिवाजी की याद दिलाता है, वह भी मराठा जाति की है न? लेकिन काम के मामले में इतना 'सीरियस' किसी को नहीं देखा। बाक़ी यह जो सब बोलते हैं कि 'मोनोपोली'

अगर भारत रत्न का निर्णय मेरे हाथ में होता...संगीतकार ख़य्याम के साथ

की यह किया, वह किया—सब साला बकवास है। उनको बोलो कि उनके (लता-आशा) जितना अच्छा गानेवाला पहले लाओ, उसके बाद में बात करो। बाई को चार नहीं चौदह 'माइक रिहर्सल' करने बोलो और दस 'टेक' करने बोलो, कोई फ़रक नहीं। वही सुर, वही 'थ्रो' (माइक्रोफ़ोन पर आवाज़ सही तरीक़े से टकराने की तकनीक) और वही मिठास। वैसे हरीश, अपनी तो उनके साथ 'पर्सनल लेवल' पर नहीं जमती, लेकिन आज भी उनकी रिकॉर्डिंग 'फ़र्स्ट क्लास' करके देता हूँ। ऐसी बात नहीं है, बाई भी 'टेक' से पहले कहती हैं, कि एक बार कौशिक साहब सुन लें फिर रिकॉर्डिंग शुरू करें।''

''तो लोग जो 'मोनोपॉली' की बात करते हैं...?''

''अरे भई, पहले उस 'हाइट' तक उठो, रियाज़ करो, गाने में 'क्वालिटी' लाओ, तो लोग आपकी बात मानेंगे। मानेंगे क्या, म्यूज़िक डायरेक्टर, प्रोड्यूसर अपने आप बुलाएगा। उन लोगों को क्या लता-आशा 'कमीशन' देती हैं? उल्टा, जादा पैसा देना पड़ता है। प्रोड्यूसर 'झख मार कर' भी बुलाता है, उसको प्राइस तो ऊँचा देना ही पड़ता है, ऊपर से बाई को तो रॉयल्टी भी देनी पड़ती है...जब तक गाना चलता है, बिकता है तब तक। तो क्या उसको पागल कुत्ते ने काटा है कि फिर भी बाई को बुलाता है।''

''तो क्यों बुलाता है? हो सकता है किसी तरह के दबाव में आ कर बुलाता हो।''

''हाँ, इसको एक तरह से दबाव ही कह सकते हैं,'' ख़य्याम साहब कुछ चौंकानेवाली बात कर रहे थे, (स्वयं उनके शब्दों में) 'ख़ैय्यामीयत' करते हुए—दो घूँट हलक के नीचे उतारते हुए, ''बात यह है कि मौसीकार ने तर्ज़ बाँधी। अब तर्ज़ बाँधना कोई हवा से तो आता नहीं, बड़ी जद्दो-जहद का काम है, एक हस्सास (संवेदनशील) दिल ही यह कर सकता है। तो...संगीतकार को तो अपनी तर्ज़ से वैसे ही प्यार हो जाता है, जैसे साहब को अपने साहबज़ादे से (पिता को पुत्र से), वह तो उसकी अच्छी-से-अच्छी परवरिश करना चाहता है, उसको जितनी हो सके, बेहतरीन चीज़ें देना चाहता है। तो संगीतकार भी चाहता है कि उसकी धुन को बेहतरीन आवाज़ मिले, ताकि उसका काम बिलकुल निखर कर लोगों के सामने नुमायाँ हो। अब रही आपकी पैसोंवाली बात। देखिए, वह तो प्रोड्यूसर की ज़िम्मेदारी है। वह बेशक तिजारत के (व्यापार के) नज़रिए से देखेगा कि उसकी लागत का पूरा मुआवज़ा उसे मिल रहा है या नहीं। तो...प्रोड्यूसर शायद ऐसा करता होगा...कि दूसरे प्रोड्यूसरों की कामयाबी की तारीख़ में झाँकेगा (दूसरे प्रोड्यूसरों की सफलता का इतिहास जाँचेगा), हिसाब लगायेगा, जोड़-बाक़ी करेगा और फिर नतीजे पर पहुँचेगा कि महँगी

हम तो एक आना काम करते हैं, दीदी उसको सोलह आना बना देती है। संगीतकार लक्ष्मीकान्त-प्यारेलाल और कवि प्रदीप के साथ

और 'एस्टाब्लिशड' आवाज़ ले, या किसी नये को चाँस दे कर 'रिस्क' ले। भई फ़िल्म की कामयाबी में अच्छे गानों की बड़ी अहमियत होती है।"

"तब तो यह भी एक अलग शक्ल में स्टार सिस्टम ही हुआ!"

"आप बिलकुल सही फ़रमा रहे हैं। लेकिन जब कभी 'आर्ट' का वास्ता तिजारत से पड़ा है, यही हुआ है और यही होता रहेगा। अगर मक़बूलीयत (लोकप्रियता) की गारण्टी न हो, तो ज़्यादातर लोग पैसे नहीं लगाना चाहेंगे। इसमें तो कोई नयी बात नहीं है!"

"तब फिर उभरते हुए गायकों को मौक़ा कब मिलेगा?"

"देखिए मुश्किलात के ऊबड़-खाबड़ रास्ते पर चल पाना, दौड़ना और जीतना...इसी को तो 'स्ट्रगल' कहते हैं। सबको इससे गुज़रना पड़ता है, हम भी गुज़रे थे। अपने आपको तराशने का यही तो मौक़ा है...तजुरबा मिलते-मिलते गायकी की सतह भी ऊँची उठने लगती है। और आज के दौर में जो मौके नये गायकों को हासिल हैं, वह पहले कहाँ थे? आज तो 'जिंगल' (गायेजाने वाले विज्ञापन) हैं, टीवी के प्रोग्राम हैं, इतने सारे 'स्टेज शो' हैं और कैसेट की तादाद तो हमारी आबादी की रफ़्तार से भी तेज़ी से बढ़ रही है!"

लताजी के फ़िल्मों में चालीस वर्ष पूरे करने के उपलक्ष्य में दस मार्च 1987 के दिन, एच.एम.वी. द्वारा आयोजित एक भव्य अभिनन्दन समारोह में, ख़य्याम साहब सार्वजनिक रूप से कह चुके हैं कि 'जब तक लताजी ने नियमित रूप से मेरे गीत नहीं गाये थे, मेरा संगीत उतना नहीं चला था। इसकी सबसे बड़ी मिसाल, फ़िल्म 'कभी कभी' है।

वरिष्ठ निर्माता-निर्देशक मनोज कुमार ने ऐसे गणमान्य समुदाय को सम्बोधित करते हुए स्वीकारोक्ति तो नहीं की थी, पर अपनी फ़िल्मों में लताजी का गीत होना निहायत ज़रूरी समझा है। अगर अपनी किसी फ़िल्म में ऐसा संगीत निर्देशक लिया गया हो जिनके साथ लताजी की व्यावसायिक 'कट्टी' हो, तो किसी-न-किसी तरह लताजी को अपने गीत गाने पर मनवा भी लिया है।

फ़िल्मों में 'ग्लैमर' और सफलता के लिए माने गये निर्माता-निर्देशक यश चोपड़ा मानते हैं कि 'आम तौर पर संगीत के पीछे-पीछे गायक होता है, पर लताजी के तो पीछे-पीछे संगीत जाता है'।

लक्ष्मीकान्त-प्यारेलाल के—जिस संगीतकार द्वय के लिए लताजी ने सबसे ज़्यादा गीत गाये हैं—इस विषय में क्या विचार हैं?

संगीतकार लक्ष्मीकान्त बान्द्रा के महबूब स्टूडियो में अपने एक गीत की 'डबिंग' के लिए किशोर कुमार का इन्तज़ार कर रहे थे, तभी सन्देशा आया कि किशोरदा नहीं आ पाएँगे। लक्ष्मीकान्तजी ने छूटते ही कहा, "देख रहे हैं आप, संगीतकारों को क्या नहीं सहना पड़ता, लगता है हमारी कोई 'वैल्यू' ही नहीं रह गयी!...मानता हूँ, कोई वजह ज़रूर होगी..."

"तो फिर दूसरे किसी से क्यों नहीं गवाते?"

"कभी-कभी तो गवाते ही हैं, पर गीत भी तो देखना पड़ता है। अच्छा गीत कहाँ तक ख़राब करें? देख कर मक्खी तो नहीं निगल सकते न?"

इसे एकाधिकार का दबाव कहें, या अपनी कला का स्तर बनाये रखने के लिए संगीतकार की मजबूरी?

"जहाँ तक दीदी का सवाल है, हम तो 'एक आना' काम करते हैं, वह उसको 'सोलह आना' बना देती हैं," बातचीत पर पूर्णविराम लगाते हुए लक्ष्मीकान्त कहते हैं।

अपना एकाधिकार बनाये रखने के लिए रिकॉर्डिंग के वास्ते उपलब्ध रहना, एक अहम मुद्दा है।

काम के लिए उपलब्ध रहने के बारे में कौशिक बावा ने कहा था, "एक रूना लैला में कुछ बात थी...मैंने उसे रिकॉर्ड किया है...मगर वह तो कभी इण्डिया

में रहती थी, कभी बंग्ला देश में, कभी अमरीका में। अब उसके लिए प्रोड्यूसर लोग, अपनी रिकॉर्डिंग-शूटिंग तो नहीं बदलेंगे न?...'अवेलेबल' तो रहना ही पड़ता है।'' कहा जाता है कि लता मंगेशकर रिकॉर्डिंग के लिए उपलब्ध न रह कर संगीतकारों को तंग करती हैं, उन्हें इन्तज़ार करने पर मजबूर करती हैं...एकाधिकार बनाये रखने का यह भी एक हथकण्डा है। यह तो सोचा होता कि उनके ग़ैर हाज़िर रहने पर कितनी नयी गायिकाओं को मौक़ा मिलता है।

''सन् अस्सी से तो लताजी ज़्यादातर बाहर ही रहती हैं और इसका नतीजा देखिए, कितनी सारी नयी आवाज़ों को मौक़ा मिला है।'' नयी गायिकाओं में से एक ने कहा।

अगर कोई कलाकार, कला के क्षेत्र में काम करने के लिए उतरा है, तो क्या वह दूसरों की सुविधा के अनुसार हाज़िर और ग़ैर हाज़िर रहे? बदनसीबी से इसका जवाब है : 'हाँ'। क्योंकि अगर ज़्यादा-से-ज़्यादा गानों में अपनी आवाज़ अंकित करनी हो तो बम्बई शहर में रिकॉर्डिंग के लिए उपलब्ध होना, एकाधिकार की दिशा में पहली शर्त है।

और केवल उपलब्ध रहना ही काफ़ी नहीं, यह भी ज़रूरी है कि काम करने के मामले में न्यूनतम शर्तें हों, क्योंकि अगर शर्तें हैं, तब तो उन शर्तों की परिधि के बाहर के सारे ही गाने कोई और गायेगा। और लताजी को तो कई किस्म के गीतों से परहेज़ है : कव्वाली नहीं गायेंगी (एकाध 'मुग़ले-आज़म' की ''तेरी महफ़िल में किस्मत आज़मा कर हम भी देखेंगे...'' छोड़ कर), मुजरे और 'कैबरे' वाले गीत भी वर्जित हैं ('इन्तकाम' का ''आ जाने जाँ...'' और 'ममता'-'पाक़ीज़ा' के मुजरे, अपवादों में से हैं); गीतों के शब्द भी कहीं द्वि-अर्थी न हों!

चूँकि हमारे देश में कलाकारों की यूनियनें अपनी माँगें मनवाने में सक्षम नहीं रही हैं (सिवाय कि फ़िल्म वादकों की यूनियन), गायकों के लिए तो हर संगीतकार और हर निर्माता, काम का सम्भावित स्रोत होता है। (''पता नहीं कब किसका सितारा बुलन्द हो, और कब किससे काम मिले!'') इसलिए हरेक से अच्छे सम्बन्ध बनाये रखने का चलन फ़िल्म उद्योग में रहा है। विशेषकर, स्थापित निर्माता-निर्देशक-संगीतकार गण और 'बड़े बैनर' के साथ उन्नत जनसम्पर्क कला का प्रदर्शन करना पड़ता है। (फ़िल्म उद्योग में, शुभकामनाओं के साथ फूल पहुँचा कर लाखों का व्यापार करनेवाली बम्बई की कम्पनी 'एअरोफ्लोरा' से पूछिए!) जब कि लताजी तो कई वजहों से कई संगीतकारों के लिए नहीं गातीं।

''अगर मैं किन्हीं कारणों से किसी संगीतकार के लिए नहीं गाती तो भी इल्ज़ाम लगाते हैं। मैं चाहे जिस वजह से न गाऊँ। हो सकता है, कोई संगीतकार

दोनों बहनों के घरों के बीच का दरवाज़ा अक्सर खुला ही रहता है।

मुझसे गवाना न चाहता हो, या हो सकता है मेरी कोई वजह हो। इतना तो मानना ही पड़ेगा कि उतने गाने, 'उन्हीं' की भाषा में कहूँ, तो मैंने 'औरों के लिए छोड़ दिये हैं'!''

''तो फिर यह दलील आप पेश क्यों नहीं करतीं?''

''दलील पेश करने से क्या फ़र्क़ पड़ेगा? अगर मेरे बारे में अफ़वाहें उड़ाने से पत्रिकाएँ ज़्यादा बिकती हैं, तो मैं कहीं तो उनके काम आयी! फिर तो ऐसा है कि एक बार आप सार्वजनिक व्यक्ति हुए तो उसका थोड़ा-बहुत मोल तो चुकाना ही पड़ेगा। बाक़ी हरीशजी, एक बात बिलकुल साफ़ है...यहाँ कोई किसी पर मेहरबानी नहीं कर रहा...न कोई मुझसे गाने गवा कर, न मैं किसी पर गाने गा कर और न ही मैं मुझे मिल रहे गाने न गा कर किसी पर मेहरबानी कर रही हूँ।''

और फिर कुछ झुँझलाहट से कहा, ''जब हमें काम नहीं मिलता था, तब हम मैगज़िनों को 'इण्टरव्यू' नहीं देते थे, ज़्यादा मेहनत करते थे।''

मैंने एक जानी मानी (विशेषकर छींटाकशी के लिए!) अंग्रेज़ी पत्रिका में पढ़ा था कि लताजी के गायन की ऊँची कीमत भी उनकी एकाधिकार रणनीति का ही एक हिस्सा है! इस तरह वह छोटे और नये संगीतकारों को ऊपर आने से रोक सकती हैं। आगे इसके समर्थन में कहा गया था कि 'एक बार मोनोपॉली हो जाये, फिर आप मनचाही कीमत वसूल सकते हैं।' लेकिन एकाधिकार, दुकान

में मिलनेवाली कोई वस्तु तो है नहीं कि एक बार घर लाए तो हमेशा के लिए वह अपनी हो गयी ! 'मोनोपॉली' बनाये रखने के लिए सब से पहली ज़रूरत है अपनी कीमत को लगाम देना। एक 'फ्रीलान्स' (मुक्त रूप से काम करनेवाले) कलाकार होने के नाते अगर आपकी नज़र में ज़्यादा काम करते रहना ही महत्वपूर्ण है, तो आपको हर कदम पर पैसों के मामले में समझौते के लिए तैयार रहना पड़ेगा। जबकि हमारे फ़िल्म संगीत की दो पीढ़ियों से मशहूर है कि पहली अहम कामयाबी के बाद से ही, यानी 1949 से ही, लताजी के व्यावसायिक गायन का मूल्य अधिकतम रहा है।

इतना ही नहीं, मूल्य के साथ जुड़ी है 'रॉयल्टी' की शर्त भी। रिकॉर्डों की बिक्री से हुई आय का एक हिस्सा आपको माह-दर-माह, साल-दर-साल लताजी को देते रहना पड़ेगा।

कई निर्माता सैद्धांतिक रूप से लताजी की इस माँग के विरुद्ध हैं। एक युवा, लेकिन अति सफल, निर्माता-निर्देशक ने मुझसे कहा था कि व्यक्तिगत रूप से मुझे उनसे कोई बैर नहीं, लेकिन मैं कभी 'बाई' से गाना नहीं गवाऊँगा। "एक बार मुँह-माँगा दाम देने के बाद रॉयल्टी किस बात की?" लेकिन उसी निर्माता ने अपनी नयी फ़िल्म के लिए ख़ास इन्तज़ार कर के और रॉयल्टी के इकरारनामे पर दस्तख़त कर के लताजी से गवाया, "बाई के 'टोटल' गानों में से 'हिट' गानों का 'परसेण्टेज' बहुत 'हाई' है, इसलिए हमने भी शगुन करवाया है।"

"'मोनोपॉली' की इन बातों की शुरुआत कहाँ से होती है, इसकी एक घटना तो मैं ही आपको बताती हूँ," लताजी ने एक बार कहा, "किसी एक पहचान वाले के 'थ्रू' एक लड़का मेरे पास आया; उभरता हुआ गायक था। संगीतकारों से मेरी सिफ़ारिश चाहता था। मैंने कहा सिफ़ारिश तो एक तरह से दबाव ही हुआ। वह तो मैं नहीं कर सकती लेकिन तुम्हारे गाने का कैसेट उन तक ज़रूर पहुँचा सकती हूँ, कि अच्छा लगे तो इस आवाज़ को 'ट्राइ' कर लीजिएगा। कुछ अरसे के बाद वह लड़का फिर मुझसे मिला और कहा कि संगीतकार को उसकी आवाज़ पसन्द तो आयी पर कहा कि 'तुमसे गवाऊँगा तो मनहर (उधास) को बुरा लगेगा!' और मैं यह दावे के साथ कह सकती हूँ कि न इस बात का मनहर को पता होगा, न ही मनहर ने ऐसा कभी जताया होगा। अब आप ही सोचिए कि मनहर के बहाने से यह कहा जाता है, तो मेरे नाम पर लोग कौन-से पत्थर नहीं तैराते होंगे!"

"लेकिन ऐसे बहाने की ज़रूरत क्या है? संगीतकार सीधे ही कह सकता था कि उसे आवाज़ (या गायकी) उतनी जँची नहीं!"

"किसी-न-किसी बहाने की ज़रूरत तो होती है। इस इण्डस्ट्री में कल कौन कितना बड़ा बन जाये, यह कौन कह सकता है?"

देखा जाये तो ऐसा तर्क सबको सन्तुष्ट करता है : संगीतकार ने नये गायक को होशियारी से टाल दिया और होनहार गायक आश्वस्त हुआ, कि 'मुझमें तो कोई कमी नहीं, यह व्यवस्था ही मेरे ख़िलाफ़ है'!

फिर आगे जा कर उस होनहार गायक ने अगर कहीं किसी पत्रिका को दिये इण्टरव्यू में यह बात कही, तो टालने के लिए बनाया गया यह छोटा-सा बहाना, मोनॉपाली की शक्ल में लाखों पाठकों के सामने आता है। फिर जितनी बार लोग मनहर का गीत सुनेंगे, उन्हें ज़रूर यह बात याद आयेगी, कि यह गीत शायद उस नये होनहार गायक के हिस्से का था!

मैंने ग़ौर किया है कि चाहे लताजी कहें कि अब तो इन आरोपों पर हँसी भी नहीं आती, पर यह बात नये सिरे से उछाले जाने पर वह हर बार कुछ विचलित ज़रूर होती हैं।

"क्या करूँ मैं भी इन्सान हूँ और अगर मान सकें तो, 'आर्टिस्ट' भी हूँ!"

"लेकिन हर सफल व्यक्ति को, चाहे वह कुछ करे या न करे, किसी-न-किसी दिशा से आलोचना का शिकार तो बनना ही पड़ेगा," मैं यह बहस रोकना नहीं चाहता था।

"यह बात तो सच है। बहुत साल पहले की बात है। मैं बम्बई से बाहर जा रही थी, जिसका पता एक संगीतकार को लगा और उसने अपनी 'अर्जेण्ट' रिकार्डिंग की बात कही। मेरे लिए तो गाना मुमकिन नहीं था, इसलिए उन्होंने आख़िर में पूछा कि आप ही सुझाइए कि मैं किससे गवाऊँ? आशा (भोंसले) भी शहर में नहीं थी इसलिए मैंने वाणी जयराम का नाम दिया। उसने रिकॉर्डिंग करवाई, लेकिन मेरे लौटने पर फिर मुझसे सम्पर्क कर के कहा, कि वह उस रिकॉर्डिंग से सन्तुष्ट नहीं था और गाना 'डब' करने के लिए मुझसे कहा। मैंने तो इनकार कर दिया। अगर 'डब' करती हूँ तो किसी का रिकॉर्ड किया हुआ गीत 'छीनने' का आरोप लगेगा और नहीं गाती तो लोग कहेंगे कि संगीतकार ने किसी और से गवाया इसलिए उसके साथ अब 'को-ऑपरेट' नहीं करतीं!"

आरोप लगाने की प्रकिया कुछ-कुछ भीड़ के मानस की तरह होती है। किसी के शुरुआत करने का इन्तज़ार होता है! अगर शुरुआत में लगाये गये कुछ आरोपों की प्रतिक्रिया स्वरूप आरोपकर्ता को कोई नुक़सान न हुआ, तो उस सार्वजनिक सम्पदा पर आरोप लगाना जैसे सबका अधिकार बन जाता है।

एक सज्जन ने तो कलम के अधिकार का परिचय देते हुए एक जाने-माने

राष्ट्रीय पाक्षिक में लताजी से 'प्रार्थना' की, कि 'कोल्हापुर के एक स्टूडियो से दादासाहेब फालके पुरस्कार से सम्मानित भालजी पेंढारकर को हटा कर, बहु-मंज़िली आवासीय इमारत बनाने के बजाय, लताजी को चाहिए कि वह संगीत के संघर्षरत छात्रों की आर्थिक सहायता करें।'

भले मानस ने पता तो किया होता कि महाराष्ट्र में लताजी ने दो स्कूल और एक कॉलेज न सिर्फ़ स्थापित करवाए हैं, वरन् उनका रोज़मर्रा का ख़र्च भी, जब ज़रूरत पड़े, वही वहन करती आ रही हैं। और सालों से दीनानाथ स्मृति प्रतिष्ठान के तत्वावधान में वार्षिक दो लाख रुपए की छात्रवृत्तियाँ शास्त्रीय संगीत के ज़रूरतमन्द छात्रों को दी जाती रही हैं।

इसके बारे में भी कानाफूसी सुनी गयी थी, कि "देखा, 'स्कॉलरशिप' भी शुरू की, तो क्लासिकल म्यूज़िक के फ़ील्ड (क्षेत्र) में, अपने 'फ़ील्ड' को नहीं छुआ।"

साथ में यह भी जोड़ देते कि सुगम संगीत और फ़िल्म संगीत के लिए शास्त्रीय संगीत की बुनियाद की कतई ज़रूरत नहीं होती!

सुना जाता रहा है कि 'बाई' शेरनी की तरह बेहतरीन जीत की आदी रही हैं, और अपने अस्तित्व की इमारत में एक छोटी-सी दरार भी सह नहीं सकतीं!

"देखिए हरीशजी, सफलता मिलने तक मुझे बड़ी ही विषम परिस्थितियों का सामना करना पड़ा था। लेकिन बात की तह तक कोई नहीं गया; बस दो-चार बातें सुन लीं, और उसके क़िस्से बना दिये!"

बात सोचने लायक है। कामयाबी से पहले की मुश्किलों को हमने 'स्ट्रगल' (संघर्ष) का अच्छा-सा नाम दे दिया और अपार सफलता मिलने के बाद उसी व्यक्ति पर एकाधिकार का आरोप लगा दिया। साथ में एक टिप्पणी भी जोड़ दी कि नये गायकों को अपने अधिकार से वंचित रखने की वजह, इस विलक्षण गायिका में निहित बदले की भावना है। हो गया न दिलचस्प ब्यौरा!

एक संगीतकार युगल ने तो खुल्लमखुल्ला यह आक्षेप किया था कि हम नयी आवाज़ों को पनपने का अवसर देते हैं, वह बाई को अच्छा नहीं लगता। पर उन्हीं की छत्र-छाया में पली नयी गायिकाओं में से एक ने, अनजाने ही में और लताजी की अनुपस्थिति में, एक ऐसी सम्मानसूचक चेष्टा की जो मन को छू जाये।

मेरे कनाडा के एक दौरे में (लता मंगेशकर के साथ नहीं) यह गायिका साथ थी। गायिका के एक साथी के (काग़ज़ रखनेवाले) प्लास्टिक के 'फ़ोल्डर' पर लताजी की तस्वीर थी। जब उस गायिका की स्टेज पर जाने की बारी आयी, तो चलते-चलते उसने उस तस्वीर को उँगलियाँ छुआ कर इस तरह आँखों पर लगाईं,

जैसे किसी महत्वपूर्ण अभियान का आरम्भ करने से पहले हम सर्वशक्तिमान का स्मरण करते हैं।

मैं यहाँ पर गायिका का नाम इसलिए नहीं दे रहा कि उसकी इस प्रक्रिया के दौरान उसके आस-पास कोई नहीं था, और हो सकता है कि वह अपने इस एकान्तिक क्षण को सार्वजनिक न बनाना चाहती हो।

एकाधिकार के आरोपों का तर्कपूर्ण विश्लेषण किया जाये तो एक प्रश्नार्थचिह्न पर आ कर रुकते हैं। 'क्या अधिकार का उपयोग यदा-कदा भी नहीं किया होगा'?

"क्या मेरे अपने अधिकार का उपयोग करने का ही अधिकार मुझे नहीं है?" लताजी ने बेझिझक कहा, "लेकिन मैं उसका ढिंढोरा नहीं पीटती।"

सुने बग़ैर भी अधिकार के उपयोग का प्रमाण एक कार्यक्रम की स्मरणिका में छपा मिल जाता है। बाबा आमटे के (कुष्ठ रोगियों के उपचार एवं पुनर्वसन केन्द्र) 'आनन्दवन' के लाभार्थ, बम्बई के विशाल ब्रेबोन स्टेडियम में कुछ साल पहले एक कार्यक्रम का आयोजन किया गया था।

संकल्पना और आयोजना में आदित्य बिरला संकुल के संगीत कला केन्द्र का सहयोग लिया। जन-सम्पर्क का लाभ दूसरे के लिए भी तो लिया जा सकता है, पर जहाँ संकल्पना ने योजना का और योजना ने परियोजना का रूप लिया, एक ही लक्ष्य सामने दिखने लगा : हो सके उतने ज़्यादा धनराशि इकट्ठा हो।

लोग टिकट ख़रीद कर तो आएँगे ही पर धनोपार्जन का सारा बोझ प्रेक्षकों पर ही क्यों लादा जाये, क्यों न अपनी प्रतिष्ठा, अपने अधिकार का उपयोग किया जाये-सदुपयोग ही सही!

सो, लताजी ने एक वज़नदार स्वागत समिति गठित करने के लिए एक सूची तैयार की। इसमें वह सारे ही नाम थे, जिनकी उद्योग में बड़ी साख थी। इन नामों के बीच में कहीं-कहीं उन राजनीतिज्ञों के भी नाम झलक रहे थे जिनकी सम्पदा का एक बड़ा हिस्सा 'पॉवर' था।

समिति का गठन तो शुरुआत-मात्र थी। असल काम तो अब करना था। अगर लता मंगेशकर सीधे, प्रत्यक्ष रूप से पैसे माँगें, तो उन्हें यह उद्योगपतिगण इनकार कैसे करे ।

ख़ुद चल कर, सबसे पहले वरिष्ठ उद्योगपति आदित्य विक्रम बिरला से मिलने गयीं। (आदित्यजी, केवल कला-रसिक ही नहीं, 'भोर चित्रकार' भी हैं-मुँह अँधेरे उठ कर पेंटिंग करते हैं।) औपचारिकता में समय नहीं गँवाया गया। कुछ ही मिनटों में एक चेक पर छह आँकड़ों की एक रक़म और हस्ताक्षर अंकित हुए। वहाँ से उतर कर लताजी ने, धीरूभाई अम्बानी के आलीशान ऑफ़िस का ज़ीना चढ़ा।

1943—कोल्हापुर में प्रफुल्ल पिक्चर्स के परिसर में

"ज़िन्दगी में पहली बार किसी से पैसे माँग रही हूँ!"

पैसों के मामले में सुखद और दुःखद दोनों ही झटके झेलने के आदी उद्योगपति भी आश्चर्यचकित! अगर वह माँग रही हैं तो ज़रूर कोई ख़ास वजह होगी!

"है, पहली बार माँग रही हूँ, लेकिन अपने लिए नहीं।"

अनुदान की माँग का कारण और आम बातचीत के बाद, धीरूभाई ने दो

टूक, लेकिन वरिष्ठों को सम्मान देनेवाला सवाल पूछा, ''बिरलाजी ने कितने दिये, उनसे ज़्यादा देना मुझे शोभा नहीं देगा।''

फिर एक चेक बुक खुली, फिर चेक पर छह आँकड़े अंकित हुए।

वालचन्द और गोदरेज, गोयनका और गरवारे—पैसे सबने दिये, सहर्ष दिये। उतने ही उत्साह से महँगे टिकट ख़रीदे, ख़रीदवाए।

अट्ठाईस अप्रैल 1984 की शाम, बम्बई में उस कार्यक्रम के अन्त में, 34 लाख रुपए का चेक कुष्ठ रोगियों के मसीहा, बाबा आमटे को भेंट किया गया।

जहाँ तक आरोपों का सवाल है, उनके स्टेज कार्यक्रमों को ले कर भी लगाये गये : कि अपने सह-कलाकारों को दूसरों के साथ काम करने से लताजी रोकती हैं। इनमें से एक तो मुझ ही से सम्बन्धित था।

1983 की शुरुआत में मुझे और रिकॉर्डिस्ट शशांक को गायिका आशा भोंसले ने अपने साथ अमरीका के दौरे पर आने का निमन्त्रण दिया।

बदनसीबी से तभी मेरी एक रेडियो शृंखला शुरू हो रही थी और हफ़्तावार ब्रोडकास्ट की वजह से बम्बई में मेरी मौजूदगी बेहद ज़रूरी थी। मैं न जा पाया, जिसका मलाल मुझे आज तक रहा है।

लेकिन स्टेज कार्यक्रमों के सीमित जगत में तुरन्त अफ़वाह बहने लगी और बहते-बहते मेरे ही पास आयी कि 'बड़ी बहन' नहीं चाहती कि तुम 'छोटी बहन' के साथ जाओ। असलियत तो यह थी कि बात निकलने पर 'बड़ी बहन' ने ही सुझाव दिया था कि अगर आशाजी चाहें तो अपने प्रोग्रामों के लिए लताजी के साथ जानेवाले रिकॉर्डिस्ट और उद्घोषक को आज़मा लें।

वैसे दोनों बहनों के सम्बन्ध भी तो अफ़वाहों का विषय रहे हैं। यह बात ज़रूर है कि दोनों एक ही क्षेत्र में कार्यरत होने के नाते स्वस्थ प्रतिस्पर्धी हैं, पर अफ़वाह के शोलों को हवा देनेवाले यह नहीं जानते कि दोनों के घरों के बीच का दरवाज़ा अक्सर खुला ही रहता है और आपस में आना-जाना लगा ही रहता है।

बाज़दफ़ा लताजी के दरवाज़े पर पहुँचने पर सन्देश मिलता है कि, ''या, दीदी घरीच आहेत'' (''आइए, दीदी घर ही पर हैं''), पर होती हैं वह आशाजी के घर पर।

आरोपों का यह सिलसिला तो सालों से चला आ रहा है। फिर भी लताजी के प्यारे मुकेश भैया ने सुमन कल्याणपुर के साथ भी गीत गाये हैं। क्या संगीतकार और गायक को 'डर' नहीं लगा होगा? क्या 'एकाधिकार' प्राप्त गायिका ने दबाव नहीं डाला होगा?

जहाँ तक अपने स्टेज कार्यक्रमों के सहकलाकारों को दूसरों के साथ काम न करने देने का सवाल है, बात बेबुनियाद है। लताजी का संगीत संचालक और मैं तो उन लोगों के साथ भी काम करते रहे हैं जिनके साथ वह स्वयं काम नहीं करतीं।

1992 के अन्त में मुझे दुबई में ओ. पी. नय्यर का एक कार्यक्रम करने के लिए अनुबन्धित किया गया था। उसी शहर में ठीक एक महीने बाद लताजी के कार्यक्रमों का मंचन होना था और मैं उनमें भी शामिल था। बम्बई के 'शो बिज़' समुदाय में यह बात चर्चा का विषय बन गयी। मुझसे कहा गया कि 'बाई' यह कभी नहीं सह पाएँगी, तुम्हारे बारह सालों के सम्बन्ध टूटते देर न लगेगी...और तुम्हें पता भी न चलेगा। दूसरी तरफ़ यह हवा बनाई जा रही थी कि ओ. पी. नय्यर का प्रोग्राम तो सिर्फ़ लताजी के प्रोग्राम को 'तोड़ने' के लिए किया जा रहा है, उसका और कोई वजूद ही नहीं है।

मुझे 'ग़ददार' की पदवी दी गयी और लताजी के दल से अलग करने का ("हमेशा के लिए 'ड्रॉप' ही कर दो") प्रस्ताव भी रखा गया। पर मैं एक ही बात को ले कर आश्वस्त था कि अन्तिम निर्णय लताजी ही लेंगी और उनका निर्णय पात्र की योग्यता पर निर्भर होगा, किसी प्रतिस्पर्धी की वांछित सफलता या असफलता पर नहीं।

जब ग़लतफ़हमियों का जाल बुना जा रहा हो तो बेहतर यही है कि आमने-सामने ही बात हो। मैंने वही किया। लताजी से ही खुला सवाल पूछा, "मैंने नय्यर साहब का शो लिया, क्या उसका आपको बुरा लगा?"

जवाब था, "बिलकुल नहीं।"

मैंने सोचा कि शायद कोई और जवाब देना शिष्टता के विरुद्ध समझा हो। लेकिन उस दौरे पर निकलने से पहले के रिहर्सलों में, या दौरे पर भी, आत्मीयता के अभाव या औपचारिकता के अतिरेक का कहीं आभास नहीं हो रहा था। उनके व्यवहार से तो यह फलित होता है कि जितनी स्वतन्त्र विचारों की वह स्वयं हैं, उतना ही वह सहयोगियों के स्वतन्त्र विचारों का आदर करती हैं। और लोगों के व्यवहार से यह फलित होता है कि वह लताजी पर आरोप लगाते हुए, अफ़वाहें फैलाते हुए भी उनके काम, उनके संगीत के आगे घुटने टेकते हैं।

स्व. मास्टर दीनानाथ की दूसरी पुण्यतिथि के अवसर पर, 'हमीर' राग में निबद्ध पिता की ही एक 'चीज़' पन्द्रह साल की लता ने गाई थी।

तीन सप्तकों में भौंरे की तरह विहरती उसकी एक तान को सुन कर, दीनानाथ के गुरु, वज़ेबुवा ने कहा था, "यह तान लेते-लेते तो फ़लाँ-फ़लाँ बाई का जनम गुज़र जाता। अगर यह लड़की ठीक तरह से सीखती रही, तो अपने सामने किसी

और को ठहरने नहीं देगी।''

गायनाचार्य के यह उद्‌गार एकाधिकार के आरोपों की शुरुआत हुई, उससे कोई पच्चीस साल पहले किये गये थे!

पता नहीं जीन पियरे स्टेडियम में ही लता मंगेशकर का दूसरा कार्यक्रम देखने आये ग्यारह हज़ार लोगों में से कितने लोग ऐसे आरोपों का समर्थन करते थे। अगर उनके अवचेतन में कहीं ऐसा विचार रहा हो, तो भी इस समय उन्हें उसके सही या ग़लत होने के साथ कोई सरोकार नहीं था।

टेलीविजन-रेडियो प्रोग्रामों और अख़बारों को दिये इण्टरव्यू से प्रेक्षकों को अन्दाज़ा हो गया था, कि दूसरे कार्यक्रम में वही-के-वही गीत न गाये जायेंगे इसलिए कई सारे प्रेक्षक दोबारा आये थे और इसीलिए टिकट न मिलने पर कई सारे निराश लौटे थे।

मध्यान्तर होते-होते तो तीसरे कार्यक्रम की योजना आकार ले चुकी थी। यानी दक्षिण अमरीका के दो देशों—गयाना और सुरीनाम—की यात्रा के बाद एक और कार्यक्रम ट्रिनिडाड में।

''सत्यम् शिवम्...'' के बाद उठी तालियों की लहर को अधर ही में छोड़ कर जा रहीं लताजी को, प्रेक्षकों के आग्रह ने लौटने पर बाध्य कर दिया। इस बार दुबारा वही गीत गाने की माँग नहीं थी। 'स्पीक लता, स्पीक' की लयबद्ध ध्वनि, लताजी को बोलने के लिए विवश कर रही थी।

हिन्दी और अंग्रेज़ी, दोनों ही में कुछ शब्द बोल कर, लताजी नेपथ्य में लौटीं, ''बाप रे, मुझसे चाहे चार गाने ज़्यादा गवा लो, लेकिन यह बोलना-वोलना मुझसे नहीं होता।''

''लेकिन आप अच्छा-भला तो बोलीं, डर किस बात का?'' मैंने कहा।

''मुझे तो बहुत डर लगता है कि कहीं बोलते वक़्त शब्द मिले ही नहीं तो?''

''देखिए, यह खेल तो आत्मविश्वास का है। चाहे फिर वह सधी हुई वक्तृत्व कला और तैयारी से पाया सच्चा आत्मविश्वास हो, या अपने आप को बहलाने के लिए अर्जित किया हुआ कृत्रिम आत्मविश्वास, अरे भई, मुअज़्ज़िज़ मेहमान ने स्टेज पर से जो फ़रमा दिया, उसमें कोई क्या मीन-मेख करेगा?''

''लेकिन कहीं कोई ग़लत शब्द या ग़लत बात मुँह से निकल जाये तो?''

शायद इसी डर की वजह से लताजी ने, फ़िल्मों में अपनी रजत जयन्ती के अवसर पर आयोजित एक समारोह में अपना भाषण शुरू करने से पहले कहा था, ''काश, इस घड़ी मेरे लिए कोई 'पार्श्व वक्ता' (प्लेबैक स्पीकर) होता!''

ख़ैर, वेस्ट इण्डीज़ के इस कार्यक्रम के दूसरे ही दिन लग रहा था, किसी और को 'प्लेबैक स्पीकर' की ज़रूरत थी!

हमारे इस दल के लिए, यात्रा के दौरान किसी भी सदस्य की सालगिरह, विशेष महत्व ग्रहण कर लेती थी। फिर अट्ठाईस सितम्बर तो स्वयं लताजी की वर्षगाँठ थी।

होटल में आयोजित पार्टी में शामिल होने की सबकी जितनी इच्छा थी उतना ही संकोच भी हो रहा था। धर्म-संकट था। सालगिरह की पार्टी में ख़ाली हाथ जाना मुनासिब न था और इतनी धनवान और ख्याति-प्राप्त हस्ती को दें भी तो क्या? अगर कोई महँगी चीज़ ख़रीदने की क्षमता हो भी, तो विदेशी मुद्रा में नहीं।

राजसिंगार डुंगरपुर ने समस्या को समझते हुए, अपने वतन मारवाड़ का अकसीर इलाज आज़माया और समस्या सुलझा दी। 'हींग लगे न फिटकरी, रंग भी आये चोखा।' विशाल टेबल की चारों ओर बैठे सब। हम सबको दो-दो मिनट बोल कर कुछ शब्दों की भेंट लताजी को देनी थी! सहकलाकारों की सद्भावना भी तो बड़ा उपहार है!

तो शुरुआत हुई। किसी ने शे'र कहा, किसी ने लताजी के साथ का अनुभव सुनाया। किसी ने कहा कि 'मुझसे दो मिनट बोलने कहा गया, मेरी ज़िन्दगी से दो साल लताजी को देने क्यों नहीं कहा गया'? तो किसी ने एक ज़ोरदार चुटकुला सुनाया और कहा कि यह चुटकुला उसने लताजी से सुना था!

बारी आयी सितार वादक जयराम आचार्य की। शायद शिकागो की विश्व धर्म परिषद में अपने भाषण से पहले विवेकानन्द भी इतनी ही गम्भीरता से लोगों के सम्मुख आये होंगे। आचार्यजी ने पूरे पाँचेक सेकेण्ड तक कुछ नहीं कहा। उस मज़ाहिया मूड में, सुननेवालों की अधीरता शोर में तबदील होने ही वाली थी, कि उन्होंने एक-एक शब्द को जैसे तोलते हुए कहा, ''हम सब जानते हैं की आज दीदी का जन्मदिन है,'' कुछ लोगों ने सामने पड़े ठण्डे पेय के गिलास मुँह से लगाये और कुछ ने कलाई की घड़ी देखी। वक्ता का विद्वत्तापूर्ण भाषण आगे चला, ''इसलिए मेरी आप सबसे विनती है कि हम सब खड़े हो कर दो मिनिट के लिए मौन रखें!'' सबके काटो तो ख़ून नहीं! सबने फटी आँखों से एक दूसरे के सामने देखा, लेकिन कोई विरोध करता उससे पहले, अपनी-अपनी जगह पर खड़े होने की सामूहिक प्रक्रिया शुरू हो चुकी थी। यानी, लताजी की इक्यावनवीं वर्षगाँठ के अवसर पर, दो मिनिट का मौन रखा गया, और उसमें स्वयं लताजी शामिल थीं!

''सच ही, वक्ता के शब्द में कोई क्या मीन-मेख कर सकता है,'' लताजी

ने 'बुफ़े डिनर' लेते हुए मुझसे कहा और ठहाका मार कर हँस दीं, "यह मेरा एक नया रिकॉर्ड होगा। मेरे लिए हो रहे मौन में मैं ही मौजूद थी!"

वेस्ट इण्डीज़ से विदा लेते हुए, पियार्को अन्तर्राष्ट्रीय हवाई अड्डे की ओर ड्राइव करते हुए, हमारे मेज़बान, कार्यक्रमों की तारीफ़ करते थकते नहीं थे, "आप लोगों ने वापस आने का वादा किया है इसलिए आपको हम छोड़ने आ रहे हैं, वरना यहाँ से जाने ही नहीं देते", सैम महाराज स्नेहपूर्ण धमकी दे रहे थे। इस देश में बसे भारतीयों में से, ज़्यादा नहीं तो तीस प्रतिशत लोगों का गोत्रनाम 'महाराज' है। पर 'सैम' किस संस्कृत नाम का अपभ्रंश होगा, वह तो ख़ुद (शायद) 'शिव चरण वल्द भगवती चरण महाराज' ही जानें!

इस 'महाराजजी' ने मुझे एअरपोर्ट पहुँचाते हुए, एक पुण्य का काम किया। गाड़ी मोड़ कर और दुगुनी तेज़ चला कर, मुझे विश्व का आठवाँ अजूबा, ल—ब्रिया पिच लेक दिखाने ले गये। दुनिया में यह एक ही जगह है, जहाँ तारकोल भूगर्भ से निकल कर सतह पर आता है। किसी रासायणिक प्रकिया की ज़रूरत नहीं पड़ती।

वहाँ से लौटते हुए हम लोग उसी विशाल मैदान—क्वीन्स पार्क सवाना—के पास से गुज़र रहे थे। इस समय भी क्रिकेट और संगीत का पूर्वाभ्यास हो रहा था। काम के नाम पर जो यह कार्य-कलाप साल-भर होता है, लगता है इनकी फलक्षुति, या तो होती है दुनिया के कई हिस्सों में खेले जानेवाले क्रिकेट मंचों में, या साल में दो दिन चलनेवाले कार्निवॉल (शोभा यात्रा उत्सव) में। हमारी होली के रंग और शरारतें, गणेशोत्सव के नाच-गाने और जुलूस तथा दुर्गापूजा के उत्साह और सज-धज, एक साथ हों और इनमें बहुत सारी तेज़-असर शराब मिलाई जाये और जो नतीजा निकले, वह, कार्निवॉल के रूप में हर वर्ष ट्रिनिडाड की सड़कों पर निकलता है। आम तौर पर हर उत्सव के पीछे कोई-न-कोई महात्म्य होता है, कोई उद्देश्य होता है। पर कार्निवल का एक ही लक्ष्य होता है : अपने आपको खुला छोड़ दो, नाच लो, गा लो, गले मिलो, मौज मनाओ।

ज़मीन पर रेंगते ब्रिटिश वेस्ट इण्डियन एअरवेज़ के विमान की खिड़की से, अब भी ट्रिनिडाड वासी हमें विदा देते दिख रहे थे। नये देश गयाना के नये शहर जॉर्ज टाउन जाने का उत्साह तो मन में था ही, पर भारतीय प्रवासी के लिए दुर्लभ, विश्व के एक नये महाद्वीप, दक्षिण अमरीका पर कदम रखने की उत्कट जिज्ञासा भी थी।

अक्टूबर 1980, *जॉर्जटाउन, गुआना, दक्षिण अमरीका*

मैं भी यहाँ बम्बई में विक्टोरिया गार्डन में घूमने नहीं आयी

स्कूल में छुट्टी किस बच्चे को अच्छी नहीं लगती? कारख़ानों के मज़दूर और ऑफ़िस में काम करनेवाले क्लर्कों द्वारा भी साल-भर की छुट्टियों की सूची की लम्बाई साल के आरम्भ में ही नापी जाती है और चाय या खाने के समय उस पर चर्चा भी ज़रूर होती है। पर जब इनके अतिरिक्त कोई छुट्टी घोषित की जाती है तो उसका आनन्द दुगुना ही होता है—फिर चाहे वह किसी राजनीतिक नेता या स्कूल के किसी 'ट्रस्टी' की मृत्यु पर ही क्यों न हो! लेकिन ऐसे प्रसंग पर मिली छुट्टी पर ख़ुशी का इज़हार नहीं किया जाता।

मैं तो आज तक यह नहीं समझ पाया कि यह छुट्टियाँ क्यों दी जाती हैं। अगर राजनीतिक नेता चल बसता है तो क्या उससे लगा आघात झेलने की क्षमता पाने के लिए? लेकिन दिन-भर तो तफ़रीह होती है—चाहे सरकारी रेडियो और टीवी पर कितनी ही करुण सारंगी क्यों न बजे और कितने ही भजन क्यों न गाये जायें! मेरे ख़याल से, नेता की मौत से देश को हुई क्षति की पूर्ति के लिए छुट्टी देने के बजाय सारे देश को मिलकर सामूहिक 'ओवर टाइम' करना चाहिए! जितना बड़ा नेता उतना ही अधिक 'ओवर टाइम'! फिर देखिए...अगर दुआओं में असर है, तो हमारे नेताओं की उम्र कितनी लम्बी हो जाती है! छुट्टी तो तब देनी चाहिए जब किसी बड़े सार्वजनिक व्यक्ति की ओर से कोई शुभ समाचार मिले।

इसीलिए मुझे सानन्द आश्चर्य हुआ जब मैंने सुना कि दक्षिण अमरीका के गयाना देश की राजधानी जॉर्जटाउन में लता मंगेशकर के आगमन के अवसर पर छुट्टी घोषित की गयी है!

गयाना की धरती पर पहली बार भारत से कोई बड़ा कलाकार आ रहा

था। वहाँ पहुँचने की हमारी उत्सुकता और भी बढ़ गयी। अब पहुँचने में देर ही कितनी थी?

लेकिन विमान की खिड़की से ज़मीन कहीं नज़र नहीं आ रही थी। विमान ने ऊँचाई कुछ कम की तो समझ में आया कि क्षितिज तक जो घनी हरी चादर-सी बिछी नज़र आ रही थी, वह उष्ण कटिबन्धीय जंगल थे। स्कूल में भूगोल पढ़ते हुए रट्टा लगाया था कि अफ़्रीका और दक्षिण अमरीका में कई जगह इतने घने जंगल हैं कि भरी दोपहरी में भी सूर्य की किरणें ज़मीन तक नहीं पहुँचतीं।

हवाई अड्डे पर हमारे स्वागत के लिए खड़ी भीड़ को देख कर लगा कि अगर सारे-के-सारे लोग यहाँ हैं, तो शहर तो सूना ही पड़ा होगा!

सूने तो रास्ते भी नहीं थे।

'टिमेह्री इण्टरनेशनल एअरपोर्ट' से जॉर्जटाउन शहर कोई चालीस किलोमीटर दूर है। दो ही गाड़ियाँ आ-जा सकें उतने रास्ते पर, गाड़ियाँ सिर्फ़ शहर की ही दिशा में जाती लग रही थीं। यह तो कुछ देर के बाद पता चला कि हम एक 'मोटरकेड' (शृंखला) के रूप में जा रहे थे। हमारी गाड़ी के आगे की वैन में एक पुरुष और एक महिला, बारी-बारी से माइक्रोफ़ोन में कुछ बोले जा रहे थे। वैन पर एक बड़ा सा 'एरियल' लगा हुआ था। पता चला कि लता मंगेशकर के आगमन का देश-भर में रेडियो पर जीवन्त प्रसारण हो रहा है! और कार का रेडियो चलाने पर मालूम हुआ कि हम लोगों को शहर के मध्य में स्थित एक चौक में ले जाया जा रहा था, जहाँ शहर के मेयर भारत से आये मेहमानों का औपचारिक स्वागत करेंगे।

रास्ते के दोनों तरफ़ घना जंगल था। रास्ते और पेड़ों के बीच में बस एकाध पंक्ति घरों की थी। लेकिन यह बँगले तो तब नज़र आते थे जब कहीं-कहीं दोनों तरफ़ खड़े लोगों की भीड़ कुछ छँटती—लकड़ी के मचानों पर टिके एक-एक मंज़िले बँगले। यानी 'ग्राउण्ड फ़्लोर' था ही नहीं—सीढ़ी पर से सीधे पहली मंज़िल पहुँच जाइए। साल में छह महीने होनेवाली मूसलाधार बारिश के कारण ऐसे मकान बनाये जाते हैं। यहाँ की भाषा में 'गयाना' शब्द का अर्थ है : 'पानी की धरती'।

रास्ते पर भी बड़ी तादाद में खड़े थे। कौन-सी गाड़ी में कौन बैठा है, यह जाने बग़ैर ही लोग हाथ हिलाकर अभिवादन कर रहे थे और 'लता-लता' चिल्लाते हुए थोड़ी दूर तक साथ-साथ दौड़ लेते थे। फिर सोचा कि अगर इतने सारे लोग यहाँ हैं और इतने ज़्यादा लोग हवाई अड्डे पर थे तब फिर शहर में स्वागत समारोह के लिए कोई बचा भी होगा? पर शायद मैं तीसरे देशों में बसे लोगों की प्रजनन-क्षमता को कुछ कम ही आँक रहा था!

शोभा यात्रा जैसी हमारी मोटर यात्रा की समाप्ति पर हम जैसे ही गाड़ी से उतरे, लोगों से ऐसे घिरे कि पुलिसवालों की मदद के बग़ैर तो वापस गाड़ी में घुसना भी मुमकिन न होता। देखा जाये तो किस सार्वजनिक व्यक्ति को लोगों द्वारा घिरा जाना अच्छा नहीं लगता, पर जब यह अहसास हो कि आपको घेरनेवाले आपको जानते ही नहीं और इस हो-हल्ले का हक़दार तो कोई और ही है तो अहं को कुछ ठेस ज़रूर लगती है।

तभी, सरकारी बैण्ड की आवाज़ आयी और उस उत्तेजित भीड़ का ध्यान भी उस तरफ़ गया। शायद बैण्ड पर राष्ट्रीय गीत बजाया जा रहा हो! ध्यान से सुना, तो फ़िल्म 'गुमनाम' के लताजी के गाये गीत, ''गुमनाम है कोई, बदनाम है कोई...'' की धुन थी! जिसका स्वागत किया जा रहा है उसे 'गुमनाम' और 'बदनाम' कहने के पीछे या तो कोई मर्म छिपा होगा, या फिर, यहाँ बसे भारतीयों की हिन्दी का ईश्वर ही मालिक है!

कैसे न हो? भौगोलिक रूप से गयाना चाहे दक्षिण अमरीका भूखण्ड में है, सांस्कृतिक रूप से इसे वेस्ट इण्डीज़ का ही हिस्सा माना गया है। लेकिन अगर यहाँ आ कर आप इस देश के रहन-सहन, तौर-तरीक़े और रस्मो-रिवाज़ जानने की कोशिश कर रहे हैं तो खोजबीन तुरन्त रोकिये, क्योंकि विभिन्न तरह के लोगों के मेले का कोई एक स्वभाव नहीं हो सकता।

अगर बम्बई शहर भारत का और न्यूयॉर्क अमरीका का 'मेल्टिंग पॉट' (अनेक संस्कृतियों की 'भेल पूड़ी') माना जाता है, तो जॉर्जटाउन को विश्व का 'मेल्टिंग पॉट' कहना चाहिए—ट्रिनिडाड देश के पोर्ट ऑफ़ स्पेइन की तरह। विश्व की सारी सभ्यताएँ यहाँ मौजूद हैं : चीनी, भारतीय, अफ्रीकी, योरपीय, पुर्तगाली, श्वेत, श्याम और यहाँ के मूल आदिवासी। पर जनसंख्या का सबसे बड़ा हिस्सा हैं भारतीय। यहाँ आ बसने की इनकी भी वही कहानी है। चार या पाँच पीढ़ी पहले बँधुआ मज़दूर बन कर आये और आज राजनीति में भी इनका वर्चस्व है। 1980 में हमारे आगमन के समय, राष्ट्राध्यक्ष, मूल भारतीय, डॉ. छेदी जगन का अभी हाल ही में तख्ता पलटा था।

ट्रिनिडाडवासियों की तरह गयाना के लोगों का हिन्दी गीतों का ज्ञान चाहे हमें शरमा देनेवाला था, पर वह हिन्दी लिख-बोल नहीं पाते थे। इसलिए 'गुमनाम' और 'बदनाम' शब्दों को शायद वह कोई स्वागतोक्ति समझ बैठे थे!

जॉर्जटाउन नगर के मध्य में, जहाँ विश्व की सबसे ऊँची लकड़ी की बनी इमारत—सेण्ट जॉर्जिस कैथेड्रल—है, वहाँ इस समय उस चर्च के अलावा बस लोग ही दिख रहे थे। आस-पास के पेड़ों पर भी घने पत्तों के बीच फलों की जगह

इन्सानों के सर ही सर नज़र आ रहे थे।

'गुमनाम' फ़िल्म का शीर्षक गीत तो तीन अन्तरों के बाद पूरा हो जाता था पर यहाँ के बैण्ड पर बजता ही जा रहा था। कहीं यह गीत हमें, गयाना के घने जंगलों में तभी-तभी घटित एक भयानक हादसे की याद तो नहीं दिला रहा था! अमरीका के एक 'आधुनिक' आध्यात्मिक नेता द्वारा गयाना में स्थापित जोन्स टेम्पल के नौ सौ अनुयायियों ने ज़हर खा कर सामूहिक आत्महत्या की थी और वह 'दार्शनिक-सन्त' अपने निजी हवाई जहाज़ में रफूचक्कर हो गये थे! पढ़ा था कि सरकार के चुनाव हारने की एक वजह यह वीभत्स घटना भी थी। आज उस भीड़ में खड़े सुरक्षा अधिकारी इस बारे में पूछे गये सवाल, आस-पास हो रहे बेदम शोर का बहाना कर के सुन नहीं रहे थे!

बीच में बने सीमेण्ट के चबूतरे पर लताजी के आते ही शोर और बढ़ गया। मेयर महोदय के शिष्टाचार भरे उद्गारों को, लग रहा था, कि कोई सुन नहीं रहा था। लेकिन जब घोषणा हुई कि अब जॉर्जटाउन शहर की 'चाभी' लताजी को दी जायेगी, तो वह शोर जैसे एक धमाका बन गया। लताजी सम्मान का यह प्रतीक स्वीकार करने उठीं! पीढ़ियों से भारत के किसी कलाकार को देखने तरस गये गयाना वासियों का स्नेह ऐसी भाषा में परिवर्तित हुआ, जिसके शब्दों का अभी पूरी तरह आविष्कार नहीं हुआ था—जैसे कोई अबोध बालक बेहद हर्ष की अवस्था में अस्पष्ट किलकारियाँ कर रहा हो। लताजी ने हर दिशा में झुक-झुक कर नमस्कार किया। लोगों की आशा बँधी कि वह कुछ कहेंगी—ताकि विश्वास हो जाये कि सचमुच यह व्यक्ति लता मंगेशकर ही हैं! अचानक शान्ति छा गयी। कोई भयानक बवण्डर किसी जगह को तहस-नहस कर के उजाड़ कर दे और बाद में वहाँ चलती हवा की आवाज़ के सिवा और कुछ न सुनायी दे, उसी तरह सिर्फ़ पेड़ों के पत्ते हिलने की आवाज़ सुनायी दे रही थी, लेकिन कुछ ही क्षण के लिए। लताजी एक शब्द बोली नहीं, और मन्त्रमुग्ध जनसमूह निराश हो गया। फिर शोर का साम्राज्य छा गया। फिर एक बार बैण्ड पर 'गुमनाम है कोई' बजने लगा और हम लोग सुरक्षा अधिकारियों की मदद से, उमड़ती भीड़ में से रास्ता करते हुए अपनी-अपनी गाड़ियों की तरफ़ चले। गाड़ी में बैठते हुए लताजी ने कहा, "धुन सुन रहे हैं न, लगता है यहाँ यह गीत गाना ही पड़ेगा।"

बस, बनी-बनाई सारी योजनाओं पर पानी फिर गया। सोचा था इस उपमहाद्वीप, इस देश और इस शहर में दुबारा इस ज़िन्दगी में तो आने को मिलेगा नहीं, इसलिए घूमते-घूमते काम कर लेता, या काम करते-करते घूम लेता, लेकिन घूमता ज़रूर। सोचा था यहाँ आते ही जंगलों में छिपा विश्व का सबसे ऊँचा केईट्योर जल प्रपात

(अमरीका के न्यागरा से लगभग चार गुना ऊँचा!) देखूँगा। सोने और हीरे की खदानें देखने जाऊँगा और चट्टानों पर 'रेड इण्डियनों' द्वारा की गयी चित्रकारी देखूँगा। लेकिन अब प्राथमिकताएँ बदल गयीं! रिहर्सल पहले।

जब रिहर्सल के दौरान उस 'गुमनाम' गीत का अभ्यास किया गया तब हम न जानते थे कि जॉर्जटाउन के प्रेक्षक, कार्यक्रम में उसकी बारी आने तक इन्तज़ार करने के लिए तैयार नहीं होंगे।

इस देश में हर सांस्कृतिक कार्यक्रम की शुरुआत राष्ट्रीय गीत से होती है। इसलिए लताजी के कैरिअर में शायद पहली बार उनका कार्यक्रम, गीता के श्लोक से आरम्भ न हो कर, दो राष्ट्र गीतों से हुआ : पहले गयाना का, बाद में भारत का।

अंदाज अपना अपना मन्ना दे, मुहम्मद रफ़ी , मुकेश, तलत महमूद के साथ

इसके बाद लताजी के गीतों की झड़ी लग गयी । जितनी बार लताजी स्टेज पर से लौटने को हुईं, प्रेक्षकों ने उन्हें रोक लिया, और आख़िर जब 'गुमनाम' का वह 'स्वागत गीत' गाया, तभी नेपथ्य में जाने की इजाज़त दी।

नितिन मुकेश की बारी थी।

फ्रेंच से ले कर कच्छी और मारवाड़ी तक जितनी भाषाएँ नितिन जानते हैं, उनमें से बारी-बारी किसी एक में, हर बार स्टेज पर जाने से पहले उन्होंने मुझसे कहा है कि वह बहुत 'नर्वस' हैं और हर बार मुझे लगा है कि वह यह बात उसी तरह कह रहे हैं जैसे कोई पढ़ाकू लड़का परीक्षा से पहले ऐलान करे कि उसने कोई तैयारी नहीं की, लेकिन पाए अव्वल नम्बर।

स्टेज पर मुकेशजी की मीठी मेलोडी का माहौल अभी बिखरा नहीं था कि

लता-मुकेश के गीतों ने लोगों को भाव-विभोर कर दिया। नेपथ्य में स्थानीय प्रायोजक ने आ कर अपनी 'ग़लती की माफ़ी माँगी'।

''कौन-सी गलती?''

''हमने सोचा था कि साढ़े तीन घण्टे की अवधि 'भरने' के लिए गीतों के अलावा अन्य 'मनोरंजन आइटमों' की भी ज़रूरत पड़ेगी इसलिए आप लोगों से कहे बग़ैर हमने यहाँ के एक 'डाँस ट्रप' और यहाँ तक कि एक जादूगर को भी बुलवा लिया था।''

यानी प्रायोजक भी भाव-विभोर थे।

एक अभिभूत महिला श्रोता, सुरक्षा जाल से बचती-गुज़रती नेपथ्य में आयीं—बहुत सारी फ़रमाइशें ले कर और अपनी एक जिज्ञासा ले कर, अपने देश की विशेष अंग्रेज़ी भाषा में।

भारतीय गायन में, आलाप में एक थाप ('बीट') पर एक ही सुर होता है, जब कि तान में एक से ज़्यादा सुर होते हैं। यहाँ की अंग्रेज़ी में—जिसे क्रियोलीज़ कहते हैं—आम अंग्रेज़ी के मुकाबले, एक ही साँस में बहुत ज़्यादा शब्द होते हैं। समझ सकें तो समझिए, वरना बस मन्द-मन्द मुस्कुराइए। मैं भी कुछ देर तो मुस्कुराता रहा, पर एक ही सवाल बार-बार पूछे जाने पर अहसास हुआ कि जवाब में स्मित नहीं, 'हाँ' या 'ना' दरकार थी! वह महिला पूछ रही थीं कि क्या मैं (लेखक) लताजी का भाई हूँ!...''क्योंकि आपकी आवाज़ भी ख़ूबसूरत है!'' बहुत शुक्रिया, लेकिन...मैं कोई अच्छा-सा जवाब सोचता उससे पहले मुझे किसी ने बाँह पकड़ कर स्टेज पर लगभग धकेल दिया।

कोई बारह हज़ार अधीर प्रेक्षकों के सामने खड़े हुए मैं सिर्फ़ इतना ही जानता था कि आगे लताजी को गाना है, लेकिन क्या गाना है वह मुझे धकेलनेवाले सत्पुरुष ने याद नहीं दिलाया था। इसलिए स्टेज पर से मैंने कहा, कि अभी-अभी नेपथ्य में मुझसे पूछा गया कि क्या मैं लताजी का भाई हूँ...वग़ैरह! ''लेकिन,'' मैंने आगे कहा, ''हम दोनों की आवाज़ में एक साम्य ज़रूर है और वह यह कि हमारा गाना हमारे लिए एक हथियार समान है। लताजी का इतना ही कहना काफ़ी है कि 'मैं आपके के लिए नहीं गाऊँगी' और मैं भी किसी को धमकी देना चाहूँ तो कह देता हूँ, कि 'अब मैं गानेवाला हूँ'! लेकिन चूँकि आपके साथ कोई बैर नहीं है, लताजी आप के लिए अवश्य गायेंगी।''

हँसी की हिलोर उठी और तब मुझे ख़याल आया कि कहीं स्टेज पर से कही जानेवाली हल्की-फुल्की बात में, मैं कोई चुभनेवाला सच तो नहीं कह गया? मुड़ कर देखा तो लताजी अन्यमनस्क आगे गाये जानेवाले गीत का काग़ज़ ठीक-

ठाक कर रही थीं। कहते हैं, विनोद में भी कहीं-न-कहीं सच झाँक रहा होता है। देखा जाये तो मैं अनजाने में गहरी बात कह ही गया था। किसी विशेष व्यक्ति के लिए न गाना, सर्वाधिक माँगवाले प्लेबैक सिंगर के हाथ में एक सशक्त हथियार ही तो हुआ।

लेकिन यह कहना सर्वथा अनुचित होगा कि लताजी ने फ़िल्म उद्योग में अपने शीर्ष स्थान का उपयोग 'नाक बन्द कर के मुँह खुलवाने के लिए' किया। दरहक़ीक़त अगर उनके कई सारे विवादों का जायज़ा लिया जाये तो एक बात साफ़ उभर कर आती है कि अपनी शक्ति का उपयोग, अधिकतर अपने स्वाभिमान और अपने मूल्यों की रक्षा के लिए किया गया। इनमें यदा-कदा सफलता-जनित अहं मिश्रित हो गया हो, तो अक्षभ्य नहीं है।

स्पर्धापूर्ण फ़िल्म उद्योग में सफलता प्राप्त करने से पहले भी अगर कहीं स्वाभिमान की हानि होती हुई नज़र आयी, तो उसका डट कर विरोध किया, चाहे उस विरोध की कीमत, काम खो कर ही क्यों न चुकानी पड़ी हो।

जिन्होंने 'लाहौर' फ़िल्म के "बहारें फिर भी आयेंगी..." गीत का रसास्वाद लिया है, वह उसके संगीतकार, श्यामसुन्दर के बारे में आदर से सोचते होंगे।

लेकिन इस प्रतिभावान संगीतकार के व्यक्तित्व का एक कलुषित पहलू था: शराब। और यह ऐब सिर्फ़ नशे तक महदूद नहीं था, नशा होते ही उनके संगीत

'लोता गायेगा न? फिर हम सेफ है' संगीतकार सचिन देव बर्मन के साथ

की मुलायमियत तो कायम रहती, लेकिन वह ज़बान पर से काबू खो बैठते। उनकी भाषा गाली-गलौज पर उतर आती। अब यह तो किसी का व्यक्तिगत मामला हो सकता है पर यह सब कुछ काम के वक़्त होता; तर्ज़ बनाने के वक़्त, गाना सिखाने के वक़्त, रिकॉर्डिंग के वक़्त।

'लाहौर' फ़िल्म का यही गीत गवाने के लिए श्यामसुन्दर ने लता मंगेशकर नाम की एक नवोदित गायिका को बुलाया था। रिहर्सलों के साथ जो शराब शुरू हुई तो गायिका की किसी छोटी-सी ग़लती पर भी संगीतकार कहते, "श्यामसुन्दर का गाना गाना कोई खेल नहीं है, ठीक से गाओ," और किसी सन्नारी के सामने न बोले जानेवाले अपशब्द भी थूकते।

गायिका चाहे नयी थी, पर अपने स्वाभिमान की रक्षा उसके लिए नयी बात न थी। अन्ततः रिहर्सल छोड़ कर चल दी।

श्यामसुन्दर को यह समझने के लिए नशा उतरने की ज़रूरत न थी कि उनकी तर्ज़ की कारीगरी अगर कोई गायिका निभा सकती थी, तो वह लता ही थी, सो बुलावा भेजा। पर बार-बार बुलाने पर भी लता नहीं आयी। आस-पास वालों ने सलाह दी कि अब गीत किसी और से गवा लें। लेकिन अगर शराब उनकी कमज़ोरी थी, तो अच्छे संगीत के साथ समझौता न करना भी उतनी ही बड़ी कमज़ोरी थी,

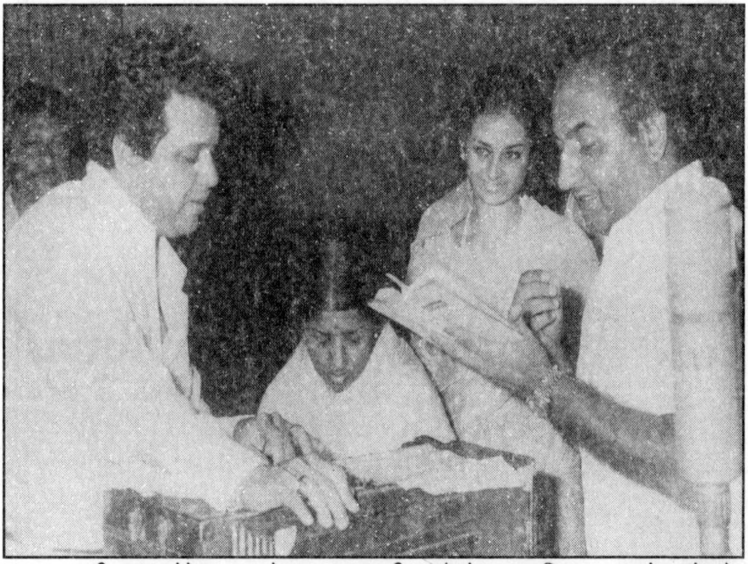

'रफी साहब मेरे ख़याल से कुछ ज्यादा ही अच्छे थे...' जयकिशन, सायरो बानो और मुहम्मद रफ़ी 'जंगली' के गीत की रिकार्डिंग के दौरान

"अगर लता नहीं गायेगी, तो यह गीत कोई नहीं गायेगा। मैं फ़िल्म से यह गीत ही अलग करवा दूँगा", फ़िल्म के निर्माता (अभिनेता) ओमप्रकाश बड़ी दुविधा में पड़ गये। लताजी के पास पहुँचे मनाने के लिए, "नशे में बोले गये शब्दों पर ध्यान मत दो, आ कर गा लो।"

"मेरे गाने में कोई मेरी त्रुटियाँ बताए इससे मुझे एतराज़ नहीं है। गाना रिकॉर्ड होने के बाद भी मैं ज़रूरत हो तो सौ बार आ कर फिर से रिकॉर्ड करूँ, लेकिन कोई ऐसा व्यवहार करे, तो मेरे लिए भूल सुधारना भी मुश्किल हो जाता है। और मैं यह अपमान क्यों सहूँ? वह बड़े संगीतकार हैं, मैं तो कुछ भी नहीं। मैं गाना चाहती हूँ, लेकिन आप यह गाली-गलौज बन्द करवाइए", लताजी ने विनती की।

इसकी गारण्टी ओमप्रकाश ने अपने सिर ली और गीत रिकॉर्ड हुआ।

फिर कुछ अरसे के बाद वही हुआ और लताजी ने फिर गाना बन्द कर दिया। श्यामसुन्दरजी ने भी ठान ली कि लताजी के बग़ैर भी मैं अपने गाने चलवा कर दिखाऊँगा। इसी तरह दो असफल फ़िल्मों के बाद 'अलिफ़ लैला' नामक फ़िल्म की बारी आयी। लेकिन नैराश्य ने फिर मदिरा का सहारा ढूँढा था और आसक्ति इतनी बढ़ गयी थी कि रिकॉर्डिंग में भी अड़चनें आने लगी थीं। जैसे ही निर्माता को पता चला कि श्यामसुन्दर के संगीतकार रहते हुए, उसकी फ़िल्म में लता मंगेशकर

किशोर कुमार लताजी के साथ पहली मुलाक़ात में गुण्डे माने गए थे

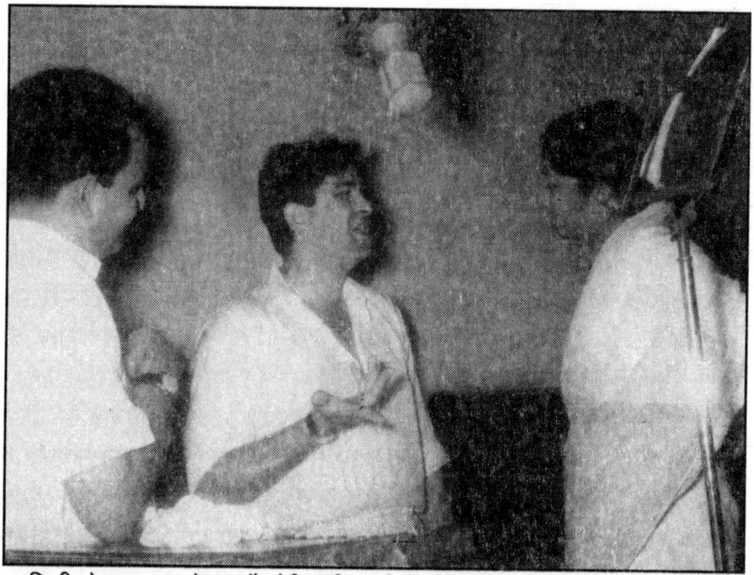

'किसी प्रोड्यूसर-डायरेक्टर में संगीत की इतनी गहरी सूझ-बूझ मैंने नहीं देखी।' राजकपूर और गायक मुकेश के साथ

का गीत नहीं हो सकता, उसने श्यामसुन्दर को अपनी फ़िल्म से अलग कर दिया और दूसरे संगीतकार को अनुबन्धित करने की तैयारियाँ करने लगा।

लताजी को इस बात का दुःख लगा सो ऐसा, कि श्यामसुन्दर के रिहर्सल से एक बार चली जानेवाली गायिका ने ज़िद की कि अगर निर्माता उनसे गवाना चाहता है, तो वह एक ही शर्त पर राज़ी होंगी : श्यामसुन्दरजी को ही संगीत रचना की ज़िम्मेदारी सौंपी जाये। तब पता चला कि श्यामसुन्दरजी फ़िल्म उद्योग और बम्बई छोड़ कर चले गये थे। लताजी ने निर्माता से कहा कि 'मैंने वादा किया है, ज़रूर गाऊँगी, लेकिन श्यामसुन्दरजी को वापस बुलाने की व्यवस्था कीजिए।'

वही हुआ।

यूँ, किसी के साथ अनबन होते हुए भी, सह–कलाकार का काम अगर उनके बग़ैर रुक जाता है, तो कुछ देर के लिए अपना विवाद भूल कर लताजी काम निपटा आयी हैं।

फ़िल्म 'आनन्दमठ' के निर्माण के दौरान, फ़िल्मिस्तान के साथ लताजी के सम्बधों में दरार पड़ी हुई थी। लेकिन जब संगीतकार हेमन्त कुमार ने ज़ोर दिया कि इस ऐतिहासिक फ़िल्म के एक ऐतिहासिक गीत (''वन्दे मातरम्...'') के लिए लताजी के बग़ैर न चलेगा, तो उस रिकॉर्डिंग–भर के लिए फ़िल्मिस्तान में कदम रखा।

हेमन्त कुमार ने वह दिन याद करते हुए कहा था, ''लता को मैं अपनी ज़िम्मेदारी पर लाया था। पर स्टूडियो के साथ उसके विवाद के चलते, स्टूडियो के कुछ लोगों ने रिकॉर्डिंग में भी अड़ंगे डाले, ख़्वामख़्वाह बहुत सारे 'टेक्स' करवाए। मैं धर्म-संकट की स्थिति में था। लेकिन लता डिगी नहीं, 'आप जैसे कलाकार के लिए ही मैं आयी, वरना यह रिकॉर्डिंग मैंने कैन्सिल कर दी होती,' रिकॉर्डिंग के बाद लता ने मुझसे कहा!''

लेकिन इससे भी पहले, जब लता ने फ़िल्म उद्योग में स्थापित होने के सपने भी नहीं देखे थे, तब की बात चरित्र अभिनेत्री सुलोचना कहती हैं, ''मुझे तब (1943 में) कोल्हापुर के प्रफुल्ल पिक्चर्स में 'एक्स्ट्रा' की नौकरी मिली थी। चौदह साल की लता भी वहीं काम करती थी।'' हीरोइन और एक्स्ट्रा के बीच के अनलिखे शिष्टाचार से अनजान, एक बार सुलोचना कोल्हापुर की असहनीय गर्मी से बचने के लिए हीरोइन के ख़ाली मेक-अप रूम में जा कर बैठी। इस पर हीरोइन साहिबा को ऐसा ग़ुस्सा आया कि अंट-शंट बोल कर उसे कमरे से बाहर किया। ''मैं एक पेड़ के नीचे बैठ कर रोने लगी। लता ने मुझे देखा। मेरी बात सुन कर वह ऐसी तिलमिला उठी, जैसे उसी का अपमान हुआ हो। 'देखती हूँ आपको कौन हटाता है' कहती हुई, चौदह साल की लता मुझे खींच कर फिर उस हीरोइन के कमरे में ले गयी और उसके सामने, मुझे वहीं बैठने को कहा और ख़ुद भी वहीं बैठी और मुझे सांत्वना देने लगी...लता अन्याय नहीं सह सकती।''

लेकिन स्वाभिमान के लिए द्वंद्व युद्ध को निमन्त्रण देनेवाली यह लड़की, किसी सहयोगी के दुलार भरे हुक्म का पालन करते वक़्त अपने रुतबे को भी नज़रअन्दाज़ कर देती।

लताजी ने ही मुझे एक वाक़या बताया था।

एच.एम.वी. के स्टूडियो में उन्होंने एक रिकॉर्डिंग समाप्त की थी। उसके बाद उनके सम्मान प्राप्त अनिल बिस्वास की रिकॉर्डिंग होनी थी, सो वहीं टिकी रहीं। वह गाना गायिका सुरिन्दर कौर और कोरस की आवाज़ों में था।

रिकॉर्डिंग शुरू हुई, 'टेक' पर 'टेक' होने लगे। अनिलदा ने लता को वहाँ खड़ी देख कर कहा, ''लतिके, खड़ी क्या हो, चलो तुम भी गाओ...कोरस में गाओ!'' और मुख्य गायिका के रूप में गानेवाली लता ने, अनिलदा के लिए कोरस में गाया—सहर्ष गाया! ''एक अनिलदा ही थे, जो मुझे 'लतिके' कह कर पुकारते थे,'' कह कर लताजी हँस दीं। अनिलदा की पत्नी द्वारा निर्मित वह फ़िल्म थी 'बड़ी बहू' और गीत था ''दुनिया से न्यारी गोरी तेरी ससुराल...''

गयाना के जॉर्जटाउन शहर में हो रहे कार्यक्रम में, लताजी 'दो रास्ते' का

''बिन्दिया चमकेगी...'' गीत पूरा करके नेपथ्य में लौटीं। कुछ विचलित लग रही थीं। माथे का पसीना पोंछते हुए कहा, ''आपने देखा, मैं गा रही हूँ और सामने कुछ लोग नाच रहे हैं!''

कार्यक्रम के दौरान लताजी अक्सर यह 'गम्भीर'-सी शिकायत करती हैं और अक्सर प्रायोजक आश्वासन देते हैं कि 'सुरक्षा अधिकारियों को बता दिया गया है'। लेकिन मैंने जताने का प्रयास किया कि यह तो प्रेक्षकों की सहज-सी प्रतिक्रिया है, ''अब आपके कौन-कौन से गानों पर कौन-कौन सी हीरोइनों ने कौन-कौन से नाच नहीं किये! भई, जिन्हें परदे पर आने का मौक़ा नहीं मिलता, उन्हें दो घड़ी नाच लेने दीजिए!''

''लेकिन आप जानते हैं वह लोग शराब भी पी रहे हैं?''

''वह बीयर है। मैंने देखा कुछ परिवार घर से बियर के 'क्रेट्स' ले कर आये हैं।''

''पूरा-का-पूरा परिवार?''

''ध्यान से देखिए, उस पुलिसवाले के हाथ में भी बीयर है...एक शाम उत्सव मना रहे हैं!''

''यह हुल्लड़बाज़ी का कैसा उत्सव है?''

''हमारी होली जैसा। जिस देश के लोग होली के हुड़दंग से परिचित नहीं, उन्हें तो एक-दूसरे पर रंग डालना अशिष्ट खेल ही लगेगा।''

उन्हें कुछ देर शान्त पाकर मैंने पूछा, ''मैंने आपके गाने को...आप के 'न गाने' को 'हथियार' कहा, वह आपको बुरा तो नहीं लगा?''

''बुरा तो नहीं लगा, लेकिन मैंने इसे कभी 'हथियार' के तौर पर इस्तेमाल नहीं किया...इसे आप 'सत्याग्रह' कह सकते हैं। जिस बात पर मुझे विश्वास है, उसके समर्थन में...एक विरोध की तरह।''

एक बार मैंने लताजी से पूछा था, कि क्या उन्हें इस तरह संगीतकार, निर्माता या सह-गायक का बहिष्कार करते हुए कभी डर नहीं लगा, कि गाने चले जायेंगे?

''डर तो मुझे कभी नहीं लगा। 'क्यों' यह मैं नहीं जानती...शायद स्वभाव ही। लेकिन पहले और अब में कुछ अन्तर ज़रूर है। पहले तो मैं जो मन में था, धड़ल्ले से मुँह पर ही कह देती थी,'' 1986 में भूटान के फुन्त्शोलिंग शहर में, बर्फ़ीले पहाड़ों की गोद में एक टीले पर बने 'होटल डयूक' के भोजनकक्ष में लताजी सुबह के नाश्ते के लिए आयी थीं; बड़े बातूनी मूड में थीं।

''एक म्यूज़िक डायरेक्टर थे ख़ुर्शीद अनवर, जो बाद में पाकिस्तान चले गये। उन दिनों बताया जा रहा था कि ख़ुर्शीद साहब भविष्य के कामयाब संगीतकारों

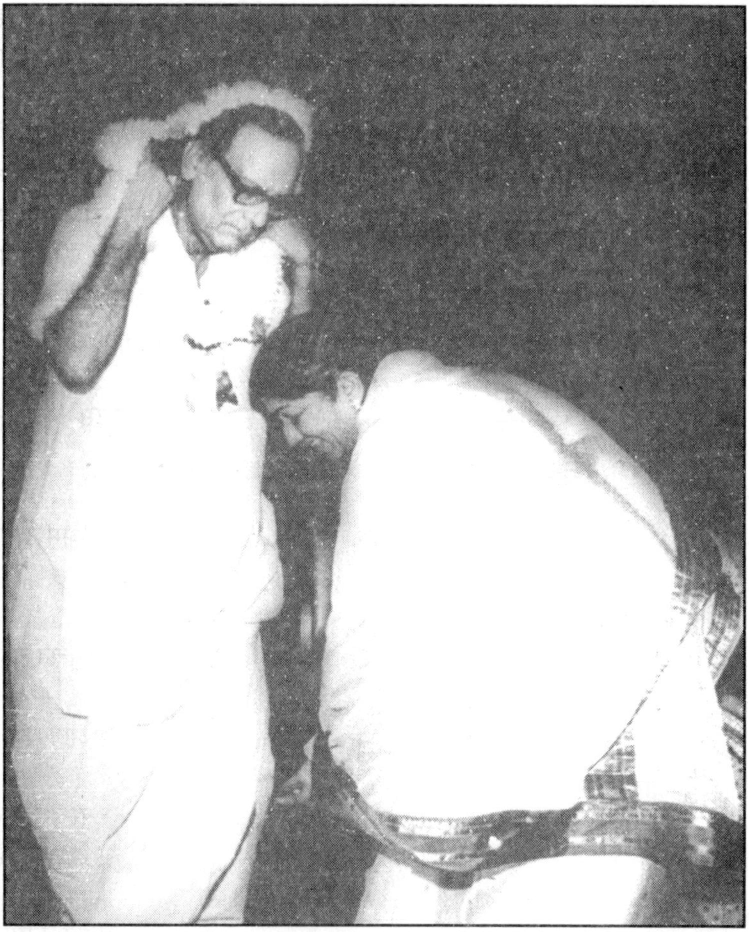

लता को जितना सम्मान मिला है, उससे ज़्यादा सम्मान तो वह बड़ों को देती हैं। हेमन्तकुमार के फ़िल्मों में पचास वर्ष पूरे करने के उपलक्ष्य में आयोजित अभिनंदन समारोह में

में से हैं। उनके यहाँ से गाने का बुलावा आया। (अभी लताजी को 'महल', 'अन्दाज़', 'बड़ी बहन' वग़ैरह की सफलता नहीं मिली थी।) वहाँ मैं गयी तो ख़ुर्शीद साहब नदारद! सिर्फ़ दो लोग थे। एक पेटी बजा रहा था और दूसरा अपनी सारंगी के सुर मिला रहा था। मैं बैठी रही। कुछ देर बाद वह पेटीवाला कहता है कि चलो, तुम्हें गाना सिखा दूँ। 'सिखा...दूँ!' आप ख़ुर्शीद साहब हैं क्या? मैंने पूछा। तो उसने कहा कि संगीतकार महोदय को न पेटी बजानी आती है न ही गाना, इसलिए गायकों को उनका वह पेटीवाला सहायक ही गाना सुनाया करता था।

'ख़ुर्शीद साहब तो सिर्फ़ धुन बाँधते हैं', पेटीवाले ने कुछ फ़ख़्र से कहा।''

लेकिन लताजी ने तो उससे गाना सुनने की जगह, उसे अपना निर्णय सुना दिया, ''मैं ऐसे संगीतकार के लिए काम करना ही नहीं चाहती जो गा कर या बजा कर मुझे गाना न सिखा सके,'' और बग़ैर जवाब, या प्रतिक्रिया का इन्तज़ार किये चप्पल पहनकर वहाँ से चल दीं।

स्वैच्छिक बहिष्कार की शुरुआत, सफलता की शुरुआत से पहले हुई थी। इसका एक और उदाहरण है।

फ़िल्म संगीत में जिस तरह पुरुष गायन में मुहम्मद रफ़ी का अपना एक युग रहा, वैसे ही जी.एम. दुर्रानी भी, एक चकाचौंध-भरे दौर के अगुआ रहे। हालाँकि दोनों के स्वभाव और व्यवहार में ज़मीन-आसमान का अन्तर था। मुहम्मद रफ़ी ने शुरुआत में कई गीत जी.एम. दुर्रानी के साथ कोरस में गाये थे और इत्तफ़ाकन जी.एम. दुर्रानी का आख़िरी गीत भी रफ़ी साहब के साथ ही था—'हम सब चोर हैं' का ''हमको हँसते देख ज़माना जलता है...''

रेडियो ब्रॉडकास्टिंग के मेरे शुरुआत के दिनों में एक प्रौढ़ प्रोड्यूसर, मुझे छोटी-मोटी रिकॉर्डिंग के लिए अक्सर बुलाया करते थे। एक बार उन्हें स्टूडियो के एक अँधेरे कोने में हारमोनियम पर कुछ गुनगुनाते हुए मैंने सुना और कहा, ''आप तो अच्छा गुनगुना लेते हैं!'' मुझे क्या पता था कि यह मितभाषी सज्जन, एक ज़माने के मशहूर पार्श्व-गायक ग़ुलाम मुहम्मद दुर्रानी थे! पर मेरे अज्ञान पर नाराज़ होने के बजाय, 'मेरा भी एक ज़माना था' से शुरुआत कर के दुर्रानी साहब ने अपने मन के द्वार खोल दिये।

जवानी में वह बड़े दबंग शख़्सियत के गायक माने जाते थे। अपनी कामयाबी के दिनों में, रिकॉर्डिंग पर पहुँचने के बाद यदि उन्हें गाने की धुन न जँची और संगीतकार अगर नौसिखिया रहा, तो वह बेधड़क सुना देते, कि 'दुर्रानी से गाना गवाना है, तो पहले अच्छी तर्ज़ बाँधना सीखो।'

हमारी कई मुलाकातों के दौरान, दुर्रानी साहब अपनी रंगीन तबीयत के बारे में कुछ अफ़सोस के लहजे में बात करते, ''मैं और लताजी नौशाद साहब की एक रिकॉर्डिंग कर रहे थे...''

'चाँदनी रात' फ़िल्म के उस गीत की रिकॉर्डिंग के लिए आये दुर्रानी साहब, गायक के रूप में कामयाबी की बाज़ मंज़िलें तय कर चुके थे। एक तो कामयाबी का चढ़ता ख़ुमार और दूसरे स्वभाव में निहित रसिकता; दुर्रानी साहब सहगायिका के साथ नोंक-झोंक करने से कैसे चूकते? और फिर गीत भी था, ''हाय छोरे की जात बड़ी बेवफ़ा...!''

अनिल बिस्वास, कामिनी कौशल, जी.एम. दुर्रानी एवं तलत महमूद के साथ। पार्श्वगायक संघ के एक कार्यक्रम में

नौशाद साहब साक्षी थे, ''उस टाइम पर तो बस दो माइक हुआ करते थे; एक साज़िन्दों के लिए और एक सिंगर्स के लिए। सो गायक, गायिका आमने-सामने खड़े थे। गाने का अपना हिस्सा ख़त्म होते ही दुर्रानी साहब शरारत पर उतर आते, ''बाद में मैंने उनसे (दुर्रानी से) कहा कि भई, अपना गाना होते ही नज़रें झुका के चुपचाप खड़े हो जाओ, लड़की नयी है, नर्वस हो जायेगी।''

नयी गायिका जितनी नर्वस नहीं हो रही थी, उतना अपमानित महसूस कर रही थी।

फ़िल्म जगत से जुड़ी हर रंगीनी के रसिया दुर्रानी से एक दिन न रहा गया। उन्होंने लता की सफ़ेद साड़ी की तरफ़ इशारा करते हुए अपने लखनवी अन्दाज़ में कहा, ''लता, रिकॉर्डिंग पर ज़रा शोख़ लिबास में आया करो। यह क्या हुआ कि सफ़ेद धोतियाँ लपेट के चली आती हो!''

अगर उर्दू तहज़ीब का जानकार यह आदमी परस्त्री को 'आप' न कह कर 'तुम' कहता है, तो वह अभिमान से बढ़ कर उसके गिरे हुए मानस की निशानी है, लताजी ने सोचा होगा, ''और उन्हें गाने से मतलब या मेरे पहनावे से! उसी

वक़्त मैंने सोच लिया कि मैं इस गायक के साथ नहीं गाऊँगी। उस गीत के संगीतकार भी नौशाद साहब थे, जिन्होंने मुझे पिता-सा स्नेह दिया है। मैंने जा कर उनसे इस क्षोभ-जनक परिस्थिति और अपने निर्णय के बारे में कहा। उन्होंने कहा कि देखो बेटी तुम तो अभी नयी हो, अभी तो दुनिया देखनी बाक़ी है। एक बार एस्टब्लिश (स्थापित) हो जाओ उसके बाद अपनी मर्ज़ी की मालिक हो। आज दुर्रानी साहब टॉप पर हैं, और ख़ुदा ने तुम्हें गला ऐसा दिया है कि तुम्हें ऊपर आने से कोई रोक नहीं सकता। इसलिए फ़िलहाल तुम गाती रहो, बाक़ी चीज़ें भूल जाओ।''

लेकिन लता का निश्चय अटल था, क्योंकि उसके रोम-रोम में आग लगी हुई थी। उसने नौशाद साहब से विनयपूर्वक कहा कि अगर मैं यह गाना न गाऊँ तो आप मुझे माफ़ करेंगे न? इसके बाद भविष्य में नौशाद साहब उससे (लता से) गाना गवाएँगे या नहीं यह जिज्ञासा तक उस स्वाभिमानी लड़की ने नहीं की। नौशाद साहब सिर्फ़ इतना बोले, ''तुम्हारी बात भी सही है बेटी...'' और वह रिकॉर्डिंग कैन्सिल कर दी गयी।

''घर आ कर मैं गुमसुम बैठी रही। मीना, उषा या माई से कुछ कहना निरर्थक था। क्रोध और अपमान से मेरी आँखें छलछला आती थीं। मन में यह डर भी काँप रहा था कि अभी-अभी तो पैर टिका पाई हूँ... सभी कहते तो हैं कि मैं ज़रूर आगे आऊँगी, लेकिन कहीं उससे पहले ही इस स्वभाव के कारण पिछड़ न जाऊँ...दिन बीतते गये, मुझे नये-नये गाने भी मिलते रहे। लेकिन दुर्रानी साहब के साथ वह गीत और दो-तीन और गीत छोड़ कर गाने का योग नहीं हुआ। हो सकता है, दुर्रानी साहब के दबाव में आ कर मेरे गाने किसी और गायिका से गवाए जा रहे हों। यह तो बहुत बाद में पता चला कि मेरे कुछ युगल गीतों में जहाँ दुर्रानी साहब को लेने की बात थी, वहाँ किन्हीं और पुरुष गायकों को लिया गया था। और हरीशजी, आज मुझे यह सोच कर बहुत बुरा लगता है कि उसी अरसे में दुर्रानी साहब का पतन शुरू हुआ—जो कि शायद केवल एक संयोग ही था।''

एक ज़माने में तीन-तीन मोटरकार के मालिक (जिनमें से एक, उन्हीं के वर्णनानुसार, चलता-फिरता 'बार'—मयख़ाना—था) और पिछलग्गुओं के जमघट से घिरे रहनेवाले दुर्रानी साहब, जो कभी अपनी फ़ुरसत से रिकॉर्डिंग स्टूडियो पहुँचते, वही दुर्रानी, अस्सी के दशक में रेडियो नाटकों में छिटपुट भूमिकाएँ अदा करने (जिसका मुआवज़ा बढ़कर सौ रुपये हुआ था) समय पर आ जाते थे और कई बार 'वरली नाका' के बस स्टैण्ड पर, बीड़ी पीते हुए बस का इन्तज़ार करते दिख जाते थे।

उन्हीं दिनों की एक और अरुचिकर घटना।

''मेरी एक आदत है कि अगर कोई मेरी किसी वस्तु की बहुत तारीफ़ करे, तो मैं वह वस्तु उसे फ़ौरन भेंट कर देती हूँ,'' लताजी कह रही थीं।

'''महल' के एक गीत की पहली ही बैठक के दौरान गीतकार नक्शब ने मेरे एक ख़ूबसूरत फ़ाउण्टेन पेन की बड़ी तारीफ़ की। मैंने आदतन उनसे कहा, ''लीजिए, इसे आप रख लीजिए।''

ताज़ा-ताज़ा सफलता के हर्ष में उदार युवा गायिका लता ने पेन तो दे दिया पर यह बात उसके ध्यान से निकल गयी थी कि उस नीले पार्कर पेन पर उसका नाम कुरेदा हुआ था। न ही वह यह जानती थी कि उस गीतकार का मन मैला था। बहुत बाद को उसे जानने को मिला कि भेंट किसी कुपात्र को दी थी। वह नाम-कुरेदा पेन नक्शब सबको दिखा कर, 'हमारे बीच कुछ चल रहा है' वाली हवा फैला रहा था। अब लता भी दुविधा में थी! गुनहगार को झूठा साबित करने के लिए अपनी ओर से सफ़ाइयाँ पेश करने से मज़ाक ही होता और न ही उससे पेन छीना जा सकता था! गीतकार भी यह सिचुएशन' भाँप गया और पूरा-पूरा फ़ायदा उठाने लगा।

एक रिकॉर्डिंग चल रही थी—गीतकार वही और संगीतकार नौशाद अली। मुखड़े के बोल कुछ इश्क़िया मिज़ाज में थे। नक्शब को छेड़ख़ानी सूझी। अपने कथित प्रणय सम्बन्धों का प्रदर्शन करने का, और एक सुविख्यात गायिका उससे प्रेम करती है यह सब पर ज़ाहिर करने का सुनहरा मौक़ा वह चूकना नहीं चाहता था।

रिहर्सल के दौरान तो वह चुप रहा लेकिन रिकॉर्डिंग शुरू होते ही बार-बार 'टेक' को बीच में रोक कर, वह सिंगर्स बूथ (गायक कक्ष, आइसोलेशन चेम्बर, जहाँ वाद्यवृन्द से अलग, गायक कानों पर 'हेड फ़ोन' लगा कर वाद्यों की संगत पर गाना गाते हैं) में आ कर, वह ख़ास पंक्तियाँ, बहुत रस ले-ले कर समझाता और सब के सामने गायिका को उस भाव में डूबकर ''ज़रा और नज़ाकत के साथ'' गाने को कहता। ''इस शे'र में ऐसा प्यार उँड़ेल दो, जैसे तुम किसी से मुहब्बत का इकरार कर रही हो।'' उस समय विरोध करने से तमाशा ही हो जाता, सो गायिका ने ग़ुस्सा निगल कर गाना गा लिया।

कुछ दिनों बाद अचानक यह आशिक हुज़ूर गायिका के घर पर आ धमके। लता की अभी उम्र ही क्या थी? नाना चौक के मकान के प्रांगण में बहनों के साथ खेल रही थी।

''उस वक़्त मैं अकेली होती तो फिर भी शायद सह जाती, पर मेरी बहनों की मौजूदगी में मैं उस दुष्ट से एक शब्द नहीं सुनना चाहती थी।'' फ़िल्म जगत के कलुषित तनवों से जूझने के लिए वह अकेली ही काफ़ी थी। अपनी छोटी बहनों

को वह इनसे दूर रखना चाहती थी।

"मैं उसे बाहर सड़क पर ले गयी । ग़ुस्से में भर कर अपनी साड़ी का पल्ला कमर में खोंसते हुए कहा, 'आपने मुझसे पूछे बग़ैर यहाँ आने की हिम्मत कैसे की? अगर दुबारा यहाँ नज़र भी आये तो टुकड़े-टुकड़े करवा के इसी नाली में फिकवा दूँगी; जानते हैं न, मैं मराठा औरत हूँ'।"

यह पुण्यप्रकोप, जाति नहीं, स्वभावगत और संस्कारगत ही होगा। एक स्थापित गीत लेखक के साथ ऐसा व्यवहार, व्यावसायिक दृष्टि से गायिका को भारी पड़ सकता था। पर आत्म-सम्मान न किसी के कहने से ओढ़ा जा सकता है और न ही सुविधानुसार उतार कर ताक पर रखा जा सकता है।

भाई हृदयनाथ अपने बचपन का एक प्रसंग बताते हैं, "अपनी आखिरी बीमारी के दिनों में, बाबा कमरे में लेटे थे। मैं अपने पाँव में हो रहे दर्द के कारण खिड़की के पास एक पाँव पर खड़ा था। उनका एक मित्र आया और उनसे बातें करने लगा। बाबा कराहते हुए धीमे-धीमे उसे जवाब दे रहे थे। बातों-बातों में उस मित्र ने कहा, 'क्या 'मालक', सेहत की यह क्या हालत बना रखी है,' फिर अपने गठीले बाज़ू दिखा कर कहने लगा, 'देखिए, सेहत इसे कहते हैं, आपने तो अपनी बरबादी कर ली है।' यह सुनना था कि माई तिलमिला कर अपनी जगह पर से उठीं। दाहिने हाथ में पहनी भारी चूड़ियाँ बायें हाथ से कोहनी की तरफ़ सरकाईं। बीमारी से त्रस्त और निराशा के निवास स्थान समान इस घर में आगन्तुक ने ऐसे क्रोध की आशा न की होगी। प्रतिक्रिया स्वरूप वह कोई शब्द कहे उससे पहले ही माई ने उसके बाल पकड़ कर सिर को दीवार से पटका। सकते में पड़े उस आगन्तुक से माई ने कहा, " 'मालक' बीमार होंगे, मैं बीमार नहीं हूँ!"

"ख़ैर काम चलता रहा, मैं गाती रही, नक्शब गाने लिखते रहे," लताजी आगे कह रही थीं, "कभी मैं ट्रेन में थकी-माँदी झपकी लेने की कोशिश करती तब कहीं से आवाज़ आती, 'आदाब अर्ज़ है।' बाद में मैंने तो मास्टरजी (खेमचन्द प्रकाशजी) से शिकायत कर दी और उन्होंने उसे डाँटा भी। पहले ख़ूब ग़ुस्से में भर कर चिल्लाए कि कहाँ गया...समझता क्या है अपने आपको! जब नक्शब सामने आया तो छूटते ही वह पेन माँगा और वह दे, उससे पहले ही उसके हाथ से छीन लिया और मुझे दे दिया।" उस दिन से उन्होंने भोला श्रेष्ठ—गायिका सुषमा श्रेष्ठ, (अब पूर्णिमा), के पिताजी—से गुज़ारिश की कि वह अब से रिकॉर्डिंग ख़त्म होने पर लता को घर तक (गोरेगाँव से ग्राण्ट रोड, पूरे 16 मील का सफ़र) छोड़ आया करें और भोलाजी आते भी रहे—"वह बड़े अच्छे थे"।

"मैंने सोचा चलो कम-से-कम अब यह पेन तो हाथ में आ ही गया है।

सो एक दिन ग्राण्ट रोड की जगह चर्नी रोड उतर कर चौपाटी (समन्दर किनारे) गयी।'' उन दिनों लोग गायक-गायिकाओं को कम पहचानते थे। टीवी तो दूर, मसालेदार पत्रिकाएँ भी तो नहीं थीं। ''रेत पर चलते-चलते पानी में दूर तक गयी और पूरा ज़ोर लगा कर हो सके, उतनी दूर वह पेन फेंक दिया। मैंने सोचा यही तो सारे फ़साद की जड़ है, इसलिए पहले इसी को दूर करो। और साथ में यह भी सोच लिया कि अब कभी पार्कर नहीं ख़रीदूँगी और अगर लिया भी तो उस पर भूल कर भी अपना नाम नहीं कुरेदवाऊँगी।''

घर से स्टूडियो आने-जाने के लिए कभी भोला श्रेष्ठ और कभी 'छत्ते मास्तर' का साथ लेनेवाली लता, एक बार गोरेगाँव जाने के लिए अकेली ही निकली थी। उसकी चौकन्नी नज़रों ने देखा कि ट्रेन की उस भीड़ में बिलकुल अलग लगनेवाला एक लम्बा नौजवान भी उसके पीछे गोरे गाँव स्टेशन पर उतरा। स्टेशन के बाहर लता ने ताँगा किया, तो वह भी उसके पीछे ताँगे में हो लिया। जहाँ लता का ताँगा मुड़ता, वहीं उस नौजवान का भी। यहाँ तक कि फ़िल्मिस्तान स्टूडियो के गेट के पास ही उसने भी ताँगा रुकवाया और स्टूडियो के अन्दर भी आया। घबरायी हुई लता को थोड़ा ढाढस तो बँधा, कि स्टूडियो तक तो ख़ैरियत से पहुँच गयी । वह तेज़ चलती हुई मास्टरजी के पास पहुँची और साँस बटोरते हुए शिकायत कर दी। मुड़ कर देखा तो लड़का वहाँ भी पहुँच चुका था!

मास्टरजी ने दोनों की ओर बारी-बारी देखा और हँस दिये, ''कौन? यह लड़का? हाँ शरारती तो ज़रूर है, पर है यह अपने अशोक कुमार का भाई, किशोर कुमार गाँगुली। यहाँ गाना गाने आया है...तुम्हारे साथ !'' लताजी और किशोरदा का वह पहला गीत था, ''यह कौन आया करके सोलह सिंगार...''

बड़ी हस्तियों के दायरे में रह कर उन पर अधिकार प्राप्त करने की एक कारगर तरक़ीब है, वजह-बेवजह उनके प्रतिस्पर्धी की बुराई करना—और करते रहना। चाहे दोनों व्यक्तियों ने एक-दूसरे के विरुद्ध कुछ भी किया या कहा न हो, फिर भी वैमनस्य का शूल, बिना बोए उग आता है।

साठ के दशक में लता-तलत के कुछ युगल गीत रिकॉर्ड करने की योजना बनी थी, लेकिन साकार न हुई। और रेशमी आवाज़ के मालिक तलत महमूद को एक ग़लतफ़हमी का शिकार बनाया गया कि लताजी उनके साथ गाने के लिए इसलिए इनकार कर रही हैं कि वह मुसलमान हैं!

और ग़लतफ़हमी का अन्त भी वैसे ही हुआ जैसे कि होना चाहिए। केवल एक-दूसरे से माफ़ी माँग लेने से तो ज़्यादा शक्करवाली चाय में पानी डाल कर सुधारने जैसा हुआ—स्वाद तो बिगड़ा ही। यहाँ तो दोनों ने आमने-सामने आ कर

अपने-अपने मन की कह डाली।

"आपने ऐसी बात मान ही कैसे ली? ज़रा यह तो सोचा होता कि रफ़ी साहब, नौशाद साहब भी तो मुसलमान हैं और उनके साथ तो मैं बड़े चाव से काम करती हूँ!" लताजी ने कहा, "और यूसुफ़भाई (दिलीप कुमार) को मैंने अपना भाई माना है! और आप यह भी भूल गये कि अमान अली और अमानत ख़ान साहब की तो मैं गण्डा-बन्द शिष्या रही हूँ!"

ऐसा लगता है कि दो सार्वजनिक व्यक्तियों के बीच—चाहे किसी क्षेत्र के हों—ग़लतफ़हमियाँ खड़ी करने के लिए लोग बस इन्तज़ार में ही होते हैं।

"मदन भैया (मदन मोहन) का, फ़िल्म 'चाचा ज़िन्दाबाद' का एक गीत था, "प्रीतम दरस दिखाओ..."; उस पर काम चल रहा था। मुझे बताया गया कि मुझे अमीर ख़ान साहब के साथ गाना है। मेरी तो सिट्टी-पिट्टी गुम हो गयी। बाप रे, अमीर ख़ान साहब के साथ गाने की जुर्रत मैं कैसे कर सकती हूँ। बस, अनायास ही मेरे मुँह से निकले वह शब्द घुमा-फिरा कर ख़ाँ साहब के पास पहुँचाए गये, कि 'लता ने आपके साथ गाने से इनकार कर दिया है'!"

सतही तौर पर देखें तो ऐसी समस्या रू-ब-रू बात करने से आसानी से सुलझाई जा सकती है। लेकिन इस मसले को ले कर मिलने की नौबत आये तब न? यहाँ तो यह हालत, कि लताजी जानती ही नहीं थीं कि ऐसी कोई भ्रामक धारणा अमीर ख़ान साहब तक पहुँचाई गयी है और एक वरिष्ठ शास्त्रीय गायक ऐसी बात पूछें भी तो कैसे? अगर किसी गायिका ने गाने से इनकार किया है, तो वह सच्चा जवाब देने से भी तो इनकार कर सकती है!

"यह तो ग़नीमत थी कि ग़लतफ़हमी जड़ पकड़ती, उससे पहले ही उसका अन्त हो गया," लताजी ने कहा।

जब हमारे दो प्रिय व्यक्तियों के बीच मनमुटाव हो, तो शायद उन दोनों से अधिक रंज हमें होता है। हिन्दी फ़िल्म संगीत के स्वर्ण युग में (पचास और साठ के दशकों में) मधुर गीतों के बेरोकटोक चल रहे कारवाँ में, कई संगीत रसिकों को यह पता ही न चला, कि उनके दो चहेते कलाकारों ने एक साथ काम करना बन्द कर दिया था। इसकी वजह से किन-किन असाधारण गीतों का सृजन हुआ ही नहीं, यह कभी पता नहीं चल सकेगा।

1956-57 में संगीतकार एस.डी. बर्मन के लिए लताजी ने एक गीत गाया था। फ़िल्म थी : 'मिस इण्डिया'। रिकॉर्ड करने के दो-एक दिन बाद ही उन्होंने लताजी से कहा कि वह गाना हुआ तो अच्छा है, पर अब सब सोचते हैं कि वह इतना 'सॉफ़्ट' नहीं होना चाहिए था। 'सॉफ़्ट' यानी साँस-ही-साँस में, बहुत ही मद्धम, रूमानी

अन्दाज़ में गाया हुआ, इसलिए उसे दुबारा रिकॉर्ड करना पड़ेगा। लताजी ने कहा, ज़रूर...लेकिन दो-चार दिन की मुहलत माँगी, क्योंकि उन दिनों उनकी रिकॉर्डिंग का ताँता बँधा हुआ था। कभी-कभी दिन में छह तक!

प्रसिद्धि के शिखर पर यातायात की सुविधाएँ मौजूद थीं, बम्बई शहर में ट्रॅफ़िक तब रेंगता नहीं था और गायक भी स्टूडियो में प्रवेश करने से पहले पूरी तरह तैयार हुआ करते थे, फिर भी समय अपर्याप्त जान पड़ता था। सुबह नौ से बारह तक घर के आस-पास के स्टूडियो (फ़ेमस, फ़िल्म सेण्टर) में दो गीत होते थे। फिर घर आ कर खाना खा कर कुछ आराम के बाद दो रिकॉर्डिंग और होतीं और रात बारह-एक बजे तक एक-दो और!

बर्मनदा ने व्यस्त गायिका की इस विनती पर कोई आपत्ति नहीं की। "लेकिन", लताजी ने कहा, "मुझे सिर्फ़ दो ही दिन के बाद पता चला कि वह गीत और किसी से गवा लिया गया है। यह चीज़ें हमारी इण्डस्ट्री में कहाँ छिपती हैं? बुरा तो मुझे यह लगा कि मुझे बताया तक नहीं गया। ऊपर से एक सहायक ने जा कर बर्मनदा के कान भरे, कि लता कह रही है कि अब तो बर्मनदा कहेंगे तब भी यह गीत मैं दुबारा नहीं गाऊँगी। यह बात ख़ूब उछाली गयी और दूसरी तरफ़ का व्यवहार मुझे कुछ रूखा जान पड़ा। फिर किसी और ने मुझसे आ कर पूछा कि क्या आपने ऐसा कहा है, तो मैंने जवाब दिया कि मैंने किसी से कुछ नहीं कहा है, लेकिन वह मेरी बात मानेंगे नहीं इसलिए मैं अब कहती हूँ, कि यह गीत तो क्या मैं, इसके बाद के गीत भी नहीं गाऊँगी।"

मनमुटाव तो हुआ, लेकिन लगता है, कड़ुवाहट नहीं थी।

"बर्मनदा और मेरे बीच में जो तनाव पैदा हुआ था वह, जहाँ तक मेरा ख़याल है, लोगों का पैदा किया हुआ था। मुझे वह हरदम खटक रहा था। वे बुज़ुर्ग थे, अच्छे संगीतकार थे, अच्छे इन्सान थे। और मेरा ख़याल है कि यह घटना उन्हें भी खल रही थी।"

लताजी-बर्मनदा की 'कट्टी' के दिनों में कुछ पत्रिकाओं में यह बात छपी थी कि बर्मनदा ने दावा किया है कि लताजी को गाना तो उन्होंने सिखाया है और लताजी ने—कथित रूप से—कहा है कि अगर यह सच है तो वह दूसरी लता क्यों नहीं बना लेते!

ऐसी ज्वलनशील कहानी गढ़कर उम्मीद की गयी होगी कि दोनों तरफ़ से कड़ी प्रतिक्रिया होगी और मामले को तूल मिलेगा। लेकिन दोनों ही कलाकारों के विचारों की परिपक्वता ने उस तरफ़ ध्यान ही नहीं दिया, जिससे सुलह के लिए दोनों के दरवाज़े खुले रहे। "यह दूरी दूर होने की शुरुआत तब हुई जब गोल्डी

(विजय आनन्द) मेरे पास आये और उनकी फ़िल्म के लिए एक गीत गाने के लिए बहुत ज़ोर दिया। और मैंने 'हम दोनों' के लिए 'अल्लाह तेरो नाम, ईश्वर तेरो नाम...' गीत गाया।''' 'हम दोनों' के संगीतकार जयदेव, तब बर्मनदा के सहायक भी थे।

उसके बाद बिमल रॉय ने लताजी से कहा कि उनकी निर्माणाधीन 'बन्दिनी' में वे कुछ गीत गवाना चाहते हैं। मैं बिमलदा की इज़्ज़त तो करती ही थी इसलिए कोई बहस नहीं हुई! फिर एक दिन मैं महबूब स्टूडियो में रिकॉर्डिंग कर रही थी कि अचानक पंचम (बर्मनदा का बेटा राहुल) मुझसे मिलने आया। उसे पहली फ़िल्म मिली थी और वह चाहता था कि उसका पहला गीत मैं गाऊँ। मैं नहीं जानती कि उसे भेजा गया था कि वह ख़ुद आया था, पर इतना ज़रूर जानती हूँ कि अगर बर्मनदा को मुझसे स्नेह था तो मुझे भी वह बड़े अच्छे लगते थे। हम दोनों ही चाहते थे कि जो हो गया सो हो गया, इस ग़लतफ़हमी का अन्त हो। शायद पंचम ने भी इसके बारे में कुछ कहा था। पर उस गीत के बाद ('छोटे नवाब' का ''घर आ जा घिर आये बदरा साँवरिया...'') एक बड़ा मज़ेदार वाक़या हुआ...मुझे बर्मनदा का फ़ोन आया, 'लोता, तुम पंचम का गाना गाया; हम खुशी। और देखो, हमको कुछ ज़रूरी काम है, तुम हमारा घर में आयेगा?' तो मैंने कहा 'ज़रूर आऊँगी' और मैं गयी भी। उन्होंने अपने नये बँगले (उपनगर खार के दूरध्वनि केन्द्र के सामने स्थित 'जेट' नामक बाँग्ला, जहाँ आज बिल्डर के. राहेजा का ऑफ़िस है) का कोना-कोना दिखाया मुझे। कहीं से सिंघाड़े मंगाये और बहुत ज़ोर देकर खाने को कहा। मेरा गला कुछ ठीक नहीं था इसलिए मैंने नहीं खाए। तब यूँ ही बात करते हुए उन्होंने पूछा, ''लोता क्या हुआ है, तुम हमारे लिए गाना क्यों नहीं गाता?''

''मैंने कहा ऐसी तो कोई बात नहीं है।''

''नहीं है न ऐसा बात? तो बस तुम सब कुछ भूल जाओ, हम भी भूल गया है...अब तुम मेरे लिए गाना गायेगा न?''

''हाँ गाऊँगी।'' .

अगर यह सुलह न होती, तो कितने सारे अभूतपूर्व गीतों का सृजन न होता : 'बन्दिनी', 'तेरे घर के सामने', 'गाइड', 'ज्वेल थीफ़', 'आराधना', 'शर्मीली', 'तेरे मेरे सपने', 'अभिमान', 'चुपके चुपके'...

यह पढ़कर फ़िल्म संगीत के चाहनेवालों की कम-अज़-कम दो पीढ़ियाँ सोचेंगी२९९

कि काश ऐसी ही बातचीत ओ.पी. नय्यर और लताजी के बीच भी हुई होती! फ़िल्म संगीत के इतिहास के पन्नों पर कुछ और ही लिखा होता।

लेकिन ऐसा क्यों नहीं हुआ?

और इन्हीं दो पीढ़ियों को यह जानने में दिलचस्पी होगी कि कभी न मिलनेवाले इन उत्तर और दक्षिण ध्रुवों के बीच कौन-सा अवरोध आया।

न्यूयॉर्क एअरपोर्ट के जलपान गृह में लताजी ने समाचार लेखन में मिर्च-मसाले की भूमिका की बात करके मेरी जिज्ञासा कुछ अधिक ही उत्कट कर दी थी। *(देखिए प्रकरण 1 का अन्त)* पर मुझे चेतावनी दी गयी थी कि उनसे मील-भर की दूरी पर भी इस संगीतकार के नाम का उच्चारण-मात्र गुनाह है! इसलिए मैंने लताजी से ग़ज़-भर की नज़दीकी से सीधा-सा सवाल किया। जवाब सुन कर लगा कि लोगों की दी हुई वह चेतावनी भी 'मिर्च-मसाले' का ही एक हिस्सा थी!

"हाँ, मैंने भी सुना है कि हमारे बीच बड़ी अनबन थी!" लताजी ने कहा।

"तो?"

"अनबन नहीं थी। कुछ भी नहीं था, क्योंकि हमने एक साथ कभी काम किया ही नहीं।"

"यानी फ़ुज़ूल ही में बात का बतंगड़ बनाया गया है?"

"मेरा तो यही ख़याल है।"

"छोटी ही सही, लेकिन कुछ बात तो थी!"

"...बहुत अरसे पहले एक प्रोड्यूसर थे...पंचोली..."

चालीस के दशक के निर्माता दलसुख पंचोली ने कई सफल फ़िल्मों का निर्माण किया था। लाहौर में 'ख़ज़ोची' और 'ख़ानदान' से ले कर 'शीरीं फ़रहाद' और 'दासी' तथा विभाजन के बाद बम्बई आ कर 'मीना बाज़ार', 'नगीना' और 'हम लोग'। पंचोली की विशेषता थी नयी प्रतिभाओं को अवसर देना। अभिनेता प्राण, ओम प्रकाश, गायिका शमशाद बेगम, संगीतकार ग़ुलाम हैदर तथा ओ.पी. नय्यर उन्हीं की देन थे।

"पंचोली साहब के गाने मैं गाती ही थी। वह एक फ़िल्म बना रहे थे। नाम था 'आकाश' या...ऐसा ही कुछ...हाँ...'आसमान'। उन्होंने इस फ़िल्म के बारे में मुझसे ख़ास कहा था कि गाने तुम्हीं को गाने हैं।"

1950-51 में अपनी इस निर्माणाधीन फ़िल्म के बारे में वह बड़े उत्तेजित थे। विशेषकर इसलिए कि इस फ़िल्म में वह एक होनहार संगीतकार को प्रस्तुत कर रहे थे, ओमकार प्रसाद नय्यर, जिसने तब मशहूर हुए गीत "प्रीतम आन मिलो..." की धुन बनाई थी। इस गीत के गायक और लताजी के माने हुए भाई सी.एच. आत्मा ने भी लताजी से बात की थी और समय से तेज़ भाग रही गायिका

ने 'ज़रूर' की हामी भी भरी थी। रिहर्सल की तारीख़ और समय तय हुए।

"इत्तफ़ाक से जिस दिन रिहर्सल था उसी दिन मेरी बहुत सारी रिकॉर्डिंग थीं इसलिए मैं इतनी 'लेट' हो गयी कि मैं नय्यर साहब के रिहर्सल में गयी ही नहीं और इतनी रात गये फ़ोन करना मैंने ठीक नहीं समझा। आप जानते हैं न, हमारे फ़िल्म उद्योग में शाम ढले मर्द बैठते हैं तो सिर्फ़ चाय-कॉफ़ी नहीं पीते! सुबह फिर जल्दी चली गयी और एक बार स्टूडियो गयी तो बस...वहीं खो गयी । इसी तरह दो-तीन दिन चले गये।"

उद्योग में पाँव जमाने के लिए संघर्ष कर रहे संगीतकार को इसमें निरादर की गंध आयी। ओ.पी. नय्यर को इस बात का इतना बुरा लगा कि लताजी के न आने का कारण जानने की जगह पंचोली से कड़ुवाहट-भरी शिकायत की। यह बात लताजी तक पहुँचते-पहुँचते कुछ विकृत रूप धारण कर चुकी थी। इसके बाद व्यावसायिक सम्बन्ध बनाने की नौबत ही न आयी।

वह गीत था "मोरी निंदिया चुराए गयो...", जो बाद में वरिष्ठ गायिका राजकुमारी से गवाया गया।

"मैंने नय्यर साहब के लिए ज़्यादा गीत तो नहीं गाये," वृद्धा राजकुमारीजी अपने वर्सोवा स्थित छोटे-से कमरे में बैठे पुराने दिन याद कर रही थीं, "लेकिन यह गीत तो बहुत ही मुश्किल था, क्योंकि लता के लिए बनाया गया था।"

यह गीत सुनने पर कहा जा सकता है कि ओ.पी. नय्यर ने लताजी की गायकी के अनुरूप ही तर्ज़ बाँधी थी। उसमें 'नय्यर-सहज' रवानी नहीं थी। मुमकिन है कि अगर दोनों का सांगीतिक सहयोग पनपा होता तो नय्यर का अन्दाज़ कुछ और ही रहा होता। लेकिन दोनों अलग-अलग रास्तों पर ही चले।

यह दो ख़ुद्दार फ़नकार शायद ही जानते हों कि कभी न मिलनेवाले रास्तों पर चलते हुए भी, और फ़ितरत के लिहाज़ से एक-दूसरे से बिलकुल अलग होते हुए भी, दोनों के काम करने के ढंग में कितना साम्य रहा है।

सारे फ़िल्म संगीत उद्योग में आज केवल यही दो कलाकार रॉयल्टी के बग़ैर काम नहीं करते। यह बात और है कि इनमें से एक कलाकार आज भी व्यस्त है और दूसरा—नय्यर साहब के अपने शब्दों में—'मैं तो रॉयल्टी ही की आमदनी पर ज़िन्दा हूँ।'

दोनों ही औपचारिकता के मामले में जागरूक हैं। अपने से आधी उम्रवाले भी 'जी', 'साहब' और 'आप' सम्बोधन के अधिकारी होते हैं। उद्योग में दोनों ही अपने स्थान के बारे में किसी भुलावे में नहीं हैं। लताजी स्वभाव से चाहे जितनी सौम्य हों और व्यवहार में विनम्र, अपनी प्रतिभा और उसके प्रभाव से बिलकुल

अनजान नहीं हैं। और ओ.पी. नय्यर! ''आज तो मैं ग़रीब आदमी हूँ, विरार में (बम्बई की उपनगरीय रेल का अन्तिम स्टेशन—लगभग 65 किलोमीटर दूर) एक छोटी-सी जगह में रहता हूँ, लेकिन हूँ फिर भी वही ओ.पी. नय्यर!'' लताजी ने भी तो कहीं कहा है कि अगर मैं गायिका न हो कर कुछ और बनती, तो उस क्षेत्र में 'लता मंगेशकर' ही होती!

तीसरे : काम के समय दोनों ही कड़ा अनुशासन बरतते हैं। लताजी समय की पाबन्दी पर नसीहत नहीं करतीं, समय पर पहुँचती हैं। नय्यर साहब की रिकॉर्डिंग पर दस मिनट से ज़्यादा देरी से पहुँचने के कारण बड़े-बड़े साज़िन्दों को लौटाया गया है।

ऐसे रूखे व्यवहार के बारे में पूछने पर नय्यर साहब बताते हैं, ''जो इन्सान टाइम की इज़्ज़त नहीं कर सकता, वह शायद म्यूज़िक डायरेक्टर की भी इज़्ज़त न करे...तो उसे यह याद तो दिलाना ही चाहिए न!'' और लताजी कहती हैं, ''काम करने का और कोई तरीक़ा मैं जानती ही नहीं।''

स्टेज-शो के रिहर्सलों के मामले में भी दोनों ही कलाकार, एक-सी चौकसी बरतते हैं। क्या मजाल कि एक भी साज़, एक भी सुर ग़लत बजाये और फिर भी रिहर्सल जारी रहे!

इतना ही नहीं, अगर किसी से अनबन हुई हो तो भी दोनों ही अपने इरादे के बेहद पक्के हैं—प्रतिज्ञाबद्ध राजपूतों की तरह। फिर पीछे मुड़ कर नहीं देखते कि इस अनबन से उन्हें ख़ुद व्यावसायिक हानि हो रही है या नहीं। साथ-साथ, जिससे अनबन हुई हो, उसकी या अपने प्रतिस्पर्धी की अच्छाइयों की सार्वजनिक तौर पर प्रशंसा करने से भी नहीं चूकते।

अक्टूबर '92 में अपनी ज़िन्दगी का पहला स्टेज कार्यक्रम करने दुबई आये ओ.पी. नय्यर ने एक टीवी साक्षात्कार में कहा था, ''मैं नहीं जानता कि मदन मोहन लता मंगेशकर के लिए बने थे या लताजी मदन मोहन साहब के लिए बनी थीं, लेकिन आज तक मदन मोहन जैसा म्यूज़िक डायरेक्टर नहीं हुआ और लता मंगेशकर जैसी सिंगर नहीं हुईं।''

और एक बार अपने घर के टीवी पर चल रहे कार्यक्रम में ओ.पी. नय्यर का गीत सुन कर लताजी ने—बाहरवालों की उपस्थिति में—कहा, ''क्या 'कम्पोज़र' हैं!''

''जितना कुछ हमारे दिलों में नहीं,'' लताजी ने एक बार मुझसे कहा था, ''उतना लोग गढ़ लेते हैं।''

आपसी बातचीत में नय्यर साहब लताजी को 'बड़ी बाई' और आशाजी को 'छोटी बाई' कहते हैं।

बम्बई के विशाल ब्रेबोर्न स्टेडियम में हुए एक संगीत कार्यक्रम में, भारत के शायद सबसे ख़ूबरू और सफल अभिनेता-निर्माता-निर्देशक राज कपूर ने लताजी की प्रशंसा करते हुए कहा था कि "मैंने तुझे चुन लिया, तू भी मुझे चुन।"

पता नहीं तब मुझे ऐसा क्यों लगा कि राज साहब का निर्देश लताजी के साथ के अपने व्यावसायिक सम्बन्धों के किसी एक विशेष अध्याय की ओर था।

मैंने जानना चाहा।

"राज साहब बहुत ही 'टेलेण्टेड फ़िल्म मेकर' थे। उनके जितनी संगीत की सूझ-बूझ शायद ही किसी में...शायद क्यों, किसी प्रोड्यूसर-डायरेक्टर में संगीत की इतनी गहरी सूझ-बूझ मैंने नहीं देखी। वह तो पियानो बजाते थे, तबले बजाते थे, बाँसुरी भी बजाते थे। पता नहीं आप जानते हैं या नहीं, पर उनके ज़्यादातर गानों के मुखड़े उन्हीं के लिखे हुए थे, या उनके 'आइडिया' पर लिखवाये गये थे। और उनकी धुनें भी ज़्यादातर उन्हीं की बाँधी हुई होती थीं...पूरी नहीं, मुखड़े की। वह जितने प्रतिभाशाली थे उतने ही इरादे के पक्के थे। जिस चीज़ में विश्वास करते थे, उसी पर चलते थे। अपना काम वह पूरी तरह अपनी ही शर्तों पर करवाते थे।"

"क्या यह सच है कि आपने उनके लिए कुछ अरसे तक नहीं गाया था?" मैं प्रशंसा के शब्दों में कुछ ढूँढ रहा था।

"हाँ, ज़रूर वह भी उनके एक सिद्धान्त को ले कर ही।"

"?!"

"एक जगह पर आ कर उनके और मेरे विचारों ने आपस में...मेल नहीं पाया। आप शायद जानते होंगे कि मैं गाना गाने की फ़ीस के साथ-साथ रॉयल्टी भी लेती थी..."

"हाँ, उसके लिए भी तो संघर्ष..."

"वह एक और कहानी है; ख़ैर..."

फ़िल्म 'मेरा नाम जोकर' का काम ज़ोरों से चल रहा था। जैसे कि राज कपूर के काम का तरीक़ा था, गीत लिखते वक़्त, तर्ज़ बनने के दौरान और गीत की रिकॉर्डिंग से पहले कई बार सब मिलते, रिहर्सल होते। इस फ़िल्म के एक गीत पर भी इसी तरह काम हो रहा था। और राज साहब की पहली पसन्द लता मंगेशकर भी इस गीत की तैयारियों में जुटी हुई थीं। हमेशा की तरह...एक छात्रा की तरह। पर मन में कहीं गहरे एक टीस थी कि राज कपूर की इससे पहले की फ़िल्म 'संगम' के गानों की रॉयल्टी नहीं मिली थी और रिकॉर्ड धड़ल्ले से बिक रहे थे। रिहर्सल की उसी प्रक्रिया के दौरान मन-ही-मन एक निर्णय

लिया गया।

कुछ दिनों के बाद लताजी के घर पर .फ़ोन आया। गाने की रिकॉर्डिंग में विलम्ब के कारण राज साहब उत्तेजित थे, कि लताजी नहीं आयी थीं। कारण था कि पुरानी रॉयल्टी नहीं, तो नया काम नहीं। और सफल निर्माता-निर्देशक का मत था कि एक बार मुँह-माँगी रक़म मिलने के बाद गायक या गीत लेखक या संगीतकार की कोई माँग जायज़ नहीं। यहीं आ कर दो विचारधाराएँ टकराईं। दोनों ही अपने-अपने क्षेत्र में सफल; दोनों ही फ़िल्म जगत में अपने रास्ते ख़ुद बनाये हुए; दोनों ही दिग्गज।

आख़िर दोनों ने जा कर बात मानी भी तो अपने सिद्धान्तों की ही। फ़िल्मकार का सिद्धान्त था कि महत्वपूर्ण निर्णय के आड़े अहं नहीं आना चाहिए, कला के स्तर के साथ समझौता नहीं करना चाहिए और गायिका ने पुनः पुष्टि की, कि अगर गीतों की लोकप्रियता में गानेवाले का योगदान है तो उसे अतिरिक्त मुआवज़ा मिलना चाहिए। यूँ चार साल के अन्तराल के बाद, (लक्ष्मीकान्त-प्यारेलाल के) लक्ष्मीकान्त के माध्यम से, और 'बॉबी' फ़िल्म से, राज कपूर और लता मंगेशकर ने संगीत में 'सत्यम् शिवम् सुन्दरम्' को पुनः स्थापित किया। राज कपूर की फ़िल्म 'राम तेरी गंगा मैली' के लिए लताजी ने संगीतकार रवीन्द्र जैन के साथ अपने तनावपूर्ण सम्बन्धों को भी ताक पर रखा। राज साहब की आख़िरी फ़िल्म 'हिना' में भी, लताजी ने उनका (और बाद में रणधीर कपूर का, जिनके निर्देशन ने फ़िल्म उद्योग को चौंका दिया) साथ दिया।

राज कपूर अपने सिद्धान्तों पर अडिग रहते थे, इसकी एक मिसाल यह भी है, कि वह सरकार तक के सामने न झुके। दूरदर्शन के अति सफल कार्यक्रम 'छायागीत' को उन्होंने आर.के. फ़िल्म्स के गाने नहीं दिये। छायागीत में नये-पुराने फ़िल्मी गीत दिखाए जाते रहे हैं और इसकी वजह से इस कार्यक्रम को लगातार बहुत बड़ी मात्रा में विज्ञापन मिलते आ रहे हैं। राज साहब का कहना था कि जब सरकारी माध्यम हमारे गीतों के ज़रिये प्रायोजकों से मोटी रक़म वसूलता है तो निर्माताओं को सुदामा की पोटली क्यों थमा देता है! नरगिस की मृत्यु के अपवाद को छोड़, उन्होंने अपनी फ़िल्मों के गीत दूरदर्शन को नहीं दिये।

उसी राज कपूर ने रॉयल्टी के मामले में अपने विचार क्योंकर बदले? एक परिचित का कहना है कि उनका यह विश्वास हो चला था कि अगर लताजी ने उनके गीत नहीं गाये तो उनकी फ़िल्म नहीं चलेगी। यह उनका अन्धविश्वास हो या अपनी ही फ़िल्मों के इतिहास का विश्लेषण, संगीत रसिकों को सुनने-गुनगुनाने के लिए, कुछ सदाबहार, यादगार गीत मिले, जिनमें राज साहब की रचनात्मक प्रतिभा

का पुट था और लताजी के स्वरों का शृंगार।

"लेकिन यह किसी की हार या किसी कलाकार के अहं का सवाल नहीं है, सवाल मात्र सिद्धान्त का है," लताजी कहती हैं।

एक निर्माता ने रॉयल्टी पर ही बहस करते हुए लताजी से कुछ उत्तेजित स्वर में कहा था, "हमारा बैनर रॉयल्टी नहीं देता। हम बम्बई में बिज़नेस करने आये हैं।"

"और मैं भी बम्बई में विक्टोरिया गार्डन घूमने नहीं आयी," अपना फ़ैसला सुनाते हुए लताजी ने .फ़ोन रख दिया था।

यानी उद्योग के इस असंगठित क्षेत्र में, जहाँ कलाकार के मुआवज़े का सीधा सम्बन्ध उसकी सफलता से होता है, जब बात कोई मानता नहीं, तो मनवानी पड़ती है। फिर क्या ही अचरज है कि कलाकार ढीठ हो जाते हैं। पैसों के मामले में वह हर किसी पर अविश्वास करना सीख जाते हैं।

किशोरदा के बारे में मशहूर था कि जब तक पूरे पैसे नहीं मिल जाते, उनके 'गले में ख़राश' रहती थी। और पैसे मिलते ही, उनको दी गयी शायरी और तर्ज़ को वह एक सदाबहार गीत में तबदील कर देते!

अगर लता मंगेशकर की कल्पनातीत सफलता एक भारतीय नारी की विजय न होती तो शायद सैकड़ों लोगों ने मुझसे कुछ नाराज़गी के स्वर में पूछा न होता कि 'लता इतने पैसों का करेगी क्या? अब तो संन्यास ले लेना चाहिए।' बिरला, अम्बानी और बच्चन के बारे में तो यह शब्द कभी नहीं सुने। और अभी तो यह द्वेषपूर्ण उद्‌गार कहनेवाले सज्जनों ने यह बात नहीं जानी कि गीत गाने के लिए मिल रहे मुआवज़े के अलावा रॉयल्टी पाने के लिए लताजी ने कैसी जंग छेड़ दी थी।

यानी यह लड़ाई केवल उस व्यवस्था के साथ नहीं थी जो गायकों को अपने अधिकार से वंचित रखना चाहती थी, बल्कि कुछ हद तक उन गायकों के साथ भी थी, जो या तो अपना हक़ जानते नहीं थे, या तो व्यवस्था से टकराते हुए घबराते थे।

"रफ़ी साहब तो तीसरे ही वर्ग में थे। न तो वह अपने अधिकारों से अनजान थे और न ही वह प्रोड्यूसरों या म्यूज़िक डायरेक्टरों से डरते थे...क्योंकि तब दौर ही ऐसा था कि हरेक गायक का अपना स्टाइल था और जिस किसी संगीतकार को उस स्टाइल की ज़रूरत थी, उसे उस गायक के बग़ैर न चलता...और कितने सारे हीरो को रफ़ी साहब की आवाज़ के बग़ैर चलता ही न था..."

"तो फिर कौन-से वर्ग में थे रफ़ी साहब ?"

"मेरे ख़याल में वह कुछ ज़्यादा ही अच्छे थे..."

"ज़्यादा अच्छे थे ?"

"हाँ, ज़रूरत से ज़्यादा भले थे। उनका कहना था कि एक बार गाना गाने के लिए हमें प्रोड्यूसर पैसे दे चुका है, तो फिर हमारा क्या हक़ बनता है कि हम और ज़्यादा हिस्सा माँगें? जब कि मेरा यह कहना था कि बीते कल के कुछ गायकों के गीत आज भी बिक रहे हैं, पर उन्हें कुछ नहीं मिलता और इनमें से कइयों की हालत (आर्थिक स्थिति) बहुत बुरी है। इस पर रफ़ी साहब ने कहा कि 'अभी कल ही (पुराने पार्श्व गायक) ख़ान मस्ताना को मैंने पाँच सौ रुपए दिये; उन्हें सख़्त ज़रूरत थी, हम ऐसा अच्छा काम करते ही रहते हैं'।"

रॉयल्टी की माँग कर के कोशिश यही की जा रही थी कि भविष्य में अन्य गायकों को ख़ान मस्ताना बन कर अपने से कनिष्ठ गायकों के सामने हाथ न फैलाने पड़ें।

"लेकिन ऐसा कैसे हो सकता है?" रफ़ी साहब का भोला-सा सवाल था।

होने को तो क्या नहीं हो सकता था? पाश्चात्य देशों के फ़िल्म और संगीत उद्योगों में रॉयल्टी के हकदार केवल गायक ही नहीं, उनके वंशज भी होते हैं। उन देशों में अगर कलाकारों को आर्थिक सुरक्षाओं से वंचित, मोहताज हो कर ज़िन्दगी नहीं गुज़ारनी पड़ती, तो इस देश में क्यों, जहाँ के लोगों ने अहिंसक संघर्ष द्वारा विश्व की सबसे बड़ी ताक़त की ग़ुलामी से आज़ादी पायी थी? रॉयल्टी के इस अभियान को सम्बल न देनेवालों ने शायद यह नहीं सोचा था कि रॉयल्टी की प्रथा

अमल में आने पर, छीना-झपटी की प्रवृत्ति बिलकुल ख़त्म न सही, कम तो हो ही जायेगी। लेकिन गायकों ने यह सोचा होगा कि रॉयल्टी की माँग करने पर निर्माता उन्हें काम नहीं देंगे। शायद उन्होंने हमारी फ़िल्मों की सफलता में गीतों के योगदान को कम आँका होगा।

जो लोग यह समझ बैठे थे कि रॉयल्टी मिलना मुमकिन नहीं है, वह अपने ही उद्योग की एक छोटी लेकिन महत्वपूर्ण विजय नज़रअन्दाज़ कर रहे थे। सालों तक 'फिल्मफ़ेअर' के वार्षिक पुरस्कारों की सूची में 'पार्श्वगायक' की क्षेणी थी ही नहीं। कुछ हद तक, पार्श्वगायकों को पुरस्कार पाने का हक़ भी लताजी ने ही दिलवाया था।

फ़िल्म 'चोरी-चोरी' के संगीत के लिए शंकर-जयकिशन को विजेता घोषित किया गया था। संगीतकार चाहते थे कि पुरस्कार वितरण समारोह में लताजी उस फ़िल्म के गीत गायें। इस पर लताजी ने कहा, "मैं ऐसे इदारे के लिए क्यों गाऊँ, जो पार्श्व गायन की कला का सम्मान नहीं करता?" इस पर बहस छिड़ गयी, जिसने विवाद का स्वरूप धारण किया। लताजी की ग़ैरत को ललकारते हुए संगीतकार-द्वय ने कहा कि इसका अर्थ तो यह हुआ कि तुम हमारे अवॉर्ड से ख़ुश नहीं हो। लताजी ने कहा, "अवॉर्ड चाहे किसी को मिले, सवाल सिद्धान्त का है।"

1958 से पार्श्वगायकों को भी 'फिल्मफ़ेअर' अवॉर्ड मिलने लगे। 1969 से लताजी ने नयी प्रतिभाओं के पक्ष में, स्वेच्छा से पुरस्कार लेने से इनकार कर दिया।

"रॉयल्टी के बारे में तलत साहब, मुकेश भैया और मैं काफी बहस-चर्चा करते रहते। आज गला चल रहा है, पैसे मिल रहे हैं, सब कुछ ठीक-ठाक है। लेकिन कल यह 'ठीक-ठाक' न रहा तो? फ़िल्में चलती हैं, तो उसमें गानों का योगदान भी ज़रूर है। और गानों के 'हिट' होने में गायक का भी। 'नागिन' की सफलता ने तो जैसे हमारी आँखें खोल दीं। वह फ़िल्म केवल "मन डोले मेरा तन डोले..." पर किये वैजयन्तीमाला के नृत्य पर नहीं चली, उसमें उस गीत और मेरे गाने ने भी कुछ काम ज़रूर किया होगा और रिकॉर्ड आज तक बिक रहे हैं, रेडियो-टीवी पर बजाए जा रहे हैं सो अलग।"

"हमारी 'एसोसिएशन' ने पार्श्व गायकों की ओर से जब रिकॉर्डिंग कम्पनी से अपने अधिकार के हिस्से के लिए माँग की तो उसने निर्माता का दरवाज़ा दिखाया कि हमने तो प्रोड्यूसर को रॉयल्टी दे दी है, आपको चाहिए तो उनसे माँगें। कुछ निर्माता मान भी गये, लेकिन कुछ ने हम में फूट डालने की कोशिश की। इन लोगों ने रफ़ी साहब से सम्पर्क करके उन्हें अपने विश्वास में ले लिया, ताकि वह एसोसिएशन को रॉयल्टी की माँग करने से रोकें। मैंने समझाने का प्रयास किया

कि उन्हें और मुझे तो रॉयल्टी पाने में कोई दिक्कत नहीं होगी, लेकिन दूसरों को रोकने का हमें कोई अधिकार नहीं है, बल्कि हमें उनका साथ देना चाहिए।''

''तो, फिर?''

''फिर... जब यह संघर्ष शुरू हुआ, तब मुझे लगा था कि कुछ लोग तो मेरा साथ दे रहे हैं, लेकिन असल में बात कुछ और ही थी। फिर एक दिन मुझे मुकेश भैया अपनी गाड़ी में बिठा कर 'ड्राइव' पर ले गये और सारी बात बतायी। उन्होंने कहा कि रफ़ी साहब का दिल तो साफ़ है, वे तो जो कहते हैं वे करते हैं और जो करते हैं वही कहते हैं, पर दूसरे लोग ऊपर से तो हाँ-में-हाँ मिलाते हैं और बाद में चुपचाप जा कर रिकॉर्डिंग कर आते हैं। यहाँ तक कि मुझसे एक बात की जाती और रफ़ी साहब से दूसरी। इस तरह दो गुट बनाने की कोशिश की गयी थी और वह कोशिश काफ़ी हद तक सफल भी हुई थी।''

''फिर इसका परिणाम क्या हुआ?''

''फिर जब मुझे यह विश्वास हो चला कि कोई मेरा साथ नहीं दे रहा, तो मैंने सिर खपाना छोड़ दिया। जब उन्हें ही अपनी सुरक्षा की नहीं पड़ी, तो मैं क्यों लोगों के सामने बुरी बनूँ?

बस इसी बात को ले कर हमने कुछ अरसे तक साथ में गाने नहीं गाये। पर रफ़ी साहब जैसे सच्चे और साफ़ दिलवाले इन्सान के साथ सुलह होते भी देर न लगी।''

वैसे तीन साल कम समय भी तो न था!

''देखिए हरीशजी, जहाँ तक मेरा अपना सवाल था, मैं तो जानती थी कि माँगने पर मुझे तो रॉयल्टी मिलेगी ही।''

मिली भी, मिलती भी रही। और आज सारे फ़िल्म उद्योग में लताजी अकेली पार्श्वगायिका हैं जिन्हें अपने मुआवज़े के अलावा रॉयल्टी भी मिलती है।

अगर यह माना जाये कि हमारे गायक-गायिका पश्चिम के कलाकारों से प्रतिभा में कुछ बढ़ कर ही हैं, तो इस परिस्थिति को एक स्वरचित त्रासदी ही कहा जायेगा।

31 जुलाई 1980; पाक रमज़ान महीने की उस जुम्मेरात जब एक पत्रकार ने फ़ोन करके लताजी को रफ़ी साहब की मौत की ख़बर दी, तो उनकी अकाल मृत्यु पर लताजी ने ये उद्‌गार कहे थे, ''क्या कहूँ, समझ में नहीं आ रहा, कि आसमान का चाँद अस्त हुआ या फ़िल्म संगीत का सूर्य!''

इस शृंखला के हर कार्यक्रम में लताजी ने अपने इस बिछड़े साथी की स्मृति

में उन दोनों का एक युगल गीत ('ताजमहल' का "जो वादा किया वह निभाना पड़ेगा...") गाया, जो बेहद सराहा गया।

दक्षिण अमरीका के इस कार्यक्रम में भी गाया और यहाँ भी वह उतना ही सराहा गया।

अमरीका, कनाडा, वेस्ट इण्डीज़ और दक्षिण अमरीका की सुदीर्घ यात्रा से बम्बई लौट कर मैं अपने अनुभव जैसे एक ही साँस में कह देना चाहता था।

मुझे याद है, मैंने अपनी पत्नी से कहा था कि मैं ख़ुशनसीब हूँ कि लता मंगेशकर के इस सबसे लम्बे कार्यक्रम-प्रवास में शामिल होने का मुझे मौक़ा मिला, ख़ासकर इसलिए कि शायद यह उनकी आख़िरी यात्रा होगी, "अब तो इक्यावन साल की हो गयीं, आगे कितना गायेंगी!"

यह 1980 का साल था!

उत्साह के आवेश में बोल रहे पति के साथ उसने असहमति तो व्यक्त न की, सिर्फ़ अविश्वास से देखती रही! जानती तो तब वह भी न थी कि अभी लताजी को कई सारे लोकप्रिय गीतों की सृष्टि करनी है। 'एक दूजे के लिए', 'राम तेरी गंगा मैली', 'चाँदनी', 'मैंने प्यार किया', 'लेकिन', 'सजदा' और 'श्रद्धांजलि-भाग 1 और 2', 'लम्हे', 'रुदाली', 'हम आपके हैं कौन' के कीर्तिमानों का सृजन करना है और अभी मैं भी कहाँ जानता था, कि आनेवाले तेरह सालों में, मुझे लताजी के साथ विश्व के सोलह देशों में और बयालीस शहरों में, एक सौ तेरह कार्यक्रम और करने हैं!

प्रकरण 12

यह तो श्रद्धा की बात है

जिस तरह माता-पिता के लिए यह कहना मुश्किल हो जाता है कि उनकी कौन-सी सन्तान उन्हें अधिक प्रिय है और क्यों, कुछ उसी तरह यह तय कर पाना बहुत मुश्किल हो जाता है कि लताजी के कौन-से कार्यक्रमों को सर्वश्रेष्ठ कार्यक्रमों की श्रृंखला में शामिल किया जाये।

अगर हर कार्यक्रम में श्रेष्ठ गायन प्रस्तुत किया जाता हो, अगर हर कार्यक्रम में श्रोता भावविभोर हो कर घर लौटते हों, तब फिर असाधारण कौन-सा?

कोई कार्यक्रम इस वर्ग में शामिल किया जायेगा या नहीं, उसकी अनुभूति कार्यक्रम के आरम्भ में ही हो जाती है, बल्कि मेरे शुरुआत के सम्बोधन के पूरा होते-होते मानो किसी सांकेतिक भाषा में, प्रेक्षक मेरे कानों में वह बात कह जाते हैं जो बात नेपथ्य में बैठे अधीर कलाकारों तक पहुँचाने, मैं उतावला हो उठता हूँ। यह बात कानों से सुनी होती है या बस महसूस की गयी होती है; इसे आँखों से देखना कतई मुमकिन नहीं होता, क्योंकि मेरा कदम-कदम नाप रही मानव-सर्जित सूर्य समान 'स्पॉट लाइट', सामने बैठे हुए प्रेक्षकों के चेहरे भी मुझे पढ़ने नहीं देती। पर जब लताजी मंच पर आती हैं, तब उठनेवाली प्रेक्षकों की तालियों की गूँज, प्रेक्षकों के 'मूड' के मेरे निष्कर्ष को समर्थन देती है। यह बात कुछ वैसी ही है, जैसे किसी अजनबी के साथ हाथ मिलाने पर चाहे हम उसका स्वभाव न पहचान पाएँ, पर इतना आभास तो हो ही जाता है, कि वह शख़्स हमें अच्छा लगेगा या नहीं।

और जब लताजी सकुचाती हुई प्रेक्षकों के अभिवादन के उत्तर में विनम्रता से प्रणाम करती हैं, तब लोगों की अपनी जगह पर मन्त्रमुग्ध खड़े हो जाने की सहज-सी प्रक्रिया, शाम-भर टिकनेवाली उत्तेजना के बारे में मुझे आश्वस्त कर छोड़ती है।

ऐसे कार्यक्रमों में मध्यान्तर के बाद तो यह आलम होता है कि हर कलाकार

चुपचाप अपने 'आइटम' बढ़ाने में लगा होता है, प्रेक्षक भी यही चाहते होते हैं। लगता है जैसे प्रेक्षकों और कलाकारों के बीच भावनाओं का कोई विशिष्ट रसायण बह रहा हो। मुझ जैसा मितभाषी उद्घोषक भी माइक्रोफ़ोन छोड़ना नहीं चाहता, क्योंकि उसे पक्का अहसास हो गया है कि जब तक यह सुहानी शाम चले, तब तक प्रेक्षकों ने मुझे अपना हमसफ़र मान लिया है, और गायकों का एक-एक शब्द एक-एक सुर वह 'पी' रहे हैं...कार्यक्रम की अवधि बढ़ती ही जाती है। और कयामत यह कि व्यापार की बारहखड़ी से ही अपनी भाषा सीखा हुआ प्रायोजक भी, थियेटर का चढ़ता हुआ कमरतोड़ 'ओवरटाइम' नज़र-अन्दाज़ कर जाता है।

कार्यक्रम समाप्त करने की जब मजबूरी आ ही जाती है तब प्रेक्षक सहसा खड़े हो कर तालियों का वह उपहार देते हैं, जो सुनने में बड़ा भला लगता है और सारे कलाकार बधाई और धन्यवाद की यह अनवरत ध्वनि सुन कर, रुआँसे-से हो जाते हैं और आलोचक कहते हैं कि यह कार्यक्रम 'न भूतो न भविष्यति' था। कोई आ कर बड़ी छू जानेवाली बात कहता है, "अब से जब कभी लता मंगेशकर का गीत सुनेंगे, आज की शाम याद करेंगे।" प्रेक्षकों पर कुछ ऐसी क़ैफ़ियत तारी हो जाती है, कि कार्यक्रम तो ख़त्म हो जाता है, पर वह नहीं चाहते कि शाम ख़त्म हो। इसलिए कोशिश कर के उसी रेस्त्राँ में आते हैं, जहाँ कलाकारों के लिए 'डिनर' आयोजित किया गया हो। रोज़ दस बजे बिस्तर नापनेवाले लोग देर रात गये—या बड़ी सुबह—घर पहुँचते हैं।

ऐसा कार्यक्रम प्रेक्षकों के लिए, ख़र्च किये हुए पैसों का पूरा मूल्य होता है और कलाकारों के लिए यह वह मुआवज़ा होता है, जो पैसे नहीं दे सकते।

पर एक बात मेरे देखने में आयी है कि ऐसे कार्यक्रम के चलते, इसकी सम्भावित सफलता के बारे में कलाकार आपस में बातें नहीं करते। अंग्रेज़ी में जिसे कहते हैं, 'कीपिंग अवर फ़िंगर्स क्रॉस्ड'! कहीं हमारी बात विधाता ने सुन ली और बीच कार्यक्रम ही कठिन परीक्षा लेने की ठान ली तो?

यह बता पाना तो नामुमकिन-सा ही लगता है कि कार्यक्रम में ऐसी कौन-सी चीज़ जोड़ी जाये जिससे वह कलाकारों के, हर वर्ग के प्रेक्षकों के और प्रायोजकों के मन में हमेशा के लिए बस जाये। यह सवाल कुछ वैसा ही है जिसका जवाब सालों से लाखों का जुआ खेलनेवाले फ़िल्म निर्माता ढूँढ रहे हैं।

इसलिए स्टेज कार्यक्रम करनेवाले किसी दल में, कार्यक्रम की सफलता को ले कर अगर कोई अन्धविश्वास प्रवर्तित हो, तो वह जायज़ है।

मैंने आज तक शायद ही कोई भारतीय कलाकार देखा है, जो स्टेज पर जाने से पहले, ज़ीने की आख़िरी पायदान को, किसी देवता के चरण की तरह न छूता

हो। इसमें ख़ुद लताजी ही एक अपवाद हैं। हाँ, लेकिन वह गाना गाते समय कभी चप्पल नहीं पहनतीं, चाहे स्टेज पर हों या रिकॉर्डिंग स्टूडियो में।

''देखिए इन चीज़ों को आप, हो सकता है, न मानें...यह तो विश्वास की बात है...विश्वास भी नहीं...एक 'सेन्टिमेन्ट' (भावना) की बात है। जैसे हम मन्दिर में जाते हैं तो जूते-चप्पल बाहर निकाल कर ही अन्दर जाते हैं। ऐसी बात नहीं है कि चप्पल पहनकर पूजा करेंगे, या मन्दिर में जा कर घण्टानाद नहीं करेंगे तो ईश्वर आपकी प्रार्थना नहीं सुनेगा, लेकिन मन्दिर में चप्पल पहन कर कोई नहीं जाता। मेरे लिए कोई भी, और कहीं भी गीत गाना, संगीत की...साधना है, पूजा है, सरस्वती की पूजा है। अब आप कहेंगे कि चार हाथवाली और वीणाधारिणी सरस्वती देवी का अस्तित्व ही नहीं हो सकता। तो यह भी...श्रद्धा की बात है।''

लताजी का अपने पहनावे के रंगों के बारे में भी अडिग विश्वास है, ''साड़ी तो मैं 'व्हाइट' (सफ़ेद) ही पहनती हूँ,'' दक्षिण अफ्रीका में मेरे साथ किये एक टीवी साक्षात्कार में वह कह रही थीं, ''लेकिन सोमवार हो तो उसकी 'बॉर्डर' एक रंग का होता है और शुक्र-शनिवार को अलग रंग का।'' लेकिन कौन-से रंग के साथ क्या विश्वास जुड़ा है, वह आग्रह करने पर भी नहीं बतातीं।

अमावस्या के दिन लताजी न गीत गायेंगी, न ही किसी प्रवास या नये अभियान का आरम्भ करेंगी। सप्ताह में एक बार महालक्ष्मी के दर्शन भी अवश्य। व्रत और उपवासों का पालन तो यातना की सीमा तक। चाहे विश्व के किसी कोने में हों और उसी दिन कोई महत्वपूर्ण कार्यक्रम ही क्यों न हो, अगर उपवास है तो वह नियमानुसार होगा ही और कार्यक्रम भी नियत समय पर होगा।

लताजी कहती हैं, ''हाँ, पिछले जन्म में और पुनर्जन्म में मेरा पूरा-पूरा विश्वास है। अगर लोग मुझे इतना स्नेह देते हैं, तो ज़रूर यह पिछले जन्मों के कर्मों का फल होगा।''

लताजी के अनुज हृदयनाथ ने एक शाम—हृदयनाथ की शाम, आम लोगों की मध्यरात्रि के आस-पास आरम्भ होती है—मुझे अपना एक पारलौकिक-सा अनुभव बताया।

''नासिक के पास एक पहाड़ी पर यात्राधाम है, जहाँ हम लोग हर साल जाया करते थे। सप्तशृंगी देवी के इस शिखर तक हम पैदल चढ़ कर जाते,'' हृदयनाथ अपने उस विश्वास का समर्थन कर रहे थे, कि दीदी को कोई दैवी आशीर्वाद प्राप्त है। ''एक बार की बात है जब उषाताई, दीदी और मैं इस यात्रा पर गये थे और इस पहाड़ी पर चढ़ रहे थे। साथ में भालजी पेंढारकर भी थे और उनका एक सहायक लड़का मनोहर भी था, जो तेज़ी से आगे-आगे चढ़ता जा रहा था। दीदी सबसे

पीछे थी, क्योंकि वह रुक-रुक कर अपने कैमरे से तस्वीरें ले रही थी। हम काफ़ी ऊँचाई पर चले गये थे। नीचे दीदी एक झरने में पाँव डुबोए बैठी थी, तभी मैंने देखा तो...दीदी के एकदम पास में शेर था।''

''शेर?'' मैंने पूछा। भारत में तो शेर केवल गुजरात में गीर के जंगल ही में पाए जाते हैं!

''हाँ इसे आप शेरनी कह सकते हैं, क्योंकि उस जानवर की गर्दन पर लम्बी याल नहीं थी...लेकिन वह जानवर बाघ जितना कद में लम्बा भी नहीं था। उषाताई भी चिल्लाईं, 'दीदी, जल्दी भाग, तेरे पीछे शेर बैठा है' दीदी ने मुड़ कर देखा और कहा, कहाँ है शेर? यह तो कुत्ता है; कब से मेरे साथ चल रहा है'।''

लताजी ने इसी प्रसंग को याद करते हुए कहा, ''तभी बाळ भी चिल्लाया कि समय मत गँवा दीदी, पीछे से शेर आ रहा है। मैंने मुड़ कर देखा तो सच में शेरनी थी! अजीब बात तो यह थी कि मैं घबरायी नहीं। वैसे घबराती तो जाती भी कहाँ? पहाड़ी से कूदने के अलावा कोई रास्ता भी न था, क्योंकि मैं जब उठ कर चलने लगी, तब शेरनी मुझसे नीचे की ओर थी। मैं चलती रही और शेरनी भी मेरे साथ ही चलती रही, यही कोई दो-चार कदम पीछे। बाळ और उषा फिर भी चिल्लाते रहे, कि कहीं भी भाग जा, जल्दी कर, वह बहुत नज़दीक है। परे पता नहीं मुझे कौन-सा विश्वास था, कि मैं अपनी रफ़्तार से चलती ही गयी । यूँ ज़रूर चार-पाँच मिनट तक चले होंगे, कि एक छोटी-सी पगडण्डी से हो कर वह शेरनी पहाड़ी के नीचे जंगल की ओर जाने लगी। तब उषा और बाळ दौड़े हुए आये। उनकी साँस फूल गयी थी। कहा, 'तुझे क्या हो गया था दीदी, दौड़ी क्यों नहीं? कुछ हो जाता तो'?''

लताजी की आँखों से और उनकी आवाज़ से प्रतीत हो रहा था कि उन्हें इस घटना की यथार्थता में रत्ती-भर भी सन्देह न था। जैसे वह मेरे विचार भाँप गयी हों, कहा, ''शेरनी सप्तश्रृंगी माता का वाहन माना जाता है।''

लेकिन लताजी में अन्धश्रद्धा से अधिक श्रद्धा का पुट है। विदेश जाती हैं तब भी अपना छोटा-सा मन्दिर साथ ले जाती हैं। रोज़ पूजा करती हैं और कार्यक्रम के लिए निकलने से पहले ईश्वर की मूर्ति के सामने अगरबत्ती प्रज्वलित करती हैं, हृदय से प्रणाम करती हैं, तब जा कर चलती हैं।

किसी और की श्रद्धा या अन्धविश्वास का विश्लेषण करने का अधिकार मैं हथिया लूँ, उससे पहले अपनी दुर्बलता की बात भी प्रामाणिकता से कहनी चाहिए।

कह नहीं सकता क्यों, लेकिन 1980 के विदेश दौरे के पहले (वॉशिंग्टन

गान सरस्वती एम.एस. सुब्बुलक्ष्मी तथा स्वरसम्राज्ञी लता मंगेशकर

शहर के) कार्यक्रम की सफलता और वहाँ के लोगों की उदार सराहना के बावजूद हम सब अपने काम से कुछ असन्तुष्ट थे।

जब तटस्थ विश्लेषण करने पर भी कोई कारण नहीं मिला, तो मस्तिष्क ने कुछ कारण गढ़ लिए। कार्यक्रम के बाद रात खाना खाते समय पता चला कि वादकों ने भी आपस में चर्चा की थी और वह एक 'गहन' निष्कर्ष पर पहुँचे थे, कि वादकों के पहनावे और कार्यक्रम की सफलता के बीच कोई गूढ़—शायद शैतानी—सम्बन्ध था! "इस वॉशिंग्टन वाली 'ड्रेस' को अब पहनना ही नहीं," सबने तय किया। बम्बई से चलते समय, कार्यक्रमों में वादकों के पहनने के लिए एक की जगह दो लिबास दिये गये थे, ताकि लगातार दो या तीन दिन कार्यक्रम हों तो सुविधा हो। पर वहम के सामने सुविधा की कब चली है? तिस पर, इस नये 'नियम' के लागू होने के बाद के कार्यक्रम ने अभूतपूर्व सफलता पाई। फिर क्या था, अन्धविश्वास के समीकरण को मानो वैज्ञानिक आधार मिल गया, "देखा, क्या धाँसू प्रोग्राम हुआ!" बस इसके बाद, कार्यक्रम के मंचन के पश्चात् होटल लौटते हुए चाहे रात के दो ही क्यों न बज जायें, और दूसरे दिन पौ फटते ही दूसरे शहर या देश की दौड़ ही क्यों न लगानी हो, सोने से पहले कपड़े धोए जाते। आख़िर तक वॉशिंग्टन वाली 'ड्रेस' न पहना गया, सो न ही पहना गयी!

गाना गाते समय कभी चप्पल नहीं पहनतीं...चाहे स्टेज हो या रिकार्डिंग स्टूडियो। शंकर और जयकिशन संगीत संचालन करते हुए

इसके साथ मेरे मन में भी एक छोटा-सा वहम अनजाने में घर कर गया था, कि होटल के कमरे में अकेले रहने, या किसी साथी कलाकार के साथ रहने का असर, कार्यक्रम की सफलता पर पड़ता है! यही नहीं, योजनाबद्धता में अटूट विश्वास रखनेवाला मैं मानने लगा था कि अगर मैं कार्यक्रम के मंचन से पहले स्टेज पर गया, तो उस कार्यक्रम के किसी नये कीर्तिमान स्थापित करने में बाधा आयेगी! और अगर जाना ही पड़ा, तो ठीक उसी रास्ते मंच से उतरना पड़ेगा, जिस रास्ते चढ़ा था! होना तो इससे बिलकुल विपरीत ही चाहिए। 'शो' से पहले स्टेज पर जा कर 'माइक' रिहर्सल करना तो अच्छे मंचन की एक ज़रूरी शर्त होनी चाहिए! लेकिन अन्धविश्वास अगर तर्क को देख पाता, तो उसे अन्धा कौन कहता?

वैसे इन वहमों को उपहास की दृष्टि से देखनेवाले, लेकिन क्रिकेट खेल के शौक़ीनों को यह जानने में दिलचस्पी होगी, कि इंग्लैण्ड के सुविख्यात कप्तान लेन हटन 'पिच' पर जाने से पहले, क्रिकेट का लिबास और 'बख़्तर' पहनने में कौन-सी विधि अपनाते थे। ''मैं कमीज़ पहनने की शुरुआत बायीं आस्तीन से करता। पतलून की बायीं मोहरी में पाँव पहले डालता। फिर पहले बायीं ज़ुराब, बायाँ जूता, बायाँ 'पैड' और बायाँ दस्ताना। लेकिन होना तो वही होगा, जो होनी ने चाहा होगा!''

क्रिकेट के राजसी खेल जैसी ही भव्य अनिश्चितता होती है स्टेज कार्यक्रमों की।

अगर हम यह मान लें कि हमारे जीवन का एक-एक चरण नियति द्वारा नियत किया हुआ है तो कोई भी सफल व्यक्ति सराहना के योग्य न होता, क्योंकि सारा श्रेय तो नियति ही लूट लेती। हम किसी के जीवन से प्रेरणा न ले सकते और न ही अपनी उन्नति के लिए प्रयत्न करते।

अगर सब कुछ पूर्व-निर्धारित ही होता, तो किसी भी अनुसन्धान की दिशा भविष्य न हो कर अतीत होती। उन संजोगों में हम यह खोजबीन करते कि किसी जीवन के घटनाक्रम के पूर्वनिर्धारण में किन-किन वस्तुओं का योगदान है और उन्हीं पर ध्यान देते।

पर अगर हम नियति की सत्ता न स्वीकारते तो हमारे जीवन और हमारी कहानियों में तक़दीर का तसव्वुर न जुड़ा होता। हमारे देश में, कहानियों के सैकड़ों हज़ारों पन्ने कम लिखे जाते। अपनी ग़रीबी ढाँपने के लिए लोगों को नियति नाम का आवरण न मिलता। आलसी लोगों को कम काम न करने का एक और बहाना न मिलता। जनता को अपनी हालत पर सन्तुष्ट रखने का राजनीतिज्ञों को एक हथकण्डा कम मिलता, और हाँ, ज्योतिष नाम का तो कोई व्यवसाय ही न होता।

लता मंगेशकर के कॉन्सर्ट के टिकट का दाम 400 दिरहाम...

..जब कि उसी शहर में बॉक्सिंग चैम्पियन मुहम्मद अली के मंच के टिकट 200 दिरहाम

नसीब पर विश्वास रखने के विरुद्ध चाहे जितनी बातें कर लें, अपने किये पर पछताने से आसान रास्ता, अपनी किस्मत को दोष देना ही होता है। क्या पता, शायद मेरी किस्मत में ही बदा था, कि यह किताब सात महीने नहीं, सात साल में लिख कर तैयार हो!

यूँ मुल्क़-दर-मुल्क़, शहर-दर-शहर, एक-के-बाद-एक-के-बाद-दस-के-बाद-सौ कार्यक्रम करने पर भी, कोई एक ऐसी वजह या वजहों की ओर मैं अँगुलीनिर्देश नहीं कर पाया, जो श्रेष्ठ कार्यक्रम को असाधारण बना देती है और असाधारण को अवर्णनीय...यादगार!

लताजी के साथ मेरे 123 कार्यक्रमों में से अब आगे ऐसे ही पाँच यादगार कार्यक्रमों को याद करना चाहूँगा। और इन्हीं के माध्यम से, इस किंवदन्तीनुमा गायिका के पीछे छिपे व्यक्ति के आविष्कार का प्रयत्न भी जारी रखूँगा।

दुबई, मुत्तहदा अरब इमारात, जनवरी, *1983*

प्रकरण 13

माइक्रोफ़ोन से तो उसकी दोस्ती है

हर रोज़ सुबह आठ बजे के रेडियो-समाचारों के साथ अपनी घड़ी का समय मिलाना, पिछली दो पीढ़ियों से हमारे परिवार की रस्म रही है।

परिवार का वरिष्ठ पुरुषवर्ग आठ बजने से दसेक मिनट पहले ही से, उस घड़ी के लिए, अपनी घड़ियाँ ले कर सुसज्जित हो जाता था। उस समय के आस-पास इस वर्ग को प्रात:क्रिया में प्राथमिकता दी जाती थी। यह लोग पिछली रात देर से सोये हों, तो भी इस गम्भीर कार्य के लिए, चाहे थोड़ी-सी देर के लिए ही सही, घर के एक मात्र रेडियो की दो फ़ीट की त्रिज्या में उपस्थित हो जाते।

इस अति की घड़ी से लगभग आधे घण्टे पहले से रेडियो ज़रा ज़ोर से बजाया जाता था। रेडियो वाले कमरे में—बैठक में—सोये बच्चे जाग जाते। इसी के परिणाम स्वरूप, आज तक पण्डित डी.वी. पलुस्कर, एम.एस.सुब्बुलक्ष्मी और लताजी के कुछ भजनों की धुनें (विशेषकर "ठुमक चलत रामचन्द्र..." और "निस दिन बरसत नैन हमारे...") मेरे अवचेतन में कुरेदी हुई हैं। ठीक आठ बजे, सब यूँ शान्त हो जाते, मानो तीसरे विश्वयुद्ध की घोषणा की आशंका हो। समाचार से पहले आनेवाले 'बीप' (इलेक्ट्रॉनिक्स घण्टी) के पूरे होते ही, उन वचनबद्ध कर्मयोगियों की कार्यवाही आरम्भ हो जाती। ऑक्सफोर्ड और केम्ब्रिज की नौका प्रतियोगिता में जिस तरह पानी को चप्पू से काट रहे कई हाथ एक साथ चलते दिखते हैं, यहाँ भी सभी का दाहिना हाथ एक साथ अपनी-अपनी घड़ी को चाभी देता। इसमें छोटी-सी भी ग़लती को अपराध माना जाता था और दादाजी वह गुनाह, घर के किसी भी सदस्य के सर मढ़ सकते थे—ख़ासकर उनके सामने आलस का आनन्द भोग रहे बच्चों के!

ऐसे कड़े फ़ौजी अनुशासन के फलस्वरूप मिलाई गयी घड़ियों द्वारा दिखाए जा रहे समय का, अगले दिन आठ बजे तक क्या सदुपयोग करना, इस बारे में सोचने का उन्हें शायद समय ही न मिला था! घड़ी, समय देखने के लिए हो

न हो, समय मिलाया तो जा ही सकता था!

किसी अन्तर्राष्ट्रीय हवाई अड्डे पर, फ़्लाइट निकलने का इन्तज़ार करते हुए भी, हम समय ही मिलाते रहते हैं और समझ नहीं पाते कि सामान 'चेक इन' करवाने और उड़ान भरने के बीच बचे पूरे दो घण्टों में क्या करें। विशेषकर तब, जब हमें विदेश ले जानेवाले सफ़र की लम्बाई, उस प्रतीक्षा की अवधि के लगभग ही हो! उकता देनेवाला ऐसा इन्तज़ार, पहली बार दुबई जाने के उत्साह को भी ठण्डा कर सकता है। पर हवाई जहाज़ में खिड़की के पास बैठना हो, तो यह इन्तज़ार भी सहना पड़ता है।

फिर एक बार घड़ी देखते हुए सोचा कि बड़ा अजीब लगता है, कि सिर्फ़ ढाई घण्टे के फ़ासले पर एक बिलकुल अलग, अरबी सभ्यता बसती है! अगर स्कूल में इतिहास के टीचर यह बताते, तो शायद उस विषय में रुचि बढ़ जाती।

ऊँचाई कम कर रहे विमान के झटके ने आँख खोली, तो उस अर्धनिद्रा की अवस्था में खिड़की से झाँक कर देखा। अवचेतन के किसी कोने में संग्रहित ग़ज़ल का एक मिसरा जैसे जी उठा :

"हम भटकते हैं, क्यों भटकते हैं दश्तो-सहरा में,
ऐसा लगता है मौज प्यासी है अपने दरिया में..."

महसूस हुआ कि क्यों उर्दू शायरी में 'सहरा' शब्द को निराशा का प्रतीक माना गया है! दूर-दूर तक, नज़र पहुँचे वहाँ तक, रेगिस्तान-ही-रेगिस्तान नज़र आ रहा था। भोर के धुँधलके में कहीं-कहीं आग उगलते तेल के कुएँ दिख रहे थे और कुछ ही देर में एक मानव-निर्मित आधुनिक मरुद्वीप-सा दुबई नज़र आया।

इमिग्रेशन की कतार में खड़े-खड़े मैं किसी ख़रीदार के लिए जन्नत के तजुरबे समान दुबई हवाई अड्डे के मशहूर 'ड्यूटी फ्री' शॉपिंग संकुल का नज़ारा कर रहा था। दुनिया की नयी-से-नयी उपभोक्ता वस्तुएँ, दुनिया की बेहतरीन कीमतों पर, दुकानों में लुभावने ढंग से सजाई गयी थीं और उन दुकानों के बीच में इन्द्र के आधुनिक वाहन समान एक चमकीली नयी मर्सीडिज़ बेन्ज़ गाड़ी खड़ी थी। लगभग चालीस लाख रुपए की यह गाड़ी, उस संकुल में ख़रीदारी करनेवाले हज़ारों में से किसी एक ख़ुशकिस्मत को 'लॉटरी' के तौर पर मिलनेवाली थी। अभी मैं सोच ही रहा था कि अगर यह गाड़ी मुझे मिल भी गयी तो उसे चलाऊँगा किन रास्तों पर, कि मुझे बताया गया कि मुझे होटल नहीं, सीधे एक पत्रकार सम्मेलन में जाना है।

पहुँचने पर पता चला कि धूम्रपान की कट्टर विरोधी लता मंगेशकर के इन कार्यक्रमों के प्रायोजक, एक अन्तर्राष्ट्रीय सिगरेट निर्माता हैं—दुनियाभर की सरकारों

की तरह, जो सिगरेट के हर डिब्बे पर छपवा तो देती हैं कि धूम्रपान हानिकारक है, लेकिन सिगरेट की बिक्री पर मनाही नहीं लगातीं!

अगर लता मंगेशकर का कार्यक्रम उनका बेहतरीन संगीत सुनने का एक अवसर होता है, तो यह प्रेस कॉन्फ्रेंस, उनके विचार जानने का अमूल्य अवसर था। काश कि ऐसी परिषदें पत्रकारों तक ही सीमित न रह कर, कलाकार के असल चाहकों के लिए भी खुली रहतीं।

''क्या कोई ऐसी तारीख़ आपके मस्तिष्क में अंकित है, जिसे आप ऐतिहासिक मानती हों?'' औपचारिकता के बाद पहला सवाल आया।

''तारीख़ एकाध दिन इधर-उधर हो सकती है...पर मेरे ख़याल से, वह 27 जनवरी 1963 का दिन था, जब मैंने पण्डित जवाहरलाल नेहरू के सामने ''ऐ मेरे वतन के लोगो...'' गाया। गीत पूरा कर के मैं तो लौटने की तैयारी कर रही थी, तभी महबूब साहब (निर्माता-निर्देशक महबूब ख़ान) आये और मुझे बुला ले गये,'' लताजी ने याद करते हुए कहा, ''पण्डितजी ने मुझे अपने पास बिठाया; कुछ कहने की कोशिश कर रहे थे, पर लगता था कि बोल नहीं पा रहे थे। देखा तो उनकी आँखो में आँसू थे।'' उस घड़ी मुझे अहसास हुआ कि अच्छे संगीत द्वारा करोड़ों दिलों तक पहुँचने के लिए, फ़िल्म का सहारा लेना ज़रूरी नहीं।

शायद उनका यही विश्वास, मीरा के भजनों, ग़ालिब की ग़ज़लों और गीता के श्लोकों के रिकॉर्डों की बुनियाद बना। इसी की एक और मिसाल है मशहूर ग़ज़ल गायक जगजीत ङ्क्षसह के साथ गाई ग़ज़लों का कैसेट 'सजदा', जिसकी बिक्री, तब चल रही कुछ 'हिट' फ़िल्मों के गीतों के कैसेट्स से भी ज़्यादा हुई।

''आज की और कल की रिकार्डिंग में आपको क्या फ़र्क़ महसूस होता है?'' एक आम सवाल पूछा गया, जिसका लताजी शायद आम-सा जवाब नहीं देना चाहती थीं, सो कुछ रुकीं, तनिक मुस्कुराईं और कहा, ''यह एक अजीब बात है कि मुझे तीस साल पहले हुई रिकॉर्डिंग की एक-एक 'डिटेल' याद होती है, लेकिन इन दिनों गाये गीतों के न शब्द याद रहते हैं, न धुनें।''

''आपकी नज़र में इसकी वजह क्या है?''

''तब काम इत्मीनान से होता था। अब तो सब कुछ तेज़ी से भाग रहा है और उसमें हमारी रिकॉर्डिंग भी शामिल है। अब तो सब कुछ मशीन की तरह होता है। बस हम स्टूडियो जाते हैं, धुन सुनते हैं, गा लेते हैं और चले आते हैं। लेकिन रिकॉर्डिंग पूरी होते ही ऐसा नहीं लगता कि कुछ भी बदला है। उस संगीत का असर वहीं पर छूट जाता है।''

''पर आपके आज के गाने सुनते हुए भी ऐसा ही लगता है कि गीत के

अल्फ़ाज़ और सुरों में बिलकुल जज़्ब हो कर आपने गाया है। आज की रफ़्तार पर यह कैसे मुमकिन होता है?...वह भी मशीन की तरह?''

''देखिए, एक बार कानों पर 'हेडफ़ोन' लगें, म्यूज़िक बजने लगे, तो जैसे 'स्विच ऑन' हो जाता है, और हम उस गीत की 'इमोशन्स' में खो जाते हैं। पर मेरे साथ ऐसा भी हुआ है कि चालू रिकॉर्डिंग में मैं भावनाओं का दबाव सह न सकी और रो पड़ी, रिकॉर्डिंग रुक गयी... लेकिन वह तो उस ज़माने में। वैसे आज भी अगर सिचुएशन ऐसी है, कविता अच्छी है, धुन भी पुरसोज़ है, तो उसका असर देर तक रहता है। वरना एक सीधे-सादे गीत में भी थकान-सी लगती है। और वह शारीरिक थकान नहीं...आप समझ रहे हैं न! आज तो ऐसा है कि महीनों तक हर रोज़ सुबह-शाम की 'डेट्स' दी गयी होती हैं। जिस दिन रिकॉर्डिंग हो, उस दिन स्टूडियो से .फ़ोन आता है कि सारा ऑर्केस्ट्रा तैयार है, म्यूज़िक—यानी गीत के आरम्भ और मध्य में आनेवाले संगीत के टुकड़े—भी तैयार हैं और रिकॉर्डिस्ट ने बैलेन्सिंग (ध्वनि संयोजन) तक कर लिया है। तब जा कर हम घर से निकलते हैं। वहाँ जाते ही, अगर फ़िल्म निर्देशक वहाँ मौजूद हुआ तो बताता है कि यह गीत फ़िल्म की कहानी में कहाँ गाया जायेगा, या यूँ कहिए कि फ़िल्म की सफलता की आशा में इसे कहानी के किस हिस्से में भरती किया जा रहा है... संगीतकार धुन सिखाता है और हम गा लेते हैं।''

'आज' के गानों से वाक़िफ़ पत्रकार थोड़ा हँसते हैं। एक सवाल आता है, ''तो क्या आपका भी काम करने का तरीक़ा बिलकुल बदल गया है?''

''नहीं, यह कहना तो ग़लत होगा। मैं चाहे गीत न लिखूँ, धुन न बनाऊँ, पर अपना काम तो ईमानदारी से कर ही सकती हूँ। तो...रिकॉर्डिंग स्टूडियो पहुँचने के बाद मैं एक बड़ा ही महत्वपूर्ण काम करती हूँ। पूरा गीत अपने हाथों से लिख लेती हूँ। पिछले चालीस सालों में बाक़ी चाहे जो कुछ बदला हो, यह नहीं बदला। मैं किसी के हाथ का लिखा गीत नहीं पढ़ (गा) सकती। उसके बाद संगीतकार हारमोनियम पर गीत की तर्ज़ सुनाता है। अगर तर्ज़ के बारे में कुछ जानना-पूछना हो तो उस धुन के बारे में थोड़ी-सी बातें होती हैं, वरना म्यूज़िक के साथ एक-दो रिहर्सल और सी...धे 'टेक'।

इसी सन्दर्भ में एक धृष्ट-सा सवाल आया, ''आप तो एक-दो टेक में ही 'निपटा' देती होंगी!''

उन्होंने कहा, ''बिलकुल नहीं! मुझे कितने 'टेक' तक गाते रहना है, इसका निर्णय मैं नहीं, रिकॉर्डिस्ट, संगीतकार और निर्देशक करते हैं।''

बात सच भी थी। बम्बई के महबूब स्टूडियो में, युवा बप्पी लाहिरी के निर्देशन

में एक गीत का ध्वनि मुद्रण हो रहा था। जब मैं पहुँचा, संयोजन तक की प्रक्रिया हो चुकी थी और गायकों ने साज़िन्दों के साथ गाने की शुरुआत कर दी थी। चूँकि मैं बाहर (मिक्सिंग कन्सोल के पास) बैठा था, लताजी के साथ गा रहे पुरुष गायक को पहचानने में ज़रा मुश्किल पेश आ रही थी। पुरुष स्वर से ग़लतियाँ कुछ ज़्यादा ही हो रही थीं और आवाज़ बुलन्द होने पर भी उसमें गहनता न थी। कोई नया गायक था। तीन–चार बार ग़लतियाँ करने पर 'सॉरी' कह कर अनुरोध किया कि चाहें तो लताजी गाने का अपना हिस्सा रिकॉर्ड कर लें। ऐसा करने से सबके सामने उस नवोदित का हौसला टूट सकता था। लताजी डटी रहीं। हँसते-खेलते लताजी उसे समझाती-सिखाती रहीं और गाती रहीं।

कोई नौ 'टेक' हुए और लगा कि अब रिकॉर्डिंग मुकम्मल हुई है। लेकिन तब जा कर निर्देशक को ख़याल आया, कि कहानी की सिच्युएशन के अनुरूप गीत के शब्द 'जम' नहीं रहे थे। लगभग आधा घण्टा तथा चारेक और 'टेक' के बाद जा कर रिकॉर्डिंग ख़त्म हुई। कहीं साथी गायक की ग़लती हुई, तो कभी साज़िन्दों ने भूल की; चाहे रिकॉर्डिंग में ख़ामी हो या कहीं कोई रद्दोबदल करना हो, लताजी ने न तो तंग आने का भाव प्रदर्शित किया और न ही यह इच्छा ज़ाहिर की, कि रिकॉर्डिंग स्थगित की जाये।

इसीलिए यह अस्वाभाविक नहीं कि उन्होंने "दो-एक टेक में ही निपटा देती होंगी" का जवाब कुछ आघातपूर्ण स्वर में दिया, "नौशाद साहब के एक गीत के अट्ठाईस 'टेक' हुए हैं। एक बार मैंने गीत गाना स्वीकार किया फिर मैं घड़ी के सामने नहीं देखती।"

राष्ट्रपति द्वारा पुरस्कृत फ़िल्म 'लेकिन' का गीत "यारा सीली सीली...," जो मीठा और कलात्मक लेकिन मुश्किल माना जाता है, लताजी ने एक ही 'टेक' में रिकॉर्ड किया था। एक अन्य 'ऐतिहासिक' गीत जो एक ही 'टेक' में मुकम्मल हुआ, वह था 'सत्यम् शिवम्

...और उसके बाद—ब्यूइक

सुन्दरम्' का शीर्षक गीत। और रिकॉर्डिंग के लिए मौजूद भी थे तो कौन? एक गीत दो-दो 'शिफ्टों में' (लगभग सोलह घण्टों में) रिकॉर्ड करने के लिए मशहूर संगीतकार लक्ष्मीकान्त-प्यारेलाल, उच्चारण शुद्धि के आग्रही पण्डित नरेन्द्र शर्मा और जब तक कलाकार उनकी कल्पना के अनुसार न गाये, तब तक गवाते रहनेवाले राज कपूर। ''मैं बस वहाँ गयी, गीत गाया और उल्टे पाँव लौट आयी। पप्पा (पण्डित नरेन्द्र शर्मा) ने कहा भी, कि 'आज हमारी बेटी घर से सोच कर आयी है कि हमें बोलने का अवसर ही नहीं देगी'।''

लताजी रिकॉर्डिंग से पहले किस तरह 'तैयारी' करती हैं, उसका दिलचस्प वर्णन, हिन्दी और मराठी, दोनों ही में पहले-पहल जिसकी धुनें गाई थीं वह संगीतकार, दत्ता डावजेकर करते हैं, ''लता को नया गाना सुनाते हुए, आप उसे 'सिखा रहे हैं' या गप-शप कर रहे हैं यही पता नहीं चलता। लड़की इतनी ख़ुशमिज़ाज है...गीत की एक पंक्ति सुनाओ, कुछ इधर-उधर की बातें होती हैं, फिर दूसरी पंक्ति...बस ऐसे ही चलता है। और संगीतकार से सुनी हुई पंक्ति वह तब गा कर सुनाएगी नहीं, गुनगुनाती रहेगी, सिर्फ़ होंठ हिलते दिखेंगे। जब रिकॉर्डिंग की बारी आती है तो यह भी नहीं बताना पड़ता कि माइक्रोफ़ोन से कितने दूर रहना चाहिए, चेहरा माइक से किस कोण पर होना चाहिए, कौन-से शब्दों पर माइक से कितना बचना चाहिए, ऊपर के सुरों पर और खरज में आने पर क्या करना चाहिए। सुरों की तरह माइक्रोफ़ोन से भी उसकी दोस्ती है...एक और बात, संगीतकार चाहे पुराना ख़ुर्राट हो या नौसिखिया, लता की एकाग्रता वही रहेगी। चाहे संगीतकार बुज़ुर्ग हो या नया छोकरा, लता उसको एक-सा ही सम्मान देगी। हाँ, इतना ज़रूर है कि पुराने साथियों के साथ कुछ खुल कर बातें होती हैं।''

नये-पुराने गीतों के सम्बन्ध में लताजी ने एक जगह कहा है, ''हर बार विदेश के दौरे से लौटने

अठारह वर्षीय लता की पहली गाड़ी—हिलमन...

पर मुझे यह अहसास होता है, कि हमारा सृजनात्मक काम घटता ही जा रहा है। वरना इन कार्यक्रमों में लोग पुराने गीतों की ही ज़्यादा फ़रमाइश क्यों करते हैं? तीन–चार साल के बाद जब फिर उसी देश और उसी शहर में कार्यक्रम करने जाती हूँ, तो भी लोग पुराने गानों पर ही ज़्यादा ज़ोर देते हैं...कभी–कभी तो सोचती हूँ कि क्या अब नये गीतों की रचना ही नहीं होती?''

दुबई की पत्रकार परिषद में, लताजी के जवाब और आज के गीतों से असन्तुष्ट एक पत्रकार ने सवाल पूछा, ''क्या आप यह कहना चाहती हैं कि पहले अच्छे संगीतकार हुआ करते थे, जो अच्छी धुनें बनाते थे और अब ऐसे लोग नहीं हैं?''

''लोग तो मैं नहीं जानती, पर धुनें तो पहले की ही बेहतर हुआ करती थीं। मेरे विचार में इसकी वजह यह है कि पहले के लोग अच्छा काम करने के लिए बहुत सारा काम छोड़ दिया करते थे। इसीलिए हर संगीतकार का स्टाइल अलग था और हर एक संगीतकार ने यादगार धुनें दीं। आज कोई संगीतकार फ़िल्में छोड़ना नहीं चाहता। जिसके पास जितनी ज़्यादा फ़िल्में, वह उतना ही सफल समझा जाता है—आज संगीतकार, गीतों की मिठास से नहीं, गीतों की गिनती से बनता है,'' लताजी ने समापन किया।

सत्यम् शिवम् सुन्दरम्...पहला टेक ही ओके हुआ। रिकार्डिंग मणसाली, राजकपूर, पंडित नरेन्द्र शर्मा एवं लक्ष्मीकान्त-प्यारेलाल के साथ।

पूरा गीत अपने हाथों से लिख लेती हूँ...पिछले चालीस सालों में बाक़ी चाहे जो कुछ बदला हो, यह नहीं बदला। संगीतकार राजेश रोशन के साथ

लताजी के अन्तिम वाक्य की प्रतिक्रिया में उठी तालियों के बाद कुछ क्षण ऐसी शान्ति छाई रही, कि लगा कि या तो बातें पूरी हुई हैं या बहुत देर से पूछे जाने के लिए प्रतीक्षा कर रहा कोई सवाल पूछा जानेवाला है। एक महिला पत्रकार खड़ी हुई, "मैं एक पत्रकार से अधिक महिला के तौर पर पूछ रही हूँ। इतनी सारी सफलता के बावजूद, कोई अधूरापन नहीं लगता? आपने..."

अगर लताजी सवाल जानती थीं, तो मैं उनका नपा-तुला जवाब भी जानता था।

जब कभी किसी पत्रिका में ख़बर छपती है कि लताजी ने शादी कर ली है (शादी तो एक ही बार की जाती है!) तब-तब कोई मुझसे दबी आवाज़ में ज़रूर पूछता है, "बता भी दो, तुम तो जानते होगे।"

और मैं कहता हूँ, "अगर लताजी ने शादी कर ली है, तो मैं उनसे बहुत नाराज़ हूँ, कि उन्होंने मुझे दावत नहीं दी और अगर नहीं की है, तो वह उनकी मर्ज़ी है!"

इस पर लताजी कुछ हँस कर कहती हैं, "मैंने तो यहाँ तक पढ़ा है कि मैंने छुप-छुप कर शादी कर ली है! अरे भई, अगर शादी करनी है तो खुले-आम ही क्यों न करें!"

'शादी क्यों नहीं की?' का सीधा-सा जवाब, ज्योतिष में अटूट विश्वास रखनेवाली लताजी देती हैं, "यह तो सब नसीब की बात है। जब मैं छोटी थी तब बहुत सारी ज़िम्मेदारियाँ थीं और बाद में, बस...यह हुआ ही नहीं। मैंने कहा न, यह चीज़ें हमारे हाथ में नहीं होतीं।"

सुना जाता है कि लता मंगेशकर की जन्मपत्री के अनुसार, उनका मंगल अति प्रखर है और जिस किसी से उनका विवाह होगा, उसके लिए वह भारी पड़ सकता है। लेकिन यह भी मानी हुई बात है कि मंगली लड़की के लिए उपयुक्त जन्मपत्रीवाला वर ढूँढ कर मंगल के दुष्प्रभाव को मिटाया जा सकता है।

पिछले कुछेक दशकों से यह भी सुनने में आया है कि देवदासी होने के नाते लता मंगेशकर के लिए विवाह वर्जित है। यह तो सोचा होता कि लताजी की दो सगी बहनों मीनाजी और आशाजी ने तो शादी की है। लताजी के पिता एवं माता, दोनों तरफ़ की तीन पीढ़ियों तक की गहरी छानबीन के (जो मुझे मंगेशी के मन्दिर तक ले गयी) पश्चात मैं इस नतीजे पर पहुँचा हूँ कि लता मंगेशकर की देवदासी होने की बात मिथ्या है। लताजी की दादी येसूबाई राणे का निवास मंगेशी मन्दिर के परिसर में स्थित चन्द्रमौली में था। पर्वोत्सवों पर वे मन्दिर में यदा-कदा गातीं। उसी मन्दिर में लताजी के दादा गणेश भट्ट भिकंभट्ट (भिकोबा) अभिषेकी प्रमुख पुजारी थे। प्रचलित रीति के अनुसार येसूबाई और गणेश भट्ट ने उभय सम्मति से परस्पर वरण किया। गणेश भट्ट की द्वितीय पत्नी के रूप में येसूबाई के चार सन्तानें हुईं: दीनानाथ, विजयता (कोल्हापुरे), कमलनाथ तथा देवयानी।

बहरहाल, इससे लताजी ने विवाह क्यों नहीं किया, इस प्रश्न का निराकरण नहीं होता। कई ऐसे लोग जो स्वयं अविवाहित हैं, वह भी यह प्रश्न पूछने से नहीं चूकते।

मेरा विचार है कि लताजी के सम्भावित विवाह के आड़े उनके संजोग नहीं आये, बल्कि उनके सपने, उनकी महत्वाकांक्षा आयी है। वरना आर्थिक समस्या तो उनके बीस साल के होते-होते ही निपट चुकी थी। लेकिन किसी स्त्री के लिए अपनी महत्वाकांक्षा और अपने विवाहित जीवन दोनों के प्रति समर्पित रहना असम्भव-सा लगता है।

फिर व्यावसायिक सफलता, अत्यधिक विनयशील व्यक्ति में भी कुछ हद तक तो अहं की भावना का संचार करती ही है। वह अहं, यदा-कदा पति के पुरुष-सहज अहं से जब टकराता है, तो विवाहित जीवन की बुनियाद में दरार पड़े बिना नहीं रहती। पति एक बार पत्नी के आधिपत्य को स्वीकार कर भी ले, तो भी समाज उसे ऐसा नहीं करने देगा।

महाराष्ट्र राज्य के जन्म-दिवस पर पण्डित नेहरू के साथ

ब्रिटेन की प्रधानमन्त्री श्रीमती माग्रेरेट थैचर, एक पत्नी होते हुए भी एक सफल राजनीतिज्ञ बन पायीं। पर उनके शासनकाल के दौरान उनके पति को बराबर कार्टूनों का निशाना बनाया जाता रहा। फिर महत्वाकांक्षी स्त्रियाँ भी ऐसे पुरुष को शायद ही स्वीकार कर सकें, जो उनकी छाया में रहना पसन्द करते हों। इन्दिरा गाँधी को, पति और सक्रिय राजनीतिक जीवन में से एक ही को चुनना पड़ा।

पति–पत्नी एक–दूसरे के पूरक के रूप में तो काम कर सकते हैं, प्रतियोगी के रूप में नहीं। अगर दोनों के कार्यक्षेत्र अलग हों, तब भी जाने–अनजाने उनके अहं प्रतियोगी बन जाते हैं और पारिवारिक सुख में तबाही मचाते हैं। जब घर पर पत्नी ही के लिए फ़ोन ज़्यादा आते हों, तो पति को अपना स्थान मैनेजर का–सा लगने लगता है। जब पत्नी के हस्ताक्षर अधिक आर्थिक महत्व ग्रहण करते हैं, तो पति को अपना अस्तित्व, बौना जान पड़ता है। चेक पर हस्ताक्षर करना, बैंक की नज़र में निरी औपचारिकता होगी, हस्ताक्षर न करनेवाले की नज़र में बड़प्पन की निशानी है।

और फिर जो जीव किसी अन्य जीव का सर्जन करता है, उसका अपने जीवन पर अधिकार घटता ही जाता है।

एक आँखों देखी बात बताता हूँ।

12 अप्रैल'93 की रात लगभग नौ बजे लताजी अपने कमरे में बैठी किसी

दीदी, म्यूजिक ट्रैक तैयार है, अब आप ही के आने का इन्तजार है...

अपने पाँच पोमरेनियन कुत्तों में से एक के साथ

काम में व्यस्त थीं, इसलिए कोई उन्हें डिस्टर्ब नहीं कर रहा था। थोड़ी देर के बाद कुछ झुँझलायी हुई अपने कमरे से बाहर आयीं और ऐलान किया कि 'कल की रिकॉर्डिंग मैं नहीं कर सकती'!

कौन-सी रिकॉर्डिंग?

भारतीय वायुसेना के लिए विशेष रूप से लिखित और रचित एक गीत की।

क्यों नहीं होगी रिकॉर्डिंग?

अपने कमरे में बैठ कर लगभग दो घण्टे तक वह कॅसेट पर गीत के 'म्यूज़िक ट्रैक' के साथ गीत के शब्द मिलाती रही थीं, गाती रही थीं, लेकिन शब्दों का वज़न ग़लत था और मात्राएँ ठीक नहीं थीं! शब्दों को अगर बदला न गया तो इसे गाना मुश्किल होगा।

धुन तो रिकॉर्ड हो चुकी थी, इसलिए गीत के शब्दों पर फिर काम शुरू हुआ। रात ग्यारह बजे जा कर गीत का रूप-आकार बदला और तय पाया गया कि यह गीत अब रिकॉर्डिंग करने लायक हो गया है।

साढ़े तिरसठ वर्ष की आयु में भी परिपूर्णता का यह आग्रह लताजी के लिए कोई नयी बात नहीं होगी, लेकिन इस प्रसंग को यहाँ उद्धृत करने का उद्देश्य यह जताने के लिए है, कि एक गृहिणी और माँ—या दादी-नानीमाँ—के लिए अपने व्यवसाय के प्रति इतना समर्पित होना सम्भव नहीं। काम करना और उसमें सफलता पाना एक बात है—सैकड़ों स्त्रियाँ करती हैं —पर लगभग पचास सालों तक शीर्ष स्थान पर रहते हुए अपने परिवार को भी प्राथमिकता दे पाना किसी विवाहित स्त्री के लिए नामुमकिन-सी बात लगती है।

इसलिए अधिकतर बुद्धिमान, प्रतिभाशाली स्त्रियाँ, प्रतिभा और परिवार में से एक को चुनती हैं, महत्वाकांक्षा और मातृत्व में से एक को चुनती हैं।

लताजी ने भी, मेरी नज़र में, यही किया है।

शायद इसी तर्क को, वह एक वाक्य में समझाती हैं, "जन्म, मृत्यु और विवाह का निर्णय ईश्वर ही करता है।"

लेकिन व्यवसाय, कैरिअर का निर्णय तो इन्सान के हाथ में होता है!

दुबई की प्रेस कॉन्फ्रेंस में आख़िरी सवाल था, "लताजी, अगर आप गायिका न होतीं...?"

और लताजी का मुख़्तसर-सा जवाब था, "मुझे तो सिर्फ़ गाना ही आता है।"

हाँ, उन्होंने कहीं यह ज़रूर कहा है कि "मेरा ख़याल है मैं काफ़ी तेज़ हूँ। अगर मैं गायिका न होती...तो और जो भी होती, उस व्यवसाय में भी 'लता मंगेशकर' के पद तक पहुँच ही जाती...मैंने तो सोचा था कि मैं पढ़-लिख कर

कुछ...बनूँगी, लेकिन मेरा ख़याल है कि वह ऊपर जो बैठा है, वह हर एक को यहाँ भेजने से पहले बता देता है, कि 'देख, तुझे पृथ्वी पर जा कर यह काम करना है', और हम वही काम करते हैं!''

प्रेस कॉन्फ्रेंस से होटल जाते हुए, पहली नज़र में लगा कि अभी हम कहीं विदेश को नहीं बम्बई के कोलाबा-कफ़ परेड के इलाके में ही घूम रहे हैं। लग रहा था कि किसी ने उस इलाके की रातों-रात सफ़ाई करवा दी हो, सारी इमारतों पर रंग-रोग़न करवाया हो और तभी-तभी मध्य-पूर्व के देशों से एक साथ चार-पाँच उड़ानें बम्बई आयी हों, जिसकी वजह से अरबी लोग अपने पारम्परिक वेष दिशदाशा (टख़नों तक का चोग़ा) और सर पर सफ़ेद ग़तरा बाँधे नज़र आ रहे हैं। ग़रज़ यह कि दुबई के रास्तों पर इतने सारे भारतीय (भारत उपमहाद्वीप के लोग) दिख रहे थे, कि इस जगह को विदेश मान लेना मुश्किल लग रहा था।

आलीशान इमारतों के बीच मस्जिदों का ख़ूबसूरत स्थापत्य विशेष ध्यान आकर्षित करता था। यहाँ की अधिकतर मस्जिदें वातानुकूलित हैं। ज़ाहिर है कि गाड़ी चला रहे मेज़बान को इससे कोई आश्चर्य न हुआ, ''पर जानते हैं, वातानुकूलन की मशीनें ईजाद हुईं उससे पहले भी यहाँ इसका इन्तज़ाम था,'' कहते हुए उसने गाड़ी 'डेरा' इलाके की ओर मोड़ी जहाँ कुछ पुरानी इमारतों पर ऐसी जटिल रचना की गयी थी, जिससे रेगिस्तान की गरम हवा गुज़र कर घर में पहुँचने तक कुछ ठण्डी होती, और दूसरे छोर से निकल जाती।

हमारा आलीशान होटल हयात रीजेन्सी तब दुबई की सबसे ऊँची इमारत थी। उसकी ऊपरी मंज़िलों से दो तरफ़ सारा शहर—एक तरफ़ समन्दर और एक तरफ़ रेगिस्तान के उस पार शारजाह शहर—नज़र आता था। इस होटल का एक विशेष आकर्षण था, 'आइस स्केटिंग रिंक'—स्केटिंग करने के लिए बर्फ़ का बड़ा-सा फ़र्श, जिसे साल के बारहों महीने, रेगिस्तान की झुलसानेवाली गरमी और कभी-कभी पचास अंश सेंटिग्रेड तक जाते हुए तापमान में भी पिघलने नहीं दिया जाता था। लेकिन यह होटल अगर मुझे याद है, तो वह उसके आधुनिक स्थापत्य और वैभवशाली रेस्त्राँ, 'शॉपिंग मॉल' और सुसज्जित कमरों के लिए कम, बल्कि इसी होटल में लताजी के साथ फ़ुरसत से बातें करते हुए, उनके जीवन के कई अन्तरंग पहलुओं से परिचय पाने के लिए ज़्यादा।

नया देश, नया शहर, नया रिहर्सल!

होटल की चौबीसवीं मंज़िल पर स्थित लताजी के तीन कमरोंवाले दुमंज़िले 'पेण्टहाउस स्वीट' में पहले कार्यक्रम का रिहर्सल शुरू हो चुका था। बैठते हुए लताजी ने पूछा, ''कैसा लग रहा है दुबई?''

"जिस मुल्क में आयकर न हो और जहाँ (स्थानीय) टेलीफ़ोन की मुफ़्त सुविधा हो, वह जगह, टैक्स भरनेवाले बातों के पेशेवर को तो अच्छी ही लगेगी!" लजाती के आगे सवाल की अपेक्षा में मैंने कहा, "कोई ख़ास तस्वीर नहीं ख़ींची।"

"वैसे इस मुल्क में तस्वीर खींची कम जाती है कैमरे ही ज़्यादा ख़रीदे जाते हैं!" आर्थिक सूझ-बूझ रखनेवाली 'फ़ोटॉग्राफ़र' ने कहा।

इस रिहर्सल में जाना कि 'आवारा' का मशहूर गीत "घर आया मेरा परदेसी..." मूल रूप से एक अरबी गीत था, जिसे लताजी की प्रिय (इजिप्ट की) गायिका उम्मे कुल्सुम ने गाया था। लताजी ने यही अरबी गीत गाने की ठान ली थी।

अव्वल तो गाना अरबी ज़बान में था और था भी बड़ा मुश्किल। वादकों की बार-बार ग़लतियाँ हो रही थीं। कहीं एक साज़ सुर से हटा नहीं कि लताजी की त्योरियों में बल पड़ते। जब तीसरी बार ग़लती हुई तो लताजी ने वादकों से मराठी में आह्वान किया, "क्या बात है, दुबई आ कर आप लोगों को शॉपिंग नहीं करनी क्या?" यानी जब तक गाना सही न हो, तब तक 'वन्स मोर!' गीत जब ठीक बजने लगा तो लताजी मेरी तरफ़ मुड़ीं, "मुझसे एक बार पप्पा (पं. नरेन्द्र शर्मा) ने कहा था कि कोई सुरीला गायक, जितना बेसुरा संगीत सुने, उतनी ही उसकी उम्र कम हो जाती है!"

मैं नहीं जान पाया कि पण्डितजी का यह कथन किसी गहन दर्शन का हिस्सा था या मज़ाक में कही गयी कोई बात, इसलिए मैंने पूछा, "उन्होंने यह नहीं कहा कि हमेशा सुर में गानेवाले गायक की उम्र बढ़ती है?" हँसते हुए लताजी ने जैसे क्षमा की भावना से अपनी कनपटी को छुआ और गाने में व्यस्त हो गयीं। उसी होटल के विराट 'बैन्क्वेट होल' में आयोजित पहले कार्यक्रम में, दुबई शहर में जो भी कोई किसी गिनती में था, वहाँ मौजूद था। लग रहा था जैसे प्रेक्षक कार्यक्रम देखने से भी ज़्यादा उस गण्यमान्य जनसमूह में अपनी उपस्थिति दिखाने आये थे—फैशनेबल काले चश्मों की तरह, जो देखने के लिए कम, दिखाने के लिए ज़्यादा होते हैं। यहाँ अपनी हाज़िरी-भर से यह लोग समाज के ऊँचे तबके में अपना स्थान साबित कर सकते थे। क्यों न हो? टिकट के दाम थे तीन सौ से ले कर साढ़े चार सौ दिरहम—आज के लगभग साढ़े तीन हज़ार से चार हज़ार रुपए! उस कार्यक्रम के सिर्फ़ एक महीने पहले दुबई ही में हुए, विश्व हेवी वेट बॉक्सिंग चैम्पियन कैसियस प्ले (उर्फ़ मुहम्मद अली) के मैच के उच्चतम टिकट केवल दो सौ दिरहम के थे!

यह हकीकत हर भारतीय और हर स्त्री के लिए चाहे अभिमानजनक हो, पर क्या भारतीय फ़िल्म संगीत चाहनेवाले आम दर्शक—जिनकी सामूहिक चाहत

अच्छे संगीत द्वारा करोड़ों दिलों तक पहुँचने के लिए फ़िल्म का सहारा लेना जरूरी नहीं। कवि प्रदीप और संगीतकार सी.रामचन्द्र के साथ। ऐ मेरे वतन के लोगो...

ही तो गीतों को और गीतों के गायकों को इतनी लोकप्रियता दिलवाती है— ऐसे महँगे टिकट ख़रीदकर लताजी को प्रत्यक्ष देखने और सुनने की अपनी

ख़्वाहिश पूरी कर पाएँगे ?

ऐसे ही दर्शकों के लिए दूसरा कार्यक्रम, बारह हज़ार की क्षमतावाले अल नस्र स्टेडियम में रखा गया था।

लताजी के कई कार्यक्रमों में एक अजीब-सा संयोग हुआ है : बारिश। चाहे वह बारिश का मौसम हो या न हो, चाहे उस जगह साल में एकाध बार ही बारिश क्यों न होती हो। हिमालय की तराई में बसा सिलिगुड़ी हो, या अफ्रीका के दक्षिण में स्वाज़ीलैण्ड महाराष्ट्र का नगण्य-सा गाँव औराद शहाजनी हो, या भौगोलिक महत्व रखने वाला केपटाउन शहर या वेस्ट इण्डीज़ का सेन फ़र्नान्डो शहर, कार्यक्रम से पहले घिरते बादलों ने हमें आनेवाली बारिश की चेतावनी दी है, जो हमने कभी नहीं सुनी, न ही प्रेक्षकों के कान पर कभी जूँ रेंगी है। कार्यक्रम शुरू हुए हैं, बारिश भी हुई है।

बंगाल के सिलिगुड़ी में तो इतनी बारिश हुई थी कि जिस ज़मीन पर कुर्सियाँ रखी गयी थीं, वह कुछ देर में कीचड़ हो गयी और जिनके पास छाते न थे उन्होंने उस कीचड़ में खड़े हो कर सर पर कुरसी 'ओढ़' ली थी। अफ्रीका में स्वाज़ीलैण्ड के कार्यक्रम में ज़्यादातर लोग पड़ोस के देश दक्षिण अफ्रीका से—औसतन पाँच सौ मील गाड़ी चला कर—आये थे। कार्यक्रम के कुछ घण्टे पहले शुरू हुई बारिश ने भी किसी का हौसला पस्त नहीं किया, हालाँकि कार्यक्रम खुले में ही था। बारिश आती, कुछ देर कार्यक्रम रुक जाता। बारिश रुकती, तो फिर एकाध सावन का गीत गाया जाता! कार्यक्रम 'निपटाने' की जल्दी में कोई न था। वह यादगार कार्यक्रम साढ़े चार घण्टे चला था, जिसमें स्वाजीलैण्ड के राजकुमार तथा भारत के राजदूत अन्त तक बैठे थे। सोलापुर के पास के गाँव औराद शहाजनी में बारिश के साथ तेज़-रफ्तार हवा भी चली थी। डर था कि कहीं इस विशाल भीड़ में भगदड़ मच गयी, तो कोई गम्भीर दुर्घटना भी हो सकती है। लेकिन पश्चिम में सोलापुर और पूर्व में हैदराबाद तक से आये एक लाख दस हज़ार लोग विचलित नहीं हुए। हाँ, तेज़ हवा में झूम रहा हमारा दुमंज़िला स्टेज जब हमें भूचाल का-सा अनुभव कराता तो हम ज़रूर घबरा जाते।

यूँ बिन बुलाई बारिश के बावजूद, लताजी के कार्यक्रम थमते-चलते ही सही, जारी रहे हैं। सिर्फ़ एक अपवाद था बम्बई का शिवाजी पार्क, जहाँ लताजी के फ़िल्मों में पचास साल पूरे करने पर सरकार की ओर से एक विराट अभिनन्दन समारोह तथा कार्यक्रम का आयोजन किया गया था। युवा पार्श्वगायिकाओं, कविता कृष्णमूर्ति, अलका याज्ञिक और साधना सरगम द्वारा लताजी के गाये लोकप्रिय गीत उन्हीं की उपस्थिति में गाने की योजना थी। तभी बेमौसम की

चाहे सोफ़्ट गा रही हों, लेकिन उनका थ्रो जबरदस्त होता है। इतनी भरी हुई आजाव और किसी की नहीं। रिकॉर्डिस्ट दमन सूद और निर्माता-निर्देशक यश चोपड़ा के साथ रेकॉर्डिंग स्टूडियो में

बारिश के साथ तेज़ हवा चली सो ऐसी, कि बिजली की दुर्घटना होने के डर से पुलिस प्रशासन ने कार्यक्रम रुकवा दिया।

यानी एक बार और, लताजी के होते हुए उभरती गायिकाओं को गाने का मौक़ा नहीं मिला!

दुबई का दूसरा कार्यक्रम शुरू होने में तीनेक घण्टे ही बचे थे। वरुण देव को भी न मालूम कहाँ से पता चल गया। हमारे देश में देवताओं को प्रसन्न रखने के लिए प्रसाद चढ़ाना पड़ता है और अफ़सरों को ख़ुश रखने के लिए कार्यक्रमों के 'फ्री पास' देने पड़ते हैं। शायद किसी नास्तिक ने कुछ उल्टा-पुल्टा कर दिया होगा, सो कार्यक्रम के नियत समय के घण्टा-भर पहले, ऐसी जम कर बारिश हुई, कि होटल से निकलते हुए हमें लगा था कि स्टेडियम तो हाज़िरी देने-भर के लिए ही जा रहे हैं। वहाँ पहुँचते हुए बारिश न थमी सो तो न ही थमी, साथ-साथ बला की ठण्ड भी शुरू हो गयी । कुछ विलम्ब से ही सही, कार्यक्रम शुरू हुआ। सबसे बुरी हालत लगातार खुले में बैठे साज़िन्दों की थी। जितनी देर अपने हिस्से का संगीत का टुकड़ा आता, वादक जेब से हाथ निकाल कर बजा लेते, बाक़ी देर ठिठुरते रहते। कहीं से ब्राण्डी लाई गयी और मद्यभोगी तथा मद्यत्यागी, दोनों को दी जाती रही। मंच पर दो-दो शाल ओढ़े गा रहीं लताजी के लिए बीच-बीच में जो शहदवाला गरम पानी भेजा

सिडनी ऑपेरा हाउस–पहली बार देखा कि लताजी रिहर्सल करने की जल्दी में न थीं।

जाता था, उसका तापमान आज शाम कुछ ज़्यादा था।

ज़ाहिर है कि संगीत के असल कद्रदानों के लिए आयोजित इस प्रोग्राम में आये लोग, संगीत के कन्धे पर बन्दूक रख कर ऊँचे समाजी मरतबे का निशाना नहीं पाना चाहते थे, सो उस ठण्ड में सभी प्रेक्षक बैठे रहे।

पाकिस्तान के कुछ लोगों ने आ कर मध्यान्तर में मुझसे अनुरोध किया कि उनकी सहूलियत के लिए मेरे द्वारा उर्दू में की जा रही उद्घोषणाएँ उन्हें अच्छी तो लग रही थीं, लेकिन संस्कृत-मिश्रित हिन्दी सुननी उन्हें और भी भली लग रही थी। पर क्या वह शुद्ध हिन्दी समझ भी पाएँगे? "अगर थोड़ी कम भी समझें तो कोई बात नहीं, ज़बान की शाइस्तगी (भाषा का अभिजात्य) तो महसूस कर पाएँगे!" काश कि हमारे फ़िल्म लेखकों को भी कोई समझा पाता, कि परिष्कृत हिन्दी भाषा केवल उपहास की वस्तु नहीं, एक सशक्त माध्यम भी है।

कार्यक्रम में चूँकि भारत के अलावा अन्य देशों के नागरिक भी बड़ी तादाद में आये थे, जो गीत कार्यक्रम के समापन के लिए अलग रखा गया था ("ऐ मेरे वतन के लोगो...") उसे बदलने पर बहस हो रही थी। पर लताजी अपने निर्णय से नहीं डिगीं।

कार्यक्रम समाप्त होते ही स्टेज पर आये कोई सौ-दो सौ दर्शकों में से भारत के बँटवारे से पहले के कुछ हमवतनों ने कहा, कि आपने तो हमें 'वतन की याद दिला दी।' एक बुज़ुर्ग ने कहा, "लताजी यह कोई आम जलसा नहीं था। कभी हमारे मुल्क में भी तशरीफ़ फ़रमाइए। हमारा मुल्क...आपका मुल्क,

एक ही ज़मीन के दो टुकड़े हैं...सियासत चाहे हमको जुदा करे, आपकी मौसीक़ी दिलों को जोड़ती है।''

दूसरे दिन लताजी की मौसीक़ी से ही मुतास्सिर कुछ स्थानीय शुभचिन्तकों का, बड़ा दुविधा में डालनेवाला पैग़ाम आया : दुबई के एक गणमान्य नागरिक, लताजी का एक और कार्यक्रम उनके आलीशान निवास स्थान में चाहते थे। ''कीमत तय की जा सकती है, आप सिर्फ़ 'हाँ' कहिए।''

सन्देशवाहक को विनम्रता से यह कह कर लौटाया गया, कि लताजी सिर्फ़ सार्वजनिक कार्यक्रम करती हैं, 'प्राइवेट' महफ़िलें नहीं।

दुबारा प्रस्ताव रखा गया कि इसे 'महफ़िल' न समझें, इसमें न नाच होगा, न ही तारीफ़ के दिरहम उछाले जायेंगे। देश के गिने-चुने सम्मानित व्यक्ति ही आयेंगे और...'कीमत जो आप चाहें।' इस बार कहा गया कि 'हम कलाकार अगर कुछ चाहते हैं तो आपकी शुभकामनाएँ,' वह तो आप दो कार्यक्रमों में भरपूर दे चुके हैं। जब बताया गया कि 'कीमत' का अर्थ दस लाख डॉलर था और यह कार्यक्रम विशेषकर ऊँचे घराने की परदा-नशीन औरतों के लिए है, तो लताजी ने कहा कि अगर मैं इस कार्यक्रम को स्वीकार कर लूँ तो आप ही के देश की उन स्त्रियों का अपमान होगा जो मेरे सार्वजनिक कार्यक्रमों में आयी थीं। फिर भी यह प्रस्ताव रख कर आपने मुझे जो सम्मान दिया है, उसके लिए जितना धन्यवाद दूँ वह कम है।

इस पर उस सज्जन ने कहा कि आपके फ़न और आपकी शख़्सियत की हम पहले ही से इज़्ज़त करते थे, इसलिए आप यह प्रोग्राम करतीं तो हमें बड़ा अच्छा लगता, लेकिन आपके ख़यालात जानने के बाद आप हमारी नज़रों में और भी ऊँची उठी हैं।

साठ साल पहले पिता मास्टर दीनानाथ ने ऐसे ही अडिग स्वाभिमान का परिचय दिया था। बल्कि दीनानाथ ने तो अपनी नाटक कम्पनी का अस्तित्व ही ख़तरे में डाल दिया था।

1923 का साल था। बलवन्त कम्पनी इन्दौर में 'राज संन्यास' नाटक का मंचन कर रही थी। इन्दौर राज्य के शासक तुकोजीराव होलकर का बुलावा आया कि रात उनके महल के प्रांगण में मास्टर दीनानाथ और (उनकी कम्पनी के) अन्य गायकों के शास्त्रीय गायन का कार्यक्रम होगा।

कलाकार रात को 'राजवाड़ी' पहुँचे। पूर्णिमा की रात में निखरे चन्द्र ने कलाकारों को और 'मूड' में ला दिया था, तो इधर शासक को राजसी शौक़ चर्राया। तुकोजीराव ने अपने निजी सचिव के साथ गायकों को सन्देश भेजा कि आज शिकार होगा, गायन कल सही। राज्य-भर में किसी की हिम्मत न थी कि तुकोजीराव की

सनक की अवहेलना कर सके।

लेकिन अपने आवास पर लौटते ही मास्टर दीनानाथ ने अपना निर्णय घोषित कर दिया कि कल हमारा गायन नहीं होगा। ऐसा करने से शासन द्वारा मिलनेवाली आर्थिक सहायता रुक जाने की पूरी आशंका थी, पर वह डर दीनानाथ के स्वाभिमान को न ख़रीद सका।

दुबई से विदा लेते हुए जब खिड़की से झाँक कर देखा, तो नीचे दूर-दूर तक फैले सहरा के बीच, दुबई नाम का नख़्लिस्तान, आँखों से धीरे-धीरे ओझल हो रहा था।

सिडनी, ऑस्ट्रेलिया, 1 मार्च, 1983

यू वर वण्डरफुल स्वीटहार्ट!

आज तक मुझे किसी भी ज्योतिषी या हस्तरेखा शास्त्री ने विश्वास के साथ नहीं बताया कि मेरी कुण्डली, या मेरे हाथ की रेखाओं में, विदेश-यात्रा का योग है—मेरे 'पाँव में चक्कर' है, यह तो बिलकुल भी नहीं। और अगर कोई भविष्यवेत्ता कह भी देता तो यह मानना तो बहुत ही मुश्किल गुज़रता कि बम्बई से बाहर निकलना जिस ब्रॉडकास्टर के लिए व्यावसायिक जोखिम से कम नहीं, वह मैं, एक ही साल, 1983 में, चौदह देशों का दौरा करूँगा।

लेकिन अव्वल तो विश्व में सबसे कम जनसंख्यावाला महाद्वीप ऑस्ट्रेलिया, दूसरे, सिडनी जैसा ख़ूबसूरत शहर, तिस पर वास्तुशिल्प का चमत्कार माना जानेवाला प्रेक्षागार सिडनी ऑपेरा हाउस—जिसमें पहली बार भारतीय फ़िल्म जगत के कलाकार का कार्यक्रम होने जा रहा था...मैं इसे न मानता तब भी मनवाने की ज़रूरत न पड़ती! और फिर थी भी यह 'तीन धाम की यात्रा'—ऑस्ट्रेलिया के अलावा सुदूर पूर्व से भी पूर्व में और दक्षिण ध्रुव के सबसे नज़दीक का देश न्यूज़ीलेंड और अन्तहीन प्रशान्त महासागर के बीच स्थित द्वीप-समूह फ़िजी आईलैण्ड्स।

हमारी यात्रा का पहला विरामस्थान था—सिंगापुर। यहाँ कार्यक्रम का मंचन न था, पर विश्व के इस सबसे ख़ूबसूरत हवाई अड्डे पर घूमने की आज़ादी तो थी! अपनी इन्द्रियों पर पूर्ण अधिकार पाया हुआ ऐसा भी कोई योगी होगा, जो सिंगापुर हवाई अड्डे पर उतरे और हवाई जहाज़ में ख़ाली हाथ लौटे? हो सकता है ख़ाली जेब लौटे! मेरे कैमरे को उससे भी बड़ा 'ज़ूम लेन्स' मिल गया।

"मैंने तो सुना था कि आप पैसे ख़र्च करने से पहले बहुत सोचते हैं?" हवाई जहाज़ में लताजी ने मुझसे कहा।

"आपका मतलब है मैं कंजूस हूँ?"

लेन्स को उलट-पलट कर देखा, तारीफ़ की और 'एक मिनट' कह कर अपनी सीट पर चली गयीं। विमान ने जब ऑस्ट्रेलिया की ओर उड़ान भरी, तो एक बड़ी-

सी थैली ले कर लौटीं। दल के सारे सदस्यों के लिए एअरपोर्ट पर से कुछ-न-कुछ ख़रीद लाई थीं। जब भेंट स्वीकार करनेवालों की ओर से आ रहे धन्यवाद का सैलाब बहुत ही बढ़ गया, तो कहा, "देखिए, मैं अपने लिए क्या लाई?" ऐसे ख़रीदार की शॉपिंग में किसे दिलचस्पी न होती, जिसके पास सब कुछ हो और जो कुछ भी ख़रीदने की क्षमता रखता हो! "यह एक नयी किस्म की (कैमरे की) फ़िल्म है, जो कड़ी धूप में भी तस्वीर लेती है और मोमबत्ती के उजाले के लिए भी अपने आपको 'एडजस्ट' कर लेती है।"

"दीदी कोई 'पर्फ्यूम' नहीं ख़रीदी?" पूछनेवाला साज़िन्दा शायद नहीं जानता था कि लताजी की पसन्दीदा पर्फ़्यूम, शायद सबसे महँगी मानी जानेवाली पर्फ़्यूमों में से एक 'पैरिस' है और जिसका अच्छा-ख़ासा 'स्टॉक' उनके पास हमेशा मौजूद होता है।

हम दक्षिण गोलार्ध के एक मुख्य शहर—सिडनी आ पहुँचे थे।

हवाई जहाज़ से सीढ़ियाँ उतर कर बस में बैठने का प्राचीन क्रम, हम सवा छह हज़ार मील दूर भारत में छोड़ आये थे। यहाँ तो हवाई अड्डे का दरवाज़ा ख़ुद मानो अपनी सुदीर्घ बाँह तान कर, हवाई जहाज़ के दरवाज़े तक आया। विकसित देशों के हवाई अड्डों की इस सिद्धि को मैंने आधुनिकीकरण की एक अनिवार्य नीरसता ही माना है। यह यान्त्रिक उपलब्धि, सीढ़ियाँ उतर कर नये देश का माहौल महसूस करने का, हवाई अड्डे का आकार देखने का एक अनूठा मज़ा हमसे छीन लेती है। नये मुल्क़ में पहली नज़र में क्या देखा, यह संस्मरण ही नहीं उभर पाते। न ही यह पता चलता है कि बाहर ठण्ड कितनी है। विमान में होनेवाली तापमान की घोषणा तो केवल एक अंक है, द्रयों को झकझोरने वाली संवेदना कहाँ?

इसलिए प्लेन से बाहर निकलते हुए, किसी-न-किसी बहाने, मैं उस गुफानुमा मुख की दीवार के पास सरक जाता हूँ और उस पर हथेली सटा कर बाहर के तापमान का अन्दाज़ा पाने की कोशिश करता हूँ। मार्च के महीने में हमारे देश में गर्मियों की शुरुआत होती होगी; यहाँ दक्षिण गोलार्ध में तो ठण्ड का आगमन होता है।

मैंने कमीज़ के बटन और कोट के कॉलर आदि को व्यवस्थित करके ठण्ड झेलने की तैयारी की। मुझसे दो-चार कदम पीछे चल रहे और माथे पर गिर-गिर आते अपने केशों में उँगलियाँ फँसा कर उन्हें पीछे को ठेलते हृदयनाथ मंगेशकर ने टोका : "क्या बात है हरीशजी, आपको ठण्डी लगनी शुरू हो गयी ?"

हृदयनाथ ने अपना हमेशा का वेश, कुर्ता-पाजामा और नेहरू जाकिट पहन रखा था। मैंने देख कर पूछा, "आपको ठण्ड नहीं लगेगी इन कपड़ों में?"

"अरे इस भारतीय लिबास में ऐसी गर्मी है, जिसने अंग्रेज़ों को भी देश से

भगा दिया।"

मेरे ध्यान में आया कि यह कलाकार सिर्फ़ सुरुचिपूर्ण संगीत के लिए ही नहीं लड़ता रहा, इसने तो अंग्रेज़ी लिबास की ग़ुलामी के ख़िलाफ़ भी एक व्यक्तिगत जिहाद का ऐलान कर दिया है।

बचपन में पाँव की बीमारी की वजह से आम खेल तो नदारद थे ही, बालक हृदयनाथ स्कूली शिक्षा से भी वंचित रह गया था। लेकिन इस औपचारिक शिक्षा की क्षतिपूर्ति घर में बराबर होती रहती।

पढ़ने–जानने का शौक़ माई पूरा करती थीं। ढेरों कहानियाँ सुनाती रहतीं। लेकिन बड़े परिवारवाले निम्न मध्यम–वर्गीय छोटे घर में, नयी–नयी किताबें कहाँ तक आती रहतीं? सो पिता के पुराने पिटारों में से किताबें और नाटक निकाल–निकाल कर माई पढ़ सुनातीं। इनमें से मराठी साहित्यिक राम गणेश गडकरी के (जिन्हें श्रद्धांजलि देते हुए एक साहित्यिक ने कहा था कि हर भाषा में एक ही

राम गणेश गडकरी अवतरित होता है) नाटक वह बार-बार सुनता। छोटे हृदयनाथ को सावरकर के देशप्रेम से ओत-प्रोत नाटकों ने अत्यन्त प्रभावित किया था। सावरकर द्वारा लिखी पुस्तकें भी ख़ूब पढ़ीं।

जब मंगेशकर परिवार बम्बई आ कर स्थायी हुआ तो इस लड़के पर अचानक ही रहस्योद्घाटन हुआ, कि वही वीर सावरकर उसके घर से चार-पाँच मील दूर दादर में ही रहते थे! गाँधी हत्या का षड्यंत्र रचने के आरोप में से, सावरकर तभी-तभी बरी हुए थे!

उन दिनों सावरकर के प्रति अपनी निष्ठा प्रकट करना, या उनके साथ अपने सम्बन्धों का निर्देश भी करना, ख़ुफ़िया पुलिस की शक्की निगाहों को दावत देना था। लेकिन पहला अवसर पाते ही ग्यारह साल का हृदयनाथ, उस आग उगलते क्रान्तिकारी से मिलने गया।

आज मराठी में लिखते समय भाषा की परिशुद्धता का आग्रह रखनेवाला संगीतकार-लेखक, तब चाहे किशोर था, लेकिन सावरकर ही की महाराष्ट्रवादिता में सराबोर था। बातचीत शुद्ध मराठी ही में हो रही थी।

हृदयनाथ ने हस्ताक्षर माँगे। वीर ने पूछा किससे करूँ? जवाब मिला 'ज़रणी से'। 'कलम' या 'पेन' के लिए यह विकल्प सावरकर ही ने मराठी भाषा को दिया था। वार्तालाप चलता रहा। सावरकर को स्वयं द्वारा रचित कई शब्द इस लड़के से सुनने को मिले, "यानी तुमने मेरी पुस्तकें पढ़ी हैं!...मैं तुम्हारी दीदी से मिलना चाहूँगा।"

"तो मैं उनके लेखनिक (सचिव) से बात करूँगा," एक और सावरकर-रचित शब्द! सावरकर ने कहा कि स्वदेशी और स्वभाषा का इतना ही अभिमान है तो यह अंग्रेज़ी पहनावा क्यों? छोटा हृदयनाथ कमीज़-पतलून पहने हुए था। लेकिन इसके बारे में उसका नन्हा दिमाग़ पहले ही तर्क कर चुका था। कहा, "वैसे तो मोटर गाड़ी, हवाई जहाज़...सारी मशीनें ही पश्चिम की देन हैं।"

"बात तुम्हारी भी सही है। जो चीज़ हमें प्रगति की ओर ले जाती है उसे बेझिझक अपनाओ, पर जिससे हमारे आचार-विचार पर असर पड़ता है, हमारी संस्कृति की अवहेलना होती है, उसका डट कर विरोध करो।"

अड़तालीस साल के हृदयनाथ कह रहे थे, "बस, वह दिन है और आज का दिन है, यही मेरी पोशाक रही है—कुर्ता और पाजामा। ठण्ड हुई तो जाकिट, और बर्फ़ हो तो शाल।"

अमरीका के फ़िलाडेल्फ़िया शहर में एक शाम साढ़े तीन फ़ीट बर्फ़ गिरी थी। आस-पासवालों ने टोक-टोक कर याद दिलाया। "लेकिन नेहरू जाकिट का

चर्चिल जैकेट न हुआ और न ही मुझे न्यूमोनिया हुआ, न गैंगरीन।''

लेकिन इससे भी बड़ी परीक्षा बहुत पहले युवावस्था में, अनजाने में ही हुई थी।

मंगेशकर परिवार से ग़रीबी लद चुकी थी और अच्छे दिन बस आये ही आये थे। पाँच भाई-बहनों में अकेला भाई, वह भी सबसे छोटा। सफलता साकार होते ही दीदी ने पहला काम किया, अपने लाडले 'बाळ' के लिए दो सूट सिलवा दिये। लेकिन हृदयनाथ ने यह भेंट सविनय अस्वीकृत की। सबने बहुत मनाया और माई ने तो थोड़ा डाँटा भी। ''मुझे डर था कि मेरे इस व्यवहार से दीदी नाराज़ हो जायेंगी, लेकिन दीदी ने तो मेरे विश्वास को और दृढ़ किया।''

''कुछ सोच कर ही तो ना कह रहा है न। अगर उसका यही विश्वास है तो क्यों डिगाते हो?'' दीदी ने कहा था।

इसके कई साल बाद, इसी लिबास को ले कर सार्वजनिक विरोध का सामना करना पड़ा था। अट्ठावन के साल में बम्बई के ताजमहल होटल में, कल्याणजी-आणन्दजी के एक समारोह में हृदयनाथ निमन्त्रित थे। हृदयनाथ आये, लेकिन दरवाज़े पर ही रोके गये। भारत के कई होटलों की तरह ताज में भी, ब्रिटिश साम्राज्य के प्रतीक रूप सूट के बग़ैर (किन्हीं विशेष कक्षों में) आप प्रवेश न पा सकते थे। हृदयनाथ के न मानने पर बात मैनेजर तक पहुँची, ''हम मजबूर हैं, यही यहाँ का क़ानून है।''

''ठीक है, आपका क़ानून ग़लत है और आपको यह बदलना चाहिए।''

मैनेजर भी कशमकश में! एक ओर देश के सर्वोत्तम होटल का यह नियम और दूसरी ओर विशेष अतिथि का स्वाभिमानपूर्ण सिद्धान्त।

हृदयनाथ ने कहा, ''आपने मेरा अपमान किया है; वैसे मैं सूट-बूट में आता तब भी आप मेरा अपमान कर सकते थे। लेकिन आपने तो इस पहनावे का अपमान किया है और अगर यह हमारे देश की और देश के प्रधानमन्त्री की पोशाक है, तो क्या यह बताना ज़रूरी है कि आप किसका अपमान कर रहे हैं?''

कार्यक्रम के व्यवस्थापकों और मैनेजर ने मिल कर सुझाव दिया कि थोड़ी देर के लिए ही सही, अन्दर जाने-भर के लिए सूट पहन लीजिए, बाद में चाहे उतार दीजिए। ''लेकिन यह तो घुटने टेकनेवाली बात हुई!'' साफ़ इनकार।

यह बात न जाने किस तरह मदनलाल पाहवा (जो तब गाँधी हत्या के फलस्वरूप कारावास भुगत रहे थे) के कुछ युवा अनुयायियों तक पहुँची। दूसरे ही दिन हज़ारेक प्रदर्शनकारियों ने होटल के सामने नारे लगाये। होटल की खिड़कियों के कुछ काँच भी फूटे थे। ''उसके बाद मालूम नहीं कब, होटल ने अपना (पोशाक) क़ानून बदल दिया।'

सिडनी शहर, किसी आधुनिक पाश्चात्य शहर जैसा ही लग रहा था। हवाई अड्डा छोड़ते ही दूर क्षितिज पर हौले-हौले उभरती गगनचुम्बी इमारतों की धुँधली छाया, जो धीमे-धीमे कॅन्क्रीट का अस्तित्व ग्रहण करती है और पता भी नहीं चलता कि कब आपको अपने आप में समेट लेती है।

सिडनी की विशालता का संक्षेप में वर्णन करना हो तो अलंकारिक शब्द ढूँढने की ज़रूरत नहीं, आँकड़ों का तथ्य ही पर्याप्त है। सिडनी शहर बम्बई से चार गुना बड़ा है और बम्बई के फ़ुटपाथों पर और झुग्गी-झोंपड़ियों में जितने लोग रहते हैं, उतनी ही आबादी सारे सिडनी शहर और इसके उपनगरों की है!

सिडनी के उपनगरों के बारे में कहा जाता है कि आप यहाँ एक गोलियों से भरी मशीनगन ले कर बड़े इत्मीनान से खेल सकते हैं। किसी जगह खड़े हो जाइए और गोल घूमते हुए गोलियाँ दाग़ना शुरू कीजिए। मुमकिन है, शाम का व्यायाम कर रहा एकाध पालतू कुत्ता चपेट में आ जाये! इन्सान नहीं।

जिस विशाल भवन की चकाचौंध केवल पर्यटक-पोस्टकार्डों पर ही देखी थी, वह तो हम जहाँ ठहरे थे वहाँ से कुल तीन सौ मीटर के फ़ासले पर ही था। सिडनी ऑपेरा हाउस को नाम चाहे इस शहर का दिया गया था, हकीकत तो यह है कि आज विश्व में ख़ुद सिडनी शहर ही जाना जाता था—सिडनी ऑपेरा हाउस के नाम से।

एक तरफ़ सिडनी शहर के यातायात की महाधमनी समान 'हार्बर ब्रिज', पीछे शहर का मुख्य व्यापारिक इलाक़ा। उसी रास्ते पर आगे बढ़िए, तो लगता है खाड़ी में छलाँग लगाने जा रहे रास्ते पर, ठीक पानी के किनारे एक महाकाय कमल का फूल और आकाशकाय 'डिश एन्टीना' के टुकड़े जम गये हैं। उस पर सीमेण्ट की परत चढ़ा कर किसी दूसरे ग्रह से आनेवाले अन्तरिक्ष यान के उतरने के लिए कोई आधुनिक 'स्पेस पोर्ट' बनाया गया है।

सारे कैमरा इस नयनाभिराम इमारत की तस्वीर लेने को तैयार हुए। अक्सर विश्व-विख्यात भवनों का सर्वोत्तम चित्र अंकित करने के लिए, वर्षों के अनुभव से, एक या दो कोण नियत हो जाते हैं। लेकिन सिडनी ऑपेरा हाउस की वास्तुकला की जटिलता ने दुनियाभर के छाया चित्रकारों को जैसे एक चुनौती दी है। एक तस्वीर खींचिए, फिर किसी दिशा में दस-बीस कदम चलिए, तो आपको वही इमारत एक अलग ही परिप्रेक्ष्य में दिखेगी। दूसरी तस्वीर खींच कर अभी कैमरा की फ़िल्म आगे बढ़ाई नहीं, कि लगता है अभी तो और भी हैं कई 'एंगल्स'।

पहली बार देखा कि लताजी न स्टेज पर पहुँच कर रिहर्सल करने की जल्दी

में थीं, न ही देरी होने पर बार-बार घड़ी देख रही थीं। तस्वीरें खींचे जा रही थीं और हर किसी के अनुरोध पर कैमरा के सामने खड़ी भी हो जाती थीं।

किसी भव्य राजमहल के-से लगनेवाले (कम-अज़-कम दो सौ फ़ीट) चौड़े ज़ीने पार कर के ऑपेरा हाउस के अन्दर प्रेक्षागार की ओर जाने लगे, तो एक क़ानूनी व्यवधान ने रोक दिया। ऑस्ट्रेलिया में किसी भी प्रकार का कार्यक्रम करने के लिए उस देश के किसी-न-किसी कलाकार यूनियन का सदस्य होना ज़रूरी है, चाहे आप सिर्फ़ एक ही कार्यक्रम करने विदेश से क्यों न आये हों। आवेदन तो पहले ही किया जा चुका था, सिर्फ़ हमारे हस्ताक्षर लिए जाने थे। सदस्यता की पर्ची लताजी को देते हुए यूनियन के ऑस्ट्रेलियन अधिकारी ने कहा, हमारे यूनियन में आपका स्वागत है। अब हम कह सकते हैं कि हमारी एक मेम्बर तो भारत की सर्वोच्च्च गायिका है!

कार्यक्रम के मंचन के दिन पता चला कि ऑपेरा हाउस की जो शोभा बाहर से थी, वैसी ही तकनीकी परिपूर्णता भीतर भी थी। विश्व के लगभग डेढ़ सौ थियेटरों में कार्यक्रम प्रस्तुत करने के बाद, मैं अतिशयोक्ति के बग़ैर कह सकता हूँ कि सिडनी ऑपेरा हाउस और किसी बेहतरीन रिकॉर्डिंग स्टूडियो की ध्वनि की गुणवत्ता में कोई अन्तर नहीं।

पहली बार मेरे मन में आया कि काश, मुझ पर कम बोलने की पाबन्दी न होती।

लताजी ने स्टेज पर 'जिस देश में गंगा बहती है' का "ओ बसन्ती पवन पागल..." गाया।

नेपथ्य में लौट कर उस गीत के अन्त में आनेवाले आलाप की बात छिड़ी, "हुआ यूँ कि इस गीत की रिकॉर्डिंग के समय मुझे जयकिशनजी ने कहा कि मुझे इसमें एक आलाप चाहिए, तो मैंने पूछा कि कैसा आलाप चाहिए। उन्होंने कहा आपको ठीक लगे वैसा। तो बस, मैंने गा दिया, जो उन्होंने इस गीत में रखा।"

"मैंने सुना है कि आपके गीतों में आनेवाले सारे आलापों की रचना आपने ही की है?...जैसे "सत्यम् शिवम्..." के अन्त में, "सुन सायबा...", "जागो मोहन प्यारे...", जो कि उन गीतों के महत्व का हिस्सा होते हैं!"

"सभी तो नहीं, लेकिन कई..."

"तो फिर आपने पूरी-की-पूरी संगीत रचनाएँ क्यों नहीं कीं? फ़िल्मों में संगीत भी क्यों नहीं दिया?"

"गाने से फ़ुरसत मिले तब न? ...वैसे मैंने म्यूज़िक डायरेक्शन भी किया है...मैं म्यूज़िक डायरेक्टर कैसे बनी, वह जानते हैं?"

जब कभी मैं उसे माइक्रोफोन के सामने खड़ी देखता हूँ तो लगता है यह व्यक्ति कौन है...?
संगीतकार सलिल चौधरी के साथ

कोल्हापुर से बम्बई आ कर प्रफुल्ल पिक्चर्स के सारे कलाकार, मास्टर विनायक की छत्र-छाया में रहते थे। उनकी मृत्यु के बाद युवा लता ने अपना रास्ता तो खोज लिया, पर वहीं, शंकरसेठ मन्दिर की चाल में रहनेवाले सहायक निर्देशक दिनकर पाटील कहीं के न रहे थे। उन्होंने ख़ुद एक मराठी फ़िल्म बनाने के लिए एक पटकथा लिखी, लेकिन कोई पैसा लगाने के लिए तैयार न था। वितरक कह रहे थे कि पहले गाने रिकॉर्ड हों, बाद में हम सोचें। लता को यह बात पता चलते ही अपने साथी की मदद करने की मंशा से, उनसे सारे गीत लिए और तर्ज़ें बाँधीं। इतना

ही नहीं, अपनी ज़िम्मेदारी पर वह गीत रिकॉर्ड भी करवाए। तब जा कर फ़िल्म के निर्माण के लिए फ़ाइनान्स मिला और फ़िल्म बनी : 'राम राम पाव्हणं' ('राम राम मेहमान')। फ़िल्म के गाने चले और फ़िल्म ने रजत जयन्ती भी मनाई। कुछ और निर्माताओं के आग्रह पर लताजी ने 'आनन्दघन' नाम से चार अन्य मराठी फ़िल्मों में संगीत दिया।

"क्या यह सच बात है कि आप के सहायक संगीतकार हृदयनाथजी थे?"

"मैंने सहायक संगीतकार के तौर पर थोड़ा-सा काम ज़रूर किया है, लेकिन 'हण्ड्रेड परसेण्ट फ़ेल' रहा," हृदयनाथ।

हृदयनाथ ने लताजी के साथ सहायक संगीतकार के रूप में जिस फ़िल्म में काम शुरू किया उस (मराठी) फ़िल्म का नाम था 'मोहित्यांची मंजुळा' ('मोहिते घराने की मंजुला')। हृदयनाथ ने एक गीत के अन्तरे के लिए संगीत के कुछ टुकड़े बना कर दीदी को सुनाए। उन्हें पसन्द नहीं आये। कहा, "बहुत ही अलग लग रहे हैं", साथ-साथ कहा, "अगर तुम्हें सफलता पानी है, तो तुम्हें अपना 'स्टाइल' बदलना होगा।" कुछ निर्माता और निर्देशकों ने भी यही कहा था। पर हृदयनाथ का जवाब था, "यह जो कुछ भी है, सीधे मेरे दिल से निकला है। मैं अपना संगीत नहीं बदल सकता, आप चाहे अपना संगीतकार बदल डालिए।"

हृदयनाथ की ग़ैर फ़िल्मी रचनाएँ सराहनेवाले संगीत रसिक आज ज़रूर कहेंगे, कि शुक्र है उन्होंने अपना स्टाइल नहीं बदला।

लताजी ने जब संगीतकार के तौर पर और फ़िल्में 'साइन' कीं, तब फिर अपने भाई से पूछा कि अपने संगीत का 'स्टाइल' बदलने के बारे में क्या सोचा है। जब हृदयनाथ को अपने फ़ैसले पर अडिग पाया, तो हृदयनाथ के आत्मविश्वास से प्रभावित हो कर फिर से उन्हें अपना सहायक नियुक्त कर दिया!

सिडनी ऑपेरा हाउस के स्टेज पर इस समय कार्यक्रम के मध्य में प्रायोजकों की ओर से श्रीमती पुष्पा आप्टे बोल रही थीं, "इस थियेटर में पहले भारतीय पार्श्वगायक को लाने में हमें कितनी ज़हमत उठानी पड़ी, यह हम ही जानते हैं। ख़ासकर इसलिए कि यहाँ बसे भारतीयों की संख्या अन्य देशों की तुलना में बहुत कम है, और यही वजह है कि हम कलाकारों को पूरा मुआवज़ा भी नहीं दे पाते, लेकिन लताजी ने हमारा प्रस्ताव स्वीकार करते हुए पैसों के सामने बिलकुल नहीं देखा।"

एक रेडियो साक्षात्कार के दौरान मैंने लताजी से पूछा था, "जब आपने हज़ारों की तादाद में गाने गाये हैं, तो क्या पैसों के मामले में आप कभी ठगी नहीं गयीं?"

"कई बार, बहुत सारी बार, लेकिन मैंने उसकी कोई वह...लिस्ट नहीं रखी है...और हाँ इसमें बहुत बड़े-बड़े मशहूर नाम हैं, जो मैं बताना नहीं चाहूँगी। क्या

फ़ायदा है?...हो गया सो हो गया, हालाँकि उन्हीं में से कुछ लोग दुबारा भी गाना गवाने आते हैं! पर एक बात को आप अच्छी-ख़ासी दिलचस्प घटना कह सकते हैं। मैंने फ़िल्म 'महल' के लिए एक गीत गाया था, "आयेगा आनेवाला...।" हीरोइन की वह दर्द भरी पुकार सुनने के बाद हीरो आ गया, उस गाने के बाद मेरे पास और कई गाने आये, कुछ शोहरत आयीं, लेकिन उस गाने के पैसे आज तक नहीं आये!"

इतना ही नहीं, गायक उन दिनों, गीत की रिकॉर्डिंग से पहले दसों रिहर्सल करता, थोपे गये अनुशासन का पालन करता। रिहर्सलों पर आने-जाने का ख़र्च भी वह अपनी सीमित आय में से ही निकालता—चाहे जितनी रिहर्सलें हों, चाहे जितनी बार रिकॉर्डिंग हो। उन दिनों फ़िल्म के लिए गीत रिकॉर्ड किये जाने के बाद, ग्रामोफ़ोन रिकॉर्ड के लिए, ठीक तीन मिनट की अवधि का गीत फिर से रिकॉर्ड करना पड़ता। इसके लिए भी कोई अतिरिक्त मुआवज़ा न मिलता। गीतों के लोकप्रिय होने में चाहे गायक का योगदान हो, चाहे गीतों की वजह से फ़िल्में चलें, चाहे गानों के रिकॉर्ड ख़ूब बिकें, लेकिन अभी फ़िल्मी गीत के गायक का महत्व नहीं स्वीकारा गया था। अगर गीत लोकप्रिय हुआ, तो उसकी वजह यही बतायी जाती थी कि वह उस फ़िल्म का एक हिस्सा था। तभी तो रिकॉर्डों पर गायक-गायिका का नहीं, बल्कि फ़िल्म के जिस किरदार ने उसे अभिनीत किया, उसका नाम हुआ करता था। गायक का अर्थ तो था बस वह व्यक्ति, जो एक मुक़र्रर मुआवज़े के लिए गीत रिकॉर्ड करे। फ़िल्म 'मेरी बहन' के रिकॉर्डों पर के. एल. सहगल का नाम तो था, पर अन्य गायिकाओं की जगह 'बिमला' और 'रेखा'! यानी, अगर गायक इतना नामी हो कि उसके बग़ैर न चले, तब तो उसका नाम दिया जाता था, वरना नहीं!

फ़िल्म 'महल' के रिकॉर्डों पर नाम गायिका लता मंगेशकर नहीं, फ़िल्म की कहानी में वह गीत गानेवाले पात्र 'कामिनी' (मधुबाला द्वारा अभिनीत) का था।

घोर संघर्ष के बाद पायी सफलता ने लता को एक और संघर्ष की हिम्मत दी, "मुझे महसूस हुआ कि यह तो कुछ ठीक नहीं है...और उसके लिए मुझे थोड़ा-सा लड़ना भी पड़ा। आख़िर 'बरसात' फ़िल्म से जा कर गायकों के नाम परदे पर भी आये, और रिकॉर्डों पर भी।"

यह लड़ाई एक तरह से लताजी के लिए "आयेगा आनेवाला..." को पसन्द करनेवाले श्रोताओं ने भी लड़ी थी। यह गीत लोगों को इतना अच्छा लगा कि रेडियो स्टेशन पर हज़ारों की तादाद में यह गीत बजाने के लिए फ़रमाइशें आती थीं; साथ में पूछा जाता था कि यह गीत किसने गाया है उसका नाम भी गीत

के साथ बताया जाये। रेडियो के अधिकारियों ने एच.एम.वी. से दरियाफ़्त किया, तब जा कर यह नाम रेडियो पर बाक़ायदा घोषित होने लगा।

यह 1949 का साल था। लताजी के लिए यह साल मील का वह पत्थर साबित हुआ जिसने उनके कैरिअर की दिशा ही बदल दी। एक साल में ऐसी आठ फ़िल्में प्रदर्शित हुईं, जिनके गीतों से आज तक वह फ़िल्में याद की जाती हैं : 'अन्दाज', 'बड़ी बहन', 'बरसात', 'बाज़ार', 'दुलारी', 'एक थी लड़की', 'लाहौर', और 'महल' (परिशिष्ट : 2)। इन फ़िल्मों के गीतों के साथ बीस साल की लता ने एक जस्त, एक छलाँग लगाई।

इस समय सिडनी ऑपेरा हाउस के स्टेज पर लताजी 'महल' का "आयेगा आने वाला.." ही गा रही थीं। जो माहौल यह गीत खड़ा कर देता है, उसके बारे में लताजी ने एक और दिलचस्प बात बतायी थी।

"आयेगा आनेवाला..." का मुखड़ा शुरू हो उससे भी पहले एक कतआ है—

"ख़ामोश है ज़माना, चुपचाप हैं सितारे;
आना उसे है, दुनिया बेकल है दिल के मारे
ऐसे में कोई आहट इस तरह आ रही है,
जैसे कि चल रहा हो, मन में कोई हमारे,
या दिल धड़क रहा हो, इस आस के सहारे।"

जिन्होंने फ़िल्म देखी है, उन्हें तो याद होगा कि यह गीत, कहानी के नायक को प्रेतात्मा की भाषा में भेजा गया प्रेम सन्देश है। गीत की शुरुआत में उस प्रेतात्मा-नायिका की सिर्फ़ आवाज़ ही सुनायी देती है, जो धीरे-धीरे नज़दीक आती है।

इस गीत की रिकॉर्डिंग के लिए एक अनूठा तरीक़ा अपनाया गया था। यह अहसास कराने के लिए कि आवाज़ दूर से आ रही है, लताजी को माइक्रोफ़ोन पर रखने के बजाय, बहुत दूर खड़ा किया गया और माइक्रोफ़ोन की ग्रहणशक्ति ('गेन') को बहुत ज़्यादा बढ़ा कर, दूर ही से गाने की शुरुआत करवाई गयी। वे माइक से ठीक उतनी दूर थीं, जितना समय उन्हें वहाँ से माइक्रोफ़ोन तक चल कर आने में, और वह कतआ गाने में लगता।

अब तक तो यही जाना था कि चलते हुए (पेड़ के इर्द-गिर्द दौड़ते हुए!) तो सिर्फ़ फ़िल्म के परदे पर अभिनेता-अभिनेत्रियाँ ही गाते हैं!

इसी तरह एक और मशहूर गीत में विशेष प्रभाव लाने के लिए की गयी कारगुज़ारी की घटना संगीतकार नौशाद अली बताते हैं।

" 'मुग़ले आज़म' के गानों की रिकॉर्डिंग हो रही थी। कभी-कभी हमें साउण्ड स्टूडियो की जगह शूटिंगवाले स्टूडियो में ही काम करना पड़ता था। आज

दादर में जहाँ रणजीत स्टूडियो है, उसी के करीब रंग महल स्टूडियो था। मुझे याद है रॉबिन चॅटर्जी रिकॉर्डिस्ट थे। गीत था ''प्यार किया तो डरना क्या...'', जो शहंशाह अकबर के दरबार के सेट पर फ़िल्माया जाना था। रंग महल में 'साउन्ड प्रूफ़िंग' का तो सवाल ही पैदा नहीं होता था। तो उसके लिए, वहाँ जगह-जगह मोटे-मोटे कम्बल तान कर एक तम्बू जैसा बनाया गया था। माइक भी तो कुल मिला कर दो होते थे : एक साज़िन्दों के लिए और एक गायक के लिए। हाँ, इस बार कोरस के लिए तीसरे माइक का इन्तज़ाम किया गया था। कोरस की आवाज़ में गूँज ('इको') की ज़रूरत थी, इसलिए उसे बाथरूम में लगाया गया था, क्योंकि वहाँ कम्बल नहीं लगाये थे!''

गीत के दूसरे अन्तरे में लताजी की आवाज़ में भी गूँज दरकार थी, इसलिए पहला अन्तरा गाने के बाद, चालू रिकॉर्डिंग में लताजी दबे पाँव बाथरूम में गयीं और दूसरा अन्तरा वहाँ वाले माइक से गाया।

''काम बहुत मुश्किल था। हम 'टेक' पर 'टेक' लेते गये, पर लता को कोई उज्र नहीं, वह डटी रही। अजीब बात तो यह थी, कि हर बार वही सुर, आवाज़ में वही मिठास, वही 'थ्रो' और जज़्बात की वही अदायगी। एक बार हम उकताकर 'ओके' कर देते, पर वह ख़ुद हो कर कहती 'एक और'!...और इतना करने के बाद गाना ख़त्म होने पर वह हमारी तारीफ़ करने लगीं! अरे भई, राहबर का काम तो रास्ता बताना होता है। चलनेवाले के पैरों में ताक़त होनी चाहिए और सिर्फ़ ताक़त ही नहीं, लगन चाहिए और सब से बड़ी बात....फ़नकार के लिए...हस्सास (संवेदनशील) होना बहुत ज़रूरी है—जो कि वह थीं...हैं। गाने को इबादत समझती हैं, इसलिए रुहानियत से गाती हैं। कुछ फ़नकार तराश-तराश कर बनाये जाते हैं, कुछ पैदाइशी होते हैं और कुछ अपनी मिसाल आप होते हैं—जैसे कुन्दनलाल सहगल, लता मंगेशकर।''

पिछली पीढ़ी के नौशाद साहब लताजी से प्रभावित थे, तो बाद की पीढ़ी के राहुल देव बर्मन उनसे स्तम्भित थे।

आर.डी. बर्मन के खार स्थित म्यूज़िक रूम में मैं उनका इण्टरव्यू ले रहा था। वे माइक में बोल रहे थे, ''नाइन्टीन फ़िफ्टी-फ़िफ्टी वन की बात है। उन दिनों मैं अभी निक्कर में था।'' उनके पिता सचिन देव बर्मन तब संगीतकार के रूप में भलीभाँति स्थापित हो चुके थे, ''और उस दिन, (जिस दिन लताजी बर्मनदा के लिए 'नौजवान' फ़िल्म का चिर-परिचित गीत ''ठण्डी हवाएँ...'' गाने आनेवाली थीं) दीदी बहुत दिनों के बाद बाबा के लिए गानेवाली थीं''। चूँकि राहुल ने कभी उन्हें देखा न था, स्टूडियो जाने के लिए पिता से ज़िद की। आख़िर पिता के साथ

राहुल कारदार स्टूडियो गया।

ईशान घोष की देख-रेख में ध्वनि मुद्रण की प्रक्रिया शुरू हुई। बहुत सारे लोग, साज़िन्दे, कलाकार—वहाँ पर शूटिंग स्टूडियो भी था—आते-जाते रहे। लेकिन लताजी कहीं नज़र नहीं आ रही थीं। ''मैंने तो यह सोचा था कि पता नहीं क्या होंगी, कुछ देवी जैसी होंगी, काफ़ी ओर्नामेण्ट्स (गहने) पहन कर आयेंगी, शायद बड़ी गाड़ी में आयेंगी, लेकिन मैंने देखा कि बिलकुल ही एकदम सादा-सीधा...मिसाल के तौर पर जैसे मीरा बाई की ड्रेस हो'' छोटे राहुल ने थोड़े-से परिचय के बाद ऑटोग्राफ़ माँगे और वहीं टिक गया जहाँ से गायक गाना गाते हैं। ''कुछ ही देर में गाना शुरू हुआ, लेकिन मुझे लगा कि वह सिर्फ़ 'लिप मूवमेण्ट' दे रही हैं (होंठ हिला रही हैं)। कुछ समझ में नहीं आया तो उनके थोड़ा नज़दीक जाने की कोशिश की, पर वैसा ही लगा, इसलिए मैं चुपके-से बाहर निकल गया जहाँ बाबा, रिकॉर्डिस्ट वग़ैरह बैठे थे—'मिक्सर' पर। वहाँ सुनता हूँ तो 'टेरिफ़िक' आवाज़ आ रही है, जैसे रिकॉर्ड पर सुनते थे। मैंने धीरे से पूछा कि वह तो अन्दर गा नहीं रही थीं फिर यह आवाज़? तो बाबा ने कहा, 'उसका स्टाइल ही ऐसा है। लगता ऐसा है कि एकदम 'सॉफ़्ट' गा रही हैं, लेकिन उसका आवाज़ में इतना दम है और इतना 'एप्रोप्रिएट' (उपयुक्त) है माइक्रोफ़ोन के लिए, कि बस'।'' राहुलदेव बता रहे थे कि वे आज तक नहीं समझ पाए कि लताजी की महीन-सी आवाज़ में ऐसा क्या है, कि जो माइक्रोफ़ोन से गुज़रते ही और सुहानी और दमदार भी बन जाती है। ''आज मालूम पड़ता है कि उनके गले में कुछ ऐसी ''फ्रिक्वन्सी (तरंग) हैं, जो माइक्रोफ़ोन को 'करेक्ट' (सही) तरीक़े से हिट करती हैं (टकराती हैं)।''

ऊँची आवाज़ में गाना एक बात है और धीमी आवाज़ में गाते हुए भी आवाज़ को पूरी सघनता से माइक्रोफ़ोन तक पहुँचाना बड़ी मुश्किल, फिर भी ज़रूरी बात है। व्यावसायिक गायक के लिए आवाज़ की अच्छी 'फेंक' ('थ्रो') होना बहुत ज़रूरी है। लताजी को यह शायद विरासत में मिली हो।

पिता दीनानाथ जब एच.एम.वी. के रिकॉर्ड बनाने के लिए गाते थे, तब रिकॉर्डिंग के समय बार-बार एक तकनीकी समस्या उपस्थित होती थी। उन दिनों रिकॉर्डिंग पर इलेक्ट्रोनिक्स का साम्राज्य तो दूर, उसमें 'मेग्नेटिक टेप' का प्रयोग भी नहीं होता था। गोल घूमती मोम की तख़्तियों पर नुकीली सुई, आवाज़ की 'आकृति' कुरेदती।

दीनानाथ की बेमिसाल 'फेंक' का यह असर होता था कि सुई मोम में धँस जाती और रिकॉर्डिंग रुक जाती। गायक को माइक्रोफ़ोन से दूर बिठाया जाता।

पर उस हालत में गूँज आती। आख़िर एक जर्मन इन्जीनियर ने एक तरकीब आजमाई। माइक्रो.फ़ोन का निष्क्रिय ('डेड') हिस्सा गायक के सामने रखा। यानी दीवारों से टकरा कर आनेवाली दीनानाथ की आवाज़ ही वह मोम झेल पाता!

एक बार मैंने बम्बई के वेस्टर्न आउटडोर स्टूडियो के एक जाने-माने रिकॉर्डिस्ट से (जिन्होंने लताजी के 'सजदा'—जगजीत सिंह के साथ—और दोनों 'श्रद्धांजलि' कैसेटों की रिकॉर्डिंग की थी) पूछा था, ''क्या लताजी के गले में...उनकी आवाज़ में ऐसी कोई तकनीकी खूबी है, जिसके कारण ज़्यादा-से-ज़्यादा संगीतकार उन्हीं से गाने गवाना चाहते हैं?''

''देखो, मेरे लिए तो माइक के सामने आनेवाला हर आर्टिस्ट एक बराबर है। कोई बड़ा नहीं, कोई छोटा नहीं। लेकिन लताजी सबसे 'डिफ़रेण्ट' हैं। उनका सुर और ताल और तान-मुर्की छोड़िए, वह म्यूज़िक डायरेक्टर का डिपार्टमेण्ट है, लेकिन आवाज़... इतनी भरी हुई आवाज़ किसी की नहीं है। चाहे गाना रोमाण्टिक हो, ग़ज़ल हो या लोरी हो, आप उन्हें गाते देखेंगे तो लगेगा कि वह बहुत 'सॉफ़्ट' गा रही हैं, लेकिन उनका 'थ्रो' ज़बरदस्त है। यह 'नेचुरल' भी है और सीखा हुआ भी है। वरना इतने बड़े ऑर्केस्ट्रा में उनकी आवाज़ खो जाये। हम आवाज़ उठा तो सकते हैं, लेकिन ऐसे 'आर्टिफ़ीशियली' उठाने से, वह 'वीक' (कमज़ोर) लगेगी। और यह 'बैलेन्स' बहुत मुश्किल है—आवाज़ पूरे ज़ोर से निकले और फिर भी मीठी लगे।''

''क्या उनकी आवाज़ में कोई ऐसी 'फ्रीक्वेंसी' है, जिससे वह सुनने में इतनी प्रभावशाली लगती है?''

''ऑफ कोर्स''! लेकिन अपने यहाँ वह सब जानने के लिए इतने आधुनिक साधन नहीं हैं। और जानने की ज़रूरत भी क्या है? ऊपरवाले ने अच्छी आवाज़ दी है और उसका वह अच्छा इस्तेमाल कर रहीं हैं, नहीं तो चौंसठ साल तक किसी की आवाज़ ऐसी रहेगी? एक और बात है। लताजी की म्यूज़िक की तैयारी इतनी ज़्यादा है कि उनको फ़िल्म का सबसे मुश्किल गाना भी एकदम आसान लगता है। तभी तो उनको पाँच, छह या दस रिहर्सल करने बोलो, फिर भी उनके गाने में कोई 'चेंज' नहीं आता, एकदम पर्फ़ेक्ट।''

लताजी ने मुझसे एक बार कहा था कि मेरी आवाज़ ज़रूर गले से ही निकलती है, पर गाती हूँ मैं अपने...अपने पूरे अस्तित्व से। हाँ, मैं गाते वक़्त चिल्लाती नहीं हूँ, वह तो गाने के 'मूड' पर निर्भर है, पर गाती हूँ पूरे ज़ोर से।

इसी 'ज़ोर' और कोमलता के नपे-तुले सम्मिश्रण और गायकी की परिशुद्धता लिए, सिडनी ऑपेरा हाउस के स्टेज पर लताजी की 'हॉन्टिंग मेलोडीज़', पूरी हुईं।

एक और यादगार कार्यक्रम का समापन हुआ।

जब छोटी-सी अवधि में बड़ा-सा शहर देखना हो, तो उससे भी छोटी अवधि के लिए ही सही, दूर का रिश्तेदार पास का जान पड़ता है। हम चाहने लगते हैं, कि किसी-न-किसी तरह उसे अपनी मेज़बानी की ज़िम्मेदारी का अहसास हो। और अगर कहीं उस भले मानस ने ख़ुद ही सुझाव रखा, तब तो उसे आगे सोचने का मौक़ा दिये बग़ैर हम कूद ही पड़ते हैं—जिस तरह मेरे दूर के साले ने कहा नहीं, कि उसका जीजा लपका!

सिडनी की गलियों में घूमते हुए, रेस्त्राँ में बैठे हुए, क्रिकेट मैच देखते हुए, अनगिनत ख़ूबसूरत समन्दर के किनारों पर घूमते हुए, और हाँ, विश्व की शायद एक मात्र डबल-डेक्कर भूगर्भ रेल में सफ़र करते हुए, सिडनी वासियों जैसे मिलनसार लोगों को मैं शायद दुनिया में कहीं नहीं मिला। यहाँ अभिवादन के आदान-प्रदान के लिए पहचान होना ज़रूरी नहीं। पास में बैठना या आँखें मिलना ही काफ़ी है। बस फिर बातें ऐसे शुरू होती हैं, जैसे बिछड़े हुए दोस्त मिले हों।

अगर आप सोचते हैं कि पश्चिम के देशों में भारत के बारे में अज्ञान प्रवर्तित है, तो ऑस्ट्रेलिया के आम नागरिक के सामान्य ज्ञान का जायज़ा लीजिए, ''आप अपने देश में भी यही कपड़े (पतलून-कमीज़) पहनते हैं? क्या आप पेड़ों पर और गुफाओं में नहीं रहते? हमसे अच्छी अंग्रेज़ी कहाँ से सीखी?''

मुमकिन है कि उपग्रह द्वारा लाई गयी क्रान्ति ने उनकी जानकारी के स्तर में भी अब क्रान्ति ला दी हो!

यह लोग अपने-आप में मस्त रहते हैं। कहा जाता है कि यहाँ सुख का बस एक ही अर्थ है कि जो अच्छा लगे, वह बेझिझक करो। और इसमें निक्कर पहनकर—कई तो स्केटबोर्ड पर सवार!—ऑफ़िस जाना भी शामिल है। सरकार भी अवाम के इस मिज़ाज से वाक़िफ़ है और पहनावे के विषय में कुछ विशेष स्वतन्त्रताएँ भी दे रखी हैं। यहाँ समन्दर के कुछ किनारे स्वतन्त्र-स्वभाव के उन लोगों के लिए आरक्षित हैं, जो आधुनिक सभ्यता का हिस्सा तो हैं, लेकिन प्रकृति की गोद में विहरते समय, मानव सभ्यता के आदिम बन्धन—कपड़ों को स्वीकार नहीं करना चाहते!

मेरे विचार में इस शहर में आनेवाले पर्यटक के लिए कुछ न्यूनतम शर्तें होनी चाहिए : उसे तैराकी और जलक्रीड़ा (वोटर स्पोर्ट्स) से लगाव हो तथा सामुद्रिक आहार उसे बेहद प्रिय हो।

गोआ से ले कर केपटाउन तक और बंगाल से फ़िजी तक मैंने लोगों को तरह-तरह की मछलियों का मज़ा लेते हुए, कुछ ईर्ष्या से देखा है। लेकिन यहाँ

तो बड़ी-बड़ी प्लेटों में, प्लेटों से भी बड़े सामुद्रिक जीवों को टेबल पर लाए जाते देखा, तो भौंचक रह गया—किसी आत्महत्या किये हुए इन्सान की तरह बड़े झींगे की आँखें खुली-की-खुली और खुरदरी चमड़ी पर काँटे भी साबुत! लग रहा था, कि यदि यही जीव ज़िन्दा होते तो इन्सानों को काट खाते, पर इनको मारने—और बाद में सेंकने, तापने, बघारने—के बाद, इन्सान इन्हें मज़े से कुतर रहे हैं।

न मैंने ज़िन्दगी में कभी तैराकी प्रतियोगिता जीती थी, न ही मुझ वैष्णव को कभी सामुद्रिक जीवों का संहार करके, अपनी स्वादेन्द्रिय को सन्तुष्टि देना भाया था। देखा जाये तो मेरा प्रवास विशुद्ध पर्यटन भी तो नहीं था, पर वैकुण्ठ जा कर विष्णु के दर्शन कैसे न करता—सिडनी आ कर नौका विहार करते हुए सिडनी बन्दरगाह की सैर कैसे न करता?

ख़ूबसूरत सिडनी शहर छोड़ने की वेदना, इसी से कम हुई, कि हम इससे भी सुन्दर देश न्यूज़ीलैण्ड और न्यूज़ीलैण्ड के सबसे सुन्दर शहर वेलिंग्टन जा रहे थे।

न्यूज़ीलैण्ड चाहे उतना पास न था जितना नक़्शे पर लगता था। अगर हमारा विमान दक्षिण का रुख़ कर के, दुगुनी दूरी तय करता, तो हम दक्षिण ध्रुवीय प्रदेश—विश्व के सातवें महाद्वीप—एण्टार्कटिका पर पहुँच जाते। विचार रोमांचकारी था, लेकिन जहाँ हमारा विमान उतरा, उस जगह का प्राकृतिक सौन्दर्य भी कम रोमांचकारी न था।

अगर सिडनी के उपनगर वाला, भरी हुई मशीनगन का, 'ख़तरनाक खेल' यहाँ भी खेलें, तो स्वर्ग के विकल्प समान इस देश में, शायद अपने झुण्ड से भटकी हुई एकाध भेड़ आपका निशाना बन जाये!

न्यूज़ीलैण्ड को मैंने स्वर्ग का विकल्प इसलिए कहा कि मेरे विचार में कलियुग के इस मध्याह्न में, स्वर्ग में कम ही इन्सानों को प्रवेश मिलता होगा। और भेड़ों के आचार-व्यवहार पर किसी युग का प्रभाव न पड़ता होगा। यहाँ 'जनसंख्या' से 'भेड़संख्या' कहीं अधिक है। यानी जनसंख्या का एक अच्छा-ख़ासा हिस्सा तो चरवाहे ही हुए। तब फिर क्या आश्चर्य कि यहाँ के लोग प्रकृति प्रेमी हैं।

पर्यटन पुस्तिकाओं में वेलिंग्टन को 'विण्डी वेलिंग्टन' (वायुमय वेलिंग्टन) क्यों कहा गया था, तुरन्त समझ में आया। लग रहा था कि पवन की गति थोड़ी ज़्यादा होती तो शायद विमान उतर ही न पाता! वायुवेग की एक वजह यह है, कि यह नगर तीन तरफ़ से पहाड़ों से घिरा हुआ है; बीच में खाड़ी है, और दक्षिण ध्रुवीय पवन निरन्तर चलती रहती है। हम वेलिंग्टन पहुँचे, तब शाम की मद्धम रौशनी, रात के अँधेरे में तबदील हो ही रही थी, पर रास्ते बिलकुल सुनसान थे।

"क्या कोई नगरव्यापी हड़ताल है...या इस शहर पर भी गुनाह का साम्राज्य है?"

"नहीं नहीं, इधर सबको सांति अच्छा लगता है, एटले जल्दी घर-भेगा होता है," पीढ़ियों से इस देश में आ बसे अमृत भाणा ने अपनी गुजराती-मिश्रित हिन्दी (या हिन्दी-मिश्रित गुजराती?) में कहा।

मैंने ग़ौर किया कि यहाँ के सारे मेज़बान गुजराती थे और वह भी शहर की परिष्कृत भाषा बोलनेवाले नहीं, ठेठ दक्षिण गुजरात के गाँवों की बोली बोलनेवाले! इतना ही नहीं, ज़्यादातर लोगों का गोत्रनाम भी 'भाणा' ही था!

इस देश में इन लोगों के आ बसने की दास्तान भी बड़ी दिलचस्प है।

उन्नीसवीं सदी के उत्तरार्ध में भारत के बँधुआ मज़दूरों से भरा एक समुद्री जहाज़, ब्रिटेन के उपनिवेश फ़िजी द्वीप समूह जा रहा था। आम तौर पर ऐसे जहाज़ बिहार के गाँवों के लाचार मज़दूरों को सब्ज़बाग़ दिखा कर कलकत्ता बन्दरगाह से चलते। लेकिन संयोगवश यह जहाज़ दक्षिण गुजरात के एक ही गाँव ओलपड़ के लोगों को 'सोना उगलती धरती' का लालच देकर फ़िजी ले जा रहा था। संयोगवश ही, ऑस्ट्रेलिया के उत्तरी भाग के पास समन्दर में तूफ़ान आया। डूबने से बचने के लिए, जहाज़ ने वेलिंग्टन के किनारे पर लंगर डाला। चूँकि यहाँ कुछ दिन रुकना ज़रूरी था, मुसाफ़िरों को वेलिंग्टन नगर में जाने की इजाज़त दी गयी। तब तक इन लोगों को अन्दाज़ा हो गया था कि उनके पसीने से सींची धरती सोना किसी और के लिए उगलनेवाली थी। इसलिए आज़ादी मिलते ही सब-के-सब बन्दरगाह से जितनी दूर हो सके, भाग लिए और जिसने जो मुनासिब समझा, कारोबार शुरू कर दिया। इस भू-भाग पर लोगों की कमी तो पहले ही थी, इसलिए सरकार ने भी इन्हें स्वीकार कर लिया।

जब भारत में पीछे छूटे रिश्तेदारों को न्यूज़ीलैण्ड बुलाने की बारी आयी, तो सबने अपने अपने दोस्तों-रिश्तेदारों को इस ख़ूबसूरत और पुरसुकून सरज़मीन पर आने के लिए दावत दी। अधिकारियों द्वारा पूछे जाने पर, अंग्रेज़ी न जाननेवाले यह लोग भोलेपन से कहते, कि यह सब हमारे 'भाणा' (भाँजे) हैं। और अंग्रेज़ अफ़सर ने उसे गोत्रनाम समझ लिया इस तरह हर नये आनेवाले के नाम के पीछे 'भाणा' गोत्रनाम लगता गया और इसीलिए आज वेलिंग्टन में बसे भारतीयों में से 99% लोग गुजरात के उस एक ही गाँव के रहनेवाले हैं!

आज वेलिंग्टन के कई रास्तों के भारतीय नाम देखने को मिलते हैं। कहीं 'कृष्ण एवेन्यू' है, तो कहीं 'खण्डाला हिल'! हाँ, इसकी एक वजह यह भी है कि भारत में ब्रिटिश साम्राज्य के कई पदाधिकारी, अवकाश प्राप्त करने के बाद, इस देश में आ बसे थे।

'खण्डाला हिल' पर स्थित एक बँगले में हमारे लिए एक दावत का आयोजन किया गया था। भारत से आये कलाकारों की आवभगत करने को तरस गये मेज़बानों ने कोई कसर न छोड़ी थी। और कुछ मेहमान भी शायद अनुशासन के पालन से ऊब कर मद्यपान को तरस गये थे। एक साज़िन्दा तक़ल्लुफ़ की हद को पार कर गया और शराब के मद्धम ख़ुमार में मेज़बान को तहे-दिल से दुआयें देने लगा! उनके पिछले जन्म के सत्कर्मों की सराहना की और अगले जन्म के लिए खण्डाला से भी ऊँची पहाड़ी पर और इससे भी आलीशान बँगले की शुभकामना की।

हमें एक ही फ़िक्र हो रही थी कि इस बेहूदगी पर लताजी की प्रतिक्रिया क्या होगी! अगले दिन सुबह होते-होते उस साज़िन्दे को भी यही चिन्ता सताने लगी।

लेकिन न सुबह कोई अशुभ का सन्देश आया, न ही रिहर्सल में इस बारे में कोई बात हुई। साज़िन्दा हर किसी से पूछता फिरता कि इसका अंजाम क्या होगा। क्या उसे डाँट पड़ेगी? सबके सामने? "मेरे शो के पैसे न मिलें तो कोई बात नहीं, लेकिन कुछ कहें नहीं तो अच्छा।" जब कुछ नहीं हुआ तो वह कुछ बावला-सा हो चला था। उसे यह शक़ भी होने लगा कि कार्यक्रम पूरा होते ही उसे बम्बई लौटने को कहा जायेगा। लेकिन इनमें से कुछ भी न हुआ, तो वह बेज़ार हो कर कहने लगा कि कम-से-कम मुझे डाँट दें, तो मैं माफ़ी ही माँग लूँ!

न्यूज़ीलैण्ड के उत्तर द्वीप में स्थित एक नैसर्गिक आश्चर्य रोटोरुआ के भाप उगलते ज्वालामुखी को देखने हम सब गये। हम सब विस्फारित नेत्रों से देख रहे थे कि भूगर्भ में गहरे से यह भाप अनगिनत सालों से कैसे निरन्तर निकली चली आती है, और आश्चर्य कर रहे थे कि सारे रोटोरुआ नगर को इस भाप द्वारा प्राकृतिक रूप से गरम पानी प्राप्त होता है। पर वहाँ भी उस साज़िन्दे को उस शराब वाले प्रकरण के अधर में लटके रहने पर अकुलाहट सताती रही। लताजी ने न उससे कुछ कहा, न किसी और से।

लगता है, लताजी के तूणीर में सबसे तीक्ष्ण शस्त्र है—उपेक्षा।

किसी व्यक्ति के बारे में अगर लताजी को निष्ठाहीनता या अविश्वसनीयता का संकेत मिल जाये, फिर चाहे वह कोई हो, उसका अस्तित्व तक उनके लिए मिट जाता है।

इस संगीत दल के हर वादक को, सफ़र में और औपचारिक दावतों के दौरान पहनने के लिए 'टीम ब्लेज़र' (एक सरीखे नीले रंग के कोट) दिये गये थे। ऑस्ट्रेलिया-न्यूज़ीलैण्ड के दौरे से लौटने के तुरन्त बाद वह ब्लेज़र सभी वादकों से वापस मँगवा लिए गये और जब तीन ही महीनों के बाद दूसरे विदेश प्रवास की योजना बनी, तो सबको लौटाए गये—सिवा कि उस मद्यभोगी वादक को!

बाद में लताजी से सिर्फ़ इतना सुनने में आया कि "काम के अलावा कोई क्या करता है, वह उसका अपना निजी मामला है, लेकिन सार्वजनिक आचरण की कुछ सीमाएँ हैं। कोई अगर हमें दावत देकर सम्मान देता है, तो हमें अपना स्थान भूलना नहीं चाहिए।"

उनके इस संयत व्यवहार ने एक बार तो मुझे भी उलझन में डाल दिया था।

विदेश के कार्यक्रमों के रिहर्सल के लिए हम सब ताड़देव स्थित एस.एल. स्टूडियो में मिला करते। उस दिन संयोग से लताजी ने अपनी गाड़ी कहीं काम से भेज दी थी। रिहर्सल ख़त्म होने पर मैंने पूछा, "आपको घर छोड़ दूँ?"

रेशमी कपड़े में लिपटा, स्टेज पर गाये जानेवाले उनके गीतों का कट्टा किसी ने मुझे लाकर दिया, जिसे मैंने आगे की सीट पर रखा और उनके लिए पीछे का दरवाज़ा खोला। हल्का-सा मुस्कुराकर वे बोलीं, "नहीं, ऐसे बुरा लगता है, ड्राइवर नहीं है न? मैं आगे ही बैठूँगी", मैंने बिना शब्दों के आभार व्यक्त किया और वे गाड़ी में बैठीं।

उनका घर वहाँ से बस आधे किलोमीटर की दूरी पर, पेडर रोड पर था। उनके मकान के बाहर मैंने गाड़ी रोक दी। दरबान ने आ कर गाड़ी का दरवाज़ा खोला, मैंने गीतों का कट्टा ऊपर तक पहुँचाना चाहा, उन्होंने निश्चयपूर्वक इनकार किया और धन्यवाद-नमस्ते कहा। जब गाड़ी दुबारा स्टार्ट करते हुए अचानक मेरी नज़र सीढ़ियों की ओर गयी तो देखा लताजी अभी वहीं खड़ी थीं। मैंने पूछा, "जी कुछ रह गया? आप कुछ कहना चाहती हैं क्या?" उन्होंने सिर्फ़ ना कहा; मेरी उलझन और बढ़ गयी । असंमजस में जैसे ही मैंने गाड़ी चलाई, तो उन्होंने फिर एक बार नमस्कार कहा और चल दीं। तब मेरी समझ में बात आयी कि वे मुझे विदा करने की औपचारिकता निभाने के लिए गाड़ी चलने तक रुकी थीं।

इसके विपरीत मुझे एक अनुभव ऐसा भी हुआ, जिससे मुझे विश्वास हो गया कि लताजी शिष्टाचार के व्यामोह में फँसने से बचती हैं और अपना सन्तुलन बराबर बनाये रखती हैं।

उन दिनों मैं उनकी रेडियो इण्टरव्यू शृंखला पर काम कर रहा था। इस सिलसिले में उन्हें लेने फ़िल्म सेण्टर स्टूडियो पहुँचा।

रिकॉर्डिंग के बाद हम नीचे उतरे। संगीतकार आर.डी. बर्मन, और गीत 'फ़र्स्ट क्लास' होने की ख़ुशी में भीगा प्रोड्यूसर भी हमारे साथ ही था।

आर.डी. बर्मन के साथ अगली रिकॉर्डिंग की तारीख़ पक्की करके लताजी गाड़ी में बैठने को हुईं। फिर मुझसे कहा, "अगर आप गाड़ी लाए हैं तो मैं अपनी गाड़ी भेज दूँ?" मैंने 'हाँ' कहा और दो ही दिन पूर्व एस.एल. स्टूडियो में हुआ

अनुभव याद होने के बावजूद, मैंने पिछली सीट का दरवाज़ा खोला क्योंकि कुछ अपरिचित लोग आस-पास थे। वे ज़रूर मेरा मर्म बूझ गयी थीं, इसलिए क्षणभर रुकीं और फिर एक अर्थपूर्ण दृष्टि डाल कर कुछ दबी मुस्कान के साथ उन्होंने मानो कह दिया, ''हाँ, मैं पीछे ही बैठूँगी, यहाँ यही उचित है।''

मैं आज तक उनसे एक सवाल नहीं पूछ पाया (मुमकिन है, यह किताब पढ़ने के बाद वे इसका जवाब मुझे दें) कि रंगमंच तथा फ़िल्मी माहौल में बचपन बीतने के बावजूद, हद दर्जे की ग़रीबी का सामना करने के बावजूद, बम्बई के फ़िल्म उद्योग की सस्ती चकाचौंध से उलझने के बावजूद, उन्होंने इतनी शालीनता कैसे आत्मसात् की, और इसे कैसे टिकाए रखा?

स्टेज कार्यक्रमों का सफल मंचन मुख्य कलाकार से कठोर परिश्रम और कड़ा अनुशासन माँग लेता है। ''लाइव शो को तो मैं बहुत बड़ी ज़िम्मेदारी समझती हूँ। सुनने आये लोग निराश नहीं होने चाहिए...मैं इतनी ही अपेक्षा रखती हूँ।'' और शायद इसीलिए, उन्हीं के कहे अनुसार वह कुछ 'नर्वस' भी होती हैं, कई बार तो इतनी कि उन्हें इच्छा होती है कि काश यह कार्यक्रम किसी तरह 'कैन्सिल' हो जाये। लेकिन जब कार्यक्रम सफल होता है, आख़िरी गीत के बाद लोगों की तालियाँ उन्हें स्टेज पर से उतरने नहीं देतीं, तो नये सिरे से प्रेरणा का संचार होता है और वह फिर से कार्यक्रम करने के लिए लालायित हो जाती हैं।

मेरे ख़याल से हर कार्यक्रम के पूर्व और मंचन के दौरान, लताजी अपने काम में परिपूर्णता पाने के लिए तुमुल युद्ध कर रही होती हैं।

गुरु-पिता दीनानाथजी ने परिश्रम का महत्व कुछ निराशाजनक शब्दों में समझाया था : ''परिपूर्णता तक पहुँचना इन्सान के सामर्थ्य के बाहर की वस्तु है। कलाकार तो परिपूर्णता तक पहुँचने का केवल प्रयत्न ही कर सकता है।''

और प्रयत्न करने में उन्हें उम्र तक आड़े नहीं आयी।

विश्वविख्यात अभिनेता और फ़िल्म सर्जक चार्ली चैप्लिन के बारे में यह प्रसिद्ध है, कि अपनी कल्पना को परदे पर साकार करने के लिए, वह बड़ी ज़हमत उठाते, फ़िल्मांकन की बारीकियों पर सैकड़ों-हज़ारों डॉलर बहा देते। लेकिन इतनी मेहनत से कैमरा में कैद किये हुए दृश्य जब संकलन के लिए 'एडिटिंग टेबल' पर आते, तब ज़रूरत महसूस होने पर, उन्हें फ़िल्म से निकाल देते हुए वह हिचकिचाते नहीं थे। बहुत कम फ़िल्म निर्देशक ऐसी स्थितप्रज्ञता प्राप्त कर सकते हैं।

लताजी ने अपने वरिष्ठ सहगायकों को दी श्रद्धांजलि (कैसेट शीर्षक: 'श्रद्धांजलि', साल : 1992) की पहली रिकॉर्डिंग तो पाँच साल पहले 1987 में हुई थी। लेकिन सुनने पर, संगीत के जानकार और संगीत रिकॉर्डिंग के पारखी

पं. हृदयनाथ मंगेशकर को वह रिकॉर्डिंग कुछ 'रूखी' लगी। बस इसी कारण महीनों की मेहनत से रिकॉर्ड किये गये सभी ग्यारह गीत रद्द कर दिये गये। गीत चाहे रद्द किये गये, लेकिन वह विचार, वह योजना नहीं। समय पाने पर फिर से अभियान शुरू किया गया। बम्बई के वेस्टर्न आउटडोर स्टूडियो से ले कर लन्दन के ऐ बी रोड स्टूडियो तक, कोई कसर नहीं छोड़ी गयी और छह स्वर्गवासी गायक (के.एल. सहगल, पकंज मल्लिक, मुहम्मद रफ़ी, मुकेश, हेमन्त कुमार और किशोर कुमार) की अमर रचनाएँ, लताजी के स्वर में क्या ढलीं, नयी पीढ़ी के लिए अनमोल विरासत बन गयीं।

किसी कार्यक्रम के बाद, विशेषकर कार्यक्रम के सफल मंचन के बाद, अगर तुरन्त वहाँ से निकल न जाओ, तो मुबारकबाद देनेवालों का हुजूम चले जाने के बाद, एक अकुला देनेवाली शान्ति छा जाती है। पर भीड़ के बीच से खिसक पाना भी तो आसान बात नहीं। इसलिए या तो हम भीड़ से पहले ही पलायन हो जाते, या फिर बहुत बाद में। आज बाद की बारी थी। पूरे साढ़े तीन घण्टे बाद नेपथ्य में उजाला और स्टेज पर अँधेरा था। हम लोग अपना-अपना सामान समेटने में लगे थे और थियेटर के कर्मचारी अपनी 'शिफ़्ट' (पाली) निपटाने में।

स्टेज का अधेड़ उम्र का मैनेजर अपने कक्ष से उठ कर, जाने के इन्तज़ार में बैठी हुई लताजी के पास आया। जाने क्यों यह गोरे लोग यह मान कर ही चलते हैं कि उनके देश में आया हर मेहमान उनकी भाषा (और उनके उलझन में डालनेवाले उच्चारण) समझते ही होंगे। हम तो कभी यह उम्मीद नहीं करते कि भारत आया हुआ हर अमरीकन, फ्रांसीसी या जापानी, हमारी भाषा के 'नमस्ते' से अधिक कुछ जाने। और अगर कहीं उसने टूटा-फूटा "कैसे हैं" बोल दिया, तो हमें गुदगुदी होने लगती है। शायद विकसित और अविकसित देशों के बीच का एक सूक्ष्म अन्तर है यह!

मैनेजर ने तो अच्छी-ख़ासी बातचीत ही शुरू कर दी, "लेट मी टेल यू, आयी हैव नेवर हर्ड ए वॉएस लाइक दैट बिफ़ोर!" (ऐसी आवाज़ मैंने पहले कभी नहीं सुनी)

"थैंक यू," एक साफ़ महीन-सी आवाज़ आयी। मेरा ध्यान उस तरफ़ आकर्षित हुआ; लताजी के नपे-तुले शब्द सुनायी दिये, "हाऊ डिड यू एन्ज्वॉय द प्रोग्राम?" (कार्यक्रम कैसा लगा?)

"वेल, आई लाइक्ड द मेलडी ऑफ़ योर साँग्ज़...ईवन रॉक स्टार्स डोण्ट गेट दैट काइण्ड ऑफ़ ओवेशन!" (मुझे तो बस आपके गायन की मधुरता अच्छी

लगी...और प्रेक्षकों की ऐसी सम्मानपूर्ण तालियाँ तो यहाँ के बड़े-बड़े सितारों को भी नहीं मिलतीं।)

"द पीपल आर वेरी काइण्ड" (यहाँ के लोग बड़े अच्छे हैं)। कम अंग्रेज़ी जाननेवाले भारतीय को, अंग्रेज़ी जाननेवाले भारतीय की तुलना में, किसी अंग्रेज़ के साथ बात करने में, कम हिचकिचाहट महसूस होती है।

" ग्रेट कन्सर्ट...एण्ड यू वर वण्डरफ़ुल, स्वीटहार्ट!" (प्रोग्राम ज़बरदस्त था...और तुम्हारे तो क्या कहने, मेरी जान!) लताजी ने अवाक् होते हुए भी "थैंक यू" कहा और फिर वहाँ तभी आये मुझसे कहा, "बस यही सुनना बाक़ी था!"

"क्या?" मैंने पूछा

"स्वीटहार्ट!" कह कर ज़ोर से ठहाका लगा कर हँस दीं। ज़ाहिर है कि इतनी विदेश यात्राओं के बाद वे ज़रूर जान गयी थीं, कि अंग्रेज़ीभाषी देशों में ऐसे शब्दों का इस्तेमाल केवल प्रेमालाप तक ही सीमित नहीं है।

लताजी के अंग्रेज़ी बोलने में चाहे श्रृंगारिक भाषा का दिखावा नहीं था, पर सही भाषा बोल पाने का आत्मविश्वास ज़रूर था। और इन्हीं के बारे में कई विदेशी भारतीयों को पूछते हुए सुना है, "शी डोण्ट स्पीक इंग्लिश!"

जब लताजी को मंच पर से बोलने को कहा जाये तो तुरन्त त्योरियों पर बल पड़ जाते हैं। लेकिन उन देशों में कार्यक्रम करते हुए जहाँ हिन्दी कम ही समझी जाती है, वे अंग्रेज़ी ही में—चाहे पढ़ कर—दो शब्द कहती हैं।

बल्कि खाड़ी के एक देश में उन्होंने एक पूरा रेडियो इण्टरव्यू अंग्रेज़ी में दिया था, जो कि बातचीत के रूप में था, लिखित भाषण के रूप में नहीं। हालाँकि उस देश में (मुत्तहदा अरब इमारात में), अंग्रेज़ी में इण्टरव्यू करने का क्या तर्क हो सकता है, मैं आज तक नहीं समझ पाया। शायद लताजी भी न समझी हों, पर उनकी ग़ैरत को ललकारा गया जान पड़ा हो, सो चैलेन्ज कुबूल कर लिया होगा!

होटल लौटने के इन्तज़ार में बैकस्टेज के एक कोने में बैठे हुए मैं घर लिखे जानेवाले ख़त का मज़मून सोच रहा था।

दुबई, मुत्तहदा अरब इमारात, जनवरी *1983*

टोरण्टो, कनाडा, जून 1985

ऋण चुका रही हूँ

कुछ अरसे पहले भारतीय पति अपनी पत्नी को नाम ले कर नहीं पुकारते थे, आज मैं अपनी पत्नी को पत्र में किया गया सम्बोधन नहीं लिख रहा हूँ।

अब चूँकि मैं फटे-हाल गली-गली सहरा-सहरा भटक कर अपनी लैला को नहीं ढूँढ़ रहा था और न ही वस्ल के इन्तज़ार में ग़ज़लों के दीवान छपवा रहा था, और क्या लिखता? अपने सफ़र और सफ़र के मक़सद ही के बारे में तो! 'लता-किशोर कार्यक्रम क्या हो रहे हैं, लगता है, हम क़िले जीत रहे हैं'; 'न्यूयॉर्क कार्यक्रम को दनदनाती कामयाबी! बाईस हज़ार प्रेक्षक थियेटर के अन्दर, लगभग तीन हज़ार निराश लोग बाहर!' ख़त जब छोटा-सा लिखना हो तो इतना ज़रूर जोड़ना चाहिए कि 'आगे के कार्यक्रम की तैयारियों में बेहद व्यस्त हूँ' वग़ैरह, चाहे कनाडा के टोरण्टो शहर में होनेवाले कार्यक्रम का इन्तज़ार घण्टों में नहीं, अभी दिनों में हो रहा था।

अन्तर्राष्ट्रीय हवाई यात्रा का एक नितान्त ऊबदायक आयाम है वह विरामस्थल, जहाँ यात्री प्लेन से बाहर कदम भी नहीं रख सकते और "पैरिस न सही, पैरिस एअरपोर्ट गया हूँ" कह कर अपना दिल भी नहीं बहला सकते। टोरण्टो जाते हुए अमरीका के शिकागो हवाई अड्डे पर हमारी वही स्थिति थी।

जब हमारा विमान चलने लगा, तो खिड़की के बाहर का नज़ारा मेरा ध्यान आकर्षित किये हुए था। मुख्य रास्तों पर बंपरों से गुँथी मोटरकारों का दृश्य, अब केवल पाश्चात्य शहरों की ही नहीं, हमारे शहरों की भी पहचान बन गया है। पर यहाँ, दुनिया के सब से ज़्यादा व्यस्त 'शिकागो ओ'हेर' हवाई अड्डे के 'रन-वे' पर, हवाई जहाज़ों की हालत, शहर के रास्तों पर मोटर गाड़ियों से कुछ बदतर ही थी। गाड़ियाँ तो सिग्नल हरा होने पर फ़र्राटे से भागती हैं, यहाँ तो इतने सारे विमानों को, सिरे पर पहले आये हुए विमान के उड़ान भरने का इन्तज़ार करना पड़ता। यूँ धीरे-धीरे विमानों का यह कारवाँ आगे बढ़ता। इस समय उड़ने के इन्तज़ार में कुल 27 हवाई जहाज़ रेंग रहे थे; हमारा नम्बर इक्कीसवाँ था।

जब उड़ान भरने की हमारी बारी आयी तो हवाई जहाज़ों की कतार का मंज़र देखते ही बनता था। विश्व के सभी हवाई जहाज़ उत्पादकों का प्रतिनिधित्व करती थी वह पंक्ति। कोई विमान चार जेट इंजनवाले, तो कोई हरेक पंख पर एक-एक और पूँछ पर एक बड़ा-सा जेट इंजन लिए। उनके पीछे किसी बड़ी कम्पनी के बड़े अधिकारियों को ढोते हुए, छोटे (एग्जिक्युटिव) जेट, और कहीं उनसे भी छोटे दो पंखों वाले विमान, जिन्हें देख कर लगता था कि उड़ान भरने का समय आने तक हिम्मत ही हार जायेंगे, क्योंकि उनके ठीक पीछे, अपने शारीरिक बड़प्पन की धौंस जमाते हुए बोइंग 747 जम्बो जेट खड़ा है; पता नहीं कब आगेवाले छुटके विमान को निगल जाये! और उस लम्बी कतार में पच्चीसवाँ या छब्बीसवाँ खड़ा है ऊँची, लम्बी चोंचवाला कॉन्कोर्ड विमान। सब, एक-एक से अलग; सबको जाना है अलग-अलग जगह; जल्दी में सभी हैं, लेकिन अनुशासन की मिसाल बने चल रहे हैं।

लताजी अगर अपने व्यावसायिक जीवन में हमेशा कुछ-न-कुछ नया करते रहने की आदी न होतीं, उन्होंने अगर रिकॉर्ड तोड़ने की ही नहीं, कीर्तिमानों का सर्जन करने की आदत-सी न बना ली होती, तो उनके कैरिअर में ज़रूर कुछ एकरसता आ जाती। क्योंकि कैरिअर के शुरू होते-होते, 1949 में ही उन्होंने चोटी को जो छू लिया, तो उसी स्थान पर तब तक रहीं, जब तक स्वैच्छिक रूप से अपना काम कम न किया।

विश्व-विख्यात मेपल लीफ़ गार्डन्स में होनेवाला कार्यक्रम भी एक कीर्तिमान ही होगा, यह बात टोरण्टो के पियर्सन अन्तर्राष्ट्रीय हवाई अड्डे पर उतरते ही प्रतीत हुई।

लता मंगेशकर और किशोर कुमार एक साथ कार्यक्रम प्रस्तुत करने आ रहे हैं, यह घटना फ़िल्म संगीत के चाहनेवालों के लिए एक दुर्लभ अवसर हो यह माना जा सकता है, लेकिन भारतीय कलाकारों के स्वागत के लिए टोरण्टो शहर के महापौर स्वयं हवाई अड्डे तक आयें, तब तो इस कार्यक्रम को एक यादगार कन्सर्ट बनना ही पड़ेगा।

तिस पर मेयर महोदय ने नौ जून 1985—कार्यक्रम के दिवस—को 'दक्षिण एशियाई दिवस' घोषित कर दिया। लताजी ने स्वागत को सविनय स्वीकार करते हुए अंग्रेज़ी में कहा, कि मैं आशा करती हूँ कि इस कार्यक्रम के साथ, भारत और कनाडा के बीच सांस्कृतिक सम्बन्धों के एक नये अध्याय का आरम्भ होगा। किशोर कुमार ने अपनी लाक्षणिक अदा में गाते-गुनगुनाते हुए भाषण दिया और हँसते-हँसाते हुए सब विदा हुए।

'चैरिटी प्रोग्राम' तो पहले भी कई हुए थे। देश में ही नहीं, विदेशों में भी।

बल्कि लताजी का विदेश का पहला दौरा, (1974 में इंग्लैण्ड) भी नेहरू मेमोरियल ट्रस्ट के लिए धन एकत्रित करने के उद्देश्य से ही हुआ था। दो देशों में तो वहाँ के हालात देखते हुए कार्यक्रम शृंखला का एक-एक कार्यक्रम वहाँ के लोगों को समर्पित किया गया था: प्रशान्त महासागर में स्थित फ़िजी द्वीप समूह में, (जहाँ की आबादी के चालीस प्रतिशत लोग—1983 में—भारतीय थे)। लताजी के आगमन के कुछ ही महीने पूर्व, भयंकर बवण्डर ने देश के आर्थिक ढाँचे को भारी नुक़सान पहुँचाया था। फ़िजी में हुए चार कार्यक्रमों में से एक से इकट्ठा हुई राशि, बवण्डर पीड़ितों को समर्पित की गयी थी। और अफ़्रीका के दक्षिण में स्थित एक छोटे-से देश स्वाज़ीलैण्ड में दो अति सफल कार्यक्रम करने के बाद, वहाँ के एक स्कूल की सहायतार्थ, सिर्फ़ एक दिन की सूचना पर एक विशेष कार्यक्रम प्रस्तुत किया और सारी-की-सारी अर्जित राशि, स्कूल को भेंट कर दी। उसी साल लन्दन में आयोजित एक विराट कार्यक्रम, स्थानीय भारतीय विद्या भवन को समर्पित था।

पर यहाँ की बात फिर भी निराली थी। जिस संस्था—यूनाइटेड वे—के लिए यह कार्यक्रम होने जा रहा था, वह कनाडा की मुख्यधारा से जुड़ी हुई थी—न कि केवल कनाडा वासी भारतीयों से। इसका लाभ 'रेड क्रॉस' से ले कर कैन्सरग्रस्त मरीज़ों तक को मिलनेवाला था। 'चैरिटी प्रोग्रामों' में लताजी कभी मुआवज़ा नहीं लेतीं, चाहे उनके सह-कलाकार लें। यहाँ भी लताजी नि:शुल्क ही कार्यक्रम कर रही थीं। कनाडा सरकार की एक विज्ञप्ति के अनुसार, विश्व में पहली बार 'तीसरे देश' का कोई कलाकार, विकसित देश की किसी संस्था की सहायता के लिए कार्यक्रम कर रहा था।

इस सिलसिले में ख़ुद कनाडा के प्रधानमन्त्री श्री ब्रायन मलूनी ने लताजी को कनाडा आने का निमन्त्रण स्वीकार करने के लिए धन्यवाद देता हुआ पत्र लिखा था। इतना ही नहीं, इस संस्था ने भारत के तत्कालीन प्रधानमन्त्री श्री राजीव गाँधी को भी एक विशेष प्रतिनिधि भेज कर "आपकी सब से बड़ी 'म्यूज़िकल स्टार' हमें 'उधार' देने के लिए" धन्यवाद व्यक्त किया था।

इस कार्यक्रम में लताजी को हमेशा साथ देनेवाले साज़िन्दों के अलावा कुछ अतिरिक्त गोरे वादक भी जोड़े गये थे। लताजी और किशोरदा के गीतों के साथ बजनेवाले 'ओर्केस्ट्रा' को ज़्यादा पुख़्ता बनाने के लिए ही नहीं, पर आम की सतह से उठा कर ख़ास बनाये जा रहे इस कार्यक्रम में, लताजी एक और ख़ास बात करनेवाली थीं—एक अंग्रेज़ी गीत गाने वाली थीं!

लेकिन गोरे साज़िन्दों की ज़्यादा दिलचस्पी हिन्दी गानों में थी! रिहर्सल में आते ही हिन्दुस्तानी संगीत की विशेषता के बारे में बातें करने लगते और तारीफ़

करने लगते कि भारतीय वादकों ने किस आसानी से उनके वाद्यों को भारत की वादन शैली में ढाला है। हमारे वादकों को पश्चिमी संगीत पद्धति की भाषा (नोटेशन) लिखते देख अभी पूरा आश्चर्य भी न कर पाए थे, कि एक वादक के हाथ में उसी गीत के लिए भारतीय सरगम का काग़ज़ देख कर सकते में पड़ गये। तभी किसी ने कहा कि नौ बजे हैं। मुँह का वाक्य अधूरा छोड़ कर और आधी पी हुई चाय-कॉफ़ी के कप ट्रे में रख कर, गोरे साज़िन्दे चुपचाप अपनी-अपनी जगह पर जा बैठे, साज़ खोले, सरगम के काग़ज़ सामने रखे हुए स्टैण्ड पर टिकाए और सुर मिलाने लगे। हँसी-मज़ाक, बातें, विचारों का आदान-प्रदान—सब कुछ अचानक लुप्त हो कर जैसे गीत की तर्ज़ ढूँढते सुरों में परिवर्तित हो गया। दोपहर खाने के समय भी यही हाल रहा। रिहर्सल हाल की बड़ी घड़ी की छोटी सुई एक पर और बड़ी सुई बारह पर पहुँची नहीं, कि ओर्केस्ट्रा की आवाज़ यकायक मद्धम हो गयी। सबने चौंक कर देखा, तो कुछ वाद्यों ने बजना बन्द किया था। "लंच टाइम हमारा समय है; बाक़ी समय हमसे ख़रीदा हुआ समय है," उनका कहना था।

बग़ैर दूध की कॉफ़ी और मसालेदार समोसे खाते हुए गोरे वादकों की भारतीय फ़िल्मों और संगीत के बारे में जैसे ही बातें रुकीं, तो देखा ठीक डेढ़ बजा था और सब-के-सब अपनी जगह पर, अपने वाद्य लिये बैठ गये थे।

जहाँ हम लोग इन विदेशी वादकों को अपनी कला का स्विच 'ऑन' और 'ऑफ़' करते देख अचरज कर रहे थे, वहाँ वह लोग बार-बार कह रहे थे कि आप लोगों के गाने में कुछ 'जगहें' ऐसी हैं, जो न तो संगीत की हमारी भाषा में लिखी जा सकती हैं, न ही हम इन्हें बजा पाते हैं। ज़ाहिर है उनका निर्देश सुरों के बीच आनेवाली सूक्ष्म श्रुतियों ('ग्रेसिज़') की ओर था, जो लताजी के गायन की विशेषता हैं। "यह महिला तो जो गा रही हैं, वह हम वायलिन पर भी नहीं बजा पा रहे!" मुख्य वायलिन वादक ने कहा।

यह विदेशी साज़िन्दे इस 'महिला' के गले का अनुसरण करने की जी-तोड़ कोशिश में बारी-बारी से अपने 'नोटेशन' के काग़ज़ और गाती हुई लताजी को देखते। पर उन्होंने जो हठात् लताजी को खिल-खिला कर हँसते हुए पाया, तो सबका ध्यान उस दिशा में बँटा।

उस विशाल कमरे के परले सिरे से, रंगीन कुर्ता पहने और एक ख़ास अन्दाज़ में शाल ओढ़े, रिहर्सल किये जा रहे गीत—"सत्यम् शिवम् सुन्दरम्..." की लय से ताल मिलाते हुए, किशोर कुमार ने पदार्पण किया था। वादकों की कतारों से गुज़रते हुए, किसी को भाव-भरा नमस्कार किया, किसी के सामने शरमाकर हँसे, तो किसी साज़ पर कोई टेढ़ा सुर बजा दिया। लताजी के पास पहुँचते ही कथ्थक,

कथकली और किशोर कुमार शैलियों का एक बेढंगा-सा सम्मिश्रण बनाकर, लताजी की तीन परिक्रमाएँ कीं और गाना ख़त्म होते ही उनके पास अपनी जगह पर बैठे। लेकिन जो शान्त बैठे, उसका नाम किशोर कुमार गांगुली नहीं हो सकता। जहाँ "सत्यम् शिवम्..." आलाप के साथ पूरा हुआ, किशोरदा ने एक मज़ाहिया आलाप जोड़ दिया और सचिन देव बर्मन के मशहूर गीत "धीरे से जाना बगियन में..." की दिलचस्प नक़ल उतारी।

वैसे नकलें उतारने के लिए किशोरदा किसी व्यक्ति-विशेष की विचित्रता पर निर्भर नहीं रहे। वह तो अपनी कल्पना से ही पात्र गढ़ लेते थे।

किशोरकुमार के साथ बहुतेरे चुलबुले युगल गीत गा कर, उन गीतों को अपार लोकप्रियता दिलानेवाली गायिका आशा भोंसले ने पुरानी यादें दोहराते हुए एक साक्षात्कार में कहा है, "किशोरदा अजीब-अजीब सी हरक़तें करते थे। उन्होंने एक 'मानस पुत्र' बना लिया था। रिकॉर्डिंग पर उसे ले आते...यानी, आते तो अकेले ही थे, लेकिन जैसे उनकी उँगली थामे साथ-साथ उनका बेटा चल रहा हो। 'सिंगिंग बूथ' में आते ही उस (कल्पना लोक के) बच्चे से कहते, 'आण्टी को नमस्कार करो,' और फिर ख़ुद ही बच्चे की आवाज़ में 'नमस्कार आण्टी' कहते। रिकॉर्डिंग करते हुए अगर किशोरदा को गाना अच्छा नहीं लगा तो वह बच्चा (!) बोलता, 'बाबा, यह गाना कितना बकवास है न?' फिर अपनी आवाज़ में उसे डाँटते, 'चुप, ऐसा नहीं कहते!' और एकदम से आवाज़ बदल कर बच्चे बन जाते और कहते, 'आपने ही तो कहा था कि हमेशा सच बोलो।' उन्होंने तो हमको ऐसा 'ब्रेन वॉश' कर के रखा था कि किशोरदा के आते ही हम ख़ुद पूछने लगते कि कहाँ है आपका बेटा? यह सिलसिला कोई छह-बारह महीनों तक चला...और देखिए, ईश्वर ने उनको कितना प्यारा बेटा (अमित) दिया।"

लेकिन किशोर कुमार तो ख़ुद भी इतने-से 'प्यारे' बच्चे थे तब से नकलें उतारते थे। गांगुली परिवार में कोई मेहमान आते, तो आभास कुमार (उनका असल नाम) की नक़ल-कला का कौतुक किया जाता और मेहमान, किशोर से गायकों की नकलें करने को ज़रूर कहते। लेकिन नक़ल करने से पहले सिनेमा-घर के टिकटबाबू की तरह आभास पूछता, कौन-सी वाली नक़ल देखना चाहेंगे; रुपए वाली, बारह आने, अठन्नी या चवन्नी वाली? दरियाफ़्त करने पर वह कहता, एक रुपए में के.एल. सहगल के गीत की नक़ल सुनने को मिलेगी। बारह आने में पंकज मल्लिक, अठन्नी में सुरेन्द्रनाथ और चवन्नी में बड़े भैया अशोक कुमार की!

किशोरदा के काम करने का स्टाइल जाननेवाले हम सब जानते थे कि वह स्टेज कार्यक्रम से पहले पूर्व-तैयारी कभी न करते थे। अगर करनी ही पड़ी तो

मज़ाहिया ढंग से ऐन प्रोग्राम के वक़्त, बीच स्टेज, धड़ल्ले से करते और वह भी ऐसे कि वह पूर्व तैयारी भी एक 'आइटम' लगे, और जिसका आनन्द प्रेक्षक गीत जितना ही उठाएँ। बहरहाल, लताजी के साथ के उनके युगल गीतों के रिहर्सल की शुरुआत हुई।

ऐन कार्यक्रमों के दौरान मैं ऐसे मज़ेदार गीतों का मज़ा उठाने से महरूम रह जाता हूँ। इसलिए बहुत चाहता था कि 'गाइड' 'आराधना' और 'अभिमान' के रोमॅण्टिक गीतों से ले कर, उठा-पटक वाले "जय जय शिव शंकर..." और बढ़ती कीमतों के ज़माने में, चाय के एक कप का मूल्य समझानेवाले गीत "मम्मी ने तुम्हें चाय पे बुलाया है..." का लुत्फ़ मैं भी उठाऊँ। लेकिन मुझे बुलावा आया। अगर यह कार्यक्रम लताजी के आम कार्यक्रमों से अलग था, तो इसकी तैयारियों के तौर-तरीक़े भी अलाहिदा थे। आम तौर पर कार्यक्रम से पहले की 'मीटिंग' हम लोगों के बीच आपस में ही होती थी, लेकिन यहाँ तो कोई सरकारी स्तर की 'हाई--पॉवर कमेटी' लग रही थी। प्रायोजकों के अलावा जिस संस्थान ('यूनाइटेड वे') के लिए राशि इकट्ठा की जा रही थी वह लोग तो थे ही, साथ-साथ शहर तथा राज्य प्रशासन के कुछ उच्च पदाधिकारी भी थे। उस बैठक का एक ही लक्ष्य था, कि कार्यक्रम में गायन की शुरुआत से पहले का हर मिनट पूर्व-नियोजित हो। इसकी एक वजह यह भी थी कि ऑन्टेरियो राज्य के मुख्यमन्त्री कार्यक्रम में आनेवाले

अरे भइ अंदाज के पहले गीत की रेकार्डिंग, हम दोनों की अग्निपरीक्षा थी संगीतकार नौशाद के साथ।

'मैंने तुम्हें धुन सुना दी, अब इस गीत को किस तरह गाना चाहती हो गाओ'...मदन मोहन

थे और लताजी के सम्मान में दो शब्द कहनेवाले थे। इन 'दो शब्दों' की अवधि कितनी हो, यह तय करना भी उनकी नज़र में एक महत्वपूर्ण काम था। भारत में तो सुना था कि मिनिस्टर सिर्फ़ आदेश ही देते हैं, या अध्यादेश ही जारी करते हैं, इसलिए मैं इस सवाल के लिए बिलकुल तैयार न था, कि 'मुख्यमन्त्री अपने भाषण के लिए कितना समय ले सकते हैं?'

'लोग ऊब जायें इतना? हमारे यहाँ तो यही होता है!' लेकिन प्रत्यक्ष रूप से मैंने कहा कि इस सवाल का जवाब देना बहुत ही मुश्किल है क्योंकि आम तौर पर लताजी के कार्यक्रमों में औपचारिक भाषण होते ही नहीं। 'ठीक है, मुख्यमन्त्री तीन मिनट से ज़्यादा नहीं बोलेंगे।'

इस आयोजना-बैठक से लौटते हुए मुझे टोरण्टो शहर देखने का अवसर मिला।

अमरीका जैसा देश भी कनाडा के इस मुख्य शहर की ईर्ष्या करता है, क्योंकि जनसंख्या ज़्यादा होने पर भी यहाँ घुटन पैदा करनेवाली भीड़ नहीं। आप जब चाहें, जहाँ चाहें, गुण्डों से निर्भय हो कर घूम सकते हैं। यह शहर स्वच्छता की मिसाल है। हर रात, शहर-भर के रास्तों ही नहीं, रेल की पटरियों की भी सफ़ाई होती है! दो राष्ट्रीय भाषाएँ (अंग्रेज़ी, फ्रेंच) और विश्व की कई सभ्यताओं के लोग यहाँ बसे हुए होने पर भी, टोरण्टो सौहार्द और शान्ति के लिए विख्यात है। पश्चिम के व्यापारिक केन्द्रों में टोरण्टो ही एक शहर है जो न्यूयॉर्क और शिकागो की तरह स्टील और काँच की बनी ऑफ़िस इमारतों से जड़ा हुआ होने पर भी, पश्चिम

के विशेषज्ञों के अनुसार, अभी 'रहने लायक है'। इन इमारतों में है, पाश्चात्य जगत की सबसे ऊँची इमारत—सी.एन. टावर। मेज़बान ने गाड़ी उसी की ओर मोड़ी और कुछ ही मिनटों में, मैंने अपने आपको धरती से 16 फ़ीट प्रति सेकेण्ड की रफ़्तार से आसमान की ओर उठता हुआ पाया और वह भी इमारत की बाहर लगी काँच की लिफ़्ट में! अगर मौत के बाद रूह इसी तरह स्वर्ग की ओर उड़ान भरती है, तो आये बार-बार मौत! यहाँ स्वर्ग की ऊँचाई थी 1,815 फ़ीट। ऊपर तक पहुँचते हुए दो मिनट से भी कम समय लगा!

ऐसे कई दो मिनट जुड़ते-जुड़ते कितना समय गुज़र गया, कौन जाने?

रिहर्सल की जगह लौटा तो जाना।

लग रहा था, प्रायोजक मोहन देवड़ा काफ़ी देर से इन्तज़ार कर रहे थे। जानना चाहा कि मैं 'कहाँ खो गया' था; लोग मुझे जगह-जगह खोज रहे हैं और, सबसे बड़ी बात, "दीदी बुला रही हैं!"

रिहर्सल के लिए विशेष रूप से भाड़े पर लिए गये होटल के 'कॉन्फ्रेंस' कक्ष में, काम बड़ी मुस्तैदी से चल रहा था। लताजी के पास बैठते हुए मेरे नमस्ते के जवाब में, उनका नमस्कार कुछ अधूरा जान पड़ा। उन्होंने कुछ उद्वेग के स्वर में देर से आने का कारण पूछा—जैसे मैं कार्यक्रम ही के लिए देर से आया होऊँ! उन्होंने कहा कि कल के कार्यक्रम के लिए गीतों का चुनाव करना है और इस शहर में रेडियो कार्यक्रम करनेवाले कुछ लोग आये हैं।

इस नाराज़गी में छिपी इज़्ज़त भी थी, वरना क्यों यह सर्वोच्च गायिका इस महत्वपूर्ण काम के लिए मुझसे सुझाव माँगे?

और सोचा जाये तो क्यों नहीं? जिन संस्कारों में वह पली हैं और जिन शिल्पियों ने उन्हें तराशा है, उनमें दूसरों के विचारों का सम्मान करना एक आम बात थी।

वह इस समय 'मुग़ले-आज़म' का मशहूर गीत "मुहब्बत की झूठी कहानी पे रोए..." गा रही थीं। अन्तरा समाप्त कर के दूसरे अन्तरे से पहले का संगीत बज रहा था तब मेरी तरफ़ मुड़ीं। उनकी नाराज़गी का असर मुझ पर हुआ था, यह अहसास शायद उन्हें भी हुआ जान पड़ता था। कहा, "आपको शायद बुरा लगा, लेकिन हरीशजी, जिस तरह की 'ट्रेनिंग' हम लोगों को मिली है...एक-एक गीत रिकॉर्ड करने के लिए भी कितने-कितने रिहर्सल होते थे। और हम सिंगर्स वही करते, जो करने को कहा जाता," कहते हुए गीत का अन्तरा गाने में खो गयीं।

अनुशासन की जड़ें बहुत गहरी हैं। और अनुशासन का अर्थ केवल समय पर पहुँचना ही नहीं, वरिष्ठ हो या युवा, संगीतकार की बात का आदर करना, उनके आदेश को ब्रह्मवाक्य समझ कर चलना भी था।

1947 की बात है। बम्बई के उपनगर अँधेरी के मोहन स्टूडियो में—जहाँ आज उच्च मध्यवर्गीय आवास बने हुए हैं—एक रिकॉर्डिंग थी। उस दिन लता को तेज़ बुख़ार था। रिकॉर्डिंग स्थगित करने का अनुरोध किया, लेकिन गायिका की सुविधा के लिए रिकॉर्डिंग कैन्सिल न की गयी। घर से चौदह मील दूर अँधेरी स्टेशन से, मोहन स्टूडियो का एक मील का फ़ासला, कड़ी धूप में पैदल चल कर तय किया। पहुँचने पर पता चला कि किसी दूसरी वजह से वह रिकॉर्डिंग कैन्सिल कर दी गयी थी! लेकिन इसके विरोध में कुछ न कहना, अनुशासन के प्रशिक्षण का ही एक हिस्सा था।

फ़िल्म 'अन्दाज़' के गीत, "तोड़ दिया दिल मेरा..." के रिहर्सल, कारदार स्टूडियो में चल रहे थे। बम्बई की कुख्यात मूसलाधार बारिश हो रही थी। तेज़ हवा ने छाता नाकाम कर दिया था। कलाई की घड़ी न जाने कब और कहाँ गिर पड़ी थी। घुटनों तक के पानी में चलती हुई लताजी स्टूडियो पहुँचीं, तो देरी होने के कारण नाराज़-परेशान नौशाद साहब ने वापस घर जाने को कहा। लता ने इल्तिजा की, कि जब आ ही गयी हूँ तो रिहर्सल कर लूँ। पर जवाब मिला, 'रिहर्सल ही तो है, आज नहीं, कल कर लेंगे!'

जहाँ एक तरफ़ ऐसा कड़ा अनुशासन था, वहाँ दूसरी तरफ़ वही संगीतकार, गायकों के साथ स्नेहपूर्ण व्यवहार रखते थे, उनके विचारों का सम्मान करते थे। गीत रिकॉर्ड करने से पहले गायक-गायिका के साथ सलाह-मशवरा तो होता ही था, उनके सुझाव स्वीकार करने में संगीतकार को हीनता का अनुभव न होता था।

"कुछ गीतों के लिए तो मदनभैया (मदन मोहन) जैसे गुणी संगीतकार मुझसे कहते, कि 'मैंने तुम्हें धुन सुना दी, अब इस गीत को जिस तरह गाना चाहती हो, गाओ।" और यह आज़ादी मुझे ही नहीं, सभी कलाकारों को मिली। बर्मनदा कभी-कभी कहते, कि 'अगर तुम सोचती हो कि संगीत ठीक नहीं, तो मुझसे कहो, मैं इसे बदल दूँगा'।

फ़िल्मों में गीतों के चित्रांकन के लिए ख़ास माने गये निर्देशक राज खोसला ने ऐसी ही एक बात मुझसे कही थी। फ़िल्म 'मेरा साया' के टाइटल गीत की रिकॉर्डिंग पक्की हुई थी, लेकिन अभी धुन न बन पाई थी। एक ही दिन रह गया था। लताजी रिहर्सल के लिए आयीं, तब भी मदनजी के पास धुन तैयार नहीं हुई थी। लताजी ने पूछा, गीत क्या है, तो हमने काग़ज़ उनको दिया, "तू जहाँ-जहाँ चलेगा, मेरा साया साथ होगा...।" लताजी ने पता नहीं क्या सोच कर कहा कि मदन भैया, आप इसे नन्द राग में क्यों नहीं बाँधते? तुरन्त ही मदनजी ने नन्द राग के सुर छेड़े और...गीत आपके सामने है!"

"उन दिनों आज की तरह सुविधाएँ उपलब्ध नहीं थीं," लताजी कह रही थीं, "हमारे पास गाड़ियाँ नहीं थीं। फिर भी स्टूडियो समय पर पहुँचना पड़ता था, और समय पर वापस लौटने की कोई गारण्टी नहीं थी। और आज जब वाहन हैं, तो समय की पाबन्दी नहीं है, क्योंकि 'मल्टी ट्रॅक' रिकॉर्डिंग होती है : पहले ताल-वाद्य, फिर वायलिन, फिर अलग-अलग वाद्य। यहाँ तक कि युगल गीत भी आज दो गायक साथ-साथ तो शायद ही गाते हैं। जब जिसको समय मिला, आ कर गा जाता है। उन दिनों रिहर्सल नहीं तो गाना नहीं; आज तो रिहर्सल के नाम पर लोग हँसेंगे। तब चाहे मेहनत ज़्यादा थी, फिर भी काम करने की उमंग होती थी। तब बड़ा नाम नहीं था फिर भी एक तरह से काम के मामले में स्वतन्त्रता अधिक थी। अगर संगीतकार की धुन में कुछ सुझाना हो, तो सुझाव दे सकते थे। यह सुझाव देना वग़ैरह, राज (कपूर) साहब थे, तब तक होता रहा।"

एक बड़ा ही पावन सुझाव लताजी ने उस संगीतकार से स्वीकार किया था, जिनके लिए उन्होंमे अपनी ज़िन्दगी का पहला फ़िल्मी गीत गाया (1942 में) और फिर उन्हीं के लिए पहला (1946 में) हिन्दी पार्श्वगीत गाया : वसन्त जोगलेकर।

1961-'62 के लगभग वसन्त जोगलेकर के लिए ही एक गीत गाने गयी थीं। बातें हो रही थीं, पुरानी यादें ताज़ा हो रही थीं। बुज़ुर्ग जोगलेकर साहब ने स्नेह से सलाह दी, "कितने सालों तक प्रेमगीत गाती रहोगी, कुछ ऐसा करो जो शाश्वत हो, पीढ़ियों तक लोग सुनें, सराहें, याद रखें।"

"आप ही सुझाइए क्या करूँ?" लताजी ने पूछा।

" 'ज्ञानेश्वरी' करो, 'गीता' करो।"

लताजी किसी बात का निर्णय लेती हैं, तो बस वह चीज़ करने में जुट जाती हैं। हृदयनाथ भी जुट गये। संगीत के सारे संस्कार, अपनी सारी प्रतिभा ज्ञानेश्वरी के दर्शन में उँड़ेल दी और उसी साल, जोगलेकर साहब की वर्षगाँठ पर, 'ज्ञानेश्वरी' का पहला रिकॉर्ड उन्हें भेंट किया। उस पर लताजी ने अपने अक्षरों में लिखा था, 'आपकी कल्पना को मैंने साकार करने का प्रयत्न किया है।'

लताजी के कहे अनुसार, कई बार तो एक-एक गीत की रिहर्सल पूरे पन्द्रह दिनों तक चलती थी। "तोड़ दिया दिल मेरा..." गीत के पन्द्रह दिन तक चली रिहर्सल तो अब भी उन्हें याद हैं।

इसके विपरीत, संगीतकार सी. रामचन्द्र, गायक से बस एकाध रिहर्सल करवाते और रिकॉर्डिंग के दौरान जैसे ही स्वयं आश्वस्त हो जाते, तो फ़ौरन 'टेक' को 'ओ.के.' कर देते। चाहे वह पहला 'टेक' ही क्यों न हो। कई बार तो अगर

गायक-गायिका, रिकॉर्ड हो रहे गीत में संगीत के किसी श्रृंगार का सुझाव देते, तो सी. रामचन्द्र कहते, ''बस, इससे ज़्यादा सुधारने से गीत लोकप्रिय नहीं होगा।''

और सी. रामचन्द्र की तो रिकॉर्डिंग करने की ही नहीं, धुन बनाने की गति भी बहुत तेज़ थी। फ़िल्म 'अलबेला' के एक गीत की रिकॉर्डिंग होने जा रही थी। साज़िन्दे आ गये थे; गायिका भी वक़्त पर पहुँच गयी थी। पर तभी किसी वजह से उस गाने की रिकॉर्डिंग केन्सल करनी पड़ी। सी. रामचन्द्र ने बग़ैर किसी व्यग्रता के अपनी जेब से एक काग़ज़ निकाला—जिस पर बाद में रिकॉर्ड किया जानेवाला एक गीत लिखा था—हारमोनियम पर उँगलियाँ फेरीं, बारी-बारी से साज़िन्दों को बुला कर आदेश दिये और कुछ ही देर में, ''धीरे से आ जा री अँखियन में...'' रिकॉर्ड किया गया—जिसका दुलार आज भी बच्चों को सपनों की दुनिया में ले जाता है।

धुनें तरतीब देने की रफ़्तार के बारे में नौशाद साहब कहते हैं, ''अपनी तर्ज़ के बारे में जब तक मैं ख़ुद ही मुबफ़िक (आश्वस्त) नहीं हो जाता, लोगों के सामने उसे कैसे पेश करूँ?...चाहे इसमें दो महीने ही क्यों न लग जायें!''

टोरण्टो के उस रिहर्सल में गाया जा रहा संगीतकार नौशाद का गीत पूरा हुआ। अपनी अधूरी छोड़ी हुई बात पूरी करते हुए लताजी ने कहा, ''नौशाद साहब का काम करने का तरीक़ा तो बिलकुल अलग था।''

एक फ़ुरसत की दोपहर, मेरे साथ हुई नौशाद साहब की गुफ़्तगू का माहौल, इस बेरंग गूँगे काग़ज़ पर, बेज़ुबान कलम से तो क्या पैदा होगा, हाँ, उनके कुछ अल्फ़ाज़ के सहारे, उनके स्वभाव और उनके ज़माने के फ़िल्म जगत में ज़रूर झाँक सकते हैं।

''महबूब साहब मरते मर गये लेकिन कभी मेरी रिकॉर्डिंग में (महबूब ही की फ़िल्म के लिए!) नहीं आये। वही आलम कारदार साहब और आसिफ़ साहब का रहा!''

''यानी यह निर्देशक गीतकारों से गाने लिखवा कर सब कुछ आप पर छोड़ देते?'' मैंने पूछा।

''उन्हें अल्लाह बख़्शे दमानी साहब (नौशाद साहब मुझे 'दमानी' क्यों कहते थे, अल्लाह जाने; और उनसे आधी उम्र का मैं, फिर भी 'साहब'!) वह ज़हीन लोग थे। वह तो बस गाने की सिच्युएशन बता देते और पूछ लेते कि ''मियाँ ट्रॅक कब दोगे?'' यानी शायर के साथ बैठ कर गाने लिखवाना, उन्हें तराशना और फिर धुन बना कर ठीक उतना ही संगीत भरना, जितना निर्देशक के तसव्वुर के मुताबिक परदे पर ज़रूरी हो--यह सारा काम संगीतकार का! ''अरे यह लोग तो

फ़िल्म की कहानी लिखे जाने के वक़्त से संगीतकार को साथ रखते थे।''

''यानी धुन बनाते वक़्त गीतकार के सिवा और कोई...?''

''आज फ़िल्म इण्डस्ट्री में गाली से भी बुरा एक लफ़्ज़ आ गया है—'सिटिंग'।'' (यानी गीत की रचना को अन्तिम रूप देने के लिए गीतकार, संगीतकार, निर्देशक, निर्माता—और कई बार वितरक-फ़ाइनेन्सर भी—की बैठक।) इन्हीं सिटिंगों में संगीत का क़त्ल होता है और शायरी का गला घोंटा जाता है। अगर डायरेक्टर, प्रोड्यूसर और डिस्ट्रिब्यूटर में संगीत की इतनी समझ है, तो हमारी ज़रूरत ही क्या है? भई, एक बच्चे में दस 'बापों' की फ़ितरत तो नहीं आ सकती! देखिए, अच्छे म्यूज़िक के लिए तबादला-ए-ख़यालात (विचारों का आदान-प्रदान) तो ज़रूरी है, लेकिन उसमें वही लोग होने चाहिए, जिनका मौसीक़ी में और शायरी में दख़ल हो। एक बात याद आ रही है,'' कहते हुए उन्होंने ऐसे आँखें मूँद लीं, जैसे माज़ी का वह माहौल फिर एक बार जी लेना चाहते हों, '' 'मुग़ले-आज़म' तस्वीर बन रही थी, शकील साहब और मैं, एक गाने की तख़लीक में मसरूफ़ थे (सृजन में व्यस्त थे)। मेरे ही ग़रीबख़ाने पर यह वाक़या गुज़रा था।'' नौशाद साहब, बान्द्रा के समन्दर किनारे स्थित अपने आलीशान 'आशियाना' बँगले के संगीतकक्ष में बैठे, फ़िल्म संगीत के एक बीते काल की बातें कर रहे थे, ''समन्दर में सूरज डूबा ही था, जब हमने काम शुरू किया। इस गाने में अनारकली को खुले-आम, सरे-महफ़िल अपने प्यार का इज़हार करना था। पूरबी में कहते हैं 'प्रेम किया का चोरी करी'। मैंने शकील साहब से अर्ज़ किया कि इसी ख़याल को ग़ज़ल की बहर दीजिए। शकील साहब लिखते, मैं नामंज़ूर करता। मुझे उनके अल्फ़ाज़ अच्छे लगते, तो वह मेरी तर्ज़ नामंज़ूर कर देते। इसी तरह कई घण्टों के बाद ''प्यार किया तो डरना क्या...'' गाना तैयार हुआ, और जब हमने कमरे का दरवाज़ा खोला तो पौ फटने को थी। लोग पूछते हैं कि उस ज़माने के गीतों की उम्रें लम्बी क्यों हुआ करती थीं, तो मेरा जवाब है कि उन गीतों की उम्र में, ऐसी रातें भी शामिल होती थीं।''

नौशाद साहब की बातें सुनते हुए मैं सोच रहा था उन गीतों के बारे में, जो फ़िल्मों में देखे थे, सराहे थे, या सिर्फ़ रेडियो पर सुन-सुन कर कण्ठस्थ हुए थे और बाद में कई रेडियो कार्यक्रमों में बजाए थे। क्या उन गीतों की सम्पूर्ण रचना नौशाद अली ने की थी, करवाई थी? ''मोहे पनघट पे नन्दलाल छेड़ गयो रे...'', ('मुग़ले-आज़म') ''मतवाला जिया डोले पिया...'' ''दुख भरे दिन बीते रे भैया...'' ('मदर इण्डिया') ''ओ दुनिया के रखवाले...'' ('बैजू बावरा'), ''तू कहे अगर जीवन भर मैं गीत सुनाता जाऊँ...'', ''उठाए जा उनके सितम...''

('अन्दाज़')।

"उठाए जा उनके सितम..." ही तो पहला गीत था जो लताजी ने उनके लिए गाया था; ग़लत। यह तो पहला 'बड़ा' गीत था जो लताजी ने उनके लिए गाया था।

"गीत 'बड़ा' क्या और 'छोटा' क्या?" मैंने नौशाद साहब से पूछा।

"अरे भई जब कोई गुलूकार 'छोटे' गीत के इम्तिहान में कामयाब होता है, तो 'बड़े' गीत उसके पीछे-पीछे आने लगते हैं, कुछ समझे?"

समझ तो मैं रहा था, पर यह सोच कर कि शायद मेरा मौन मेरे शब्दों से अधिक काम कर जाये, मैं चुप ही रहा। उन्होंने कहा, "लगता है मियाँ, सारी बात आप उगलवा के ही रहेंगे!"

इस गायिका के साथ उनकी पहली मुलाकात किस तरह हुई?

"आपके इस सवाल के लिए मैं आपका शुक्रगुज़ार रहूँगा", उन्होंने कहा। मुझे कुछ अजीब-सा लगा, क्योंकि इस सवाल का जवाब पाने पर शुक्रिया तो मुझे कहना चाहिए। लेकिन नौशाद साहब का यह कथन, केवल उनके बातहज़ीब तौर-तरीक़ों का एक पहलू नहीं था। उन्होंने आगे कहा, "न मालूम यह कोई साज़िश है या ग़लतफ़हमी, लेकिन लताजी के साथ मेरी पहली मुलाकात किस तरह हुई, इस बारे में कुछ-एक बातें मशहूर हुई हैं, जो हकीकत से हट कर हैं।"

"क्या बातें?"

"यह बात होगी 1945 के अतराफ़ की," उन्होंने फिर आँखें मूँद लीं और पुराने ज़माने में खो गये, "बम्बई में एक मकाम है : परेल। वहीं कारदार स्टूडियो की पहली मंज़िल पर कारदार साहब ने मुझे एक कमरा दे रखा था, जहाँ बैठ कर मैं काम किया करता था। किसी ने ऐसी बात फैला रखी है कि उस म्यूज़िक रूम में काम करनेवाले एक लड़के ने, मुझे एक ज़रूरतमन्द मराठी लड़की के बारे में बात की थी, जो कि उन दिनों नयी-नयी बम्बई में आयी थी और बहुत ही अच्छा गाती थी, पर अभी 'कोरस' में गाने से आगे न बढ़ पायी थी। फिर किसी ने कहानी गढ़ ली, कि उस लड़की ने—यानी आज की मलिका-ए-मौसीकी लता मंगेशकर ने—मेरे 'म्यूज़िक रूम' के बहुत चक्कर काटे और तब जा कर मैंने उसे 'ब्रेक' दिया। अरे भई, अफ़साने तो हम भी लिखते हैं, लेकिन थोड़ी तहक़ीक़ात तो कर लेते। लताजी के मुस्तक़बिल के बारे में सही पेशींगोई (भविष्यवाणी) तो ग़ुलाम हैदर साहब ने की थी और उन्हीं ने लताजी के कैरिअर को ऊपर उठाने का काम किया था। मेरे लिए तो लताजी ने सिर्फ़ गाया था।"

"तो फिर हकीकत क्या थी?" मैं कुछ अधीर हो उठा।

''मियाँ, हम पुराने लोग हैं, इत्मीनान से बातें करते हैं, ज़रा सब्र का दामन थामिए...हाँ तो, दमानी साहब इस बातचीत के ज़रिए मैं सबको यह जता देना चाहता हूँ कि उनसे गीत गवा कर मैंने लताजी पर कोई अहसान नहीं किया, बल्कि मेरी धुनों को अपनी आवाज़ देकर उन्होंने, लताजी ने मेरी तर्ज़ों को इज़्ज़त बख़्शी है।''

विनम्रता में भी अतिरेक नौशाद साहब की लाक्षणिकता है।

''तो, अच्छा, मतलब...'' मेरे हाथ से सब्र का दामन फिर छूटा जा रहा था, ''लताजी आपसे कारदार स्टूडियो के उस म्यूज़िक रूम में नहीं मिली थीं?'' वैसे, नौशाद साहब के साथ बात करते समय जिज्ञासा-भरा मौन, विकसित करने योग्य गुण है।

''मिली तो फिर भी वहीं थीं, लेकिन हालात मुख़्तलिफ़ थे (संजोग अलग थे)।''

दरहक़ीक़त, लताजी को मुकेशचन्द माथुर (लोकप्रिय गायक स्व. मुकेश) ज़ोर देकर नौशाद साहब के पास ले गये थे। तब मुकेशजी के काफ़ी गाने लोकप्रिय हो चुके थे और उनका नाम सफल पार्श्वगायकों में गिना जाने लगा था। लताजी की बिलकुल मर्ज़ी नहीं थी कि एक और संगीतकार से मिलने जायें और फिर एक और 'वॉइस टेस्ट' दें। अब तक युवा लता को गाने भी मिलने लगे थे, फिर भी अगर कोई संगीतकार बुलाए तो वहाँ गाना तो पड़ता ही था, जो उसे अच्छा नहीं लगता था। लेकिन मुकेशजी ने कहा कि नौशाद साहब ने ख़ास कह कर बुलाया है और ऐसे 'सीनियर कम्पोज़र' को बार-बार न कहना अच्छा नहीं लगता। मुकेशजी ने तो यह भी वादा किया था कि लताजी से वहाँ गाने के लिए कतई नहीं कहा जायेगा।

पर कारदार स्टूडियो में नौशाद साहब के कमरे में पहुँचते ही नौशाद साहब ने होनहार गायिका की गायकी की तारीफ़ की, जिससे ज़ाहिर था, कि उन्होंने लता के रिकॉर्ड किये हुए गीत सुने थे। फिर बड़ी नज़ाकत के साथ प्रस्ताव रखा, ''देखिए, मैं आपका इम्तिहान नहीं लेना चाहता, पर मैंने आपका गाया जो कुछ सुना है, वह रिकॉर्डों पर सुना है। आप यह मत सोचिए कि आप किसी म्यूज़िक डायरेक्टर के सामने गा रही हैं। यह तो मौसीकी के एक कद्रदान की एक हक़ीर गुज़ारिश है।'' तब लता ने श्यामसुन्दरजी की तरतीब दी गयी, फ़िल्म 'लाहौर' की एक ग़ज़ल सुनायी।

''उनसे ग़ज़ल सुन लेने के बाद मैंने दरियाफ़्त किया, कि मैंने सुना है कि उर्दू के तलफ़्फ़ुज़ की बेहतरी के लिए आप ख़ास ज़हमत उठाती हैं!'' तो उस लड़की ने बड़े 'कॉन्फ़िडेन्स' से कहा कि 'वह तो आप ही बता सकते हैं!'

नौशाद साहब ने पुरानी यादें जारी रखीं, ''फिर एक दिन मौक़ा आया, एक

गाना गवाने का।''

''छोटा गाना?'' मैंने पूछा।

''हाँ, यानी जो हीरो-हीरोइन पर नहीं, किसी और जोड़े पर (माली और मालन पर) फ़िल्माया जाना था। मुझे याद है, उस गाने के लता को चार सौ रुपए मिले थे। अगर आज ये रक़म आपको कम लगती है, तो इतना याद कर लीजिए कि तब की और आज की कीमतों में ज़मीन-आसमान नहीं, पाताल-आसमान का अन्तर था।''

लेकिन नौशाद साहब ने गायिका पर यह ज़ाहिर नहीं होने दिया कि वह 'छोटा' गाना एक परीक्षा थी, जिसमें लता ने बड़े अच्छे नम्बर पाए थे।

अब बारी थी परीक्षा में उत्तीर्ण होने के बाद असली काम की।

भारतीय फ़िल्म इतिहास की शायद पहली 'मल्टी स्टार' फ़िल्म बनने जा रही थी : 'अन्दाज़' (दिलीप कुमार, राज कपूर, नर्गिस)। संगीतकार नौशाद ने नर्गिस के गीतों के लिए उनकी परीक्षा में अच्छे नम्बर पानेवाली लड़की का नाम सुझाया। पूछताछ करने पर महबूब ख़ान ('अन्दाज़' के निर्माता और निर्देशक) बोले, ''मियाँ, तुमने सोचा है तो सही होगा, लेकिन यह तो ख़याल करो कि पहला ही गाना ग़ज़ल है और वह ठहरी दक्षिणी लड़की!'' नौशाद का एक ही जवाब था, कि संगीत, संगीतकार का डिपार्टमेण्ट है।

लगता है, नौशाद साहब के इस मूलभूत तर्क के आगे उनके किसी निर्माता-निर्देशक की न चलती थी—उनके तरतीब दिये गीतों की बेहद लोकप्रियता ही तो वजह रही होगी!

सो, रिहर्सलों का सिलसिला शुरु हुआ। ''और इनमें से कुछ को तो आप रिहर्सल का नाम भी नहीं दे सकते, लेकिन हमारी नज़र में इनकी अहमियत बिलकुल बनी हुई है। पहली बार जब गायक आता, तो उसे बस फ़िल्म की कहानी के बारे में और उसमें उस गीत की जगह के बारे में बताया जाता, और गीत लिखा काग़ज़ हाथ में थमा दिया जाता। यह कह कर, कि इसे पढ़ो, परखो और इसके मज़मून को समझो...और कल आओ।''

दूसरे दिन जब गायक आता, तो उसे गीत कण्ठस्थ होता। ''हाँ, अब पढ़ो,'' संगीतकार कहता। इस चरण में गायक को अहसास कराया जाता, कि हर कविता का अपना एक प्राकृतिक छन्द (कुदरती बहर) होता है। यह बात और है कि संगीतकार उसे कहरवा ताल में बाँधे, रूपक में या दादरा में बाँधे।

इसके बाद जा कर उस कविता को संगीत का स्पर्श होता। लेकिन संगीत का मतलब, सिर्फ़ तर्ज़।

पहले रिहर्सल के दौरान संगीतकार अपनी तर्ज़ सुनाते और उसे आत्मसात् करने को कहते। उसके बाद के रिहर्सल पर गायक या गायिका, संगीतकार की संकल्पना के अनुसार वह गीत गाते ('गाना उठाते') और उसके बाद के रिहर्सल में गाना तराशा जाता। इस सारी प्रक्रिया के दौरान निर्देशक, गीतकार और अन्य सहयोगियों के सुझावों का लेन-देन चलता ही रहता; तब कहीं जा कर रिकॉर्डिंग का दिन आता और रिकॉर्डिंग करने के बाद भी अगर सन्तोष न हो, तो वाद्यवृन्द में ज़रूरी रद्दो-बदल कर के, दुबारा रिकॉर्डिंग होती। 'डबिंग' का तो सवाल ही पैदा न होता था।

"मुझे याद है' 'अन्दाज़' के उस पहले गाने के लिए सिर्फ़ तर्ज़ को ले कर ही चार दिन रिहर्सल हुए थे। भई मौसीकी के मामले में तो वह माहिर थीं, पर अभी तलफ़्फ़ुज़ की लगाम हाथ में न आयी थी। लेकिन जितना काम उस लड़की ने अपने उस पहले गीत के लिए किया, मुझे एतबार हो गया कि मैंने उस लड़की में जो 'कॉन्फ़िडेन्स' रखा था, वह सही था।"

मेरे यह कहने पर कि कैरिअर के पहले अहम काम के लिए, अच्छा लगे न लगे, कोई भी होनहार कलाकार मेहनत करेगा ही, उन्होंने कुछ उत्तेजित हो कर कहा, "पर हर पायदान पर, जितना सिखाओ उससे ज़्यादा ही सीख कर दिखाती थी। हाँ, तो जनाब, एक बार धुन ज़ेहन में बैठ गयी और शीन-क़ाफ़ भी दुरुस्त हो गये (उच्चारण शुद्ध हो गया) तब जा कर मैंने साज़िन्दों को बुलाना ठीक समझा।"

नौशाद साहब की एक नीति के प्रति मुझे विशेष सम्मान की भावना हुई। वे किसी के देखते अपने गायक-गायिका की त्रुटि निकालना तो दूर, उसे गाने के बारे में सूचना-सुझाव भी नहीं देते थे। इतना ही नहीं, अगर गायक की सुविधा के लिए सुरों में तबदीली करनी पड़े, तो वह भी उसके सामने न करते और कभी उसे यह न जताते कि यह उसकी सुहूलत के लिए किया गया है।

"मैं नहीं चाहता था कि उस नयी लड़की को पल-भर के लिए भी यह महसूस हो कि वह किसी से भी कम है। बहरहाल, सारी तैयारियाँ हो जाने के बाद रिकॉर्डिंग का दिन आया। अव्वल तो महबूब साहब की फ़िल्म का पहला गीत, तिस पर उस ज़माने के चोटी के सितारे मौजूद और क़यामत यह कि उस दौर की सबसे बड़ी हीरोइन नर्गिस, किसी नयी (और दक्षिणी!) लड़की की आवाज़ उधार लेने जा रही थी। सभी लोगों ने रिकॉर्डिंग पर आने की ठान ली थी और मुझे इसी बात का डर था।"

"मुझे याद है नेशनल स्टूडियो था (जहाँ आज सात-मंज़िला ताड़देव

लताजी के व्यक्तित्व में निहित नारी-सहज लालित्य उनके गीतों में अभिव्यक्ति पाता है

एअरकण्डिशण्ड मार्केट है) और रिकॉर्डिस्ट थे कौशिक साहब। मुझे तो यह भी याद है कि रिकॉर्डिंग की मशीनें एक रिकॉर्डिंग वैन में थीं, जो कि एक पेड़ के नीचे खड़ी रहती थी और साज़िन्दे फ़िल्म देखने के 'प्रिव्यू थियेटर' में बिठाए जाते थे—कोई ढंग का रिकॉर्डिंग रूम भी नहीं था।''

सब-के-सब महानुभाव उस वैन में या उसके आस-पास थे। नौशाद साहब ने नयी गायिका को सबकी मौजूदगी के बारे में बताया नहीं था और फिर सबसे इत्तिला भी कर रखी थी कि उसे कोई न बताए। ''अरे भई, यह लता की ही नहीं, मेरी भी इज़्ज़त का सवाल था।''

कोई छह-आठ रिहर्सल होने तक तो माइक्रोफ़ोन खोले ही नहीं गये। शायद उन्हें आशंका थी कि पहली बार सुनी आवाज़ का असर देर तक रहेगा, इसलिए पूरी तैयारी हो जाने के बाद ही रिकॉर्डिस्ट कौशिक साहब से कहा गया कि ''आप लड़की को माइक की 'प्लेसिंग' (गायक के सामने माइक्रोफ़ोन की सही ऊँचाई और सही कोण) दीजिए—और देखिए, नयी है, ज़रा सँभाल लीजिएगा। साथ-साथ मैंने भी दुआ की,'' नौशाद साहब कुछ भाव-विभोर हो कर कह रहे थे, ''इतने रिहर्सल जो हुए थे, माइक पर लता की आवाज़ इतनी अच्छी आयी कि महबूब साहब ने मुझे शाबाशी देते हुए कहा कि कौन कहेगा यह आवाज़ दक्षिणी है?''

''वैसे माइक पर आने से पहले मैंने लड़की के कान में एक मन्त्र फूँक दिया था। मैंने उसे अलग—साज़िन्दों से भी अलग—ले जा कर कहा, कि देखो अगर यह गाना और उसकी धुन यहाँ कोई जानता है, तो सिर्फ़ हम दोनों, और गा तो तुम अकेली ही सकती हो। इसलिए गाना शुरू करो उससे पहले अच्छी तरह जान लो कि यहाँ, तुम्हारे सिवा, सब-के-सब बेवक़ूफ़ हैं...मेरे ख़याल से कोई सात टेक के बाद गाना 'ओके' हुआ।''

मैं सोचता रहा कि गीत हो जाने के बाद जब उस नयी गायिका को बताया गया होगा कि कौन-कौन मेहमान उसका वह महत्वपूर्ण गीत सुनने आये थे तब उसे कैसा लगा होगा? ज़रूर राहत की साँस ली होगी कि रिकॉर्डिंग से पहले अगर पता होता तो शायद इतना अच्छा न गा पाती। इस घटना का समर्थन करते हुए लताजी ने बहुत बाद में मुझसे कहा था कि उन्होंने न सिर्फ़ तब राहत की साँस ली थी, पर उन लोगों से मिल कर कुछ इत्मीनान भी हुआ था कि 'हाँ लगता है, अब सही रास्ते पर आगे बढ़ रही हूँ'। ''लेकिन उस रिकॉर्डिंग पर भी मैं अपना रिकॉर्ड किया हुआ गाना सुनना नहीं चाहती थी—शर्म के मारे। लेकिन नौशाद साहब ने रोक लिया, ताकि आख़िरी फ़ैसला (गाने के उन सात टेक में से चुनने का) करने में मैं भी अपनी राय दूँ।''

''इसी रिकॉर्डिंग के बाद राज कपूर ने 'बरसात' के गीत गाने के लिए लता को बुलावा भेजा,'' नौशाद साहब ने कहा।

राज साहब के ऑफ़िस से उनका सन्देश ले कर एक गोरा-चिट्टा और ख़ूबसूरत लड़का लताजी के घर आया। उसे देख कर लताजी ने अपनी बहन से कहा, ''मीना, आजकल का चपरासी भी देखो...फ़िल्म के हीरो जैसा दिखता है। लगता है मालिक की तरह उनके आदमी भी 'हैण्डसम' हैं!''

जब लताजी राज कपूर से मिलने उनके चेम्बूर-स्थित ऑफ़िस में गयीं, तो उनकी मुलाकात उसी 'हेण्डसम' लड़के से करवाई गयी —'बरसात' का संगीतकार जयकिशन!

'' 'बरसात' के बाद, शंकरजी, जयकिशनजी, शैलेन्द्रजी, हसरतजी और मैं'', लताजी एक बार अच्छे 'मूड' में बतिया रही थीं, ''हम लोग एक 'ग्रुप' बन गये थे। घण्टों साथ-साथ काम करते, काम पर बहसें होतीं, सुझाव देते-लेते, कभी नहीं लेते, इसलिए बहस में से झगड़े भी होते। फिर चौपाटी पर भेल-पूड़ी और आइसक्रीम खा कर उन झगड़ों का निपटारा भी होता। तब जा कर हमें फिर से अहसास होता कि इन झगड़ों की वजह नुक़ताचीनी नहीं, काम को (रिकॉर्ड किये जानेवाले गाने को) बेहतर बनाना है।''

तो उन संस्कार, उस प्रशिक्षण का प्रभाव आज पैंतीस सालों के बाद भी उतना ही था, कि इस (लगभग) पचहत्तरवें स्टेज कार्यक्रम की तैयारियाँ भी उसी मुस्तैदी से चल रही थीं जैसे पहले कार्यक्रम की रही होंगी।

लताजी के पास एक डायरी है, जिसमें वह हर स्टेज कार्यक्रम में गाये गये गीतों की लिस्ट लिखती हैं, और हर कार्यक्रम का मूल्यांकन, सांकेतिक भाषा में दर्ज करती हैं।

इस वक़्त (टोरण्टो कार्यक्रम पूर्व के रिहर्सल में) वे मुझे ऐसी ही एक काम-चलाऊ फ़ेहरिस्त बता रही थीं, जो उनकी उस डायरी, और टोरण्टो के रेडियो ब्रॉडकास्टर द्वारा प्रस्तुत की गयी फ़रमाइशों के आधार पर लताजी ने बनाई थी।

''देखिए, आपको यह लिस्ट कैसी लगती है'', कह कर थमा दी, जैसे किसी छोटी ज़िम्मेदारी से छुटकारा पाती हों। वहाँ तभी आये हृदयनाथ ने उस सूची को अन्तिम स्वरू दिया। बस, अब सारा दल कार्यक्रम प्रस्तुत करने के लिए तैयार था।

9 जून 1985 के दिन टोरण्टो का मेपल लीफ़ गार्डन्स, बारह हज़ार प्रेक्षकों से खचाखच भरा हुआ था। आज प्रेक्षागार में विदेशियों की (गोरों की) तादाद विदेशों में होनेवाले हमारे अन्य कार्यक्रमों की तुलना में कहीं ज़्यादा थी। छह बजे शुरू होनेवाले कार्यक्रम के लिए जब साज़िन्दे पाँच बज कर पचपन मिनट पर स्टेज

पर आये, तो लोगों का उत्साह और बढ़ गया। पहले मेज़बान की ओर से स्वागत वचन हुए, फिर ऑन्टेरियो राज्य के मुख्यमन्त्री ने 'तीन मिनट से कम में' अभिनन्दन और धन्यवाद के शब्द कहते हुए कार्यक्रम का आरम्भ करवाया।

दिलीप कुमार को सुनने उतावले लोगों ने उनकी तैयार की हुई अंग्रेज़ी 'स्पीच' सुन तो ली, लेकिन उर्दू में बोले बग़ैर स्टेज पर से लौटने न दिया। मैंने नोट किया है कि दिलीप कुमार जब बग़ैर तैयारी के बोलते हैं तो उसमें अधिक आत्मीयता झलकती है। हालाँकि कुछ लोगों का कहना है कि वह इतने अच्छे अदाकार हैं कि वह अपना याद किया हुआ भाषण भी इस तरह पेश करते हैं कि वह बिलकुल तैयारीशुदा न लगे!

लताजी के संस्कृत में गाये गये श्लोक का अर्थ न भारतीय प्रेक्षक समझ रहे थे, न कनाडा के। पर श्लोक पूरा होते ही, सब लोग मन्त्रमुग्ध-से अपनी जगह खड़े हो गये और देर तक करतल ध्वनि का अर्घ्य देते रहे।

लताजी का सुर्ख़ हुआ कान, फिर गेहुएँ रंग पर लौट आया होगा!

'मधुमती' के "आ जा रे परदेसी..." से ले कर, 'सरगम' के "डफ़लीवाले..." तक को हमेशा की तरह उत्साहपूर्ण प्रतिक्रिया मिल रही थी, पर 'इन्तक़ाम' के "आ जाने जाँ..." पर तो विशाल मेपल लीफ़ गार्डन्स गूँज उठा। इस गीत में अतिरिक्त पाश्चात्य साज़िन्दों का भी पूरा-पूरा उपयोग हुआ था, जो बड़ी तादाद में आये पाश्चात्य प्रेक्षकों तक पहुँचा था। लेकिन कुछ देर बाद जब पाश्चात्य वादकों की मदद के बग़ैर 'पाक़ीज़ा' का "इन्हीं लोगों ने..." गाया गया, तो बीच कार्यक्रम ही प्रेक्षकों ने खड़े हो कर तालियों से हर्षोद्गार व्यक्त किये। अनायास ही खड़े होने की प्रक्रिया की शुरुआत गोरे प्रेक्षकों से हुई थी। हो सकता है, उन्होंने इससे पहले भारतीय ताल वाद्यों की द्रुत गति का कभी अनुभव न किया हो। मुझे लगा कि जिस तरह मध्य-पूर्व के इस्लामी देशों में लोगों को संस्कृत-मिश्रित हिन्दी सुननी ज़्यादा अच्छी लगती थी, कुछ वैसे ही, तीन ताल, कहरवा और रूपक ताल से अनजान, लेकिन वोल्ट्ज़, रम्बा और रॉक से परिचित इन लोगों को, तबले और ढोलक द्वारा सर्जित चमत्कारिक लय का उन्माद भा गया था!

यह तो बाद में जानने को मिला कि लोगों ने सोचा था कि लताजी तो आधा कार्यक्रम हो जाने के बाद ही स्टेज पर 'एण्ट्री' लेंगी!

आज के कार्यक्रम में किशोरदा ने भी जैसे अपना सर्वस्व उँड़ेल देने की ठान ली थी। "काका-काकियो, मामा-मामियो..." वाले सांगीतिक सम्बोधन से शुरू कर के, अपने पार्श्वगायन कैरिअर के सभी पड़ावों का सफ़र करवाया।

किशोरदा स्टेज पर 'याराना' का "छू कर मेरे मन को..." गा रहे थे। यह

गीत सुनते हुए मुझे ऐसा लगता है कि अगर किसी झरने में पानी की जगह रोमाँस बहता, तो उसकी आवाज़ इस गीत जैसी होती। यह गीत मैं ही नहीं, नेपथ्य में बैठी लताजी भी एकाग्रता से सुन रही थीं और साथ-साथ गुनगुना रही थीं। ध्यान देकर सुना, तो उसी धुन पर कुछ और ही शब्द गा रही थीं! मैंने अपना छोटा-सा माइक्रो कैसेट रिकॉर्डर उनके सामने थमा दिया, उन्होंने हँसते-हँसते गाना जारी रखा। उन्होंने गाना रोका तो मैंने कहा, "कितना मीठा गीत है न?"

"जानते हैं किसकी तर्ज़ है?" उन्होंने पूछा और मैं कोई ग़लत जवाब दूँ उससे पहले उन्होंने शुद्ध बाँग्ला में कहा, "कोबिगुरु ठाकुरेर शूर।"

"रवीन्द्रनाथ टैगोर की धुन है?"

"...और मेरा बाँग्ला भाषा में गाया पहला गीत," कह कर आगे गाने लगीं, "तोमार होलो शुरू आमार होलो शारा..."।

जिसकी मातृभाषा बाँग्ला नहीं है, वह लोग शायद ही जानते हों, कि बंगाल के सर्वाधिक लोकप्रिय गीतों में हैं, सलिल चौधरी द्वारा लिखित और रचित वह गीत, जो लताजी ने गाये हैं। इतना ही नहीं, इन्हीं धुनों पर हिन्दी शब्द लिखवाकर बने हैं "ओ सजना...", "इतना न मुझसे तू प्यार बढ़ा...", "जा रे उड़ जा रे पंछी...", "तस्वीर तेरी दिल में जिस दिन से उतारी है..." वग़ैरह।

अब किशोरदा, स्टेज पर अक्सर न गाई जानेवाली अपनी रचना "दूर गगन की छाँव में..." गा रहे थे। उन्हें जब भी यह गीत गाने को कहो, वह यह कह कर टाल देते, कि लोगों का 'टेस्ट' देखना पड़ता है; लोगों को 'तेज़' गाने अच्छे लगते हैं। हो सकता है, इसीलिए किशोरदा ने इस सौम्य गीत के तुरन्त बाद "खई के पान बनारसवाला..." की धमाचौकड़ी मचाई और स्टेज छोड़ा।

अब बारी थी एक विशेष गीत की। 'विशेष' यानी, उस कार्यक्रम के लिए ही विशेष रूप से लताजी द्वारा तैयार किया गया एक अंग्रेज़ी गीत। पाश्चात्य गायिका ऐन मरे का "यू नीडेड मी..."। लेकिन उससे भी पहले, उपस्थित प्रेक्षकों को और वहाँ आये पत्रकारों के माध्यम से सारे कनाडा को, एक महत्वपूर्ण सन्देश दिया जाना था।

इस कार्यक्रम से जमा राशि से लाभ पानेवालों में एक थी, छह वर्षीया लड़की साराह वाइटिंग, जो कैन्सर से पीड़ित थी। उस पर किये जा रहे रासायनिक उपचारों (कीमो थेरपी) की वजह से उसके सारे बाल झड़ गये थे—भृकुटी और पलकों के भी! उसको कृत्रिम रूप से जीवित रखने की कोशिश में, एक पाँव भी काट दिया गया था। यह लड़की स्टेज पर आ कर लताजी को धन्यवाद के प्रतीक रूप, एक गुलदस्ता भेंट करनेवाली थी।

सारह वाइटिंग को स्टेज पर लताजी के साथ खड़े देख कर मुझे लगा कि यह तो ईश्वर ही जानता है कि मानव को उसने बनाया है या नहीं। हम तो इतना ही जानते हैं कि मानवों को असमान बनाया गया है, और केवल मानव ही इस असमानता को कम करने का प्रयत्न कर सकता है। यही मैंने प्रेक्षकों से कहा और फिर साराह के सामने अपना माइक रखा। मुझे बताया गया था कि वह बच्ची उन चन्द इन्सानों में से थी, जो अपना 'भविष्य' अच्छी तरह जानती थी—कि उसकी ज़िन्दगी के दो-तीन महीने ही बचे थे। फिर भी उसके चेहरे पर से मुस्कान हट नहीं रही थी। उसने कहा, ''इट इज़ अ ब्यूटिफुल ईवनिंग...आयी लव लता।''

लताजी ने फूल स्वीकार कर के साराह को गोद में उठा लिया और माइक में कहा, ''इसकी मुस्कुराहट देख कर मुझे लगता है, कि यह छह साल की लड़की, जिसके जीवन का कोई भरोसा नहीं, हमें भी जीना सिखा सकती है।'' सम्मानपूर्वक खड़े हुए बारह हज़ार लोगों की तालियों के बीच मैंने देखा कि लताजी की आँखें गीली थीं।

अन्तिम गीत ''मेरे वतन के लोगो...'' के बाद, यूनाइटेड वे की जेनेट मक्गिनिस ने स्टेज पर से कहा, ''यह कार्यक्रम एक यादगार म्यूज़िक कन्सर्ट ही नहीं, मानवता के ग्रंथ का एक अध्याय था।''

दूसरे दिन कनाडा के मुख्य दैनिक 'टोरण्टो स्टार' के पहले पृष्ठ पर लताजी की बड़ी (5.3/4'' × 7.1/2'') तस्वीर छपी थी। सुर्ख़ियों में लिखा था कि भारत की 'सिंगिंग सुपरस्टार' ने कनाडा के सहायतार्थ एक लाख पचास हज़ार डॉलर एक शाम में जमा किये। 1995 की कीमतों पर इसका मूल्य हुआ लगभग पैंतालीस लाख रुपए! किसी भी व्यक्ति के लिए यह बहुत बड़ी रक़म है, और फिर लताजी ने जीवन में जो कुछ धनोपार्जन किया है, वह संघर्ष और अथक परिश्रम का परिणाम है। इसे दान करने के पीछे कौन-सी प्रेरणा हो सकती है?

''जब मैंने पहली बार स्टेज पर गाना गाया, तो मेरी उम्र नौ साल की थी। मेरे पिता ने—जो मेरे गुरु भी रहे हैं—तब प्रसन्न हो कर उपस्थित लोगों से कहा था कि आपने मुझे जो प्यार दिया है, उसके बदले में मैं लता के रूप में मेरा संगीत दे रहा हूँ। आज मैं लोगों के ऋण से मुक्त हो गया,'' कलाकारों के लिए आयोजित एक भव्य भोज में लताजी बोल रही थीं, ''आज अगर लोग मुझे चाहते हैं, थोड़ा-सा सम्मान देते हैं, तो वह मेरे संगीत की वजह से है। अगर मेरा गायन उनके कुछ काम आ सके, तो मैं कोई बड़ा काम नहीं कर रही, मैं भी ऋण ही चुका रही हूँ।''

पैरिस, फ्रांस, जून, 1987

लाइट्स ऑफ़ हो गयी हैं, कैमरा हटा दिया गया है...

मुझसे कई बार दुविधा में डालनेवाला एक सवाल पूछा गया है, कि 'आपकी नज़र में दुनिया का सबसे ख़ूबसूरत शहर कौन-सा है'। जैसे-जैसे साल बीतते गये, ख़ूबसूरत शहरों के नामों की सूची भी बढ़ती गयी है: न्यूज़ीलैण्ड का वेलिंग्टन, कनाडा का वैनकूवर, दक्षिण अफ्रीका का केपटाउन, अमरीका के हवाई द्वीप समूह का माउई, योरप में लग्ज़म्बर्ग और हॉलैण्ड का 'द हेग'।

'द हेग'—पृथ्वी पर एक ही भू-भाग है, जो समन्दर की सतह से नीचा है। समन्दर के किनारे एक लम्बा-सा बाँध बनाया गया है। उस बाँध पर दूर तक होटलों की कतार नज़र आती है और अन्त में है एक आधुनिक जुआख़ाना (कैसीनो)। बाँध की एक तरफ़ है सारा शहर और दूसरी तरफ़ है ख़ूबसूरत 'स्खेफनिंगन' समन्दर का किनारा। इसी शहर में सारे होलॅ.ड देश की देखने लायक इमारतों की छोटी-छोटी प्रकृतियों की रचना कर के 'मादुरो दाम' (छोटा नगर!) नाम से एक प्रदर्शनी स्थल बनाया गया है, जहाँ हर पर्यटक ज़रूर जाता है और अपने से आधे कद की, लेकिन बिलकुल वास्तविक लगनेवाली इमारतों के साथ तस्वीर खिंचवाता है। इस शहर की चहल-पहल भी इतनी पुरसुकून है, कि लगता है यहाँ के लोगों की मृत्यु केवल आयु बढ़ने से ही होती होगी! हो सकता है शायद इसीलिए हॉलैण्ड देश की सरकार ने अच्छे-से-अच्छी पेंशन योजनाएँ लागू कर रखी हैं!

योरप के सबसे ख़ूबसूरत माने जानेवाले प्रेक्षागार ('द हेग' शहर के) 'कांग्रेसबाऊ' में कार्यक्रम करने के बाद हम उस शहर जा रहे थे, जो सुन्दर शहरों की मेरी सूची में स्थान पाए न पाए, दिलचस्प शहरों की फ़ेहरिस्त में सबसे ऊपर था—पैरिस।

योरप में आप किसी भी दिशा में सिर्फ़ एक ही घण्टे का हवाई सफ़र कीजिए, तो एक अलग देश, अलग रहन-सहन, अलग भाषा के बीच पहुँच जायेंगे। इतने

कम फ़ासले पर इतनी विविधता, भारत के सिवा यहीं पर होगी। फ़र्क़ यह है कि हम एक देश है और वह (यदा-कदा) आपस में लड़ने-झगड़ने वाले कई देश!

पैरिस के ओर्ली इण्टरनेशनल हवाई अड्डे पर हमारे यजमानों द्वारा होनेवाली आवभगत, स्थापित प्रणाली के अनुसार ही थी। फूल हारों से लैस प्रायोजकों के दो-एक अगुआ भीतर (विमान के द्वार तक) आते। अक्सर मुख्य गायक-गायिका को अति विशिष्ट व्यक्ति के लिए आरक्षित कमरे में ले जाया जाता। औरों का स्वागत छोटे-छोटे गुलदस्तों द्वारा किया जाता, जिन्हें हाथ में लिए सब सामान की ओर चल पड़ते। रबड़ के काले मोटे पट्टों पर उछलते-रगड़ते हुए जब तक सामान आता, यजमानों के साथ आपसी परिचय का दौर चलता।

भारत के ऊबड़-खाबड़ रास्तों पर भारत में निर्मित गाड़ियों में बैठने के आदी हम, ख़ूबसूरत बड़े-से खिलौनों जैसी जापानी गाड़ियों में बैठ कर, पैरिस के क़ालीन-नुमा रास्तों पर सरकने लगे। आश्चर्य हुआ कि जापान ने अमरीका के रास्तों पर तो धावा बोल ही दिया है, पर यहाँ योरप में भी ? फ्रांस और जर्मनी की गाड़ियाँ तो अपनी तकनीकी ख़ूबियों के लिए जानी-मानी गयी हैं!

अभी मैं गाड़ी से पहचान करने की कोशिश कर ही रहा था, कि चलानेवाले ने अपनी ओर से माफ़ी माँगी, ''सॉरी, गाड़ी छोटी है।'' और फिर जैसे उस क्षति की पूर्ति कर रहे हों, एक दराज़ से उन्होंने बग़ैर लेबल का एक कैसेट निकाल कर कैसेट 'प्लेयर' में डाला, ''लता मंगेशकर का यह गीत तो आपने भी नहीं सुना होगा।''

कुछ ही सेकेण्ड के बाद उस गाड़ी के शान्त वातावरण में बाँसुरी के गहरे स्वर छिड़े, जो सितार और वायलिन में जा मिले, जिस पर लताजी के स्वर उभरे। मराठी कला रसिकों को भाव-विभोर करनेवाला, पर आम श्रोता के लिए अनजाना एक मराठी गीत था : ''रुणुज़ुणु रुणुज़ुणु रे भ्रमरा, सांडी तु अवगुणु रे भ्रमरा...''। महाराष्ट्र के आदरणीय सन्त तुकाराम ने अपनी अनूठी शैली में, भ्रमर से मीठा अनुरोध किया था, कि वह अपने निरन्तर प्रेमालाप को त्याग दे। हृदयनाथ मंगेशकर की धुन, मिठास की पराकाष्ठा थी। गंगोत्री से निकले झरने का बिल्लौरी काँच जैसा पानी बहता देख कर लगता है, कि बस देखते ही रहें; इस गीत के सुरों का सैलाब भी, बस जैसे सुनते ही रहें। और जब तक गीत चला, हम सब सुनते ही रहे। गीत के शब्दों में निहित जीवन-दर्शन, हमारे मराठी भाषा के अधूरे ज्ञान की वजह से पूरी तरह समझ में नहीं आ रहा था, फिर भी बीच में बोल कर सुरों के उस माहौल को भंग करना, अच्छे संगीत का अपमान होता। इस भजन के लिए 'अद्वितीय' शब्द का उपयोग, अतिरेक अलंकार नहीं माना जायेगा।

कई साल पहले, 'वाजिदअली शाह' नामक एक फ़िल्म बननी शुरू हुई थी। सभी गाने रिकॉर्ड हुए, लेकिन फ़िल्म आगे न बढ़ी। इसके भी संगीतकार हृदयनाथ मंगेशकर थे। उस फ़िल्म के गीतों का एकमात्र उपलब्ध कैसेट मेरे हाथ लगा था। इसमें कैद एक ग़ज़ल ("बमे दुनिया सराए-फ़ानी है, मौत के साए में जवानी है...") और दो गीत ("केसरिया बालमा तुमसे लागे नैन..." और "छेड़ो ना छेड़ो मोहे साँवरिया...") सुन कर, संगीत के दुश्मन भी कह उठेंगे, "इस गायकी को तो सौ ख़ून माफ़!" ख़ासतौर से, पहले गाने में, शास्त्रीय गायकी की छेनी से तराशे हुए लताजी के गले और चतुरलालजी के तबले की जुगलबन्दी, मन्त्रमुग्ध कर छोड़ती है। यह तबले सुनने के बाद, किसी तबला वादक का उल्लेख शायद हम (अवहेलनासूचक) 'तबलिया' या 'तबलची' शब्दों से करते हुए हिचकिचाएँ।

संगीतकार हृदयनाथ को जब मैंने इन गीतों की संगीत रचना पर बधाई दी तो उन्होंने कहा, "आप किस ज़माने में जीते हैं? उसमें न सैक्सोफ़ोन है न ड्रम्ज हैं; लोगों को कैसे अच्छा लगेगा? यही अच्छा होता कि इस रचना के बाद मैं क्षेत्र-संन्यास ले लेता।"

मैंने आश्चर्य व्यक्त किया, "आपके कुछ मराठी गीतों को हिन्दी में भी 'डब' करना चाहिए था, तब जा कर यह देश-भर में प्रचलित होते, जैसे सलिल चौधरी ने अपनी बाँग्ला संगीत रचनाओं को हिन्दी में प्रस्तुत किया है। उन्होंने वैसी ही रुख़ाई से जवाब दिया, "बस काम अच्छा हुआ, मुझे और दीदी को सन्तोष हुआ, आगे क्या करना है?"

"आपको मराठी फ़िल्म 'जैत रे जैत' और हिन्दी फ़िल्म 'लेकिन' के लिए राष्ट्रीय पुरस्कार भी तो मिले थे!"

हृदयनाथ ने अपने हमेशा वाले शुष्क-से स्मित के साथ कहा, "कुछ लोगों ने तारीफ़ कर दी, और राष्ट्रपति ने अवार्ड दे दिया, बस हम ख़ुश हो गये। लेकिन अवार्ड से कैरिअर नहीं बनता। ऐसी कलात्मक फ़िल्में बस नाम ऊँचा करती हैं और वह नाम भी कला रसिकों और आलोचकों तक ही सीमित रहता है। फ़िल्म निर्माण के लिए क़र्ज़ देनेवाले फ़ाइनेन्सर, निर्माता और फ़िल्म ख़रीदनेवाले डिस्ट्रिब्यूटर, इन अवार्डों से प्रभावित नहीं होते। तभी तो ऐसे पुरस्कारों के पीछे-पीछे लोग फ़िल्में साइन करवाने दौड़े नहीं आते...और पैसे की तो बात ही मत कीजिए", उन्होंने आगे कहा, "उसके लिए तो आपको कला फ़िल्मों का म्यूज़िक डायरेक्टर नहीं, व्यावसायिक फ़िल्मों का 'म्यूजिक इम्पोर्टर' बनना चाहिए।"

विदेशों में किसी शहर में अगर काम के अलावा, एक दिन छोड़ दूसरा दिन ठहर गये, तो लगने लगता है कि रोटियाँ तोड़ रहे हैं। रोटियाँ तोड़ें या डॉलर जोड़ें,

पीछे बम्बई में अन्धाधुंध चल रहा काम तो छोड़ ही रहे थे। इसलिए 'ईमाँ मुझे रोके है तो खेंचे है मुझे कुफ़्र' के न्याय से, एक दिलचस्प शहर में एक दिन ज़्यादा गुज़ारने को अपनी ख़ुशकिस्मती माना। और यह विचार देर रात गये भी आया तो क्या हुआ? सुना था 'पॅरीस नेवर स्लीप्स' ('पैरिस कभी सोता नहीं'), तो आज देखा जाये कि इस शहर को नींद नहीं आती तो आख़िर क्यों?

अगर किसी नये शहर को सिर्फ़ देखना ही नहीं पहचानना भी हो, तो उसे अपने कदमों से नापिएगा। मेज़बान की एअर-कण्डिशण्ड गाड़ी या टूरिस्ट बस में बैठ कर, और कैमरे के लेन्स से देखने जायेंगे, तो दुकान पर बिकनेवाले पिक्चर पोस्टकार्ड की फीकी प्रतिकृतियाँ ही मिलेंगी। उस शहर की सुगन्ध (या कई तरह की दुर्गन्ध), उसकी आवाज़ें, उसकी भाषा का लहजा, लोगों का आचरण, विनय-अविनय, विनोदशीलता, यह सारी बातें तो कैमरे की फ़िल्म 'डेवेलप' होते समय रसायनों में घुल जाती हैं।

नये शहर के रसास्वाद के लिए सिर्फ़ आँखें नहीं, नाक और कान—और हाँ, पाँव भी—काम में लाने बेहद ज़रूरी हैं। और किसी शहर में घूमने की दिशा में पहला कदम, यानी उस शहर का नक़्शा और मुमकिन हो तो दिक्-सूचक (कैम्पस)। या फिर बैठ जाइए किसी बस में। मैंने वही किया। और उस जगह उतर गया जहाँ की रौशनी में दिन का उजाला तो न था, पर चकाचौंध की रंगीनी ज़रूर थी।

यही था पैरिस का सबसे मशहूर रास्ता 'शोंज़ एलीसे', जिसके एक सिरे पर है नेपोलियन द्वारा बनवाया भव्य विजय मेहराब—'आर्क-द-त्रियोंफ़'। इस रास्ते को 'दुनियाई फ़ुटपाथ' का नाम दिया गया है। कहते हैं, इस फ़ुटपाथ के एक सिरे से दूसरे सिरे तक जा कर लौटिए, तो आपको अपनी पहचान का एक-न-एक व्यक्ति ज़रूर मिलेगा। और अगर वह पहचानवाला कोई दुश्मन होगा, तो उससे आपकी दोस्ती हो जायेगी। और दुश्मन न सही, किसी अजनबी से भी तो दोस्ती की जा सकती है! हाँ, इस देश में भाषा एक अवरोध ज़रूर है।

यह लोग अगर अंग्रेज़ी जानते हों तो भी उसका इस्तेमाल अपनी शान के ख़िलाफ़ समझते हैं। लेकिन अगर आप उन्हें विश्वास दिला दें कि आप फ्रेंच भाषा बोलने की भरसक कोशिश कर रहे हैं, तो वह ख़ुद-ब-ख़ुद, टूटी-फूटी ही सही, अंग्रेज़ी बोलने लगेंगे। इसके लिए मेरी मौलिक तरकीब अक्सर काम आयी है। आप मज़े से अपनी मातृभाषा में बोलिए, लेकिन उच्चारण फ्रेंच तरीक़े से कीजिए। बस, वह फ्रेंचभाषी पसीज जायेगा!

लेकिन भाषा के इसी अवरोध को लताजी एक अनमोल अवसर समझती हैं, "यहाँ जी-भर के घूम सकते हैं। इन लोगों का अंग्रेज़ी न जानना, मुझे तो

आशीर्वाद-समान लगता है। शायद भाषा की वजह से ही तो यहाँ एशिया के लोग कम होते हैं...रास्तों पर चलते हुए कोई घूर-घूर कर देखता नहीं... ओटोग्राफ़ लेने नहीं आ जाता...लन्दन-न्यूयॉर्क में भी अब घूमना मुश्किल हो गया है...यहाँ के फ़ुटपाथों पर बने 'साईडवोक काफ़े' मुझे बहुत अच्छे लगते हैं। वहाँ मज़े से बैठो, कॉफ़ी की चुस्कियाँ लेते हुए, और अपने सामने हौले-हौले गुज़रती हुई दुनिया का नज़ारा देखो...कोई डिस्टर्ब नहीं करता।''

लताजी चाहे यहाँ आ कर आइफिल टॉवर, लूव्र म्यूज़ियम (विश्व-प्रसिद्ध चित्रकारी संग्रहालय), अनगिनत आर्ट गैलेरी और ओपेरा हाउस बार-बार न जाती हों, या 'सेन्' नदी की सैर न करती हों, पर पैरिस शहर की बात छिड़ते ही लताजी की आँखों में एक चमक-सी आ जाती है। क्या इसकी वजह पैरिस की चकाचौंध हो सकती है?

चकाचौंध, या बड़े शहर का 'ग्लैमर', यानी क्या? रास्तों पर विज्ञापनों की जलती-बुझती रौशनी? थियेटर के इलाके में शाम ढलते ही नया दिन शुरू होने का ऐलान? या गली-गली बिछे रेस्त्राँ में खान-पान के बेशुमार विकल्प?

लेकिन उस कलाकार को एक अनजान बड़े शहर की चमक-दमक क्या ही प्रभावित कर सकती है जिसकी उपस्थिति-भर से, आम रौशनी को चकाचौंध का दर्जा मिलता है? और फिर जिन लोगों को सार्वजनिक आकर्षण का केन्द्र बने रहने की आदत हो गयी हो, उन्हें तो वह जन्नत भी कुबूल नहीं होती, जहाँ, जिस किसी दिशा में वह चलें, उस दिशा में आस-पास के लोगों की नज़रें न मुड़ें!

लेकिन ज़रा बारीकी से सोचें तो इस तर्क में शायद वजह मिलती है।

चकाचौंध हो या असीमित अवसर, बड़ा शहर आपको बहुत कुछ देता है, तो आपसे कुछ ले भी लेता है—आपकी पहचान। यह भी कैसा विरोधाभास है कि बड़े शहरों में हज़ारों की भगदड़ के बीच आदमी अपने आप को निपट अकेला महसूस करता है। बड़े शहर की भीड़, हर तरफ़ लोगों का हुजूम, इन्सान को और भी अकेला बना देता है, क्योंकि हर एक को सिर्फ़ अपने काम से काम है। हर एक यहाँ आया है, एक-न-एक अवसर जुटाने।

देखा जाये तो इसी खोने से, हममें से कुछ लोग कितना कुछ पा जाते हैं। यानी जो जी चाहे, वह कर गुज़रने की आज़ादी। उस माहौल में जहाँ हम पैदा हुए, बड़े हुए, वहाँ कुछ नया करने में ज़रूर झिझक होगी, पर पराये शहर में, कोई देखता हो तो अपनी बला से!

''मैंने इतना गहन विश्लेषण तो नहीं किया, लेकिन, बस...यहाँ पर होटल में रहनेवाला और रास्ते पर चलनेवाला हर इन्सान मुझे पहचानता नहीं है। ऐसा लगता

है कि 'लाइट्स ऑफ़' हो गयी हैं, कैमरा हटा दिया गया है।'' पैरिस के बारे में लताजी कहती हैं।

माना कि लता मंगेशकर को अपने देश में बहुत कुछ करने की आज़ादी नहीं मिलती—सफलता की कीमत, सफलता पाने से पहले भी और बाद में भी, माहवार भाड़े की तरह, चुकानी पड़ती है—पर ऐसा भी क्या कहर ढाती होंगी विदेशों में?

बम्बई में संगीतकारों और निर्माताओं को इन्तज़ार करता छोड़, कनाडा में बसी सहेली नलिनी म्हात्रे के घर रह कर कुछ दिन सुकून हासिल कर लिया। अनुबन्धों और तारीखों की गिरफ़्त से हज़ारों मील दूर जा कर, कुछ घूम-फिर लिया। बचपन और युवावस्था, जो पहले जीवनयापन और बाद में सफलता की बलि चढ़े, शायद उसी की कसर पूरी कर रही हों!

लगता है 'प्रसिद्ध गायिका लता मंगेशकर' से 'आम व्यक्ति लता मंगेशकर' बनने और दर्शनीय स्थल देखने के अलावा, विदेशों में आ कर लताजी कुछ आम-सी लगनेवाली स्वतन्त्रता ज़रूर पाती हैं। सफ़ेद साड़ी न पहनने की! कभी-कभार सलवार-कमीज़ पहन कर टहलने की। नहीं, उनके 'जीन्स' पहनने की अफ़वाह में कोई दम नहीं है। न ही उनकी विदेशों के 'कैसीनो' में जुआ खेलने की बात में मुझे कोई रोचकता नज़र आती है। 'कैसीनो' में जा कर 'रुलेट', 'क्लेकजैक' और 'पोकर' खेलों पर दाँव न लगाये, तो जुआ खेला ही नहीं। 'स्लॉट' मशीन का हत्था खींचना कोई जुआ नहीं हुआ। मेरे विचार में लताजी में जुआरी का मानस ही नहीं है, वरना अपने देश ही में कई विकल्प मौजूद हैं, एक से दिलचस्प एक : रेस, सट्टा, जिसमें अपना नाम लोगों तक न पहुँचने देने की भी सुविधा है। जुआरी तो उसे कहते हैं, जो द्यूत का अन्य कोई मार्ग न मिलने पर, आती-जाती गाड़ियों के नम्बर, सम या विषम होने पर भी छोटा-मोटा दाँव लगाये!

विदेशों में एक और आज़ादी मिलती है, बिना पहचाने गये दुकानों में ख़रीदारी करने की!

आम आदमी, जो पहचाने जाने के लिए तरसता है, शायद किसी का इतनी-सी आज़ादी पाने के लिए इतना लालायित होना समझ न पाए।

ख्याति पाने के बहुत बाद, अपनी आरम्भ की कर्मभूमि कोल्हापुर में एक बार यही आज़ादी पाने की लताजी ने कोशिश की थी, शायद यह सोच कर कि अपने घर का सदस्य कितना ही बड़ा व्यक्ति क्यों न हो, वह घर का आदमी ही रहता है। लेकिन कोल्हापुर वासियों के लिए इतना ही काफ़ी था कि कोल्हापुर की जिस कन्या ने देश के फ़िल्म उद्योग से लोहा मनवाया, वह इस समय कोल्हापुर ही में साक्षात् मौजूद थी। जब लताजी उस शॉपिंग-अभियान से लौटीं,

तो अकुलाते हुए माथे का पसीना पोंछ रही थीं, "अब सोचिए तो, मेरे अपने कोल्हापुर में ही मैं शॉपिंग नहीं कर सकती। जहाँ जाओ, वहीं लोगों की भीड़ साथ हो जाती है।"

और सच ही, उस अधूरी ख़रीदारी में इतनी देर हो गयी कि हम सब, फ़िल्म देखने जाने के लिए उनके इन्तज़ार में बैठे ही रहे।

जब थियेटर पहुँचे तो फ़िल्म शुरू हो चुकी थी। वैसे कौन-सा फ़र्क़ पड़ता, फ़िल्म भी तो मार-धाड़ के बीच, नाच-गानों की लड़ी ही थी। सो लताजी के आगमन पर फ़िल्म रोकी गयी और थियेटर के मालिक ने आ कर सविनय पूछा कि फ़िल्म तो फिर से शुरू कर ही रहे हैं, पर आप वृत्तचित्र और विज्ञापन भी देखना चाहेंगी?

लताजी के और उनके परिवार के साथ तीन घण्टे बैठ कर फ़िल्म देखने का यह मेरा पहला अवसर था। उनके गम्भीर व्यक्तित्व में व्यंग्य के लिए भी एक कोना आरक्षित था, यह तो तब ही पता चला। परदे पर दिखाए जा रहे हर विज्ञापन को उपहास के नज़रिए से देखना और आशुकवि की तरह उसकी पैरोडी बना कर एक नया ही रूप देना तथा फ़िल्म की कहानी के अतिशयोक्तिपूर्ण और असम्भव मोड़ों का मज़ाक करना, लगता था उनके लिए आम बात थी। मैंने सोचा कि अगर उस समय थियेटर में अँधेरा न होता, तो शायद उनकी टिप्पणियाँ, औपचारिकता के आवरण में सहम कर रह जातीं।

लेकिन ज़रूरी नहीं कि दूसरों पर हँसनेवाला हर व्यक्ति अपने आप पर भी हँसने की क्षमता रखता हो।

दक्षिण अमरीका के गयाना देश में एक बहुत मुश्किल कार्यक्रम के मंचन के बाद, एक पार्टी में लताजी आयी थीं। ख़ूब मज़ाहिया मूड में थीं। मुझे बुलावा भेजा और नकलें उतारने को कहा, "बताइए फ़लाँ-फ़लाँ साहब लता मंगेशकर से मिलने आये, तो वहाँ क्या हुआ?" मैं 'फ़लाँ-फ़लाँ' की नक़ल तक तो समझा, लेकिन लता मंगेशकर भी? मैंने कुछ सन्देह से पूछा। "हाँ हाँ तभी तो बात बनेगी!" अब अन्धा क्या चाहे, दो आँखें और नक़्क़ाल क्या चाहे, दो कद्रदान! यहाँ मैंने गला खँखारा और वहाँ उन्होंने ओटोग्राफ़ लेने उमड़ती भीड़ को हाथ जोड़ कर, मिठास से मुस्कुरा कर बिखेर दिया और एक ही शाम में मेरे लिए दूसरे मंचन की शुरुआत हुई। नक़ल के दौरान मैंने ग़ौर किया कि जहाँ-जहाँ लताजी की नक़ल की जा रही थी, वहीं उनके ठहाके ज़्यादा सुनायी दे रहे थे।

सालों पहले कॉलेज के दिनों में मैंने प्रिन्सिपल और एक अन्य प्रोफ़ेसर को ले कर ऐसा ही एक नक़ल-कन्सर्ट किया था, जो मुझे बहुत महँगा पड़ा था!

लताजी केवल अपने आप पर हँसना ही नहीं, सार्वजनिक रूप से किया गया कटाक्ष झेलना भी जानती हैं।

1986 में बम्बई के विशाल ब्रॅबर्न स्टेडियम में हो रहे एक कार्यक्रम के दौरान वहाँ आमन्त्रित एक टीवी अभिनेत्री प्रिया तेण्डुलकर (जो तब प्रसारित हो रहे टीवी सीरियल 'रजनी' में आग उगलती समाजसेवी गृहिणी की भूमिका कर रही थीं) स्टेज पर आते हुए कुछ सकुचा रही थीं। मैंने उन्हें आह्वान देते हुए स्टेज पर से कहा, "और कुछ नहीं तो मंगेशकर मोनोपॉली की छानबीन करने ही सही, स्टेज पर आइए!"

पास में खड़ी लताजी को अगर बीस हज़ार प्रेक्षकों के सामने कही गयी इस बात का बुरा लगता, तो मुझे उसका पता कुछ दिनों में न सही, अगले कार्यक्रम तक तो ज़रूर लग जाता!

लोग चाहे लाख कहें कि लताजी लोगों से मेल-जोल नहीं रखतीं, उनका व्यवहार रूखा है; मेरा विचार है कि अगर वह अन्तर्मुखी लगती हैं, तो वह उनके स्वभाव के नहीं, कुछ लोगों के आचरण के कारण है।

कलाकार स्वभावतः अन्तर्मुखी हो या न हो, उसका वातावरण, उसका माहौल और कुछ लोगों की ग़ैर-ज़िम्मेदाराना हरक़तें उसे सबसे कटा-कटा-सा रहने पर मजबूर कर देती हैं। और ऐसी हरक़त करनेवाले को यह अहसास भी नहीं होता कि उसने किसी संवेदनशील व्यक्ति को ठेस पहुँचाई है। क्योंकि उसके लिए तो वह सुप्रसिद्ध व्यक्ति, एक जाने-माने नाम से ज़्यादा कुछ भी नहीं। और एक नाम तो सिर्फ़ नाम ही होता है, कुछ शब्दों का समूह; उसके बारे में तो कुछ भी कहा जा सकता है। वह नाम ऐसी सार्वजनिक सम्पदा बन जाता है जिस पर सबका असीमित अधिकार है। कभी कोई फ़िक़रा कस दिया, कभी किसी चुटकुले में पिरो लिया और अगर उस विशिष्ट व्यक्ति से कभी निकट से मिलने का अवसर हुआ, तो बिना माँगे, अपनी ओर से कुछ बेशक़ीमती मशवरा भी दे दिया! एक व्यावसायिक कलाकार, जिस कला पर अपनी ज़िन्दगी, अपना भविष्य दाँव पर लगा चुका है, उसे अपनी छोटी-से-छोटी उपलब्धि के लिए न जाने कितनी मुश्किलों का सामना करना पड़ा होगा। और उसी उपलब्धि को, कोई ऐसा व्यक्ति, जिसे उस कला के साथ उसका मुफ़्त में आनन्द उठाने के अलावा कोई सम्बन्ध नहीं है, बड़े अधिकार से, चार लोगों के सामने अपना अभिप्राय, न्यायाधीश के निर्णय की तरह सुनाता है। उसे कौन पूछेगा कि भई इस कला की आलोचना करने की लियाक़त भी आप रखते हैं?

स्वयं मैं भी कुछ हद तक सार्वजनिक व्यक्ति होने के कारण ऐसे प्रकोप

को भुगत-झेल चुका हूँ।

तब सवाल यह भी उठता है कि लोगों की ऐसी बेसिर-पैर की बातों पर ध्यान ही क्यों दिया जाये? लेकिन अपने बारे में जान कर या सुन कर हृदय में तीव्र संवेदना हो, वही कलाकार।

सुप्रसिद्ध कलाकार चार्ली चैप्लिन ने, एक ऐसे ही कॉमेडियन के बारे में लिखा है। अपने कैरिअर के ढलते दिनों में, एक रेस्त्राँ में आते हुए, उसे दो नौजवानों ने देखा, पहचाना और बस यूँ ही, आपस में कहा कि "अब तो यह गया" ('ही इज़ थ्रू')। उस कॉमेडियन ने यह सुना। दूसरे दिन उसकी आत्महत्या के समाचार मिले!

हरेक कलाकार चाहे आत्महत्या नहीं कर लेता, लेकिन सोचे-समझे बग़ैर या सतही तौर पर की गयी आलोचना भी उस पर असर ज़रूर छोड़ती है; उसे आत्ममंथन करने पर विवश कर देती है। चाहे उसे विश्वास हो कि फ़लाँ-फ़लाँ टिप्पणी केवल निरर्थक बातचीत का एक हिस्सा थी, लेकिन आलोचना के वह शब्द उसे तब तक सताते रहते हैं, जब तक उसे याद रहें।

इसीलिए, अक्सर जाने-माने कलाकार 'आम जनता' से अपनी दूरी बनाये रखना चाहते हैं, चाहे वही आम जनता उन्हें जाना-माना बनाती हो।

लताजी इसी कथन की जीती-जागती मिसाल हैं। न अपनी रिकॉर्डिंग में अजनबी मौजूद हों, यह उन्हें पसन्द है और न ही कार्यक्रमों के रिहर्सलों में किसी बाहरी व्यक्ति की उपस्थिति सह लेती हैं।

लता मंगेशकर के कार्यक्रमों में अक्सर लोग इतनी बड़ी तादाद में आते हैं, कि वह किसी थियेटर में न रख कर, किसी-न-किसी स्टेडियम में आयोजित किये जाते हैं। कला-नगरी पैरिस में इसकी कारगर व्यवस्था थी। 'पैलेस-द-स्पोर्ट्स' (खेल-कूद महल!) न सिर्फ़ आकार में बड़ा था, वरन विशेष रूप से प्रदर्शनियों, खेल-कूद की प्रतियोगिताओं तथा संगीत के कार्यक्रमों के लिए ही निर्मित था। पर हम यह न जानते थे कि प्रायोजकों ने प्रेक्षकों की 'लेट-लतीफ़ी' के आग्रह को सम्मान देना उचित समझा था!

मैंने देखा है कि देश, शहर और मंच नया हो, तो कलाकार अपना कार्यक्रम प्रस्तुत करने के लिए अधिक तत्पर होते हैं। तिस पर अब तो मंचन का समय भी हो चुका था। फिर भी कार्यक्रम शुरू होने के आसार नज़र नहीं आ रहे थे। माइक परीक्षण भी हो चुका था, सारे साज़ स्टेज पर अपनी-अपनी जगह रखे हुए थे और 'साउण्ड सिस्टम' शुरू करने के लिए बस एक बटन दबाने-भर की देर थी। जब कि कई बार तो ऐसा भी हुआ है कि कार्यक्रम शुरू होने के पन्द्रह मिनट पहले

ही हमें स्टेज दिया गया, फिर भी पूरी तकनीकी तैयारियों के बग़ैर कार्यक्रम समय पर शुरू किया गया है।

देर से शुरू होनेवाला हर कार्यक्रम सफल नहीं हो सकता ऐसा कोई लिखित नियम नहीं है, लेकिन मेरा विचार है कि किसी महत्वपूर्ण स्टेज कार्यक्रम की सफलता की शुरूआत, कार्यक्रम के समय पर शुरू होने से होती है।

शिकागो (अमरीका) के एक कार्यक्रम से पहले, समय ही को ले कर खड़े हुए एक संकट के दौरान लताजी द्वारा बिना उत्तेजित हुए कहे गये एक वाक्य ने मुझे अत्यन्त प्रभावित किया था : ''जो काम समय पर नहीं होता, वह सही नहीं होता।''

बताया गया था कि कार्यक्रम शाम साढ़े सात बजे शिकागो के 'मक्कोर्मिक प्लेस ऑन द लेक' के 'एअरी क्राउन' थियेटर में था। पर यह भी सुनने में आया था कि उसी दोपहर, उसी रंगमंच पर सुविख्यात अभिनेता रिचर्ड बर्टन का नाटक 'कैमेलॉट' खेला जानेवाला था। हम तो समय से थियेटर पर मौजूद थे लेकिन अभी हमें स्टेज नहीं मिलनेवाला था, क्योंकि उस नाटक का सेट उठाया जा रहा था, उसके बाद जा कर हमारे कार्यक्रम के लिए साज-सज्जा करनी थी। पर तब तक हम लोग बैकस्टेज में तो बैठ सकते थे न? नहीं, अभी जनाब रिचर्ड बर्टन आराम फ़रमा रहे थे!

''आपको कुछ देर रुकना पड़ेगा।'' हमें बताया गया।

''कितनी देर?''

''यह तो नहीं कह सकते!''

बात लताजी के पास गयी, ''क्या करें?''

''वह तो आप जानें। हम चाहेंगे कि हमारा कार्यक्रम समय पर शुरू हो,'' लताजी ने कहा।

अमरीका अधिकारों का देश है, सिर्फ़ यह ज़रूरी है कि आप अपने अधिकारों के प्रति जागरूक हों और उनके लिए आवाज़ उठाने के लिए तत्पर हों। और यह हुनर अमरीका में बसे भारतीय बहुत जल्द सीख जाते हैं। हमारे संयोजक मोहन देवड़ा ने इसका इस्तेमाल सही वक़्त पर और सही उत्तेजना के साथ किया, ''अगर पन्द्रह मिनट के भीतर हमें स्टेज न मिला तो हम 'शो' कैन्सिल कर के मुकद्दमा दायर कर देंगे। हमारी प्रतिष्ठा और आर्थिक नुक़सान का हरजाना लाखों डॉलर में होगा।'' पाँच-दस मिनट ही के भीतर सुनायी पड़ा कि अमरीका के सर्वोच्च नाटक और फ़िल्म अभिनेता रिचर्ड बर्टन, पाँव ठोंकते हुए थिएटर से रवानगी डाल रहे हैं।

फिर भी मुसीबत तो सामने मुँह बाए खड़ी ही थी। हमने सवा सात बजे

मंच पर कदम रखा। प्रेक्षकों के लिए दरवाज़े खोले जा चुके थे, इसलिए माइक परीक्षण का सवाल ही पैदा न होता था। तभी पता चला कि अभी तो लगभग एक तिहाई प्रेक्षक नहीं आये, हालाँकि टिकट सारे बिक चुके हैं! 'बेस बॉल' के किसी महत्वपूर्ण मैच की वजह से ट्रैफ़िक की समस्या उठ खड़ी हुई है। दूसरी तरफ़, कार्यक्रम के बाद थियेटर तो नियत समय पर ही ख़ाली करना था। निर्णय लेना ज़रूरी था। मैं राजसिंह के पास पहुँचा। तुरन्त निर्णय करनेवालों में एक आवश्यक गुण होता है—तुरन्त निर्णय देना! अगर मामले के विभिन्न पहलुओं पर विचार करना भी हो, तो बहस में समय नहीं गँवाते, स्वयं बिजली की गति से नाप-तोल करके दिशा-निर्देश कर देते हैं। सो उन्होंने भी किया, "अगर हम भारत से यहाँ समय पर आ सकते हैं, तो कार्यक्रम भी समय पर ही शुरू होना चाहिए।" मैंने रिकॉर्डिंग मिक्सर पर बैठे हृदयनाथ से बात की। वह तो मिनट-भर का फेर-बदल नहीं चाहते थे। रिकॉर्डिस्ट शशांक को भी यह अन्दाज़ पसन्द आया। किसी ख़तरनाक अभियान पर जा रहे जेम्स बाण्ड की अदा से हमने अपनी घड़ियाँ मिलाईं और कुछ ही देर बाद, मुझे वॉकी-टॉकी पर उनकी आवाज़ सुनायी दी, "पर्दा खुलने में अब एक मिनट बाक़ी"। मैंने सबको इत्तिला कर दी। वहीं, फिर मशीन पर आवाज़, "अब तीस सेकेण्ड बाक़ी!" मैं सोच रहा था कि वक़्त की पाबन्दी की लताजी की यह ज़िद कहीं प्रेक्षकों को नाराज़ न कर दे। लेकिन तभी, "फ़िफ़्टीन सेकण्ड्स टू गो, हरीश ऑन द स्टेज!"

पर्दा खुलते ही प्रेक्षागार की मद्धम रौशनी में मैंने ग़ौर किया, कि बैठे हुए कइयों ने, झुक कर अपनी घड़ी की ओर देखा। मैंने वहीं से अपने सम्बोधन का सूत्र पकड़ा, "इस वक़्त मेरी घड़ी में सात बजकर उन्तीस मिनट और साठ सेकण्ड हुए हैं। मैं नहीं जानता कि यह भारतीय समय है, जी.एम.टी. ('ग्रीनिच मीन टाइम') है या आपका स्थानीय समय। हम तो एक ही समय जानते हैं—'लता मंगेशकर समय', जो हर समय, समय पर ही होता है। ("वी ओन्ली फ़ॉलो द लता मंगेशकर टाइम, विच इज़ ऑन टाइम, एव्री टाइम")

लग रहा था कि अपनी समयनिष्ठता पर उपस्थित प्रेक्षक फूले न समा रहे थे। उनकी तालियों की गड़गड़ाहट में कुछ ज़्यादा ही उत्तेजना थी।

शिकागो के इस कार्यक्रम से मैंने पहली बार अनुभव किया कि वक़्त की पाबन्दी का कार्यक्रम पर क्या असर पड़ सकता है। मेरे लिए यह पहला असाधारणतया सफल कार्यक्रम था।

अमरीका के ह्यूस्टन शहर में लताजी के एक कार्यक्रम का समय रखा गया था : रात 8:38। विज्ञापनों में यह समय छपते ही, वह चर्चा का विषय बन गया

था। कहने की ज़रूरत नहीं कि कार्यक्रम ठीक आठ बज कर अड़तीस मिनट पर ही शुरू हुआ। कार्यक्रम शुरू होने पर, हम कलाकार और प्रेक्षक, दोनों ही के मनों में उपलब्धि की भावना हावी थी। यह भी कहने की ज़रूरत नहीं है कि कार्यक्रम बेहद सफल रहा।

1991 में सिंगापुर कार्यक्रम के प्रायोजक ने भी ऐसा ही प्रयोग किया। उसकी दलील थी कि बम्बई के फ़िल्म जगत में कहते हैं कि समय पर न आना रुतबे की निशानी है। लेकिन यहाँ तो सबसे बड़ी 'स्टार' समय से पहले आती हैं और 'ऑडियन्स' ही फ़ुरसत से आता है। "मैं 'ऑडियन्स' की यह आदत बदल के रखूँगा," प्रायोजक ने कहा और विज्ञापनों में ऐलान किया कि भव्य सिंगापुर इण्डोर स्टेडियम में होनेवाला कार्यक्रम, ठीक सात बज कर चौंतीस मिनट पर शुरू होगा। परिणाम यह हुआ कि समय की इस विचित्रता के कुतूहल से, या हमारी परीक्षा करने के इरादे से ही सही, सात बजकर पन्द्रह मिनट तक तो सारे-के-सारे, साढ़े छह हजार, प्रेक्षक अपनी-अपनी जगह पर आसीन थे।

इसका दूसरा परिणाम यह हुआ कि दूसरे दिन देश के मुख्य समाचार पत्र ने कार्यक्रम की समीक्षा में समय की इस उपलब्धि के बारे में विशेष रूप से लिखा।

इसका तीसरा सुखद परिणाम बताते हुए प्रायोजक महोदय आज भी हाँफ़ जाते हैं, "वह दिन है और आज का दिन है, अब मुझे ऐसे 'ऑड' (विचित्र) टाइम का खेल नहीं खेलना पड़ता। मेरे सभी कार्यक्रमों में लोग ठीक समय पर आ जाते हैं!"

लेकिन आज पैरिस में कार्यक्रम शुरू होने का समय आधा घण्टा पीछे छूट गया था। बाहर प्रेक्षकों की आम-दरफ़्त हो रही थी, तो बैक-स्टेज में बेचैनी से चहल-कदमी हो रही थी। न जाने साज़िन्दों ने कितने कप चाय पी डाली और गायकों ने कितनी बार हारमोनियम मँगा कर गला साफ़ किया। तनाव इतना बढ़ गया था कि लग रहा था जैसे बहुत देर से फाँसी का फंदा गले में है, लेकिन पैर के नीचे से कोई स्टूल को लात नहीं मार रहा!

फ़ुरसत की फ़ितरत तो वैसे बंगाल की भी मानी जाती है, लेकिन सारे विश्व में एक अकेला बंगाल ही है (और हाँ, असम भी), जहाँ लताजी के कार्यक्रम समय से पहले शुरू करने पड़ते हैं, क्योंकि प्रेक्षक अक्सर समय से पहले ही अपनी जगह पर बैठ गये होते हैं। और बंगाल के मुख्यमन्त्री ज्योति बसु के आगमन के साथ तो आप अपनी घड़ी मिला लीजिए! लताजी के सब-से ज़्यादा कार्यक्रम बंगाल ही में हुए हैं।

और फिर पैरिस में तो यह पहला कार्यक्रम था! मैं बार-बार जा कर प्रायोजकों

से कहता कि हम कार्यक्रम शुरू करने के लिए तैयार हैं। आख़िर उन्होंने कुछ झुँझलाहट से कहा कि जल्दी क्यों मचा रहे हैं, सभी कार्यक्रम देरी से ही शुरू होते हैं, आप क्यों समय पर शुरू करना चाहते हैं? मेरे पास इस सवाल का जवाब न था।

लताजी के पास था, ''उनसे कहिए कि हम समय पर शुरू इसलिए करना चाहते हैं कि हम पागल हो गये हैं! और यह भी कहिए कि अगर दस मिनट के अन्दर-अन्दर कार्यक्रम शुरू नहीं हुआ, तो होटल लौटने की व्यवस्था करें! देरी कोई करेगा और नाम किसी और का ख़राब होगा।''

इसी से, कलकत्ते का एक प्रसंग याद आ रहा है।

सलिल चौधरी के एक स्टेज कार्यक्रम का रिहर्सल चल रहा था। एक अंग्रेज़ी राष्ट्रीय मैगज़ीन का पत्रकार लताजी से मिलने आया। लताजी को व्यस्त देख कर भी उसने कुछ उद्धत स्वर में सन्देश लानेवाले से कहा कि उन्हें मेरा यह कार्ड दे दो देखना, वह ख़ुद ही बुलायेंगी। कार्ड देख कर लताजी ने कहा कि इन्हें तो एक घण्टे पहले का समय दिया गया था; अब इण्टरव्यू नहीं हो सकता। कार्ड लौटाते हुए उन्होंने मुझसे कहा, ''हो सकता है, मुझे मिले बग़ैर भी इण्टरव्यू छाप दें!'' हुआ भी वही। ''कुछ कहे बग़ैर बुरी बनूँ, उससे तो बेहतर है कि अपनी सच्ची बात मनवा कर बुरी बनूँ,'' उन्होंने एक बार कहा था।

पैरिस में, लताजी के कुछ आवेश में भेजे गये सन्देश के पाँच मिनट के भीतर ही लताजी स्टेज पर गा रही थीं।

योरप के इस 'लखनऊ' के लोग समय के मामले में चाहे सख़्ती न बरतते थे, संगीत के मामले में पूरे रसिया थे। उनसे मिल रही प्रशंसा, गायकों को बेहतर से बेहतरीन प्रदर्शन करने पर उकसा रही थी।

लताजी ने दूसरा गीत शुरू किया, 'चोरी चोरी' का ''रसिक बलमा...।'' इस मुश्किल गीत की शुरुआत में वाद्यों के आधार का अभाव, उसे ज़्यादा मुश्किल बना देता है। लताजी की महीन-सी आवाज़ ज़्यादा पतली लगने लगती है। जिस किसी ने कभी यह गीत चार लोगों के सामने गाने की कोशिश की है वही समझ सकता है, कि बिना वाद्यों के आवाज़ को नियन्त्रण में रखना कितना ज़रूरी और कितना मुश्किल होता है।

स्वयं लताजी को भी इस गीत का सुर कुछ ज़्यादा ही ऊँचा लगता है। एक बार उन्होंने ही कहा था, कि मुझे गाने में तो कोई तकलीफ़ नहीं होती, लेकिन सुनने में यह गीत ऊँचा-ही-ऊँचा चलता है, क्योंकि इसकी शुरुआत ही ऊँचे से होती है। अक्सर गानों में मुखड़ा मन्द्र सप्तक में होता है और अन्तरा ऊपर को उठता

है। ''मैंने रिकॉर्डिंग के समय जयकिशनजी से कहा भी कि यह आपका गाना इतना अच्छा है कि चलेगा तो ज़रूर, लेकिन ज़िन्दगी-भर लोग कहेंगे कि इतना ऊँचा गाया है कि...हम तो गुनगुना भी नहीं सकते! पर क्या करूँ, मैं 'इण्टरफेयर' तो करती नहीं। उन्हें उस गीत के लिए वही सुर ठीक लगा।''

लेकिन 'अन्दाज़', 'अनमोल घड़ी' और 'मधर इण्डिया' जैसी फ़िल्मों के सर्जक और बम्बई के विशाल महबूब स्टूडियो के मालिक महबूब ख़ान को यह सुर नहीं खटका था; बल्कि उनके असाध्य रोग में यह गीत, दवा तो नहीं, लेकिन आश्वासन का काम ज़रूर कर गया था।

सन् 1956 में महबूब ख़ान, अमरीका के लॉस एन्जेलेंस शहर के अस्पताल में चिकित्सा के लिए दाख़िल हुए थे। लताजी ने बम्बई से टेलीफ़ोन किया (अमरीका में तब भी अस्पताल में सीधे मरीज़ से बात कर पाने की सुविधा उपलब्ध थी)। कुशल-क्षेम के बाद महबूब साहब ने कहा कि आपका एक गीत सुनने को बहुत मन कर रहा है, पर इस मुल्क़ में वह रिकॉर्ड कहाँ से लाऊँ? सुन पाता तो दिल को बड़ा सुकून मिलता। लताजी ने उस मुअज़्ज़िज़ मरीज़ से दरियाफ़्त किया कि वह कौन-से गीत की बात कर रहे हैं और फिर टेलीफ़ोन पर ही ''रसिक बलमा...'' गुनगुना दिया।

महबूब साहब के शुक्रिया कहने के अन्दाज़ में लताजी को तिश्नगी भी सुनायी दी। उस दिन के बाद, कोई सात-आठ दिनों तक, यूँ टेलीफ़ोन पर यह गीत गुनगुनाया गया।

महबूब ख़ान के स्वास्थ्यलाभ में उन सुरों का योगदान कितना रहा, यह तो सर्वज्ञ सर्वशक्तिमान ही बता सकता है, लेकिन लताजी को तबसे इस गीत में, अपनी आवाज़ में तीक्ष्णता कम, मिठास ज़्यादा सुनायी देने लगी। ''यह गाना तो 'स्पेशल' है'', इस तरह कहती हैं, जैसे यह छोटा-सा वाक्य सारा वाक़या बता देता हो।

सालों पहले शायद ऐसा ही कोई ऊँची पट्टी में गाया गीत सुन कर फ़िल्मिस्तान के मालिक शशधर मुखर्जी ने लताजी की आवाज़ को 'फ़ेल' कर दिया था। 1947 के साल में फ़िल्मिस्तान कम्पनी में फ़िल्म 'शहीद' के लिए ज़ोर-शोर से तैयारियाँ चल रही थीं। संगीतकार ग़ुलाम हैदर अठारह साल की एक साँवली-सी मराठी लड़की की शक्ल में एक नयी आवाज़ लाए थे।

फ़िल्म संगीत के महारथियों की भीड़ में इस एक जौहरी ग़ुलाम हैदर ने, लता की प्रतिभा क्या पहचानी, उसकी आवाज़ लोगों तक पहुँचाने की कुछ ज़िम्मेदारी अपने सर ले ली थी।

पर ग़ुलाम हैदर, नौशाद अली न थे और शशधर मुखर्जी भी कारदार, महबूब या आसिफ़ न थे, इसलिए संगीत चाहे संगीतकार का डिपार्टमेंट हो, उस लड़की की आवाज़ पतली लगी, सो पतली ही लगी और इसी बात पर उसे गाना नहीं दिया गया। ग़ुलाम हैदर ने कुछ वक्ररीति से भविष्यवाणी की, ''मुखर्जी साहब, आप मालिक हैं, चाहें तो आज आप इनकार कर लीजिए, पर देखिएगा, एक दिन फ़िल्म प्रोड्यूसर इसके पैरों में लोटेंगे।''

उसी दुर्भाग्यपूर्ण 'स्वर परीक्षा' से निकल कर, ग़ुलाम हैदर लता को ले कर उपनगरीय रेलवे स्टेशन गोरेगाँव पहुँचे। बॉम्बे टॉकीज़ जाने के लिए मलाड जानेवाली गाड़ी का इन्तज़ार कर रहे थे। तभी ग़ुलाम हैदर ने (बॉम्बे टोकीज़ की) निर्माणाधीन फ़िल्म 'मजबूर' के लिए पहला गीत स्वरबद्ध किया था, ''दिल मेरा तोड़ा, मुझे कहीं का न छोड़ा...।'' वहीं प्लैटफ़ोर्म पर खड़े-खड़े संगीतकार अपने 'स्टेट एक्सप्रेस 555' सिगरेट के डिब्बे पर ताल देते हुए एक-एक पंक्ति की तर्ज़ बाँधते गये और पुर-उम्मीद गायिका, वह पंक्तियाँ गा कर दोहराती गयी। रिकॉर्डिंग में उसे ही तो यह गीत गाना था! उस गीत की रिकॉर्डिंग लता ही से करवा कर, ग़ुलाम हैदर ने लता की प्रतिभा में अपना विश्वास सिद्ध किया।

उस गाने की रिकॉर्डिंग के बाद हैदर साहब ने कहा था कि जैसे नूरजहाँ को फ़िल्मों में लाने का श्रेय उन्हें मिला था, वैसे अब लता को भी (सही मायनों में) फ़िल्मों में लाने के ज़िम्मेदार वही कहलायेंगे। ''इस काम के लिए दुनिया मुझे हमेशा याद करेगी।''

हिन्दुस्तान से विदा होने से पहले, फ़िल्म 'मजबूर' में गवाए गीत, लता के लिए ग़ुलाम हैदर साहब के दिये अनमोल तोहफ़े थे।

''उनका आख़िरी तोहफ़ा तो मुझे अच्छी तरह याद है'', 'ऑस्कर' पुरस्कारों की वजह से विख्यात हॉलिवुड के 'श्राइन ऑडिटोरियम' के, स्टेज जितने ही बड़े बैक-स्टेज में बैठे हुए लताजी कह रही थीं। बात चली थी स्टेज पर शब्बीर कुमार द्वारा गाये जा रहे नौशाद साहब के पुराने गीत, ''सुहानी रात ढल चुकी...'' से। मैंने सालों से ग़ौर किया है कि स्टेज कार्यक्रम से पहले बला की 'नर्वस' लताजी, ऐन कार्यक्रम के दौरान, थोड़ा-सा भी समय मिलने पर बातूनी बन जाती हैं, ''एक शाम मुझे सन्देशा मिला कि ग़ुलाम हैदर साहब ने मुझे बॉम्बे टोकीज़ के स्टूडियो में बुलाया है—'मेहन्दी' फ़िल्म का गीत रिकॉर्ड करने के लिए। मैं डिसेन्ट्री से त्रस्त थी और थोड़ा-सा बुख़ार भी था, लेकिन जाना तो था ही। स्टूडियो पहुँची तो मास्टरजी पार्श्व-संगीत करने में व्यस्त थे। मैं बाहर ही बैठ गयी। भूख लगी थी, लेकिन किसे कहूँ? चाय के दौर पर दौर चल रहे थे, लेकिन पेट की गड़बड़ी

के कारण चाय भी नहीं पी सकती थी। कुछ घण्टों बाद जब मास्टरजी का काम पूरा हुआ तो वह बाहर निकले। शायद भूल ही गये थे कि मुझे बुला भेजा था। मुझे देखते ही चौंके, लेकिन तुरन्त ही गीत का काग़ज़ मँगवाया और मेरे सामने-ही-सामने तर्ज़ बाँधी। फिर जैसे किसी बात की जल्दी न हो, वैसे वादकों को स्वर लिखवाए। वह गीत रिकॉर्ड होते-होते सुबह हो गयी !''

''कौन-सा गीत था वह?''

''बेदर्द तेरे दर्द को सीने से लगा के रो लेंगे...'' कुछ गुनगुनाते हुए लताजी ने कहा।

''बेदर्द...? 'मेहन्दी' में?''

''यही तो कह रही हूँ, इतनी मुश्किल के बाद रिकॉर्ड किया हुआ गीत, फ़िल्म में रखा ही न गया...बाद में 'पद्मिनी' या ऐसी किसी फ़िल्म में उसे डाला गया।''

''तो ग़ुलाम हैदर साहब के लिए यह आपका आख़िरी गीत था?''

''हाँ, उसके दूसरे ही दिन मास्टरजी पाकिस्तान चले गये।''

पाकिस्तान में ग़ुलाम हैदर अपने आपको एक नये फ़िल्म उद्योग में स्थापित करने में जुट गये और यहाँ लताजी कामयाबी की नयी-नयी ऊँचाइयाँ तय करने में व्यस्त हो गयीं। पाकिस्तान चले जानेवालों में नूरजहाँजी भी थीं, लेकिन सम्पर्क पूरी तरह टूटा नहीं। ''नूरजहाँजी और मैं ख़त लिख कर दिन और समय निश्चित करते और उस समय मैं पाकिस्तान फ़ोन मिलाती। उस तरफ़ वहाँ के संगीत के दायरे के सभी जान-पहचानवालों को नूरजहाँजी बुला के रखतीं और मैं एक-एक कर के सबसे बातें करती। ग़ुलाम हैदर साहब को तब कैन्सर हुआ था। मैं कहती कि आप यहाँ हम सबसे मिलने आइए, इलाज करवाने आइए। नूरजहाँजी मुझसे चुन-चुन कर गानों की फ़रमाइश करतीं और मैं वह सारे गाने गा कर सुनाती। बाद में हमें पता चला कि टेलीफ़ोन वाले हमारी बातें बड़ी दिलचस्पी से सुनते थे!''

''यह सिलसिला कब तक चला?''

''जब तक चलने दिया गया।''

''सेन्सरशिप?''

''यह तो नहीं कहूँगी, पर सुनने में आया कि आस-पास के लोग ही अनाप-शनाप बातें कर रहे हैं...कि 'उन' लोगों से क्यों दोस्ती बढ़ानी चाहिए, अब तो हम अलग हो गये हैं...''

नूरजहाँ से लता की मुलाकात यदा-कदा विदेशों में होती रहती थी, लेकिन इस भूखण्ड पर हुई एक मुलाकात सच ही यादगार रही होगी।

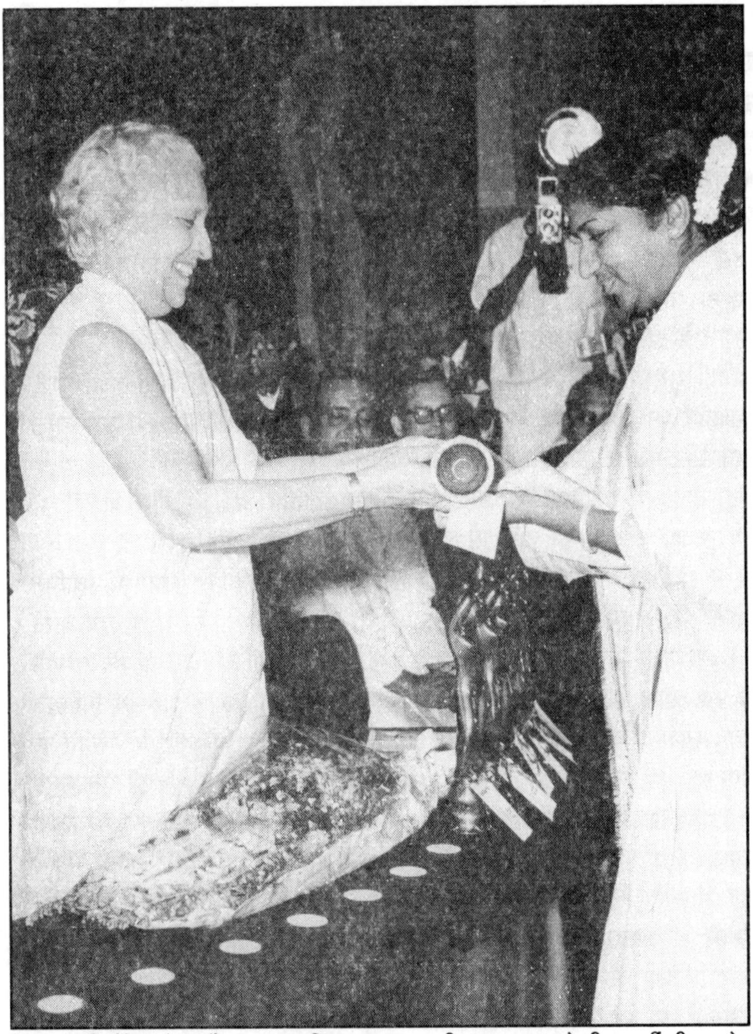

विजयालक्ष्मी पंडित के हाथों 1962 का फ़िल्म पुरस्कार—बीस साल बाद के गीत 'कहीं दीप जले कहीं दिल...' के लिए

ये किस्सा है 1953–'54 में उनकी उत्कट और प्यार-भरी एक मुलाकात का। फ़िल्म 'झांझर' के सिलसिले में लताजी अमृतसर गयी थीं। पाकिस्तान की सरहद के इतनी नज़दीक हो कर भी अपनी बिछड़ी सहेली नूरजहाँ से न मिल पाना उन्हें अखर रहा था। पासपोर्ट, वीज़ा वग़ैराह बनवाने में तो बड़ी दिक़्क़त होती।

ख़ैर, लताजी ने अमृतसर से ट्रंक कॉल किया और दोनों के बीच लम्बी बातचीत हुई। नूरजहाँ की 'लखो' और लता की 'नूरीजी' ने पुरानी यादें ताज़ा कीं। एक-दूसरे को अपना हाल सुनाया। दोनों अपने-अपने नये-पुराने गीतों के मुखड़े एक-दूसरे को फ़ोन पर सुनाती रहीं। लेकिन दिल न भरा; रू-ब-रू मिलने की इच्छा बनी रही। सो, दोनों ने तय किया कि वाघा सरहद पर एक निर्दिष्ट स्थान पर मिला जाये। दरअसल, देशों की सरहदों के बीच ज़मीन का एक टुकड़ा ऐसा होता है जिसे 'नो मैन्स लैण्ड' कह जाता है, यानी इस ज़मीन पर दोनों मुल्क़ों में से किसी का भी अधिकार नहीं होता। इजाज़त हासिल करके दोनों वाघा बॉर्डर पोस्ट के पास ज़मीन के ऐसे ही एक टुकड़े पर बड़े प्यार से मिलीं। आख़िर बिछड़ने का समय आया। मुस्कुराते हुए, लेकिन भीगी पलकों से दोनों ने विदा ली। चलते हुए नूरजहाँजी ने लताजी के हाथ में एक छोटा-सा पुलिन्दा दिया। सीमा रक्षकों ने सिक्योरिटी-जाँच करते समय जानना चाहा कि उस पार्सल में क्या है। खोल कर देखा तो उसमें बिरयानी थी और आम से बना लताजी का एक प्रिय व्यंजन था, जो नूरजहाँजी ने अपने हाथों से बनाया था। यह खाना न हिंदू था न मुसलमान था, न भारतीय था न पाकिस्तानी था। यह बनाया था, दोस्ती के हाथों ने और इसमें महक थी, आत्मीयता की।

शशधर मुखर्जी के सामने ग़ुलाम हैदर द्वारा की गयी ऐतिहासिक भविष्यवाणी के एक साल के भीतर ही, फ़िल्म निर्माता चाहे घुटनों के बल न आये हों, पर लता मंगेशकर के दिनों का अधिकतर हिस्सा रिकॉर्डिंग स्टूडियो में ज़रूर बीतने लगा।

इतना ही नहीं, फ़िल्मिस्तान ही ने लताजी से कई गीत गवाए जो फ़िल्म संगीत के इतिहास में संगे-मील बन गये और जो उन फ़िल्मों के चले जाने के बाद भी याद किये जाते हैं : 'सरगम', ("जब दिल को सताए ग़म, छेड़ सखी सरगम..." 1950), 'आनन्दमठ' ("वन्दे मातरम्..." 1952), 'अनारकली' ("ये ज़िन्दगी उसी की है..." 1953), 'शर्त' ("मेरी तक़दीर के मालिक मेरा कुछ फ़ैसला कर दे..." 1954), 'नास्तिक' ("कान्हा बजाए बंसरी..." 1954), 'नागिन'("मन डोले मेरा तन डोले..." 1954), 'मुनीमजी' ("जीवन के सफ़र में राही..." 1955), 'चम्पाकली' ("छुप गया कोई रे..." 1957), 'पेइंग गेस्ट' ("चाँद फिर निकला..." 1957)।

लेकिन रातोंरात प्रसिद्धि पाना तो इस लड़की के भाग्य में बदा ही न था।

फ़िल्म निर्माण की एक और जानी-मानी कम्पनी 'रणजीत मूवीटोन' में भी उसे निराशा ही हाथ आयी। कम्पनी के मालिक थे—सरदार चन्दूलाल शाह। चूँकि

वह गुजराती भाषी थे, लता ने युवा संगीतकार अविनाश व्यास से विशेष रूप से एक गुजराती गीत ''माझम राते नीतरती नभ नी चाँदनी...'' सीखा, अच्छी तैयारी की और सुनाया। निर्माता ने तब तो कुछ नहीं कहा पर, ''मुझे बाद में अविनाशभाई से जानने को मिला कि उन्होंने मेरी आवाज़ 'रिजेक्ट' की थी।''

इतना ही नहीं, चन्दूलाल शाह ने अपनी कम्पनी के संगीतकार खेमचन्द प्रकाश से इस 'ऑडिशन' का ज़िक्र करते हुए गायिका की कड़ी आलोचना की थी। पर संगीत के पारखी खेमचन्दजी ने तो अपने मालिक को खरी-खरी सुना दी, ''मुझे मौक़ा मिलते ही मैं इस आवाज़ को इस्तेमाल करूँगा।'' इसी बात पर कहा-सुनी हो गयी और मालिक ने मुलाज़िम से कहा कि हमारी कम्पनी है तो आप म्यूज़िक डायरेक्टर लोग हैं! स्वाभिमानी खेमचन्द प्रकाश ने उसी शाम घर जाने से पहले अपना त्यागपत्र ऑफ़िस में छोड़ा और बॉम्बे टोकीज़ की नौकरी कर ली।

यहाँ पैरिस में, 'अनारकली' के 'अलविदा' गीत के साथ मध्यान्तर होना था लेकिन प्रेक्षकों को यह विक्षेप भी मंज़ूर नहीं था। एक तरफ़ से ''नहीं नहीं'' की आवाज़ें आने लगीं, तो साथ-साथ कई सारे गीतों की फ़रमाइशें सुनायी दे रही थीं, जो हमारी समझ में नहीं आ रही थीं। पर चूँकि फ़रमाइशें करनेवाले अधिकतर युवा वर्ग के लग रहे थे, लताजी ने अपने गाने के काग़ज़ के साथ मानो फ़िल्म संगीत का एक पूरा दौर ही बदला और अपना सबसे नया—और शायद अस्सी के दशक का सबसे लोकप्रिय—गीत ''सुन सायबा सुन...'' लिया। प्रेक्षकों की प्रतिक्रिया से लगा कि पैरिसवासियों की रुचि का पटल बड़ा विस्तृत था, इसलिए लताजी ने अपनी पसन्द का, लेकिन स्टेज पर अधिक न गाया जानेवाला, 'रज़िया सुल्तान' की ग़ज़ल ''ऐ दिले नादाँ...'' गाई और मुझे विश्वास हो गया कि आज के कार्यक्रम को लताजी की डायरी में विशिष्ट स्थान प्राप्त होगा—और हाँ, इस पुस्तक में भी!

मैंने कुछेक 'मसाला मनोरंजन' के हिमायतियों को यह कहते हुए सुना है कि लताजी के कार्यक्रमों में गीतों की पूर्व-नियोजित सूची की वजह से नीरसता आने की सम्भावना होती है। लेकिन इस बात में कोई तथ्य नहीं है। गीतों की सूची का अक्षरश: अनुसरण तो तभी होता है, जब प्रेक्षकों की प्रतिक्रिया या तो पूर्वानुमान के अनुसार हो, या फिर स्टेज पर से कलाकार को उनकी पसन्द-नापसन्द का अन्दाज़ा न मिल रहा हो। वरना हर चरण पर गीतों में या उनके क्रम में रद्दो-बदल होता ही रहता है।

इस समय बैक-स्टेज में वही हो रहा था। रिकॉर्डिस्ट के साथ बैठे हृदयनाथ से सम्पर्क किया गया, क्योंकि प्रेक्षकों के बीच बैठे हुए उन्हें प्रेक्षकों की रुचि का

बेहतर अन्दाज़ा मिलता है। चूँकि गायकों में नितिन मुकेश और सुरेश वाडेकर भी थे, 'श्री 420' का "रमैया वस्ता वैया..." गाया गया; लताजी ने उषाजी के साथ 'समाधि' का "गोरे गोरे ओ बाँके छोरे..." गाया और मदन मोहन रचित एक ग़ज़ल "आपकी नज़रों ने समझा प्यार के क़ाबिल मुझे..." भी जोड़ी गयी ।

बम्बई की बारिश की रफ़्तार से आ रही फ़रमाइशों के साथ लताजी के लिए एक बड़ा ही अनोखा प्रशंसा पत्र आया। पैरिस में बसे तमिल भाषियों की ओर से किसी राजन स्वामी ने लिखा था कि 'आपको कम-अज़-कम एक गीत तो फ्रेंच भाषा में गाना ही चाहिए। आपके बहुभाषीय गीत संग्रह में एक और भाषा बढ़ाने के लिए नहीं, वरन् इसलिए कि अगर आप फ्रेंच में गायेंगी तो इस देश के लोगों को जानने को मिलेगा कि हिन्दुस्तानी संगीत कितना ख़ूबसूरत है।' प्रेक्षकों की तालियाँ थमते ही लताजी ने तमिल में कहा, "उंग पारात्क नन्ड्री, वणक्कम्!" ("प्रशंसा के लिए धन्यवाद, नमस्कार!") अनायास ही बोले गये इस वाक्य से हम सब भौंचक रह गये। लताजी ने अपने शुरुआत के दिनों में उर्दू ज़बान बोलनी सीखी, तो साथ-साथ लिखनी-पढ़नी भी सीख ली थी। पर तमिल और बाँग्ला भी कब सीखी, यह तो ख़ुद उन्हें भी याद नहीं, "कब यह तो पता नहीं, बस...ऐसे ही, कुछ अच्छा लगता है तो...वह हम ध्यान से देखते हैं, सुनते हैं, ग्रहण करते हैं और वह ज़हन में रह जाता है...बस ऐसे ही। मगर मैं यह नहीं मानती कि फ़लाँ भाषा बहुत सुन्दर है और फ़लाँ कर्कश है। वह तो सब बोलनेवाले पर है, वह कैसे और क्या बोलता है, उस पर निर्भर करता है।"

कार्यक्रम अपनी पराकाष्ठा पर था। लताजी के गीतों का आख़िरी दौर था। नेपथ्य में फ़रमाइशों का ढेर लग गया था। उस घड़ी हर फ़रमाइश करनेवाले को अपनी पसन्द सारे प्रेक्षकों की पसन्द जान पड़ती। कुछ लोग तो बहस करते हुए इतनी देर तक डटे रहते कि मुझे आश्चर्य होता कि एक अच्छे कार्यक्रम का आस्वाद लेने से वह चूक रहे हैं। पर उनके लिए शायद स्टेज के ज़्यादा नज़दीक होना अधिक महत्वपूर्ण था।

कार्यक्रम समाप्त होने में जब दो-तीन गीत रह जाते हैं, तब जा कर मैं अपने आपको निश्चिंत कर पाता हूँ। इस समय नेपथ्य के एक अँधेरे कोने में खड़े हुए मैं स्टेज पर गाया जा रहा गीत सुन रहा था और मन-ही-मन आज के कार्यक्रम की तुलनात्मक समीक्षा कर रहा था और मेरे अपने काम की आलोचना कर रहा था। तभी मेरे कन्धे पर किसी ने अपने मज़बूत हाथ से स्नेहपूर्ण दबाव डाला। पैरिस कार्यक्रम के युवा संयोजक थे। मेरी प्रश्नवाचक दृष्टि का जवाब दबी आवाज़ में, और शायद दो-तीन बार बोल कर आज़माए हुए अंग्रेज़ी शब्दों में दिया, "मैं चाहता

हूँ कि आज के कार्यक्रम की भव्य सफलता की बधाई सबसे पहले मैं तुम्हें दूँ।''
आत्म-विश्लेषण में अगर कोई बड़ी बाधा होती है, तो वह है—प्रशंसा, चाहे मैं उस कार्यक्रम का एक अदना-सा हिस्सा ही क्यों न होऊँ, पर अपने बारे में अच्छे शब्द सुनना किसे अच्छा नहीं लगता? ईश्वर तो दिन-रात सुनता रहता है, एकाध शाम मुझे माफ़ नहीं करेगा?

कार्यक्रम के अन्तिम गीत, ''सत्यम् शिवम् सुन्दरम्...'' का आख़िरी अन्तरा ख़त्म होने को था। कार्यक्रम चाहे कोई-सा हो, कहीं भी हो रहा हो, फिर भी लोगों को पता चल ही जाता है कि कार्यक्रम का आख़िरी गीत गाया जा रहा है; कभी ऐलान करने की ज़रूरत नहीं पड़ती। सम्भव है, गाने और बजानेवालों में, कार्यक्रम के अन्तिम चरण में नयी चेतना का संचार होता हो!

स्टेज पर प्रकाश का संचालन करनेवाला कर्मचारी भी जान गया होगा—शायद घड़ी देख कर इशारे के लिए तैयार ही बैठा था। गाना ख़त्म होते ही, लताजी अभी पूरा नमस्कार भी न कर पाई थीं कि प्रेक्षागार में रौशनी बढ़ाई गयी और स्टेज पर लगभग अँधेरा कर दिया गया; सिर्फ़ लताजी पर एक 'स्पॉट लाइट' रही, जिसके प्रकाश में वह लोगों से अभिवादन करती दिख रही थीं। स्टेज पर अचानक हुए अँधेरे की वजह से उन्होंने आश्चर्य से मुड़ कर मेरी ओर देखा और, 'ख़ैर हो गया' सो हो गया' के भाव से स्टेज पर से चलने को हुईं। तभी, नीम अँधेरे स्टेज पर फिर से पूरा प्रकाश होने पर प्रेक्षकों को अहसास हुआ कि उन्हें कलाकारों का अभिनन्दन करने का अवसर दिया जा रहा है और उन्होंने बड़े ज़ोरों से अभिनन्दन किया; कुछ नियत सेकेण्डों के बाद स्टेज पर फिर एक बार रौशनी कम हुई। पर चूँकि तालियाँ रुक ही नहीं रही थीं, मेरा ख़याल था कि रौशनी फिर बढ़ायी जायेगी। जिस तरह पर्दे वाले स्टेज पर 'कर्टन कॉल' होते हैं, उसी का यह पर्याय था। मैं झट-से उषा मंगेशकर, नीतिन, मुकेश और सुरेश वाडेकर को नेपथ्य से स्टेज पर लाया; इस बार सिर्फ़ लताजी और उषाजी पर स्पोट लाइट दाग़ी गयीं। यूँ रोशनी की आँख-मिचौली और अभिनन्दन की गड़गड़ाहट के बीच हम केवल नमस्कार की मुद्रा में खड़े थे। स्टेज पर रौशनी कम होती, साथ ही स्पॉट लाइट्स कलाकारों पर आतीं और एक लाइट वादकों पर घूमती। तालियाँ अनवरत चलती रहतीं। पराकाष्ठा की ओर बढ़ रही तालियों के बीच हम एकाध कदम आगे बढ़े, नमस्कार ही की मुद्रा में झुके और फिर चल दिये।

मैंने ऐसा 'कर्टन कॉल' कभी अनुभव तो नहीं किया था, कभी देखा भी नहीं था, और न ही जानता था कि ज़िन्दगी में दुबारा भोगने मिलेगा या नहीं।

प्रकरण 17

उम्र लम्बी तो हो, पर बढ़े नहीं

1983 के दिसम्बर महीने की एक सुबह, जब हमारे हवाई जहाज़ ने नैरोबी से, अफ्रीका के दक्षिण में स्थित स्वाज़ीलैण्ड के लिए उड़ान भरी, तब मैं नहीं जानता था कि हमारा विमान दक्षिण अफ्रीका के शहर जोहान्सबर्ग भी उतरनेवाला है। तब अभी किसी भारतीय नागरिक के लिए दक्षिण अफ्रीका देश में जाना, उनकी रंगभेद की नीति के कारण वर्जित था। कुछेक भारतीय कलाकारों ने उस देश में कार्यक्रम कर के दण्ड भी भुगता था। और शायद इसीलिए वहाँ जाने की—चाहे सिर्फ़ एअरपोर्ट पर ही क्यों न हो—उत्कण्ठा और बढ़ गयी।

अगर किसी व्यक्ति के बारे में उसे मिलने से पहले ही आपने बहुत सारी बुरी बातें सुन रखी हों, तो उसके हर आचरण में छल ही दिखेगा। इसलिए जोहान्सबर्ग के ये स्मट्स इण्टरनेशनल एअरपोर्ट पर हमें हर गोरे की हर हरक़त, हमारी चमड़ी के रंग से प्रभावित लगी। दक्षिण अफ्रीका के गोरों का रंग चाहे उतना ही गोरा हो जितना अमरीका, इंग्लैण्ड और ऑस्ट्रेलिया के निवासियों का, लेकिन यहाँ के लोगों में आत्मीयता की कमी ज़रूर नज़र आ रही थी। अपने से गहरे रंग की चमड़ीवाले किसी अजनबी से मिलते ही गप-शप शुरू कर देना अमरीका और ऑस्ट्रेलिया के गोरों की लाक्षणिकता है। इंग्लैण्ड का श्वेतवर्ग चाहे हँसी-मज़ाक पर न उतर आये, लेकिन दुआ-सलाम तो कर ही लेता है। पर यहाँ तो अभिवादन भी नदारद था। ऐसा लग रहा था, जैसे इनके चेहरों पर लिखा हुआ है, 'यहाँ आपका स्वागत नहीं है।'

अगर बैठने के लिए मैं ढूंढता तो शायद कहीं और जगह मिल जाती, पर मैं एक गोरे के पास ही जा कर बैठा। कुछ देर तक तो वह सहमा हुआ बैठा रहा, लेकिन फिर एकदम से उठ खड़ा हुआ और पास ही खड़े एक पुलिसकर्मी से कुछ बातें करने लगा। लताजी की तनी हुई भँवों ने जैसे कहा, "कहीं कुछ अशुभ न हो।"

आस-पास नज़र फेरते हुए अभी मैं रंगभेद का कोई ठोस संकेत ढूँढ ही रहा

था कि दो पुलिस अफ़सर मेरे पास आये और पूछा, "आप इस दल के साथ हैं?...यह महिला कोई राजनीतिक नेता हैं?"

"राजनीतिक नेता?" मैंने स्पष्टीकरण किया कि हम तो एक संगीत मण्डली हैं, "और वह जो बैठी हैं, जगप्रसिद्ध गायिका लता मंगेशकर हैं।"

"जगप्रसिद्ध!" उसका अफ़सरी रौब कुछ कम हुआ जान पड़ा, "हमने तो इण्डिया के महात्मा गाँधी, और महात्मा गाँधी की पुत्री(!) आपकी राष्ट्रपति (!!) श्रीमती इंदिरा गाँधी ही के बारे में सुना है।" इस अज्ञान के लिए इनको दोषी ठहराया जाये या भारत के जनसम्पर्क प्रयास के पिछड़ेपन को, या इसे विश्व द्वारा दक्षिण अफ्रीका के विरुद्ध किये गये बहिष्कार की सफलता समझी जाये?

"किस तरह का संगीत प्रस्तुत करती हैं वह?" दूसरे ने पूछा।

"हमारी फ़िल्मों में गीत होते हैं जो स्वयं अभिनेता नहीं, पार्श्व गायक-गायिका गाते हैं और यह हमारी सबसे अधिक सम्मान-प्राप्त गायिका हैं।

"सम्मान-प्राप्त? तो सब इतना चिल्ला क्यों रहे हैं?"

"हम तो अपनी उड़ान का इन्तज़ार कर रहे हैं!" मैंने कुछ उत्तेजित स्वर में

इस छोटे से कमरे में है, हिन्दी फ़िल्म संगीत का एक भरा-पूरा युग

कहा।

"आप नहीं...बात यह है कि बाहर बहुत सारे इण्डियन्स जमा हुए हैं और वह इनसे मिलना चाहते हैं। पर आपकी सरकार का क़ानून आपको हमारे देश में आने की इजाज़त नहीं देता...फिर भी हम इस महिला के लिए अपवाद कर सकते हैं। वह चाहें तो कुछ देर के लिए बाहर जा सकती हैं...हम उनके पासपोर्ट पर मुहर नहीं लगायेंगे।"

श्वेत आधिपत्य वाले इस देश में, गोरे क़ानून के इस गोरे रखवाले द्वारा दी गयी यह रियायत, किसी सम्मान से कम न आँकी जाती, लेकिन लताजी ने तो दो-टूक जवाब दिया, "ज़िन्दगी में एक बार घर आये मेहमान के साथ अच्छा व्यवहार करना कोई बड़ी बात नहीं। अगर वह अपनी सज्जनता दिखाना ही चाहते हैं, तो अपने ही देश के नागरिकों के लिए अपना क़ानून थोड़ा-सा क्यों नहीं मोड़ते? बाहर खड़े लोगों को अन्दर क्यों नहीं आने देते!"

मैंने इस जवाब का अंग्रेज़ी में कुछ कोमल अनुवाद करके उन अफ़सरों से कहा। उन्होंने कहा, "वह तो मुमकिन नहीं...पर आप कम-अज़-कम हमसे ही उनका परिचय करवा दीजिए!"

क्या रंगभेद का मानस अब धुँधला रहा था?

1991 तक तो रंगभेद के विरुद्ध छिड़ा विश्वव्यापी अभियान वांछनीय परिणाम लाया और भारत सरकार ने दक्षिण अफ्रीका में सांस्कृतिक कार्यक्रमों के लिए अनुमति दे दी थी।

यह तो डर्बन शहर पहुँच कर पता चला कि सारी दुनिया ने दक्षिण अफ्रीका का जो व्यापारिक और सांस्कृतिक बहिष्कार किया था, उसकी वजह से सब से ज़्यादा नुक़सान तो बड़ी संख्या में निम्न स्तर पर काम करनेवाले श्यामवर्ण के स्थानीय लोगों का ही हुआ था। भारत में 'स्मगल्ड' वस्तुओं का इस्तेमाल करनेवाले कई लोग, उत्पादनों पर 'दक्षिण अफ्रीका' की मुहर देख कर सैद्धान्तिक रूप से वह चीज़ नहीं ख़रीदते थे। पर तब वह नहीं जानते थे कि किसी बहु-देशीय कम्पनी के गोरे 'साहबों' (अधिकारियों) पर इसका कोई असर नहीं पड़ेगा। पर उस माल की बिक्री और उत्पादन कम होने पर, उस कम्पनी में से सैकड़ों की तादाद में मज़दूर निकाल दिये जायेंगे, यही वजह थी कि दक्षिण अफ्रीका के शहरों में गुनाहों का अनुपात बेहद बढ़ गया था। और गुनाहों में कोई रंगभेद नहीं था, इसलिए हमें बताया गया था कि ग़लत समय पर अकेले न निकलें और अगर निकलें, तो कलाई पर बाँधी घड़ी तक उतार कर, क्योंकि यहाँ का बेधड़क गुनहगार चाकू दिखा कर आपसे आपकी घड़ी माँगने की विनयशीलता में शायद ही समय गँवाए। सुना था कि

यह लोग अपनी 'जीन्स' में छिपा धारदार बड़ा सा चाकू निकाल कर आपकी कलाई पर वार कर देते हैं और घड़ी ले कर पास के स्टेशन पर से तभी छूट रही ट्रेन में कूद जाते हैं। ज़मीन पर गिरी अपनी हथेली आप ख़ुद ही उठा लीजिए!

लेकिन डर्बन के समन्दर किनारे की ख़ूबसूरती किसी पर्यटक को ललचाए बग़ैर नहीं रहती। अभी दो साल पहले तक यह समुद्र का किनारा भी विभाजित था। गोरे, काले, भारतीय और मिश्र रंग के लोगों के लिए अलग-अलग जगहें नियुक्त की गयी थीं। लेकिन यह तो तब की बात है जब सार्वजनिक जगहों पर बेझिझक कुछ शर्मनाक शब्द लिखे पाए जाते, 'यह जगह सिर्फ़ गोरों के लिए है'; 'यहाँ अश्वेत तथा श्वान के लिए प्रवेश बन्द है।' लेकिन बीसवीं शताब्दी का अन्तिम दशक आते-आते, यह लगभग लुप्त हो चला था। अब तो यहाँ बसे समृद्ध भारतीय, श्वेत इलाकों में शानदार घर ख़रीद कर रहने लगे थे। यानी अब डर्बन और केपटाउन शहरों की ख़ूबसूरती में ऐब नहीं दिखनेवाले थे।

शताब्दियों से साहसिक व्यापारियों ने अपने अनन्त सामुद्रिक मार्ग पर जिसे आशा का चिह्न माना था उस 'केप ऑफ़ गुड होप' में अगर कहीं रंगभेद दिखना था, तो सिर्फ़ आठ सौ फ़ीट की ऊँचाई से! अफ्रीका महाद्वीप के दक्षिणी छोर पर, अतलान्टिक और भारतीय महासागरों के पानी का अलग-अलग रंग साफ़ दिखाई देता है।

केपटाउन शहर में एक तरफ़ ठाठें लेता समन्दर और दूसरी तरफ़ साढ़े तीन हज़ार फ़ीट ऊँचे 'टेबल माउण्टेन' के बीच, आप अपनी चमड़ी के रंग को भुला कर, आज शहर की सुन्दरता और समृद्धि का जायज़ा ले सकते हैं। यह विराटकाय चट्टान—टेबल माउण्टेन—दिन में एक अडिग रक्षक और रात में बड़ी-बड़ी लाइटों की रौशनी में कुछ भयानक फिर भी अलौकिक लगता है। जितनी बार देखो, 'रोप वे' से ऊपर जाने को मन ललचाता है।

इस देश में पढ़ाई के लिए श्रेष्ठ सुविधाएँ मौजूद तो थीं, पर अलग-अलग वर्णों के लिए अलग-अलग विश्व विद्यालय मुक़र्रर किये गये थे। हमें बताया गया कि ऐसे ही एक विश्वविद्यालय के स्टेडियम में लताजी का कार्यक्रम होगा।

शहर के एक छोर पर बहुत सारी पहाड़ियों से घिरे एक पठार पर, यूनिवर्सिटी ऑफ़ डर्बन—वेस्टवील स्थित है। शिक्षा के हर विषय के लिए अलग विभाग है, अलग इमारत है। यहाँ भारतीय संगीत के विषय में भी डिग्री हासिल की जा सकती है और इसकी शिक्षा के लिए भी अलग इमारत है! मैंने भारत की किसी यूनिवर्सिटी को इतने रमणीक परिसर में नहीं पाया, न ही यहाँ जैसा अनुशासन देखा है।

रिहर्सल के लिए जब हमें वहाँ ले जाया गया, तब यह भी बताया गया

कि यह जगह, 'रंगभेद का एक बचा-खुचा अवशेष है'!

मुझे कार्यक्रम के प्रायोजकों द्वारा फ़रमाइशों की एक लम्बी सूची दी गयी, जो पूरी करने के लिए लताजी को हफ़्तों कार्यक्रम करने पड़ते! लताजी ने उस पर नज़र फेर कर रख दी और काम में व्यस्त हो गयीं।

मैंने देखा है कि सुननेवालों की पसन्द और कलाकारों की अपनी पसन्द में कई बार चौंका देनेवाला अन्तर होता है और इसकी कई वजहें हो सकती हैं, जो अक्सर वह किसी को बताना नहीं चाहते।

लताजी ही के गाये एक गीत की बात याद आ रही है। बड़ा सुन्दर गीत और इतना मशहूर कि जब उनके सैकड़ों बेहद लोकप्रिय गीतों में से कुल पचास ही चुनने हों, तब भी वह गीत ऐसी संक्षिप्त सूची में अपना स्थान पाता। फिर भी बाज़दफ़ा, हमारे कहने और लोगों की फ़रमाइश के बावजूद, लताजी वह गीत गाने से इनकार ही करें। एकाध बार तो यह भी कह दिया कि "अगर आप सब ज़ोर देते हैं तो गा लूँगी, फिर कुछ हुआ तो मेरी ज़िम्मेदारी नहीं।"

"कुछ... ?" मैंने यह नहीं पूछा कि उस 'कुछ' से उनका क्या तात्पर्य था। हाँ, इतना ज़रूर पता था कि उनकी यह धारणा है कि जब वह उत्तेजित या व्याकुल होती हैं, तब वे ठीक से नहीं गा पातीं। लेकिन किसी एक गीत को ले कर, जो कि मूल रूप से उन्हीं ने गाया है और जो दुनिया ने सराहा है, व्याकुल होने का क्या कारण हो सकता है? इस गीत के फ़िल्मीकरण में कोई अश्लीलता भी नहीं थी!

खोजबीन के लिए एक रोचक मसला था।

कई साल पहले, 1954 के आस-पास, लताजी ने एक बड़ा ही सुन्दर, भावपूर्ण भजन गाया था : "निस दिन बरसत नैन हमारे...।" यह उन भजनों में से एक था, जिससे सालों तक आकाशवाणी के दिन की शुरुआत होती थी।

इसकी संगीत रचना की थी लताजी ही के छोटे भाई हृदयनाथ ने, जिसने बस तभी-तभी संगीत क्षेत्र में कदम रखा था। तब हृदयनाथ की उम्र रही होगी कोई 17 साल। इस मीठी और सालों याद रह जानेवाली धुन की रचना के लिए उसे कुल मिला कर 15 रुपये मिले थे, और 'रॉयल्टी' की माँग तो स्थापित कलाकार ही कर सकते हैं! और इसी गीत की धुन से 'प्रेरणा' ले कर एक फ़िल्मी गीत बनाया गया और सालों तक उसकी लोकप्रियता भुनाई गयी। शायद वह गीत गाते हुए लताजी को यह बात नये सिरे से याद आती होगी। शायद स्टेज पर वह गीत गा कर उसे अधिक लोकप्रिय न बनाना चाहती हों! मैंने देखा है कि जहाँ तक लताजी का सवाल है, अगर किसी गीत के साथ किसी तरह की कड़ुवाहट जुड़ी है, तो वह गीत गाना वह पसन्द नहीं करतीं।

मसलन, फ़िल्म 'संगम' का चुलबुला मशहूर गीत ''बुड्ढा मिल गया...''। यह गीत तो लताजी की आवाज़ में रिकॉर्ड ही न होता अगर उन्हें पहले से इसके शब्द और सिच्युएशन के बारे में पता होता! न लताजी को गीत की सिच्युएशन अच्छी लगी थी, न ही इसके शब्द। इस बारे में संगीतकार जयकिशन से कुछ झड़प भी हुई, लेकिन गाने का वादा जो किया था, ''बस उस गाने की अवधि तक मैं उस गीत में खोई रही। गीत गा लिया, चली आयी...और उसे भूल जाने की कोशिश की।'' चाहे वह गीत कितना ही लोकप्रिय क्यों न हुआ हो, चाहे वह गीत गाने के लिए कितनी ही फ़रमाइशें क्यों न आयी हों, लताजी ने 1974 से ले कर अब तक किये स्टेज कार्यक्रमों में कभी नहीं गाया। इत्तफ़ाक़न यह गीत आकाशवाणी ने भी 'बैन' किया है।

अगर गीत अच्छा लगा हो, लेकिन उसका फ़िल्मांकन पसन्द न आया हो, तो भी वह गीत कार्यक्रमों के लिए वर्जित गीतों की सूची में आ जाता है। 'रोटी कपड़ा और मकान' का ''हाय हाय यह मजबूरी...'' अगर कभी बहुत ज़ोर देने पर गा भी लिया, तो बेमन से। और 'दो रास्ते' के गीत ''बिन्दिया चमकेगी...'' पर प्रेक्षकों का कम-अज़-कम एक कोना तो बेसाख़्ता नाचने लगता ही है और इसी बात पर लताजी बेचैन हो जाती हैं। अगर यह गीत गवाना हो तो लताजी से कहने की ज़िम्मेदारी हम में से हर कोई किसी और पर थोपने की कोशिश करता है।

कोई गीत अगर बहुत अच्छा लगता हो, गीत मशहूर भी हो, लेकिन अगर उसके शब्दों में कहीं कुछ आपत्तिजनक हो, तो ख़ुद ही उस हिस्से को 'एडिट' कर देती हैं। स्टेज पर से फ़िल्म 'चाँदनी' का गीत ''मेरे हाथों में नौ नौ चूड़ियाँ...'' सुननेवाले प्रेक्षक शायद ही ग़ौर करते हैं, कि उस गीत का चोली और दरज़ीवाला एक बड़ा 'इन्टरेस्टिंग' अन्तरा लताजी गाती ही नहीं!' मेरा तर्क है कि परदे पर खुले-आम 'सेक्स' दिखाने से बेहतर है कि अन्तरंग प्रेम की अभिव्यक्ति, कलात्मक संकेतों से की जाये और यह काम संगीत और नृत्य के माध्यम से हमारे गीत बख़ूबी करते हैं। इनमें कहीं गीतों के शब्दों में थोड़ी ज़्यादा छेड़-छाड़ हो या हीरोइन को भिगोने के लिए मूसलाधार बारिश आ जाये, तो आपत्ति क्यों?

हममें से किसी ने नहीं सोचा था कि डर्बन के कार्यक्रम में फ़िल्म 'लेकिन' के गीत ''यारा सीली सीली...'' को धुआँधार प्रतिक्रिया मिलेगी। जब कभी लताजी के प्रिय गीत को प्रेक्षक भी बहुत ज़्यादा पसन्द करते हैं, तो वह ख़ूब 'मूड' में आ जाती हैं। फिर वह प्रेक्षकों की पसन्द के गीत दुगुने उत्साह के साथ गाने को तैयार हो जाती हैं—जैसे उन्हें कोई उपहार देना चाहती हों।

दुनिया के अन्य देशों की तरह दक्षिण अफ्रीका में भी हिन्दी के अलावा

दूसरी भाषाओं में गीत गाने की फ़रमाइशें बराबर आती रहती थीं। फ़र्क़ सिर्फ़ एक ही था कि यहाँ सबसे ज़्यादा लोग गुजराती गीत सुनना चाहते थे। स्व. अविनाश व्यास लिखित और रचित एक ही गीत "मेंदी ते वावी माळवे...", गुजरात के संगीत और संस्कृति का प्रतिनिधित्व करने के लिए सक्षम था। वही गाया गया और...जैसे एक चमत्कार हुआ। गीत के चलते कलाकार नहीं जान पाये थे कि प्रेक्षकों पर कैसा आह्लाद छाया था। पर गीत पूरा होते ही जैसे तालियों का बवण्डर-सा उठा। गड़गड़ाहट रुकने में ही नहीं आती थी। मेरे स्टेज पर जाते ही उत्तेजना कुछ बढ़ गयी—मुझे स्टेज पर से उतारने के लिए! लताजी को गीत दुबारा गाना पड़ा। लताजी के गीतों पर 'वन्स मोर' की माँग होते हुए तो पहले कई बार सुनी थी, लेकिन आज तो लताजी को दुबारा वही गीत गाना ही पड़ा।

गीत पूरा होने पर जब मैं फिर स्टेज पर गया, तो प्रेक्षकों के आनन्द और विजय की मिली-जुली ध्वनि, कानों को बधिर कर देनेवाली थी। पहली बार अनुभव हुआ, कि माइक्रोफ़ोन भी लोगों तक आवाज़ पहुँचाने में नाकाम था। लताजी इस सम्मान के उत्तर में विनम्रता से झुक कर नमस्कार करती रहीं, पर तालियाँ न रुकीं और लताजी को मजबूरन फिर से उस गुजराती गीत का मुखड़ा और एक अन्तरा गाना पड़ा।

इस 'हैट-ट्रिक' उपलब्धि पर कपिल देव ने उस समय के उन्हीं के एक लोकप्रिय विज्ञापन की तरह, ज़रूर कहा होता, "लताजी दा जवाब नईं!"

इस तेज़-रफ्तार गीत को मिली प्रतिक्रिया देख कर मैंने मन-ही-मन सोचा कि अच्छा ही हुआ कि 'महल' का सुन्दर लेकिन कुछ धीमा गीत "आयेगा आनेवाला..." न लिया गया। लेकिन तभी गीत से पहले का कतआ, लताजी की

मुझे लंदन भी प्रिय है—चलती हुई मोटरकार से लताजी द्वारा खींची गई लंदन के विख्यात 'बिग बेन' की तस्वीर

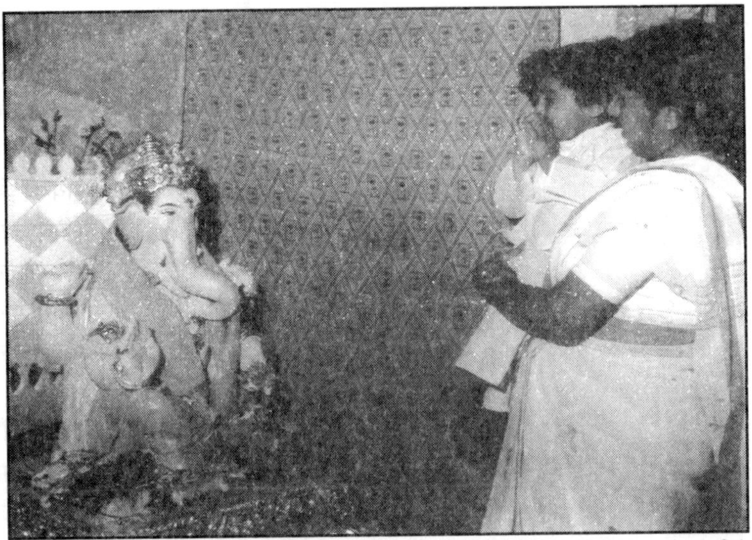

गणपति प्रतिष्ठान के सप्ताह में तो सारा दीवानखण्ड पूजा घर में परिवर्तित हो जाता है। भतीजे आदिनाथ के साथ

आवाज़ में सुनायी दिया।

इस गाने की चर्चा दक्षिण अफ्रीका के लिए हो रहे कार्यक्रमों के रिहर्सल में हुई थी : गीत लिया जाये या नहीं। चूँकि मुझसे पूछा गया था, मैंने गीत लिए जाने के ख़िलाफ़ यह दलील पेश की थी कि शायद इससे बेहतर कई उम्मीदवार मौजूद हैं। और लताजी ने कुछ मुस्कुराते हुए कहा था, "सीधे क्यों नहीं कहते कि आपको गाना बड़ा ठण्डा लगता है!"

क्या पता शायद मेरा दख़ल जँचा न हो। मुझे सुन्न-सा देख कर शायद उन्होंने वह कहा जो असल में कहना चाहती थीं, "और-तो-और, ख़ुद मास्टरजी को भी यह गाना बड़ा ठण्डा लगता था।"

"खेमचन्द प्रकाशजी...?"

"हाँ, 'महल' के संगीतकार," लताजी ने कहा, "मुझे ठीक याद है, गाना रिकॉर्ड होने के बाद हम सबने इसे कई बार सुना। मास्टरजी बार-बार कह रहे थे कि गाना बड़ा ठण्डा है, ख़त्म होने में ही नहीं आता, इसे तो फ़िल्म में रखना ही नहीं चाहिए, लेकिन मैं डटी रही। मैंने कहा था, 'देखिएगा यह गाना तो बहुत पॉपुलर होगा'। इसलिए घबराइए मत, यह गाना इस कार्यक्रम तो क्या, फ़िल्म में से भी निकाला जानेवाला था।"

इस गीत के भविष्य पर सन्देह करनेवाला संगीतकार, इस गीत की अपार

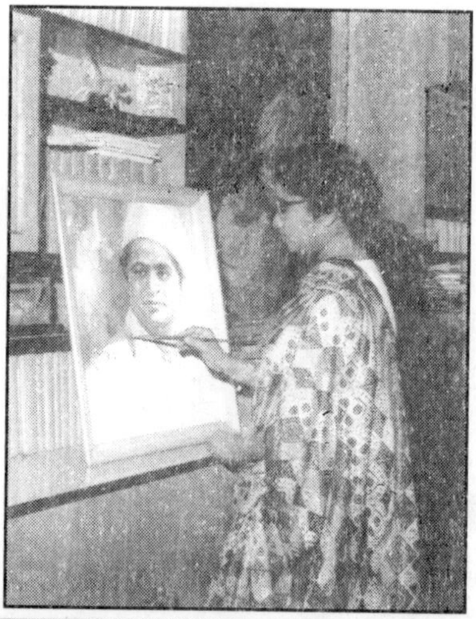

लोकप्रियता का आस्वाद लेने के लिए मौजूद नहीं था। फ़िल्म प्रदर्शित होने के समय खेमचन्द प्रकाश अस्पताल में थे और गीत के मक़बूल होते-होते चल बसे।

इस समय नेपथ्य में बैठे हुए मैं एक और दिशासूचक-सा गीत सुन रहा था : 'पाक़ीज़ा' का "इन्हीं लोगों ने..." बस, इस गीत के बाद लताजी को काफ़ी समय तक स्टेज पर जाना नहीं होगा। तब उनसे एक सवाल ज़रूर पूछूँगा।

"क्या कोई गीत रिकॉर्ड करते समय ही आपको अन्दाज़ा हो जाता है कि वह गाना बहुत लोकप्रिय होगा? 'क्लासिक' बन जायेगा?"

कुछ क्षण सोचने के बाद लताजी ने कहा, "अगर 'हाँ' कहूँ तो बड़ा नाटकीय लगेगा न?" कह कर खिलखिला कर हँस दीं! फिर, "नहीं हरीशजी, हमेशा ऐसा ही होता है, यह कहना ग़लत होगा और ऐसा कभी नहीं होता यह भी नहीं कह सकती। दरअसल ज़्यादातर गाने तो मुझे रिकॉर्ड करने के बाद याद ही नहीं रहते।"

कुछ साल पहले, जब फ़िल्म 'एक दूजे के लिए' के रिकॉर्ड बाज़ार में आये ही थे, मैं लताजी से एक स्टूडियो में मिला।

बातें करते हुए मैंने उन्हें "तेरे मेरे बीच में..." मुखड़ेवाला एक नया गीत, बहुत ही सुन्दर गाने के लिए बधाई दी। उस गाने की एक तान सुनते ही मैंने उसे अपने (ऑस्ट्रेलिया भेजे जा रहे) रेडियो कार्यक्रम में शामिल कर लिया था और आस-पास मौजूद लोगों से ऐलान किया था कि देखना यह गाना ज़रूर बहुत

बहन आशा के साथ संघर्ष के दिनों में फुरसत के क्षण

चलेगा। और लताजी से बातचीत होते-होते यह गीत हो भी चला था बड़ा लोकप्रिय। लेकिन लताजी के चेहरे पर अभिव्यंजना के नाम पर शून्यावकाश था, ''कौन-सा गाना? 'तेरे मेरे बीच में'? यह कौन-सी फ़िल्म का गाना है?''

''फ़िल्म का नाम तो मैं भी नहीं जानता, हाँ, गाना लक्ष्मीकान्त-प्यारेलाल का है।''

''तेरे मेरे...बीच में? मैंने लक्ष्मी के लिए ऐसा तो कोई गीत नहीं गाया। आपकी ग़लती हो रही होगी।''

''यानी मैं आपकी आवाज़ भी नहीं पहचानता?''

"यह बात नहीं, पर मैंने तो ऐसा कोई गीत गाया ही नहीं...फिर उसमें तान भी थी! अच्छा उस गीत की धुन कैसी है बताइए?"

अब आयी मेरी शामत! मैं बेसुरा अलापूँ और वह भी लताजी के सामने? मैंने कहा, "वह तो सुर ढूँढते-ढूँढते देर लग जायेगी...हाँ, शायद शिवरंजनी राग में है।"

उन्होंने शिवरंजनी के सुर गुनगुनाए, पर गाना याद नहीं आया।

अभी हफ़्ता भी नहीं हुआ होगा, कि लताजी की 'बेस्ट फ्रेण्ड' नलिनी म्हात्रे ने ओटावा (कनाडा) से फ़ोन कर के उन्हें उसी गीत के लिए बधाई दी, "'एक दूजे के लिए' का गीत सुन कर तो तुम्हारा पुराना ज़माना याद आ गया, क्या 'मेलोडी' है, क्या मधुरता है, जैसे, पचास के दशक का कोई गीत हो।"

"कौन-से गीत की बात कर रही हो?" जब बीते दिनों की मधुरता की बात आयी तो तफ़सील से जानना चाहा।

"वह...'कैसा है यह बन्धन अनजाना'..."

"अनजाना?"

"हाँ...याद नहीं?"

"मैंने तो कोई अनजाना-वनजाना गीत नहीं गाया।"

"तुम गाने न गाने की कहाँ ले बैठीं, वह गाना तो बहुत 'पॉपुलर' हो गया है!"

फिर गाने की उस तान और लक्ष्मीकान्त-प्यारेलाल का ज़िक्र आया, तो लताजी ने अब के गाना ख़ुद ही सुनने की ठान ली। रिकॉर्ड मँगवाया।

"वह रिकॉर्ड मैं घर लाई, उसे ढंग से सुना तब मुझे शान्ति हुई कि भई अब कोई तारीफ़ करे, तो कह तो सकती हूँ कि हाँ गाया है!"

इससे एक निष्कर्ष तो यह निकलता है कि गाना गाते समय यह अन्तर्बोध होना ज़रूरी नहीं कि वह गीत स्टूडियो की चारदीवारी से निकलकर देश भर में उत्सव बन कर छा जायेगा।

इसके विपरीत, 1990 के आस-पास, हमारी फ़िल्मों में स्वर माधुर्य का पुनः पदार्पण करनेवाले कुछ गीत लताजी ने गाये थे—युवा निर्देशक सूरज कुमार बड़जात्या और संघर्षरत संगीतकार राम-लक्ष्मण के लिए फ़िल्म 'मैंने प्यार किया' के लिए।

रिकॉर्डिंग करते हुए लताजी को ज़रूर यह आभास हुआ था कि यह गीत लोकप्रियता की सीमाएँ लाँघ कर, कुछ विक्रम स्थापित करने की क्षमता रखते हैं। और यह बात उन्होंने कही भी थी, जो एक रिकॉर्डिंग कम्पनी के अधिकारी के कानों तक पहुँची और यह अनमोल भविष्यवाणी औरों तक पहुँचे, उससे पहले ही

उसने राजश्री संस्थान से संगीत के अधिकार ऊँचे दाम ख़रीद लिए। इसके बाद का इतिहास तो सर्वविदित है।

अगर किसी गायक या संगीतकार को गीत के भविष्य के बारे में अन्तर्बोध हुआ हो, तब भी वह कई कारणों से झुठला जाता है।

संगीतकार सी. रामचन्द्र की 'अनारकली' के साथ-साथ अनारकली ही के विषय पर एक और फ़िल्म बन रही थी, जिसके संगीतकार अनिल बिस्वास थे। धुनों को तरतीब देने में और लोकप्रियता में दोनों ही संगीतकार अतुलनीय थे। दोनों ही फ़िल्मों में, कहानी की पराकाष्ठा में—अनारकली को दीवार में ज़िन्दा चुनवा दिये जाने के दृश्य में—लता मंगेशकर का ही गाया गीत था। सी. रामचन्द्र की 'अनारकली' का "ये ज़िन्दगी उसी की है..." आज पैंतालीस साल बाद भी 'अलविदा' कहने का नाम नहीं लेता, जब कि समानान्तर बन रही दूसरी फ़िल्म किन्हीं कारणों से पूरी ही न हुई और अनारकली की अनिल बिस्वास-रचित पुकार रुँध गयी। वह गीत, "अल्लाह भी है, मल्लाह भी है, कश्ती है कि डूब जाती है..." बाद में 'मान' नामक एक फ़िल्म में किसी भिखारिन के होठों से सुना गया और गुमनामी के गर्त में खो गया।

वैसे 'अनारकली' के संगीत की कहानी भी कम रोचक नहीं।

'अनारकली' के गीतों के चाहक शायद ही जानते हों कि उनका प्रिय गीत कौन-से संगीतकार की रचना है! क्योंकि इस फ़िल्म में कई संगीतकार आये और गये!

फ़िल्मिस्तान के शशधर मुखर्जी ने 'अनारकली' के लिए सी. रामचन्द्र को अनुबन्धित किया था, पर शायद गायिका के चुनाव के प्रश्न पर संगीतकार ने फ़िल्म छोड़ दी—मुखर्जी साहब, सभी गीत गीता दत्त से गवाना चाहते थे, जब कि सी. रामचन्द्र को अपने काम में हस्तक्षेप मंज़ूर नहीं था।

सी. रामचन्द्र की जगह हेमन्त कुमार आये, दो गाने रिकॉर्ड भी हुए (जिनमें से एक था उन्हीं का गाया "ज़िन्दगी प्यार की दो-चार घड़ी होती है..."), पर किसी कारणवश हेमन्त कुमार ने भी फ़िल्म छोड़ी और आये (खेमचन्द प्रकाश के भाई) बसन्त प्रकाश। इन्होंने भी (गीता दत्त की आवाज़ में) एक गीत रिकॉर्ड किया, पर आख़िर निर्माता ने बुलावा भेज कर सी. रामचन्द्र को वापस लिवाया। इस बार उन्होंने इसी बात पर फ़िल्म स्वीकार की, कि सभी गीत लताजी से गवाए जायें।

एक गीत, "ज़माना यह समझा कि हम पी के आये...", उसकी कुख्यात हिचकी और सी. रामचन्द्र की विख्यात त्वरा के साथ मुखर्जी साहब की अनुपस्थिति में रिकॉर्ड किया गया और संगीतकार चल दिये कोल्हापुर, एक मराठी फ़िल्म पर

काम करने।

उन्हीं के पीछे-पीछे क्रोधित शशधर मुखर्जी द्वारा भेजा हुआ एक क़ानूनी नोटिस पहुँचा, जिसमें एक 'चलताऊ' गीत रिकॉर्ड कर के कम्पनी को नुक़सान पहुँचाने की एवज़ में, 75,000 रुपए की माँग की गयी थी!

सी. रामचन्द्र के बम्बई लौटते ही निर्माता ने इस गीत की जगह दूसरा गीत बनाने का आग्रह किया। संगीतकार राज़ी हो भी गये, लेकिन फ़िल्म लगभग तैयार हो चुकी थी और फ़िल्म की नायिका बीना राय विदेश के लम्बे दौरे पर जा रही थीं, इसलिए निर्माता ने मन मार कर गीत फ़िल्म में शामिल करने की हामी भर दी और निर्देशक नन्दलाल जसवन्तलाल ने उसका फ़िल्मांकन किया।

1 जनवरी, 1953 को बम्बई के नॉवल्टी थियेटर में 'अनारकली' का प्रीमियर हुआ। गीत में आनेवाली पहली हिचकी सुन कर प्रेक्षक कुछ स्तब्ध-से थे, पर गीत पूरा होते-होते उसे सर पर उठा लिया। तभी अन्दाज़ा हो गया कि यह गीत फ़िल्म संगीत में अपने लिए एक अलग जगह बनायेगा।

यह विश्वास करने को भी मन करता है, कि हो सकता है मनुष्य की तरह गीत भी अपना भाग्य ले कर आता हो। गीत के भी तो—कुछ-कुछ मनुष्य की तरह—जन्म का समय होता है। पौर्वात्य और पाश्चात्य, दोनों ही संस्कृतियाँ, जन्म-समय से जुड़े पूर्व-निश्चित भविष्य को स्वीकार करती हैं। अनिलदावाला गीत, उस प्रतिभावान परन्तु अनाथ बालक की तरह था, जिसे किसी पराए ने गोद तो लिया, मगर परवरिश सही नहीं की!

लताजी ने मुझे कुछ ऐसे गीतों के बारे में भी बताया है, जिनका जन्म होने की आशा सभी सम्बन्धित लोगों ने छोड़ दी थी, "बस वह न बनते-बनते बने थे और फिर भी बहुत ही 'पॉपुलर' हुए।"

यह पहले बताया जा चुका है कि सलिल चौधरी द्वारा रचित फ़िल्म 'परख' का "ओ सजना बरखा बहार आयी..." मूल बाँग्ला गीत की धुन पर लिखा गया था। लेकिन इसका जन्म होने से पहले ही इसकी जीवन-लीला समाप्त होनेवाली थी।

"जब मूल बाँग्ला गीत ("ना जेओ ना, रॉजोनी एखोनो बाक़ी...") तैयार हो रहा था, तब यह किसी को पसन्द न आया था। सलिलदा ने गीत का मुखड़ा बनाकर (सलिल चौधरी ने ही वह गीत लिखा भी था) मुझे सुनाया," लताजी कह रही थीं, "मुझे तो बहुत अच्छा लगा, लेकिन न सलिलदा सन्तुष्ट थे, न ही रिकॉर्डिंग कम्पनी वाले। सलिलदा से कोई नया गीत लिखने को कहा गया। पर पता नहीं क्यों, मैंने ही ज़िद की कि यही गीत करेंगे। लेकिन रिकॉर्डिंग के दिन

तक गीत का अन्तरा भी लिखा न गया था और उस दिन मेरी तबीयत भी कुछ ख़राब थी, लग रहा था कि इस गीत के बारे में तो हमें भूल ही जाना चाहिए...फिर भी मैं स्टूडियो गयी। सलिलदा भी कुछ बेमन से आये और रिकॉर्डिंग से पन्द्रह मिनट पहले ही गीत के अन्तरे लिखे, तर्ज़ पूरी की और ओर्केस्ट्रा को सरगम लिखवा कर गीत रिकॉर्ड हुआ।''

आज तक यह गीत (''ओ सजना...'') स्टेज कार्यक्रमों में लताजी से बार-बार गवाया जाता है और उनके सर्वाधिक प्रिय गीतों से एक है!

''लेकिन क्या बाँग्ला गीत का सिर्फ़ मुखड़ा सुनते ही आपको पता चल गया था कि यह बहुत चलेगा?''

''नहीं तो; मुझे तो बस गीत भा गया था।''

''बता सकती हैं क्यों?''

''इसका जवाब आज तक कोई दे पाया है? लेकिन...मेरे ख़याल से जब लिखे हुए शब्दों पर धुन बनाई जाती है तो उसमें कविता की रूह उभर आती है—हालाँकि हिन्दी गीत के शब्द तो बाद में लिखे गये।''

ज़्यादातर लोकप्रिय गीत वही हैं, जिनके शब्दों पर धुन बनाई गयी, या शब्द और धुन की रचना साथ-साथ हुई।

संगीतकारों के संगीतकार मदन मोहन भी इसी के पक्ष में थे। अगर गीत में निहित कविता उन्हें छू न गयी हो, तो गीत का काग़ज़ शायर को लौटाते हुए वह कहते कि 'पहले शायरी में कुछ बात पैदा कीजिए'। एक बार शायरी उन पर असर कर जाये, तो बस ऐसी धुन तैयार होती, जो सालों तक श्रोताओं पर असर करती रहती।

''ओ सजना...'' जितना ही कर्णप्रिय और शायद उससे भी ज़्यादा एक लोकप्रिय गीत तो किसी और की आवाज़ में रिकॉर्ड होने से बच गया।

1961 में हेमन्त कुमार एक फ़िल्म बना रहे थे। ब्रिटेन के सुविख्यात ख़ुफ़िया पात्र शेरलॉक होम्स की एक कहानी पर आधारित इस फ़िल्म का माहौल पारभौतिक था। हेमन्त कुमार ने अपने गीत में भी ऐसे ही वातावरण का सृजन किया था। गायन और आवाज़ में भी वह ऐसा ही प्रभाव चाहते थे और उनके मत से यह प्रभाव लताजी पैदा कर सकती थीं। पर लताजी अभी बीमार थीं और बीमारी के बाद भी डॉक्टरों ने पूरे आराम की सलाह दी थी। इधर फ़िल्म पूरी करने की जल्दी थी। पूरे तीन महीनों के बाद जब लताजी पहली बार किसी रिकॉर्डिंग स्टूडियो में गयीं, तो हेमन्तदा का वह गीत गाने। लेकिन माइक पर रिहर्सल करते हुए ही पता चला कि गला अभी गाने के लायक नहीं हुआ। डॉक्टरों को तो डर था कि कहीं गले को हमेशा के लिए ही क्षति न पहुँची हो।

कुछ दिनों के बाद फिर स्टूडियो तय किया गया, साज़िन्दों को बुलाया गया, सारी तैयारियाँ हुईं, लताजी फिर स्टूडियो आयीं, लेकिन इस बार भी गले ने साथ न दिया।

हेमन्त कुमार को उस गीत और उस फ़िल्म के भविष्य में अँधेरा दिखने लगा। लेकिन तीसरी और आख़िरी बार प्रयत्न करने के लिए वह तैयार थे। जिस दिन तीसरी बार रिकॉर्डिंग तय हुई थी, लताजी की सेहत फिर से नासाज़ थी, फिर भी हेमन्तदा के आग्रह पर वह स्टूडियो गयीं।

''अब तक तो मेरे मन में भी यह डर बैठ गया था कि अब मैं कभी नहीं गा पाऊँगी। उस दिन तो मैं गाने की हालत में ही नहीं थी। सोचा, ओर्केस्ट्रा के साथ एक-दो रिहर्सल करूँगी और वापस चली जाऊँगी। मैं क्या जानती थी कि हेमन्तदा ने रिहर्सल के समय ही रिकॉर्डिंग शुरू कर दी थी!''

रिहर्सल के बाद लताजी के पूछने पर कि आवाज़ कैसी लग रही है, क्या रिकॉर्डिंग करने लायक है, तो हेमन्त कुमार ने हर्ष के आवेश में उन्हें रिकॉर्ड किया गया गीत सुनने के लिए बाहर बुलाया! यह गीत न सिर्फ़ एक अमर गीत साबित हुआ, वरन् इसी गीत ने लताजी को फिर से गाने का आत्मविश्वास दिलाया : फ़िल्म 'बीस साल बाद' का ''कहीं दीप जले कहीं दिल...।''

''अगर यह गीत इतना मुश्किल न हो कर सीधा-सादा होता, तो मन में ज़रूर डर लगा रहता कि यह तो आसान गीत था इसलिए गा गयी !''

जन्म पा रहे गीत के सम्बन्ध में, लताजी ने मुझे अपना एक अजीब—पारभौतिक-सा—अनुभव बताया था। यह बताते समय मैं एक पत्रिका में छापने के लिए उनका इण्टरव्यू ले रहा था और उन्होंने इस अनुभव का उल्लेख न करने की इतला की थी। लेकिन उसके बाद जब इस पुस्तक के सिलसिले में यह बात हुई, तो उन्होंने ऐसी किसी मनाही का ज़िक्र नहीं किया, इसलिए जानकारी को सार्वजनिक रूप देने की मेरी स्वतन्त्रता का उपयोग कर रहा हूँ।

''मैं जानती हूँ हरीशजी, कि जिस चीज़ को आप देख नहीं सकते, जाँच-परख नहीं सकते, उस पर आपका विश्वास कम है, फिर भी...''

फिर भी अगर मुझे वह बता रही थीं, तब तो कथन की महत्ता और विश्वसनीयता और भी बढ़ जाती है।

''यह अनुभव मुझे ज़िन्दगी में पाँच-छह मरतबा ही हुआ है और जब भी हुआ है, वह गाना बेहद 'पॉपुलर' हुआ है; इतना ज़्यादा कि उससे मेरे कैरिअर ने मोड़ लिया है...देखिए, यह बहुत ही 'पर्सनल' बात है। म्यूज़िक डायरेक्टर के साथ पेटी पर गाना सीख लेने के बाद, हम लोग म्यूज़िशियनों के साथ तीन-चार

'लताजी के साथ मैंने 24 गीत गाए हैं; यही मेरी सबसे बड़ी उपलब्धि है' : उदित नारायण

सचिन तेंडुलकर के साथ

हृतिक रोशन के साथ

जावेद अख़्तर के साथ

सपना मुखर्जी, सुरेश वाडेकर, सोनू निगम के साथ

अभिजीत के साथ

रिहर्सल करते हैं और फिर 'टेक' करते हैं। रिकॉर्डिंग में भी अक्सर पाँच--छह 'टेक' हो ही जाते हैं—कभी रिकॉर्डिंग में ग़लती, कभी वादकों की या कभी गायक की। ख़ैर, तो ऐसा ही एक टेक चल रहा होता है। मैं मुखड़ा गाने के बाद, संगीत का टुकड़ा ख़त्म होने के इन्तज़ार में होती हूँ, ताकि अन्तरा उठाऊँ और अचानक, काफ़ी ज़ोर से एक आवाज़ सुनायी देती है : ''लता!'' मैं चौंक जाती हूँ, आस-पास किसी को न पा कर घबरा भी जाती हूँ और बाहर वादकों की ओर देखती हूँ। जब इतने ज़ोरों से आवाज़ आयी, तो माइक द्वारा रिकॉर्डिस्ट ने भी सुनी होगी और रिकॉर्डिंग रोक दी होगी। लेकिन वादक तो अपने बजाये ही जा रहे हैं। जब रिकॉर्डिंग रोकी नहीं गयी है, तो मैं क्यों रुकूँ? अन्तरे से पहले का संगीत पूरा होता है, और नियत ताल पर मैं गाना उठा लेती हूँ। यह कहने की ज़रूरत नहीं, कि उस 'टेक' से आगे रिकॉर्डिंग करने की ज़रूरत नहीं पड़ती। गाने के बाद न वहाँ मौजूद कोई भी मुझसे इस आवाज़ के बारे में कहता है और न ही मैं किसी से उसका ज़िक्र करती हूँ। लेकिन उसका असर देर तक रहता है। वह गाना बेहद लोकप्रिय हो जाता है—'सुपरहिट'।''

कुछ देर की कशमकश-भरी चुप्पी के बाद मैंने लताजी से पूछा कि वह आवाज़ कैसी थी, मर्दाना? और लहजा कैसा था? ग़ुस्से में कहा गया, या हौसला बढ़ाते हुए, पीठ ठोंकते हैं वैसे?

''उस समय तो मैं इतना सोचने की स्थिति में नहीं होती थी, पर मुझे पूरा विश्वास है कि मैंने ऐसी आवाज़ सुनी है और एक से अधिक बार सुनी है।''

फिर कुछ देर मौन!

आख़िर मैंने पूछ ही लिया, ''क्या आपका ख़याल है कि वह आवाज़ आपके पिताजी की थी?''

पहले उन्होंने केवल तीक्ष्ण दृष्टि से जबाब दिया और तुरन्त ही उसे शब्द में रूपान्तरित किया : ''हाँ''। इस एक शब्द में निहित आत्मविश्वास, हमारी बातचीत का पूर्णविराम बन गया।

इस घटना के बारे में हृदयनाथ ने सिर्फ़ इतना ही कहा, ''यह दीदी नहीं, उसके गले से बाबा गाते हैं।''

मैंने कहीं पढ़ा था कि लताजी की आवाज़ और उनकी गायकी पर तो एक ग्रंथ लिखा जा सकता है। यह शायद संगीत के विद्वानों के लिए सम्भव होगा, लेकिन उनके अनगिनत गीत अनगिनत बार सुनने के बाद और उन्हें कुछ हद तक समझने के बाद मैं इस निष्कर्ष पर पहुँचा हूँ, कि उनकी गायकी के लिए उपयोग की गयी कोई भी उक्ति, अतिशयोक्ति नहीं होती, वास्तविक वर्णन होता है।

अक्सर संगीत रसिक, गाने सिर्फ़ सुनते ही नहीं, गुनगुनाते भी हैं। अगर कभी आपने 'बरसात' का "जिया बेकरार है...", 'मधुमती' का "आ जा रे परदेसी...", 'गाइड' का "आज फिर जीने की तमन्ना है...", 'सत्यम् शिवम् सुन्दरम्' का शीर्षक गीत, या 'लेकिन' का "यारा सीली सीली..." गुनगुनाया हो और गाया हो, तो गीत का आनन्द पाने के साथ-साथ, सही न गा पाने का रंज भी हुआ होगा।

यानी गायकी की हर शास्त्रीय बारीकी को गीत में समाविष्ट करते हुए भी, उन्हें नुमायाँ करने के बावजूद, सुनने में तो सिर्फ़ मिठास ही हो...केवल शब्दों का भावनापूर्ण वातावरण, अल्फ़ाज़ में छिपे जज़्बात का माहौल...शब्दों को छोड़ने-पकड़ने का और उच्चारण का ऐसा ढंग, जो भाव में ओत-प्रोत हो जाये। इसके अलावा लताजी के व्यक्तित्व में जो विनोद वृत्ति और नारी-सहज लालित्य है, वह उनके गानों में अभिव्यक्ति पाता है। इसीलिए उनके गाये प्रेमगीतों में युवावस्था के अल्हड़पन की खुशबू-सी होती है।

इसके बारे में लताजी कहती हैं, "आपके पास शास्त्रीय संगीत की भरसक तैयारी तो होनी चाहिए, लेकिन वह दिखे नहीं। वह इस तरह निकल जाये कि सिर्फ़ उसका प्रभाव, उसकी शोभा रहे; उसका दिखावा न रहे। क्योंकि अगर आपको अपनी कारीगरी दिखानी है, तब तो आपको ठुमरी या ख़याल गाना पड़ेगा।"

और अगर कोई लताजी के शास्त्रीय गायन की परीक्षा लेना चाहता हो, तो उनका गाया सिर्फ़ एक ही गीत सुनना काफ़ी होगा : 'सीमा' का "मनमोहना बड़े झूठे..."। सुनते हुए लगता है कि शास्त्रीय संगीत की उनकी 'तैयारी' का प्रदर्शन करने का अवसर उन्हें इस गीत में मिला और उन्होंने उसका पूरा-पूरा उपयोग किया। विशुद्ध शास्त्रीय संगीत की हरक़तें पूरी तकनीकी परिशुद्धता के साथ लेते हुए भी, शब्दों के उच्चारण में पूरी सफ़ाई। उनकी महीन आवाज़ की वजह से लम्बी-लम्बी तानों का एक-एक सुर, एक-एक कण अपनी पहचान बरक़रार रखे हुए और इन सबके बावजूद लता-सहज मधुरता वैसी ही बनी हुई।

मेरी नज़र में, लताजी की गायकी, ग़ालिब की ग़ज़लों और शेक्सपियर के लेखन की तरह है, जिसमें हर बार, नये-नये तथ्य उजागर होते हैं। इसीलिए, उनके गाये कई गीत सुनते वक़्त, हर बार कुछ-न-कुछ नयी ख़ूबी नज़र आती है।

मैं सच्ची कलाकृति उसी को मानता हूँ, जिसे बार-बार देख कर, पढ़ कर, सुन कर आप के अन्तर्मन को सुख की अनुभूति हो, और वह इतनी नयी, इतनी ताज़ा लगे, कि फिर एक बार उसका रसास्वाद करने को जी चाहे। यानी कलाकृति वह, जिसकी उम्र तो लम्बी हो, पर उम्र बढ़े नहीं।

यहाँ डर्बन में कार्यक्रम समाप्त हो चुका था। लताजी आभार प्रकट कर रही

थीं, ''आपके स्नेह और आशीर्वाद के लिए हृदय से शुक्रिया कहती हूँ...फ़िल्म उद्योग में मेरे पचास साल पूरे होने जा रहे हैं। मुझसे पूछा जाता है कि मैं अब आगे क्या करनेवाली हूँ। मैंने भी अपने आप से यह सवाल पूछा है, तो...जवाब मिला है कि मैंने जब से होश सँभाला, मैं गाती ही आयी हूँ। संगीत मेरा धर्म है और मैं इसका पालन करती रहूँगी...गाती रहूँगी।''

101, प्रभु कुंज

जिस उम्र में मुझे यह बोध हुआ कि मेरा जन्म बम्बई में हुआ है, लगभग उसी अवस्था से मैं लता मंगेशकर के गीत सुनता आ रहा हूँ। यह दोनों प्रक्रियाएँ इतनी सहज रूप से घटी होंगी कि मैंने यह कभी नहीं सोचा कि मैं उसी शहर में रहता हूँ जिसमें लता मंगेशकर या दिलीप कुमार या (जिसके बालों जैसा ग़ुब्बारा मैं बचपन में कभी नहीं बना पाया वह) देव आनन्द भी रहते हैं। इसलिए कभी लताजी का घर ढूँढने की कोशिश नहीं की थी। लेकिन दूसरे शहरों-गाँवों से मायानगरी बम्बई आनेवालों के लिए, लता मंगेशकर का निवास-स्थान एक दर्शनीय स्थल से कम नहीं होता।

"कहाँ रहती हैं नाइटिंगेल ऑफ़ इण्डिया? स्वर सम्राज्ञी?"

"पेडर रोड पर...कैडबरी चॉकलेट के कारख़ाने के पास...महालक्ष्मी मन्दिर के सामने...मुख्य रास्ते पर ही! प्रभु कुंज मकान की पहली मंज़िल पर। रास्ते पर से आते-जाते उनका कमरा भी दिखता है!"

लोगों को जानकर, देख कर ज़रूर कुछ निराशा होती होगी।

"तो मैं क्या करूँ? यहाँ रहना मुझे है, लोगों को नहीं," दो-टूक जवाब देती हैं लताजी।

"आपने कभी जगह बदलने के बारे में नहीं सोचा? आप तो शहर के बेहतरीन हिस्से में, बेहतरीन बाँग्ला ख़रीदने का सामर्थ्य रखती हैं!" एक साक्षात्कार के दौरान मैंने पूछा था।

"ऐसी बात नहीं कि कभी उस बारे में सोचा ही नहीं। पर जब बहुत व्यस्त थी, तो उसके बारे में कुछ करने का समय कम मिला। बाद में कुछ जगहें देखी थीं। लेकिन मेरे साथ कुछ अजीब बात होती थी। मैं कहीं जगह देखने जाती और मुझे ऐसा लगता कि 'यहाँ कोई है'...एक अजीब ही आभास होता, और मैं वह जगह न ख़रीदती। वैसे एक जगह शहर के इलाके में ही ख़रीदी भी थी...एक

बहुमंज़िली इमारत में, एक पूरी मंज़िल। पर वह इमारत ही अटकी पड़ी है। बस फिर उस दिशा में सोचना ही छोड़ दिया।''

''सुना था कि सामने महालक्ष्मी का मन्दिर है, इसलिए...लक्ष्मी की छत्रछाया...''

''पूजा तो मैं सरस्वती, साईंबाबा, श्रीकृष्ण, गणपति और श्रीमंगेश की भी करती हूँ!''

आम आदमी बाहर से प्रभु कुंज मकान तो देख पाते हैं, पर '101, प्रभु कुंज', उनका 'फ़्लैट' अन्दर से नहीं।

दरवाज़े पर न नम्बर लिखा है न नाम। ढूँढ़ें कैसे? दरवाज़े के बाहर, कमर में खुखरी खोंसे, ख़ाकी वर्दी पर जनेऊ की तरह मोटा पट्टा बाँधे, बड़ी मूँछोंवाला कोई चौकीदार भी तो नहीं, जो पहले आपकी ओर ध्यान ही न दे और बाद में बदतमीज़ी से पेश आये! हाँ, आतंकवाद की धाक बढ़ने के बाद, सरकार द्वारा नियुक्त दो पुलिसवाले भरी मशीनगन के साथ चौबीसों घण्टे तैनात किये गये हैं, सो और बात है।

इस घर में पहली बार कदम रखने से पहले मैंने दो-तीन जगह पढ़ा था कि लताजी का आवास मध्यवर्गीय है। आकार में तो बिलकुल नहीं है! प्रवेश करते ही घर की विशालता का अन्दाज़ा लग जाता है।

विशाल बैठक की ओर जाते हुए बायीं ओर अगर पूजाघर देखना चूक भी जायें, तो वहाँ से आ रही पवित्र सुगन्ध, उस कमरे की ओर ध्यान आकर्षित किये बिना न रहेगी। सरसरी तौर पर देखने पर भी, मंगेश, श्रीकृष्ण, गणपति, सरस्वती, लक्ष्मी और शिव दृष्टिगोचर होते हैं। पता नहीं, देवलोक में भी यह देवता इतने पास-पास रहते होंगे या नहीं! भगवान के साथ सन्तों की मूर्तियाँ और छवियाँ भी हैं : शिर्डी के साँईबाबा, रामकृष्ण परमहंस, विवेकानन्द और हाँ, पिता दीनानाथजी।

हर दिन प्रातः सूर्यमन्त्र से जो पूजा शुरू होती है, वह इस कक्ष में पूरे एक घण्टे तक चलती है।

लताजी यहाँ दिन में दो बार तो पूजा करती ही हैं, पर अपना कोई बीमार हुआ, तो जैसे उनकी आस्था, उनके आराध्य देवों से जवाब माँगती है। फिर पूजा के फूल, बीमार व्यक्ति के सिरहाने रखे जाते हैं।

मैं आज तक यह नहीं समझ पाया कि सर्वशक्तिमान पर इतनी उत्कटता से विश्वास करनेवाला व्यक्ति, अपने कार्य में सफलता के लिए, इतनी ज़्यादा मेहनत कैसे कर सकता है? या यूँ कहिए कि अपनी मेहनत से परिपूर्णता प्राप्त करनेवाला व्यक्ति, दैवी शक्ति में अपनी आस्था कैसे टिका पाता है?

अगर आज श्रावणी सोमवार, महाशिवरात्रि या जन्माष्टमी है, तो परिवार का

पुजारी अधिक व्यस्त है और लताजी का समय पूजाघर में अधिक बीतता है।

गणपति प्रतिष्ठान के सप्ताह में तो सारा दीवानखण्ड ही पूजाघर में परिवर्तित हो जाता है। लेकिन यह महँगी सजावट, परिवार के ऐश्वर्य की कम, कलात्मकता की अधिक परिचायक होती है।

आज का मध्य-वर्गीय निवास स्थान इसके जितना बड़ा (लगभग 2400 वर्गफ़ीट का) तो न होगा, पर यहाँ का रहन-सहन उच्च मध्य-वर्गीय अवश्य है। साल के छह महीने विदेश रहने का दिखावा तो दूर की बात, एक सफल फ़िल्म कलाकार होने के नाते, कमरे की दीवारें 'ट्रॉफ़ियों' से भी सजी नहीं हैं।

मेरी नज़र में ऐश्वर्य का प्रदर्शन दो तरह के लोगों में दिखता है : एक वह, जो ऐश्वर्य को तरसते हैं, पर धनवान या सफल बनने तक का इन्तज़ार नहीं कर सकते और दूसरे वह सफलता-प्राप्त लोग, जिनके जीवन-स्तर से ही ऐश्वर्य छलकता है। बारीकी से न देखो, तो लताजी की रोज़मर्रा की ज़िन्दगी से कहीं ऐश्वर्य छलकता नज़र नहीं आता।

दीवान खण्ड में शोभा की वस्तुओं के नाम पर, बायीं दीवार से सटे एक 'वॉल यूनिट' में, अनगिनत पुस्तकें करीने से रखी हुई हैं। विषय हैं : सम्पूर्ण महाभारत, श्री अरबिन्दो, रामकृष्ण परमहंस और विवेकानन्द दर्शन, हरिवंशराय बच्चन की जीवनी के चारों भाग और कुछ अंग्रेज़ी किताबें, जिनमें आगाथा क्रिस्टी के जासूसी उपन्यास भी शामिल हैं। कुछ क्रिकेट के विषय में हैं, तो कुछ राजनीतिक उपन्यास और कुछ विदेश के शहरों पर ख़ूबसूरत तस्वीरों वाली 'टाइम-लाइफ़' की किताबें।

फ़ोन बजना शुरू होता है, तो बस बजता ही जाता है। अगर बेचारे उपकरण में जान होती, तो स्वाभिमान भी होता। तब तो वह तीनेक घण्टियों के बाद या तो ज़्यादा ज़ोर से बजता, या फिर बेज़ार हो कर दुबारा बजता ही नहीं। लेकिन जब फ़ोन उठाया जाता है, तब बात इतनी आत्मीयता से होती है कि फ़ोन उठाए जाने के इन्तज़ार में विकल व्यक्ति की सारी शिकायतें, जवाब देनेवाले की मिठास में घुल जाती हैं।

मुमकिन है कि उस टेलीफ़ोन को इस परिवार का आत्मविश्वास अच्छा लगता हो, कि चाहे फ़ोन उठाओ या नहीं, जिसे लता मंगेशकर की ज़रूरत है, वह किसी-न-किसी तरीक़े से सम्पर्क स्थापित करेगा ही! टेली.फ़ोन तो एक तुच्छ निमित्त मात्र है!

टेलीफ़ोन की घण्टी न सुननेवालों का वैसे भी क्या कुसूर? इनका ज़्यादातर समय तो घर के 'म्यूज़िक रूम' में ही बीतता है।

संगीत साधना के लिए, विश्वास न हो इतनी छोटी-सी कोठरिया है; यही कोई छह फ़ीट चौड़ी और आठ फ़ीट लम्बी!

इस कमरे की सजावट भी अत्यन्त सादगीपूर्ण है। संगीत ही के माध्यम से अर्जित बेशुमार ट्रोफियों का यहाँ भी शुमार नहीं है। एक दीवार से सटा कर चार तानपुरे रखे गये हैं, जिनमें से एक, सालों पहले पिता दीनानाथ का इस्तेमाल किया हुआ तानपुरा है, लेकिन लगता है जैसे बिलकुल नया है। संगीत में तकनीकी विकास के दो साधन, तानपुरों के पास ही रखे हैं। एक है कैसेट प्लेयर की तरह बजाया जानेवाला 'यांत्रिक तानपुरा', जिसका बटन घुमाते ही सुर बदला जा सकता है और है, गाते समय ताल बनाये रखने के लिए लोलक ('पेण्डुलम') जैसा यंत्र, 'मेट्रोनोम'। बीच कमरे में एक हारमोनियम और एक जोड़ी तबले तो हैं ही।

इस कमरे में हृदयनाथ के बैठने के लिए एक स्थान आरक्षित है। वही तो सभी को रियाज़ करवाते हैं। बिटिया राधा से ले कर लताजी तक को और रियाज़ करवाते वक़्त सारे रिश्ते भूल जाते हैं। संगीत के इन छात्रों को कभी-कभार उनसे डाँट भी सुननी पड़ती है। सुर लगाते समय हारमोनियम का सहारा वह कभी नहीं लेने देते, बड़े जतन से सुर में लाए हुए तानपुरे पर गाना होता है। सबकी शिक्षा समाप्त होने पर, 'या निशा सर्व भूतानां, तस्यां जागर्ति संयमी' के न्याय से, देर रात गये, जब सब सो जाते हैं, तब यहीं पर हृदयनाथ अकेले बैठे साहित्य पठन करते है, चिन्तन-मनन करते हैं और प्रेरणा पाने पर किसी धुन की रचना करते हैं। इसी कमरे में मीरा के भजनों को संगीतमय वाचा मिली, ग़ालिब की ग़ज़लों को तरन्नुम हासिल हुई, गीता के दर्शन को सुर प्राप्त हुए।

विशाल बैठक के दाहिने कोने में, म्यूज़िक रूम से चार-छह फ़ीट बड़ा, फिर भी छोटा एक कमरा है। कमरे का दरवाज़ा, लगभग चौबीसों घण्टे बन्द रहता है। जब थोड़ा-सा खुला भी होता है, उसके ऊपर लगे परदे की वजह से कमरे के अन्दर का रहस्य बना रहता है।

इस छोटे-से कमरे में है, हिन्दी फ़िल्म संगीत का एक भरा-पूरा युगः लता मंगेशकर।

"उसका तो सब कुछ सबसे अलग ही है। जब देखो, कमरे में अपने आपको बन्द कर लेती है," माई प्यार-भरी शिकायत करती हैं, "यह बात नहीं कि किसी से बोल-चाल नहीं, हँसना नहीं, बातें नहीं, वह सब भी भरपूर होता है, पर सब कुछ कमरे में।"

पर कमरे में जगह कहाँ बची है?

जाते ही सामने, किसी नज़दीक के मुलाक़ाती के बैठने के लिए, एक बैठक

वाला सोफ़ा। सोफ़े के पीछे कपड़ों की दो बड़ी अलमारियाँ हैं। दूसरे कोने में, महँगा और दुर्लभ, विदेशी टेलीविजन सेट है जिसमें तस्वीर इतनी उजली और साफ़ दिखती है कि लगता है यह कमरा किसी टेलीविजन स्टेशन का कन्ट्रोल रूम है।

इसके बाद एक लकड़ी और काँच से बना 'शो केस' है, जिनमें अक्सर लोग 'फ़ॉरेन' से लाई चीज़ें सबके देखने के लिए सजाते हैं—अगर लताजी इसे इसी इस्तेमाल में लातीं तो 'प्रभु कुंज' इमारत की एक पूरी मंज़िल विदेशों से लाई चीज़ें रखने ही में ख़र्च हो जाती! लताजी के 'शो केस' में किताबें खचाखच भरी हुई हैं और संगेमरमर की कुछ कलात्मक मूर्तियाँ हैं।

उसके बाद, मुख्य रास्ते—पेडर रोड—पर पड़नेवाली एक छोटी बाल्कनी है। उसका पूरा हिस्सा और कमरे का वहीं का एक हिस्सा, छोटे-से मन्दिर में तबदील हो गया है।

बिस्तर पर प्रशंसकों-मित्रों-प्रायोजकों-रिकॉर्ड कम्पनियों से आये पत्र छितरे पड़े हैं।

बिस्तर के पास के टेबल पर दो टेलीफ़ोन हैं। एक निजी, जिसका नम्बर आपके पास होना, उनकी विश्वासप्राप्त परिधि में होने का संकेत है, और जो नम्बर, सरकारी सुरक्षा नियमों के कारण, हर तीन महीने बदलता रहता है।

बिस्तर के पीछे तस्वीरें लगी हुई हैं। इनमें से कुछ ख़ुद लताजी की ली हुई हैं। इन तस्वीरों में अधिकतर 'नेचुरल लाइट' का रोचक खेल देखने को मिलता है। तस्वीरों के लिए, व्यावसायिक स्तर की ग़ैर-व्यावसायिक फ़ोटोग्राफ़र लता मंगेशकर का पसन्दीदा विषय है : लोग, चेहरे—हालाँकि फ़ोटोग्राफ़ी जानने का दावा तो कभी किया ही नहीं।

व्यावसायिक और ग़ैर-व्यावसायिक छाया चित्रकारों के बीच एक मुख्य अन्तर यह है कि व्यावसायिक छाया चित्रकार को 'मॉडल' ढूँढते फिरते हैं, जब कि ग़ैर-व्यावसायिक फ़ोटोग्राफ़र, ख़ुद मोडल को ढूँढते हैं—जब 'मूड' हो।

अगर आज फ़ोटोग्राफ़र-लता का फ़ोटोग्राफ़ी का मूड है, तो अपने छोटे से कमरे में कैमरा, लेन्स वग़ैरह निकाल कर बिस्तर पर बिछाए जाएंगे। लेकिन कमरे में किसी के आने पर बताया जायेगा, कि "बस यूँ ही...साफ़-सफ़ाई हो रही थी," पर साथ ही एक संकोचपूर्ण-सा सुझाव रखा जायेगा, कि "चलो, तुम्हारी तस्वीरें खींचती हूँ...। बाद में पूना-कोल्हापुर-पूना-ह्वाया-लन्दन-पैरिस तो जा ही रहे हैं, वहाँ फ़िल्म पूरी कर लेंगे," और फ़ोटोग्राफ़ी के एक अच्छे-ख़ासे 'सेशन' की शुरुआत हो जाती है।

फ़ोटोग्राफ़ी की प्रेरणा का स्रोत कोई हो न हो, पर रसोई की प्रेरणा घ्राणेन्द्री

से मिलती है। रसोई में आते-जाते, कुछ सही या 'कम सही' सुगन्ध आयी, तो वहीं टिक जाती हैं और फ़ैसले का ऐलान कर देती हैं, "आज मैं 'पसन्दा' या 'कोथिबिरचे मटन' (हरे मसाले में बना गोश्त) बनाती हूँ...किसी का उपवास तो नहीं है न?" खाते समय घरवाले मन-ही-मन सोचते हैं, कि ऐसी 'प्रेरणा' बार-बार क्यों नहीं मिलती!

आज उपवास न हो कर अगर कल किसी की सालगिरह हुई, तो दीदी व्यंजन पकाने में नहीं, सोचने में व्यस्त होती हैं। पश्चिम के 'साण्टा क्लॉज़' की तरह, रात ठीक बारह बजे, जिसकी उम्र बढ़ी है, उसकी सम्पदा में किसी एक विशेष तोहफ़े की बढ़ोतरी भी होती है। याद रख कर अपने नज़दीक के लोगों को भेंट देती हैं। दी और ली हुईं भेंट, उनके कम्प्यूटरनुमा मस्तिष्क के किसी 'सब-फ़ोल्डर' में हमेशा के लिए अंकित हो जाती है।

अगर आज रिकार्डिंग नहीं है, तो शाम को सिनेमा हो जाये? थियेटर में नहीं, घर पर ही; वीडियो पर देखेंगे। कौन-सी फ़िल्म? चुनाव अगर लताजी पर ही छोड़ा गया है, तो 'पड़ोसन' ही देखी जायेगी। चालीसवीं बार! क्यों नहीं? सबसे प्रिय फ़िल्म जो ठहरी! महीने में दो-एक बार ज़रूर देखती हैं! कोई और? हाँ... लेकिन मारधाड़ की न हो, भूत-प्रेत की तो बिलकुल ही नहीं चलेगी... प्रेतात्मा के गीत गाना और बात है! आज अगर गुरुवार है, तो 'शिर्डी के साँईबाबा' फ़िल्म ही देखेंगे। वीडियो पर फ़िल्में देखना जितना एकान्त में अच्छा लगता है, उतना ही सबके साथ बैठ कर भी।

वैसे कमरे में घरवालों का आना-जाना लगा ही रहता है। काम की बातों के बीच हँसी-मज़ाक भी होता रहता है। अगर कोई बाहरवाला आया है, तो लताजी गम्भीर न सही, औपचारिक ज़रूर हो जाती हैं। आगन्तुक के जाते ही, फिर से हँसी-मज़ाक लौट आते हैं और उसमें छोटे-बड़े सब शामिल होते हैं।

घर के बच्चों पर कोई चिल्लाए वह बिलकुल नहीं सह सकतीं, चाहे कोई याद दिलाए कि ज़्यादा दुलार से बच्चे बिगड़ सकते हैं। "बच्चे प्यार से नहीं बिगड़ते, ग़लत संस्कारों से बिगड़ते हैं," कह कर उल्टे सलाह देनेवाले को ही मशवरा देती हैं। लेकिन संवेदनशील कलाकार जो ठहरीं, जिस पर ग़ुस्सा हुई हों, थोड़ी ही देर के बाद, उसी को रिझाने की कोशिश में लगी रहती हैं।

भाँजी 'रचू' को (बहन मीना खड़ीकर की पुत्री—अब श्रीमती रचना शाह को) बचपन में जंगली प्राणियों के चित्र जमा करने का बेहद शौक़ था। सो 'मौसी' ने असल प्राणियों को देखने का मौक़ा जुटाया : एक पूरी-की-पूरी 'अफ़्रीकन सफ़ारी' की योजना बना कर। " 'दीदी मौसी' हम बच्चों से बहुत प्यार करतीं, हमारी हर

इच्छा पूरी करतीं, लेकिन अनुशासन में कमी नहीं आने देतीं। कभी कोई ग़लत ज़िद की हो, तो अपनी मीठी-मीठी आवाज़ में हमारी ग़लती समझातीं। अब हम बड़े हो गये हैं, तब भी हमारी चिन्ता करती रहती हैं। मैं रोज़ उनके घर से निकलकर अपने घर (दो मिनट के रास्ते पर!) जाने के लिए चलूँ और अगर 'पहुँच गयी' का फ़ोन करना भूल जाऊँ, तो ज़रूर उनका फ़ोन आयेगा, "क्या हुआ रचू? तू कुशल से पहुँच तो गयी न?"

एक बड़े व्यापारिक संस्थान में अधिकारी के पद पर कार्यरत भानजे योगेश खड़ीकर की दिनचर्या भी बैठ कर रुचि से सुनती हैं।

मुख्य रास्ते पर पड़नेवाले बड़े बरामदे में आज हृदयनाथ का छोटा पुत्र बैजनाथ ('बिंगो') बड़े-से स्टैण्ड पर कैन्वस लगाये, रास्ते की बेदम चहल-पहल से बेख़बर चित्रकारी कर रहा है। चित्रकारी की बहुत सारी सामग्री पिता हृदयनाथ और बुआ 'दीदी', बड़े प्यार से विदेश से उसके लिए लाते रहते हैं। बैठक से आते-जाते उसकी छोटी बुआ—गायिका-चित्रकार उषाजी—उसकी पेण्टिंग पर नज़र फेरती हैं और अपने सुझाव देती हैं।

आप सालों तक इस घर में आते-जाते रहिए, लेकिन उषाजी को चित्रकारी करते शायद ही पाएँगे। रिकॉर्ड अल्बमों से ले कर, पिता दीनानाथ का आदम-कद से भी बड़ा चित्र, बग़ैर किसी दिखावे के—दरहक़ीक़त कुछ संकोच से—बन्द कमरे में बना लेती हैं।

दिखती तो हैं वह घर की छोटी-बड़ी समस्याएँ सुलझाते हुए, बाहर के कार्यक्रमों के लिए विचार-विमर्श करते हुए और जब नहीं दिखतीं, तो होती हैं किसी रिकॉर्डिंग स्टूडियो में, हिन्दी, मराठी या गुजराती फ़िल्म का गीत रिकॉर्ड करते हुए।

हृदयनाथ का बड़ा पुत्र आदिनाथ, घर के ज़िम्मेदार 'पुरुष' की भूमिका निभाने के लिए अपने-आपको तैयार कर रहा लगता है। घर आये हर मेहमान से औपचारिक बातें करना, बातचीत के दौरान लिए गये निर्णय याद रखना और साथ-साथ अपने भविष्य के बारे में गम्भीरता से सोचना। और हाँ, अपने पिता की निगरानी में गाना सीखना—और अब, स्वन्तन्त्र रूप से संगीत निर्देशन के क्षेत्र में संघर्ष करना।

हृदयनाथ की बिटिया राधा, घर के सभी की आँखों का तारा है। और यह बात वह भलीभाँति जानती है, जो उसकी निर्दोष तुनक से पता चलता है। जिस ज़माने में हर सम्पन्न परिवार का हर बच्चा अंग्रेज़ी स्कूल में जाता है, राधा को अपनी मराठी पाठशाला पर गर्व है। पिता की तरह राधा भी मराठी भाषा की शुद्धता का आग्रह रखती है—पिता ही की तरह सुरों की परिशुद्धता का भी आग्रह रखती है। रियाज़ करते समय उसे खेल या पढ़ाई याद नहीं आते।

हृदयनाथ की पत्नी भारती एक समय में फ़िल्म की हीरोइन थीं, लेकिन आज पूर्णतया समर्पित गृहिणी हैं—घर का कामकाज, बच्चों और पति की देखभाल और रसोई पर निगरानी। परिवार में समस्या हो या संकट, भारतीजी के चेहरे पर से मुस्कान हटती नहीं। बड़ी ननद 'दीदी' की बड़ी स्नेहपात्र हैं।

श्रीमती मीना खड़ीकर ने अपना संसार बसा लिया है, पर मंगेशकर परिवार की ज़िम्मेदारी से मुक्त नहीं हुईं। उनकी वात्सल्य दृष्टि हर किसी पर है। अगर सारा परिवार विदेश जा रहा है, तो ख़ुद से हो कर घर रहना पसन्द करेंगी, क्योंकि मीनाजी, माई की बारीक-से-बारीक ज़रूरत से वाक़िफ़ हैं।

आज (1994 में) 86 साल की माई इस विशाल घर में कहीं भी हो सकती हैं। अगर टीवी पर क्रिकेट मैच या फ़ीचर फ़िल्म जैसा कोई 'महत्व' का प्रसंग चल रहा हो, तो घण्टों सामने सोफ़े पर बैठी मिलेंगी। फिर क्रिकेट में कौन-सा देश जीत या हार रहा है, उससे कोई सरोकार नहीं। लेकिन अगर किसी खिलाड़ी ने आसान-सा 'कैच' छोड़ा, या फ़िल्म में आनेवाली मार-धाड़ अपेक्षा से अधिक देर तक चली, तो चिढ़कर सर हिलायेंगी और पास बैठे व्यक्ति से मद्धम स्वर में अपनी राय कहेंगी। ऊँचा सुननेवाले किसी व्यक्ति को मैंने इतना धीमे बोलते कभी नहीं सुना।

कोई आगन्तुक आ कर बैठा हो तो माई उसके सामने निर्दोष बालक की तरह टकटकी बाँधे देखती रहेंगी। झेंप अनुभव कर रहा वह व्यक्ति अक्सर उनके पास जा कर सम्मान प्रदर्शित करते हुए नये सिरे से अपनी पहचान देता है। सब कुछ सुन लेने के बाद, माई उसके बारे में एकाध ऐसी बात कहती हैं कि आगन्तुक उनकी याददाश्त पर चकित रह जाता है।

तिनका-तिनका परवरिश कर के माई और लताजी ने जिन बच्चों को बड़ा किया, आज सब स्वैर विहारी हो गये हैं; सब आज उड़ रहे हैं आसमान में, अपनी-अपनी ऊँचाई पर। संध्या समय फिर सब इस घोंसले में लौट आते हैं। कृतज्ञता से, या सहज प्रेमभाव से, माई के पास दो घड़ी बैठते हैं। लेकिन माई आज मितभाषी हैं, जैसे जीवन का खेला देख रही हैं।

इसी घर में जब लताजी नहीं होतीं, बाहरगाँव या विदेश होती हैं, तब भी, उनके द्वारा मिलाये गये टेलीफ़ोन की, उन्हीं के जैसी महीन आवाज़ वाली घण्टी, दिन में दो-एक बार ज़रूर बजती है : परिवारवालों का क्षेम-कुशल पूछने के लिए।

यह प्रभु कुंज लताजी कैसे छोड़ सकती हैं?

दिल में यह अरमान था...

एक रेडियो इण्टरव्यू शृंखला में पराकाष्ठा प्रश्न के रूप में मैंने कुछ हिचकिचाते हुए लताजी से पूछा था, ''फ़र्ज़ कीजिए, आपको फिर से जीवन जीने का मौक़ा मिले, बल्कि किस तरह जीवन जीना है वह चुनने का भी मौक़ा मिले, तो क्या

आप फिर से यही जीवन जीना चाहेंगी?... यह न भूलें कि स्वर्णिम काल से पहले आप घोर संघर्ष से गुज़री हैं।''

यह उन सवालों में से था जो इण्टरव्यू शुरू करने से पहले उन्हें बताया न गया था, क्योंकि यह सवाल पूछने की ख़ुद मेरी भी कोई योजना न थी। लेकिन जवाब देने के लिए न उन्हें टेप रुकवानी पड़ी और न ही कुछ सेकेण्डों से ज़्यादा देर तक सोचना पड़ा, ''आपसे किसने कह दिया कि मैं फिर से लता मंगेशकर बनना चाहती हूँ? मैं एक सामान्य व्यक्ति बन कर जीना चाहूँगी।''

''!?!''

यह प्रश्नार्थ और उद्गार चिह्न मेरे चेहरे की उन रेखाओं का वर्णन करते हैं जो लताजी का यह जवाब सुन कर मेरे चेहरे पर अंकित हुई होंगी। उन्होंने भी वह देखीं...हमारी बातचीत रिकॉर्ड करती हुई टेप चलती जा रही थी...उन्होंने विजयस्मित-सी लगनेवाली मुस्कान के साथ पूछा, ''क्यों, आप चौंके?''

''हाँ, बिलकुल, जब आप जानती हैं कि सामान्य व्यक्ति को कितनी समस्याओं का सामना करना पड़ता है, तो भी आप सामान्य व्यक्ति बनना चाहती हैं? ''लेकिन अगर सामान्य व्यक्ति जानता कि एक लता मंगेशकर की क्या समस्याएँ होती हैं, तो...

'तो' के आगे बोलने की ज़रूरत न थी। उस अधूरे वाक्य का भावार्थ, उस गीत से उजागर हुआ जिसमें वह वाक्य विलीन हो गया :

''उसकी किस्मत में ग़म के बिछौने थे,
आँसू ही खिलौने थे,
दर्द ही सखियाँ थीं...
...सुनो छोटी-सी गुड़िया की लम्बी कहानी।''

उपसंहार

'आज'

1980 में लताजी के साथ पहली सुदीर्घ विदेश यात्रा से लौट कर मैंने सोचा था कि अब पचास पार करने के बाद, उनकी काम करने कि गति ज़रूर धीमी पड़ जायेगी। 1995 में जब मेरी लिखी उनकी जीवनी का विमोचन हुआ, तब मन में ज़रूर आया था कि अच्छा हुआ कि समय रहते यह काम भी पार पड़ा, क्योंकि अब तो वह सत्तर की दहलीज़ पर हैं! अब आवाज़ चाहे साथ दे, नयी पीढ़ी के संगीतकार उनसे अपनी संगीत रचना गवा कर चाहे अपने 'बायोडेटा' में इस 'लेजेण्ड' का नाम जल्द-अज़-जल्द जोड़ना चाहें, पर उम्र का यह पड़ाव मानस को कुछ तृप्त अवश्य कर देता होगा; हो सकता है इच्छाशक्ति क्षीण हो रही हो, समीप आ रहा वानप्रस्थाम, उन्हें स्थितप्रज्ञ न सही, अनासक्त ज़रूर बना रहा होगा।

भारतीय संस्कृति कोश के अनुसार 'वानप्रस्थ' शब्द का अर्थ है—'प्राचीन काल में जीवन के लिए निर्धारित चार आश्रमों में से तीसरा। इस आश्रम में व्यक्ति समाज-सेवा करता है तथा धार्मिक कार्य करने में संलग्न रहता है'।

या तो लताजी इस शब्द का अर्थ नहीं जानतीं, या इसकी परिभाषा को झुठलाना चाहती हैं।

''झुठलाना क्यों? आपकी परिभाषा के अनुसार तो मैं कब की इस अवस्था में पहुँच चुकी हूँ!

'' !?!''

''देखिए, मेरा अस्पताल (पुणे में 120 करोड़ की लागत से स्थापित 'दीनानाथ रुग्णालय', जहाँ 40% मरीज़ों का इलाज नि:शुल्क किया जाता है) शायद समाज सेवा ही कहा जायेगा। और वह तो मैं उम्र के इस चरण पर पहुँचने से पहले से

ही कर रही हूँ। यह बात और है कि इसे 'सेवा' कह कर नहीं, मेरे मन की इच्छा की पूर्ति समझ कर कर रही हूँ। कहनेवाले इसे भी स्वार्थ कह सकते हैं! रही धर्म की बात, सो उसका पालन तो मैंने जब से होश सँभाला, बराबर कर रही हूँ। नियति ने मुझे बहुत पहले ही संकेत दे दिया था कि तुम्हारा धर्म है—संगीत। बस मैं जीवन-भर इसी में रत रही—आज भी हूँ। आपके महाभारत में ही तो योगेश्वर ने क़हा है न, "स्वधर्मे निधनं श्रेयः, परधर्मो भयावहः।"

मुझे उनके लहजे में, लोकतन्त्र में किसी भी सार्वजनिक व्यक्ति पर शब्द भण्डार का अन्धाधुंध प्रयोग करनेवालों के प्रति कुछ कड़ुवाहट-सी सुनायी दी।

"कड़ुवाहट तो बहुत पीछे छूट चुकी है। हाँ, अच्छा-बुरा कुछ भूलता नहीं।"

"मीडिया के इस युग में, आपको निरन्तर अपनी उम्र का अहसास दिलाया जाता है—बिलाशक़, बतौर तारीफ़ के।"

"सच कहूँ? जब तक आईने में मेरा मुझ ही से आमना-सामना नहीं होता, मुझे ही अपनी उम्र की प्रतीति नहीं होती। अब आप ही बताइए अंकों की (उम्र की) गिनती पर जाऊँ, या अपनी 'फ़ीलिंग' (मनःस्थिति) पर जाऊँ? कभी-कभी तो यह सोच कर बड़ा संकोच होता है कि लोग क्या सोचते होंगे, कि उम्र का तो लिहाज़ होना चाहिए! और लोगों से कहते हुए भी झिझक होती है...शर्म आती है, कि वह सारी चीज़ें मुझे आज भी उतनी ही अच्छी लगती हैं जो सालों पहले लगती थीं।

मुझे तो आज भी हवाई जहाज़ में खिड़की के पास ही बैठना अच्छा लगता है। मीठा और तीखा खाना... ज़बान उतनी ही चटोर है। डॉक्टरों ने कुछ 'ब्रेक' ज़रूर लगा दी है। चुटकुले भी उतने ही अच्छे लगते हैं। हालाँकि यह आपने जब से मेरे ठहाकों के बारे में लिखा है, मैं ज़रा 'कॉंश्यस' हो गयी हूँ। मेरी प्रिय फ़िल्म 'पड़ोसन' आज भी छठे-छमाहे देख ही लेती हूँ।

और आज भी मैं रिकॉर्डिंग के लिए गीत चुनती हूँ तो केवल मेरे मन की सुनती हूँ, पैसों के लिए नहीं—वरना तो आप जानते हैं, मैं साल-भर 'स्टेज-शोज़' ही करती रहूँगी! कोई अच्छी धुन सुन कर आज भी मैं पिघल जाती हूँ। फिर कुछ बस में नहीं रहता...यह तो मेरी 'वीकनेस' है। यह बात और है कि किसी कॉन्ट्रेक्ट पर हस्ताक्षर करने से पहले नाप-तोल पूरा कर लेती हूँ। शायद आज भी मुझे शोषण से उतनी ही नफ़रत है जितनी स्ट्रगल के उन दिनों में थी, जब, देखा जाय तो, मैं यह 'एफ़ोर्ड' भी नहीं कर सकती थी।

घूमना आज भी अच्छा लगता है। बल्कि यूँ कहूँ कि न्यूयॉर्क का शोर-शराबा जितना अच्छा लगता है, उतनी ही लन्दन की शालीनता—और मेरे पन्हाळा

का एकान्त भी...बस, अपने बँगले की छत पर बैठे सूर्यास्त देखना एक दैवी अनुभूति लगती है।''

''तो क्या कुछ भी नहीं बदला पिछले...दस सालों में?''

''क्यों नहीं बदला? परिवर्तन तो...वह क्या कहते हैं प्रकृति का नियम है। पर मैं शायद मैं भाग्यशाली हूँ कि जो कुछ बदला है, मेरे पक्ष में बदला है। मानती हूँ कि विश्व के 'सिकुड़ने' से—हर क्षेत्र में वैश्वीकरण से—कुछ ऐसी चीज़ों का प्रवेश हुआ है जो अच्छी नहीं लगतीं, फिर भी हम इन्हें रोक नहीं सकते। लोग मुझे पुराने विचारों की कह सकते हैं, पर मुझे ऐसा महसूस हो रहा है कि हमारे संगीत से मधुरता का लोप हो रहा है और हाँ, हमारी भाषाएँ, अन्तर्राष्ट्रीय भाषा—अंग्रेज़ी—की बलि चढ़ रही हैं। मेरा निजी ख़याल तो यह है कि हमारे संगीत में इतनी शक्ति है, इतनी धरोहर है हमारे पास, कि हमारी नक़ल उन्हें करनी चाहिए थी, लेकिन हो उल्टा रहा है। और संगीत ही नहीं, हमारे रोज़मर्रा के जीवन की हर विधा में। कारण कुछ भी हो। अच्छा है कि और ज़्यादा दुर्गत देखने के लिए मैं नहीं होऊँगी!'' (ठहाका मार कर हँस देती हैं!)

''और, जो आपके पक्ष में बदला है...?''

''हाँ...पदम विभूषण, भारत रत्न, राज्यसभा की सदस्यता। मुझे ऐसा लगता है कि गुणीजनों को जितना सम्मान मैंने दिया है, उसके अनुपात में मुझे कहीं अधिक सम्मान मिला है। और हरीशजी, सम्मान किसे अच्छा नहीं लगता और इससे उम्र का कोई लेना-देना नहीं है। देखिए हर धर्म में माने जानेवाले सर्वशक्तिमान को भी अच्छा लगता ही होगा। तभी तो हम हाथ जोड़ कर, आँखें मूँद कर, झुक कर, घुटने टेक कर उससे विनती करते हैं—बात नहीं करते।

इन सबमें 'भारत रत्न' के लिए मैं विशेष रूप से ऋणी रहूँगी, क्योंकि इस धरती, इस देश से मुझे बेहद लगाव है। मैं सालों से यही नहीं समझ पाई कि हमारे देश के लोग पराई धरती पर जा कर बसना कैसे स्वीकार करते हैं। बाक़ी सब कुछ तो मिल सकता है वहाँ—घर तो नहीं मिले सकता! पर यह भी मानना पड़ेगा—और मान कर बड़ा गर्व भी होता है—कि हमारे कई भारतीयों ने विदेश जा कर अपना लोहा मनवाया है, देश का नाम ऊँचा किया है। और इसकी तो अभी शुरुआत ही हुई है। ख़ैर, मुझे इसी देश ने एक विशिष्ट व्यक्ति के रूप में सम्मानित किया। मेरे लिए यही सबसे बड़ी बात है। उम्मीद है कि लोग मुझे इसके योग्य समझते हैं।''

''किसी बात का पछतावा? क्या कुछ रह गया...छूट गया?''

''पछतावा तो नहीं कहूँगी, पर हाँ, शायद एक ही, कि बचपन से ले कर

आज तक मैं कभी मध्य-वर्गीय भारतीय का जीवन नहीं जी पाई और देखा जाये तो इसी मध्य-वर्गीय समाज ने ही मुझसे यह सारा सफ़र तय करवाया है। बहुत बचपन में जब बाबा एक सफल अभिनेता-गायक थे, तब पैसा पानी की तरह बहता था। फिर उन्हीं के जीते-जी दिन बदले और वह पैसा...बह गया और तब ऐसी ग़रीबी थी, कि मध्यवर्ग के स्तर तक पहुँचना तो एक सपने के समान था। उसके बाद, उस स्तर से उठते हुए मैं मध्यवर्ग से गुज़री ज़रूर, पर बेहद व्यस्तता की वजह से उसका अहसास ही छिन गया।''

''बस? मध्यवर्ग की आकांक्षा?''

''हाँ हमारे बारे में कहते हुए सुना गया है कि 'मंगेशकर एक धनवान मध्य-वर्गीय परिवार है' ('द मंगेशकर्स बिलाँन्ग टू द रिच मिडिल-क्लास')। मैं तो बस इतना जानती हूँ कि यहाँ कितना अपनापन है! मेरी बहनें, भाई, भरा-पूरा परिवार। ख़ुशी में भी साथ, मुश्किलों में भी साथ। सब अपना-अपना काम करें और फिर घर लौट कर अपने मीठे-कडुवे अनुभव कहें...बाँटें। कितने परिवार इतने साथ-साथ रहते हैं? क्या यह जीवन का सबसे बड़ा सुख नहीं है? आज तो बड़े परिवारों में अलग होने का फ़ैशन-सा चल पड़ा है। नहीं, हम हैं वैसे ही अच्छे हैं। ईश्वर करे हम ऐसे ही रहें। आशा के पोते-पोती (आनन्द भोंसले के बेटे बेटी) तो चलती-फिरती चॉकलेट हैं! हाँ, मुझे आज भी चॉकलेट्स बहुत भाती हैं!''

''और व्यवसाय में कोई शिकायत?''

''नहीं, कोई शिकायत नहीं। हाँ कुछ लोगों ने मनगढ़न्त आरोप लगाये। तो क्या करूँ,, वाणी स्वातंत्र्य है!''

''सीता भी यहाँ बदनाम हुई...!''

''नहीं, यह तो कवि के कहने का ढंग है। हाँ, यह कह सकते हैं कि 'ग़ालिब बुरा न मान जो वाइज़ बुरा कहे, ऐसा भी कोई है, कि सब अच्छा कहें जिसे'!''

''आपका संसद का—राज्यसभा का—कार्यकाल कैसा रहा?''

''उन दिनों एक मलाल ज़रूर रह गया। मैंने संसद में उतना भाग नहीं लिया, जितना मैं ले सकती थी...या लेना चाहिए था। वजह...राजनीति में शायद दो-टूक बात नहीं कही जाती—आज तो बेशक नहीं; और मुझे घुमा-फिरा कर बात करनी आती नहीं।''

''पढ़ाई-लिखाई...मतलब...शिक्षा?''

''कई बार लगा कि औपचारिक शिक्षा पाती तो? लेकिन उन संजोगों में अगर स्कूल-कॉलेज का रास्ता पकड़ती, तो ज़िन्दगी का रास्ता ही बदल जाता। वैसे ज़्यादा स्कूल-कॉलेज जाती तो क्या वह सारे अनुभव मिलते जो सैकड़ों किताबें

पढ़ने पर और परीक्षाएँ देने पर भी नहीं मिलते? हाँ, मैंने अपने-आपसे हो कर किताबें बहुत पढ़ीं - कई विषयों पर। और किताबों से भी ज़्यादा लोगों से सीखा। अच्छे लोगों से अच्छी बातें ग्रहण कीं—ग़ुलाम हैदर साहब से ले कर 'पप्पा' (पं. नरेन्द्र शर्मा); मुकेश भैया से ले कर यशजी (यश चोपड़ा)...कितने गिनाऊँ? ऑफ़ कोर्स, मेरे माता-पिता और गुरुजन। और फिर कड़ुवे, अनुभवों से तो और ज़्यादा सीखने को मिलता है!

वैसे आज एक शिकायत ज़रूर है। मेरा रियाज़ कुछ कम हो गया है। लेकिन सीखने की इच्छा कम नहीं हुई!''

जीवन के प्रति लताजी का यह उत्साह बना रहे, यह जिजीविषा बनी रहे। हमारी यह मनोकामना, कि लता मंगेशकर का 'आज', 'आज' ही बना रहे, उसे भूतकाल की छाया न लगे।

प्रसिद्ध जनाः कथयन्ति

(हिन्दी वर्णमाला के क्रमानुसार)

लताजी से मिल कर पहले तो मैं कुछ, हतप्रभ–सा था। पर उनकी सादगी और उनकी अन्तर्राष्ट्रीय ख्याति से सर्वथा अनछुई विनम्रता ने मुझे उनके नज़दीक आने का अवसर दिया...जहाँ तक उनके काम का सवाल है, 'समझौता' शब्द तो वह जानती ही नहीं।

—आदित्य विक्रम बिरला

मेरी इस राखी–बहन पर मुझे फ़ख्र है

— उस्ताद अली अकबर ख़ान

जो माहौल पैदा करते हुए हमें तीन घण्टे लगते हैं, वह काम लता तीन मिनट में कर दिखाती है।

— उस्ताद अमीर ख़ान

सुर जब सही लगता है, तो आत्मा और परमात्मा का मिलन होता है—लताजी को सुन कर हमेशा यही अनुभव होता है।

—अमिताभ बच्चन

अगर ताज महल दुनिया का सातवाँ अजूबा है, तो फिर लता मंगेशकर को आठवाँ अजूबा मानना पड़ेगा।

— उस्ताद अमजद अली ख़ान

लता जब आयी तो हम संगीतकार आश्वस्त हो गये, कि अब हम धुनें बनाते समय, संगीत की किसी भी गहराई तक डूब सकते हैं और अगर हमारी धुन पेचीदा भी हुई, तो भी उसमें मिठास बनी रहेगी, क्योंकि लता के लिए कुछ भी गाना असम्भव नहीं है।

— अनिल बिस्वास

आपने कभी जल प्रपात को नीचे से ऊपर की ओर जाते हुए देखा है? मैंने देखा

है... सुना है। दीदी की जल प्रपात जैसी तान जब ठीक उन्हीं सुरों में लौटती है, तो लगता है जैसे पहाड़ की ऊँचाई से गिरा हुआ पानी, ठीक उसी रास्ते वापस लौट रहा है !

—आशा भोंसले

जो मिठास उनकी आवाज़ में है, वह उनके स्वभाव में भी है। उन्हें जानना और उनके साथ काम करना एक अनोखा अनुभव है।

—बी. आर. चोपड़ा

कमबख़्त कभी बेसुरी नहीं होती...क्या अल्लाह की देन है!

— उस्ताद बड़े ग़ुलाम अली ख़ान

लता की ही वजह से आज जनसामान्य में शास्त्रीय संगीत लोकप्रिय हो चला है।

— पण्डित भीमसेन जोशी

जिस क्षण लताजी ने मेरा पहला गीत गाने की शुरुआत की, उसी क्षण मैं जान गया था, कि वह गीत अमर होगा। उनके लिए धुनें बनाना, अरे उनकी शताब्दि में जन्म पा कर उनका गायन *सुन* पाना-भर सौभाग्य से कम नहीं।

— डॉ. भूपेन हज़ारिका

'अतुलनीय'—और कोई शब्द नहीं है।

—सी. रामचन्द्र

लताजी ने मेरी एक भी फ़िल्म में गीत नहीं गाया...शायद इसीलिए आज तक हमारे अच्छे सम्बन्ध बने हुए हैं!

—दादा कोण्डके

लता गाते वक्त ज़रूर कोई युक्ति-प्रयुक्ति करती है, ताकि लोग उसके गाये गानों के मुखड़े गुनगुनाते ही रहें, दोहराते ही रहें।

— लताजी के पहले संगीतकार दत्ता डावजेकर

हमारी ज़िन्दगी में जवानी, दुःख, समझदारी, कब आ जाती है ख़ुद हमें ही पता नहीं चलता।
लता मंगेशकर की आवाज़ ने भी, हमारी समस्त पीढ़ी के जीवन में उतनी ही सहजता से प्रवेश किया है।

— पत्रकार देवयानी चौबाल

वैसे तो वह चन्द फ़ुट और चन्द इंच की, सफ़ेद साड़ी में लिपटी हुई, सहमी-सी एक लड़की है। पर उसकी आवाज़...वह तो रौशनी है, जो आलम के गोशे गोशे में मौसीकी का उजाला फैलाती है। और आपके जो यह टेप और सी.डी.

है, इनकी तो आनेवाली नस्लें अहसानमन्द होंगी, कि इन्हीं पर लता का फ़न कुरेदा हुआ है। लेकिन दरहक़ीक़त ख़ुशकिस्मत तो वह हैं, जिनका उसके साथ उठना-बैठना रहा है...वैसे 'चोट्टी' है कहाँ आजकल?

—दिलीप कुमार

आज से 500 साल बाद, भारतीय संगीत के दो ही नाम याद किये जायेंगे—तानसेन और लता।

—छायाकार गौतम राज्याध्यक्ष

अगर उसका दिमाग़ 'बैलेन्स्ड' रहा, तो वह आसमाँ को छू जायेगी।

—गुलाम हैदर

लताजी की आवाज़, हमारे देश का एक सांस्कृतिक तथ्य है, जो हम पर हर दिन उजागर होता है। उनकी मधुर आवाज़ सुने बग़ैर शाम नहीं ढलती—सिवा कि आप बधिर हों।

—गुलज़ार

बुजुर्गों से सुना था कि सरस्वती और लक्ष्मी साथ नहीं रहतीं, लेकिन लताजी को देखिए...

—पण्डित हरि प्रसाद चौरसिया

हर मुलाक़ात में कम-अज़-कम एक बार ठहाका मार कर हँसी नहीं, तो ज़रूर कोई गहरी सोच दबाए हुए हैं।

—लेखक

लताजी को कोई लतीफ़ा सुनाना बड़ा ही मुश्किल काम है, क्योंकि उन्होंने वह पहले ही सुन रखा है!

—लेखक

टहनी तो नहीं जानती कि उसने फूल को कैसी सुगन्ध दी है, कितने रंग भरे हैं उसमें! फिर दीदी कैसे जाने कि उसने स्वरों में कौन से रंग भरे हैं और संगीत जगत को कितना सुगंधित किया है!

—पण्डित हृदयनाथ मंगेशकर

बड़ी ख़ुशियाँ तो ज़िन्दगी में चार-पाँच बार ही आती हैं। हमें ध्यान देना चाहिए जीवन के लाखों-करोड़ों क्षणों पर—जो लता के गीतों से प्रफुल्लित हैं।

—हृषिकेश मुखर्जी

''देखो लता, मैं तुम्हारा बड़ा भाई हूँ। मेरी रिकॉर्डिंग में सफ़ेद साड़ी पहन कर आओ, यह मैं नहीं सह सकता।''

—हृषिकेश मुखर्जी

इस जगत में शाश्वत कुछ भी नहीं है। हर किसी वस्तु का पर्याय मिल ही जाता है—अगर नहीं मिलता, तो लताजी की दैवी आवाज़ का।

—*इल्लैयाराजा*

बीसवीं शताब्दी की तीन ही बातें याद रहेंगी :

1. लता मंगेशकर का जन्म
2. चन्द्र पर मानव का पहला कदम
3. बर्लिन दीवार का ध्वंस

—*जगजीत सिंह*

लताजी ने हम पर बड़ा अहसान किया है, कि वह क्लासिकल नहीं गातीं!

—*पण्डित जसराज*

हमारे पास *एक* चाँद है, *एक* सूरज है और *एक* लता मंगेशकर है।

—*जावेद अख़्तर*

भारतीय और ओमानी प्रेक्षकों से खचाखच भरा एक विशाल फ़ुटबॉल स्टेडियम, प्रशंसा की तालियों से लरज़ सा गया। सारे ख़लीज में तालियों की ऐसी गूँज आज तक किसी और कलाकार के लिए नहीं सुनी गयी ।

—*शेख़ कनकसिंह खीमजी*

पार्श्वगायन की शुरुआत से पहले जो गीत गाये जाते थे वह 'गीत' केवल इसीलिए कहे जाते थे, कि उन्हें हम (अभिनेत्रियाँ) गाती थीं। लेकिन लता जब से गाने लगी, उसे असल में 'गाना' कहते हैं।

—*कानन देवी*

बचपन से लताजी को सुनते सुनते मुझे विश्वास हो चला है कि संगीत केवल मनोरंजन का ज़रिया नहीं, ईश्वर तक पहुँचने का मार्ग है।

—*कविता कृष्णमूर्ति*

"वह जितनी बड़ी हैं, उतनी ही सादा दिल हैं। एक दोपहर मेरे ग़रीबख़ाने पर घण्टी बजी, मैंने दरवाज़ा खोला और यक़ीन नहीं कर पाया कि सामने लताजी खड़ी थीं! मेरे national award (उमराव जान के लिए) पर बधाई देने आयी थीं। आशाजी की भी खुले दिल से तारीफ़ की। असल बड़प्पन इसी को तो कहते हैं। काश, उन्हें भारत रत्न से नवाज़िश करना मेरे हाथ में होता!"

—*ख़य्याम*

'तानपुरे से निकलनेवाला गन्धार शुद्ध रूप में सुनना चाहो तो लता का "आयेगा आनेवाला..." गीत सुनो।'

—*पण्डित कुमार गन्धर्व*

लता ईश्वर-प्रदत्त एक ऐसा अनोखा कम्प्यूटर है जो संगीत के अनेक सवाल सेकेण्डों में सुलझा लेता है। जिस कण या मुर्की को कण्ठ से निकालने में अन्य गायक और गायिकाएँ आकाश-पाताल एक कर देते हैं उस कण, मुर्की, तान या लयकारी का सूक्ष्म भेद वह सहज ही करके फेंक देती हैं।

—पण्डित कुमार गन्धर्व

जहाँ तक दीदी का सवाल है, हम तो 'एक आना' काम करते हैं, वह उसको 'सोलह आना' बना देती हैं।

—लक्ष्मीकान्त (प्यारेलाल)

''बचपन ही में मुझे एक ज्योतिषी ने बताया था कि मेरी शादी कब होगी, बच्चे कितने होंगे, ऐश्वर्य कितना और कब तक भोगूँगा। सिर्फ़ यह नहीं बताया था कि लता नाम की एक अलौकिक गायिका मेरी तर्ज़ों में जान डाल देगी''

—मदन मोहन

उसने ज़िन्दगी-भर जितने कष्ट झेले, उतनी ही उसकी निखरती गयी ।

—माई मंगेशकर

बदनसीबी से अब 'प्लेबैक' देना पड़ रहा है, पर उसका असल गाना तो है शास्त्रीय।

—माई मंगेशकर

''मेरे गीतों में रद्दो-बदल करने का हक़ गायकों में सिर्फ़ लता को ही हासिल है।''

—मजरूह सुलतानपुरी

लताजी के गाये करुण गीतों पर अभिनय करते हुए मुझे कभी ग्लिसरीन इस्तेमाल करने की ज़रूरत नहीं पड़ी।

—नर्गिस

धड़कता है दिले-हिन्दोस्ताँ आवाज़ में तेरी।

—नौशाद अली

जितनी सहजता से मैं दीदी के साथ गा पाता हूँ, शायद किसी और के साथ नहीं।

—नितिन मुकेश

''मैं अभी से बता रही हूँ, यह लता एक दिन ज़रूर बहुत बड़ी बनेगी...रियाज़ करती रहो, बहुत नाम कमाओगी।''

—नूरजहाँ (1943)

मैं नहीं जानता कि मदन मोहन लताजी के लिए बने थे या लताजी मदन मोहन के लिए, लेकिन आज तक मदन मोहन जैसा संगीतकार नहीं हुआ और लताजी जैसी गायिका नहीं हुई।

—ओ. पी. नय्यर (1992 में दुबई में एक टी. वी. साक्षात्कार में)

''मिस मेरी, 'गेट वे ऑफ़ इण्डिया' से ले कर 'जहाँ आरा' फ़िल्मों के प्रोडक्शन में से जितने पैसे नहीं मिले, उससे ज़्यादा, इन फ़िल्मों में लताजी के गाये गीतों की रॉयल्टी से मिले।''

—अभिनेता-निर्माता ओम प्रकाश

''हे ईश्वर, दुनिया में जितने लोग हैं, उनकी ज़िन्दगी से तू सिर्फ़ एक सेकेण्ड कम कर दे और वह लताजी की ज़िन्दगी में जोड़ दे।''

—अभिनेता-निर्माता ओम प्रकाश

अति-परिचय के बावजूद जिसकी उपेक्षा न हुई हो ऐसी एक ही वस्तु, यानी लता की आवाज़।

—मराठी साहित्यिक पु.ल.देशपाण्डे

लता की आवाज़ इतनी प्रभावकारी है, कि उसके गाये गीतों पर अभिनय करनेवाली नायिकाएँ 'पार्श्वनायिका' लगने लगती हैं!

—मराठी साहित्यिक पु.ल. देशपाण्डे

लता जितना गुनगुनाती है, गाती है, उतनी ही हमारी संगीत सम्पदा समृद्ध होती जा रही है।

—पंकज मल्लिक

उम्र में शायद मैं उनसे बड़ा होऊँ, फिर भी है वह मेरी 'दीदी'

—आर. पी. गोयेनका

लताजी का गायन तो भाग्य बदल सकता है।

—राज कुमार बड़जात्या

जब कलाकार संवेदनशील और बुद्धिमान दोनों ही हो, तो मुझे उसके प्रति विशेष आदर की भावना होती है। यह दोनों ही वरदान ईश्वर ने लताबाई को मुक्त रूप से दिये हैं।

—पण्डित रविशंकर

लोता गायेगा न? फिर हम सेफ़ है।

—एस.डी. बर्मन

पहला गीत गाने के बाद उनकी गायकी में कोई सुधार नहीं हुआ—जगह ही कहाँ बची थी?

—एस.पी. बालसुब्रमण्यम्

''लता गाती है, बाक़ी सब रोते हैं''

—सज्जाद हुसैन

सालों से मैंने लता को इतनी नज़दीक से जाना है कि मेरा ख़याल था कि मैं उसे

खुली किताब की तरह पढ़ सकता हूँ। लेकिन जब कभी मैं उसे माइक्रोफ़ोन के सामने खड़ी देखता हूँ तो लगता है कि यह व्यक्ति कौन है...? क्योंकि तब वह एक देवी की तरह हो जाती है। वह गाती है तब उसके पैर छूने को मन करता है।

—सलिल चौधरी

कामयाबी की चोटी पर तो कई पहुँचे पर लताजी की बात और है—लताजी एक बार वहाँ पहुँचीं तो वहीं रहीं।

—सलीम ख़ान

कई गायक तानपुरे के साथ सुर नहीं लगा पाते। 'दीदी' का सुर इतना पक्का है, कि आप दीदी के सुर पर तानपुरा मिला सकते हैं।

—मराठी संगीतकार श्रीनिवास खळे

अगर मैं लड़का होती, तो ज़रूर लताजी से शादी कर लेती!

—सुलक्षणा पण्डित

लता को जितना सम्मान मिला है, उससे ज़्यादा सम्मान तो वह बड़ों को देती है। मेरे पति (वसन्त ज़ोगलेकर) के लिए न जाने कितने गीत गाये, लेकिन कभी एक पैसा नहीं लिया। कहती, ''क्यों, पैसे बहुत हो गये हैं?...और लोग हैं न देनेवाले?''

—सुमती गुप्ते

सही मायनों में भारत रत्न।

—सुनील गावस्कर

लताजी एक ही ऐसी हैं जिनकी फ़िल्म इण्डस्ट्री में हर कोई इज़्ज़त करता है।

—तलत महमूद

आम आदमी को इससे कोई मतलब नहीं कि राग मालकौंस था और ताल त्रिताल। उसे तो चाहिए वह मिठास, जो उसे आह्लाद दे, जिसका वह अनुभव कर सके। यही लता की लोकप्रियता का मुख्य मर्म है।

—मराठी साहित्यिक वि.स. खाण्डेकर

मेरी जीवनसंध्या के इन वर्षों में आजकल जब मैं शाम को टहलने निकलता हूँ, तब पश्चिम में डूबते सूरज की कलात्मक लालिमा मन को अवश्य आनन्द देती है। पर लौटते वक्त, मेरी वृद्ध आँखों के सामने गहराते अँधेरे में, मुझे किसी कला की अनुभूति नहीं होती। निराशा की उस मन:स्थिति में भी, 'चित् मुझे दो ऐसी बातें मिल जाती हैं, जिससे विषाद की छाया छँट जाती है: एक तो रजनीगन्धा फूलों की सुगन्ध और दूसरे, कहीं से आ रहा लता का मीठा स्वर।

—मराठी साहित्यिक वि.स. खाण्डेकर

उसमें आत्मविश्वास कूट कूट कर भरा हुआ है। लेकिन साथ-साथ वह अन्तर्मुखी

भी है, इसीलिए अभिमानी नहीं है। हाँ, स्वाभिमानी है और उसके गायन में गर्व खनकता है।

—निर्माता-निर्देशक वसन्त ज़ोगलेकर

(जिनके लिए पहले पहल मराठी और हिन्दी में पार्श्व गायन किया।)

यदि किसी से पूछा जाये 'क्या आपने अमृत चखा है', तो तीन पीढ़ी के लाखों लोग जवाब देंगे, ''जी हाँ, लता के गीतों के रूप में।''

—राजनीतिक वसन्त साठे

लड़की एक रोज़ गाती है गाती ही रहती है—अनवरत।
यह जगत व्यावहारिकता पर चलता है; तेरे गीतों से किसी का पेट नहीं भरता।
फिर भी लोग सुनते ही जा रहे हैं
पागलों की तरह!

—विजय तेण्डुलकर

'आम तौर पर संगीत के पीछे-पीछे गायक होता है, पर लताजी के तो पीछे-पीछे संगीत जाता है'

—यश चोपड़ा

शायद मेरी वायलिन आपकी गायकी की तरह बज सके।

—वायलिन वादक येहूदी मेन्युहीन

परिशिष्ट-2

1949 — एक जस्त... एक छलाँग

फ़िल्म	गीत	संगीतकार	निर्देशक
अन्दाज़	*'उठाये जा उनके सितम'*		
	'तोड़ दिया दिल मेरा'	नौशाद	महबूब ख़ान
बड़ी बहन	*'जो दिल में ख़ुशी बन कर आये'*		
	'चुप चुप खड़े हो'		
	'चले जाना नहीं'	हुस्नलाल-भगतराम	डी.डी. कश्यप
बरसात	*'बरसात में'*		
	'जिया बेक़रार है'		
	'मुझे किसी से प्यार हो गया'		
	'बिछड़े हुए परदेसी'		
	'हवा में उड़ता जाये'		
	'मेरी आँखों में बस गया कोई'		
	'पतली कमर है'		
	'छोड़ गये बालम'	शंकर-जयकिशन	राज कपूर
बाज़ार	*'साजन की गलियाँ छोड़ चले'*		
	'ऐ मुहब्बत उनसे मिलने का बहाना'	श्याम सुन्दर	के. अमरनाथ
	'ज़रा सुन लो हम अपने प्यार का अफ़साना कहते हैं'	हुस्नलाल भगतराम	के. अमरनाथ
दुलारी	*'तक़दीर जगा कर आयी हूँ'*		
	'ऐ दिल तुझे क़सम है'	नौशाद	ए.आर.कारदार
एक थी लड़की	*'लारा लप्पा'*	विनोद	रूप के. शोरी
लाहौर	*'बहारें फिर भी आयेंगी'*		
	'टूटे हुए अरमानों की दुनिया'	श्याम सुन्दर	एम.एल. आनन्द

महल	*'आयेगा आने वाला'*		
	'मुश्किल है बहुत मुश्किल'	खेमचन्द्र प्रकाश	कमाल अमरोही

परिशिष्ट–3

लता मंगेशकर और संगीतकारों के सात दौर

1

आर. सी. बोराल	श्याम सुन्दर	खेमचन्द्र प्रकाश
ग़ुलाम हैदर	अनिल बिस्वास	के. दत्ता
दत्ता डावजेकर	विनोद	

2

हुस्नलाल–भगतराम	एस. डी. बर्मन	नौशाद
हंसराज बहल	सज्जाद हुसैन	सरदार मलिक
एस. एन. त्रिपाठी	ख़य्याम	चित्रगुप्त
सी. रामचन्द्र	वसन्त देसाई	ग़ुलाम मुहम्मद
अविनाश व्यास	बुलो सी. रानी	मुहम्मद शफ़ी

ए. आर. क़ुरैशी (तबला नवाज़ उस्ताद अल्लाहरक्खा)

3

मदन मोहन	शंकर–जयकिशन	हेमन्त कुमार
जयदेव	रोशन	सलिल चौधरी
सुधीर फड़के	स्नेहल भाटकर	वसन्त प्रभु

4

इक़बाल क़ुरैशी	कल्याण जी–आनन्द जी	दत्ताराम
रवि	एन. दत्ता	सोनिया–ओमी
उषा खन्ना		

5

लक्ष्मीकान्त–प्यारेलाल	आर. डी. बर्मन	रवीन्द्र जैन
हृदयनाथ मंगेशकर	राजेश रोशन	बप्पी लहरी
भूपेन हज़ारिका		

6

शिव–हरि	राम–लक्ष्मण	अनु मलिक
निखिल–विनय	आनन्द मिलिन्द	अमर–उत्पल
नदीम–श्रवण	दिलीप सेन–समीर सेन	महेश–किशोर
आदेश श्रीवास्तव		

7

ए. आर. रहमान	जतिन–ललित	शमीर टंडन
विशाल भारद्वाज	श्याम सागर	मयुरेश पै

परिशिष्ट–4

कुछ सांगीतिक आँकड़े

फ़िल्में जिनमें अभिनय किया

पहिली मंगळागौर	1942	चिमुकला संसार	1942
माझे बाळ	1943	गजाभाऊ	1944
बड़ी माँ	1945	जीवन यात्रा	1946
सुभद्रा	1946	मन्दिर	1948
छत्रपति शिवाजी	1952	(स्वयं गाये हुए एक गीत की अवधि में परदे पर)	
पुकार	2000	(स्वयं गाये हुए एक गीत की अवधि में परदे पर)	

पिता के देहान्त के तुरन्त बाद दस दिन के अन्दर लता को मा. विनायक ने 'पहिली मंगळागौर' में काम दिलाया। जीविका का और कोई साधन नहीं था। लता ने 'पहिली मंगळागौर' में स्नेहप्रभा प्रधान यानी हीरोइन की बहन का रोल अदा किया था। 'गजाभाऊ' में बहुत सुन्दर किरदार निभाया था जिसकी प्रशंसा हुई।

लता मंगेशकर के संगीत निर्देशन में बनी फ़िल्में

रामराम पाव्हणं	1950	मोहित्यांची मंजुळा	1962
मराठा तितुका मेळवावा	1964	साधी माणसं	1965

तांबड़ी माती 1969

इनमें से, 'रामराम पाव्हणं' का संगीत लता मंगेशकर नाम से दिया था। बाक़ी सभी 'आनन्दघन' के उपनाम से स्वरबद्ध किये।

पहला फ़िल्मी गीत (मराठी में) 'किती हसाल,' 1942 में, लेकिन संयोगवशात फ़िल्म में शामिल नहीं हुआ। लिहाज़ा पहला मराठी पार्श्व गीत फ़िल्म 'पहिली मंगळागौर,' 1942 में : 'नटली चैत्राची नवलाई'

हिन्दी फ़िल्म के लिए पहला हिन्दी पार्श्वगीत : फ़िल्म 'आपकी सेवा में,' सन 1947 : 'पा लागूँ कर जोरी'

लेकिन पहला हिन्दी गीत गाया 1943 में मराठी फ़िल्म 'गजाभाऊ' के लिए 'माता एक सपूत की दुनिया बदल दे तू'

लता मंगेशकर और संगीतकार — एक स्कोर कार्ड

संगीत निर्देशक	अनुमानित	संगीत निर्देशक	अनुमानित
लक्ष्मीकान्त-प्यारेलाल	671	शंकर-जयकिशन	448
राहुल देव बर्मन	352	कल्याण जी-आनन्दजी	304
सी. रामचन्द्र	317	चित्रगुप्त	264
हृदयनाथ मंगेशकर	264	मदन मोहन	221
एस. डी. बर्मन	191	हेमन्त कुमार	177
नौशाद	165	सलिल चौधरी	152
वसन्त देसाई	149	रौशन	139
बप्पी लाहिरी	129	अनिल बिस्वास	125
राजेश रौशन	117	हुस्नलाल-भगतराम	99
राम-लक्ष्मण	90	उषा खन्ना	87
रवि	77	ग़ुलाम मुहम्मद	73
ख़य्याम	71	एस. एन. त्रिपाठी	71
रवीन्द्र जैन	38	अनु मलिक	17
विशाल भारद्वाज	17	जतिन-ललित	15
ए. आर. रहमान	10		

युगल गीत — पुरुष स्वर के साथ

मुहम्मद रफ़ी	458	किशोर कुमार	335
मुकेश	161	मन्ना डे	120

युगल गीत – पुरुष स्वर के साथ

महेन्द्र कपूर	79	तलत महमूद	71
हेमन्त कुमार	66	सी. रामचन्द्र	49
सुरेश वाडकर	47	एस.पी.बालसुब्रमण्यम	44
उदित नारायण	41	शब्बीर कुमार	25
अमित कुमार	23	नितिन मुकेश	19
मोहम्मद अज़ीज़	17	शैलेन्द्र सिंह	14
भूपेन्द्र	11	जी.एम. दुर्रानी	11
येसुदास	10	सोनू निगम	08

युगल गीत – स्त्री स्वर के साथ

आशा भोंसले	82	उषा मंगेशकर	75
गीता दत्त	36	शमशाद बेगम	27
मीना कपूर	09	कमल बारोट	09
मीना मंगेशकर	07	राजकुमारी	06
कविता कृष्णमूर्ति	04	हेमलता	02

सुमन कल्याणपुर 01

लता मंगेशकर द्वारा निर्मित फ़िल्में

1. वादळ (मराठी) 1953
2. झाँझर (हिन्दी) सी.रामचन्द्र के साथ 1953
3. कंचन (हिन्दी) 1955
4. लेकिन (हिन्दी) 1990

पुरस्कार–सम्मान

1969 पद्मभूषण

कोल्हापुर के शिवाजी विद्यापीठ द्वारा 'डॉक्टरेट' की पदवी।
संकेश्वर के शंकराचार्य द्वारा 'स्वर भारती' का ख़िताब।
1974 मियाँ तानसेन पुरस्कार–सुर सिंगार संसद की ओर से।
(फ़िल्म 'अभिमान' के गीत 'नदिया किनारे' के लिए)

1980 सूरीनाम गणराज्य की ओर से सम्मानार्थ नागरिकता
गयाना गणराज्य की (दक्षिण अमरिका) की राजधानी जॉर्ज टाऊन के महापौर की ओर से 'शहर की चाबी' समर्पित।

1985 कैनेडा के आन्टेरियो राज्य में 9 जून का दिवस लताजी के आगमन के सम्मान में एशिया दिवस घोषित किया गया।

1987 अमरीका की सम्मानार्थक नागरिकता, ह्यूस्टन (टेक्सस)

1989 दादासाहेब फाळके पुरस्कार

अस्थान संगीत विद्वान सरलु–तिरुपति देवस्थानम की ओर से।

1990 राजलक्ष्मी पुरस्कार, मद्रास

1996 राजीव गाँधी सद्भावना पुरस्कार

1997 'देशिकोत्तम' — विश्वभारती, शान्ति निकेतन की ओर से

1998 लक्स ज़ी सिने पुरस्कार — सर्वश्रेष्ठ पार्श्वगायन के लिए (दिल तो पागल है)

1999 लक्स ज़ी सिने पुरस्कार — लाइफ़ टाइम एचीवमेंट

1999 पद्म विभूषण

2001 भारत रत्न

फ़िल्म फ़ेयर पुरस्कार

1958	**मधुमति**	'आ जा रे परदेसी...'
1962	**बीस साल बाद**	'कहीं दीप जले कहीं दिल...'
1965	**ख़ानदान**	'तुम्हीं मेरे मन्दिर...'
1969	**जीने की राह**	'आप मुझे अच्छे लगने लगे...'

1969 के बाद उन्होंने नयी प्रतिमाओं के पक्ष में, आगे और पुरस्कार स्वीकार करने से इनकार कर दिया।

□□□